广视角 · 全方位 · 多品种

权威 · 前沿 · 原创

皮书系列为
“十二五”国家重点图书出版规划项目

# 河北经济社会发展报告（2014）

ECONOMIC AND SOCIAL DEVELOPMENT REPORT OF HEBEI (2014)

主　编／周文夫
副主编／孙继民　杨思远　彭建强　程珺红

社会科学文献出版社
SOCIAL SCIENCES ACADEMIC PRESS (CHINA)

**图书在版编目(CIP)数据**

河北经济社会发展报告．2014/周文夫主编．—北京：社会科学文献出版社，2014.1
（河北蓝皮书）
ISBN 978－7－5097－5399－6

Ⅰ.①河… Ⅱ.①周… Ⅲ.①区域经济发展－研究报告－河北省－2014 ②社会发展－研究研报－河北省－2014 Ⅳ.①F127.22

中国版本图书馆 CIP 数据核字（2013）第 293078 号

**河北蓝皮书**
**河北经济社会发展报告（2014）**

主　　编／周文夫
副 主 编／孙继民　杨思远　彭建强　程珺红

出 版 人／谢寿光
出 版 者／社会科学文献出版社
地　　址／北京市西城区北三环中路甲 29 号院 3 号楼华龙大厦
邮政编码／100029

责任部门／皮书出版中心（010）59367127　　责任编辑／高振华
电子信箱／pishubu@ ssap. cn　　责任校对／张　曲
项目统筹／邓泳红　高振华　　责任印制／岳　阳
经　　销／社会科学文献出版社市场营销中心（010）59367081　59367089
读者服务／读者服务中心（010）59367028

印　　装／北京季蜂印刷有限公司
开　　本／787mm×1092mm　1/16　　印　　张／22
版　　次／2014 年 1 月第 1 版　　字　　数／355 千字
印　　次／2014 年 1 月第 1 次印刷
书　　号／ISBN 978－7－5097－5399－6
定　　价／69.00 元

# 河北经济社会发展报告（2014）

## 编　委　会

# 主编简介

**周文夫** 男，1954年6月生，河北省滦南县人，1973年2月参加工作，1975年6月入党，1982年初毕业于河北大学经济系政治经济学专业，经济学教授。现任河北省社会科学院党组书记、院长，中共河北省委讲师团主任、省邓研中心主任，河北省社会科学界联合会第一副主席。第七届、第八届中共河北省委委员，政协河北省第十一届委员会常务委员。河北省李大钊研究会会长。

30多年来，周文夫在理论教学研究和地方领导工作中，对经济和党建理论与实践问题进行了深入研究与探索。他主持的“河北沿海经济社会发展强省建设路径选择”、“构建河北现代产业体系研究”、“河北省环首都绿色经济圈建设问题研究”、“河北沿海地区经济发展问题研究”、“河北加强和创新社会管理问题研究”等重大课题，受到省委、省政府主要领导和分管领导的肯定和采纳，为领导决策和全省经济社会发展提供了重要的理论支撑和智力支持。他紧密结合自己地方工作实际，选定邯郸农村基层“一制三化”工作运行机制、推进行政权力公开透明运行等专题，对其进行了较为深入的研究，在指导实际工作中发挥了重要作用，受到党中央和省委、省政府领导同志的肯定。中共中央组织部还专门发文向全国推广邯郸农村“一制三化”经验，邯郸推进行政权力公开透明运行工作（省试点）在全国引起积极反响。

迄今，在《人民日报》、《光明日报》、《求是》杂志、《中国改革日报》、《中国监察》、《新华文摘》、《瞭望》及《河北日报》、《河北学刊》等国家级或省级学术理论刊物上发表论文200余篇，独著或主编、参编论著20余本，公开发表论文和出版专著、教程累计300余万字。主要代表作：专著，《基础·运行·调控——社会主义市场经济研究》（1997年）；论文，《论失业及适度失业在我国社会主义商品经济发展中的意义》（1988年）、《战略·速度·举措——关于加快我国经济发展若干问题的理论思考》（1997年）、《西柏坡时期党的群众路线的经验与启示》（2013 年）。1988 年 12 月获全国纪念党的十一届三中全会十周年理论讨论会入选论文奖，应邀赴京出席全国理论讨论会；获得河北省社会科学研究优秀成果一、二、三等奖等多项奖励。1991 年被评为全国优秀教师，应邀赴京参加了全国教师节庆祝表彰活动；1992 年被省政府批准为河北省有突出贡献的中青年专家；1997 年度享受国务院颁发政府特殊津贴。

# 摘 要

《河北经济社会发展报告（2014）》是河北省社会科学院深入贯彻落实党的十八大精神，紧紧围绕河北省委八届五次全会要求，从宏观形势分析入手，就河北经济社会发展的热点和难点问题进行研究的年度报告。全书主要包括总报告、经济篇、社会篇、案例篇四个部分，针对社会各界高度关注的经济运行、产业转型、农村改革、环境治理、社会发展等问题展开了系统研究。在深入分析2013年河北经济社会运行态势的基础上，就2014年的发展形势进行了预测，提出了加快河北科学发展、绿色发展、和谐发展的相关建议。全书注重研究的原创性、实用性和可操作性，力求提出的发展思路、对策建议能够为各级党委政府提供决策参考，为社会各界提供有价值的信息咨询。

2013年，世界总体经济形势低迷，欧债危机继续蔓延，国内经济增速放缓，给河北经济社会发展带来诸多不确定性因素。面对国内外复杂的经济形势，以及传统发展方式造成的资源环境压力，河北省委省政府围绕解放思想、改革开放、创新驱动、科学发展，提出了加快打造沿海地区率先发展的增长极、大力培育环京津地区新的发展增长极、做大做强县域经济、推动工业转型升级和环境治理的“四大攻坚战”，全省经济运行基本平稳，结构转型逐步加快，各项社会事业发展较快。

本书总报告是对河北省经济和社会形势进行的整体性分析和预测。总体上看，随着城乡基础设施和公共服务一体化进程的加快推进，河北省社会形势呈现良好态势，却迎来了“第三次经济起伏”。总报告围绕如何加速工业转型升级、加快沿海地区发展、促进县域经济腾飞、提高城镇化质量，以及处理好经济发展与生态环境关系等突出难题进行了深入分析，提出了打造“河北经济升级版”的思路与对策。

经济篇，主要针对河北省文化产业发展、工业化推进模式等重点问题展开系统性研究，指出未来河北产业结构调整方向和工业化发展思路。同时，对城乡一体化发展下的农村面貌改造升级、现代农业发展模式及路径给予了重点关注。需要重点指出的是，在河北的经济建设中，应充分发挥紧邻京津的区位优势，主动对接京津，使之成为疏解京津城市功能和人口负担的“减压阀”和大都市连绵带的繁荣区，实现跨越发展。

社会篇，围绕河北省委八届五次全会提出的“四大攻坚战”，深入分析了河北法制建设、行政制度改革、专业人才培养、生态环境治理等社会热点问题，相关理论和建议为营造和谐稳定的良好氛围提供了有力支撑。同时，还关注了全国首创的“善行河北”道德主题实践活动及其社会效应，以及彩民过度购彩的消费行为特征及影响，提出了相应的解决措施。此外，还特别关注了河北重度雾霾天气的环境污染问题，提出了以突破重点和热点环境问题为抓手，辐射带动生态环境质量全面改善的应对之策。

案例篇，重点对传统产业改造升级、文化产业培育发展、区域大气污染联防治理进行了案例剖析。在产业转型中，充分挖掘河北省传统武术文化资源，培育壮大新兴文化产业并形成聚集之势，是加快产业结构转型升级的有效路径之一。面对京津冀地区日益严峻的大气污染形势，建立京津冀及周边地区大气污染联防联控机制，是消除“雾霾”、“PM 2. 5”等有害物质，净化空气，改善生态环境的最佳措施。需要指出的是，“案例篇”是《河北省经济社会发展报告》的特色之一，是反映舆情和民生问题的“理论”和“实践”的有机结合。

# Abstract

*Hebei Economic and Social Development Report* ( *2014* ) is a yearly report compiled by Hebei Academy of Social Sciences by carrying out the CPC 18th National Congress spirit, closely following requirements of the Fifth Plenary Session of the CPC Eighth Hebei Provincial Committee, starting from the macro-situation analysis, and proceeding to research hot and difficult issues in Hebei's economic and social development. This book has four parts: General Report, Economic Section, Social Section, and Case Section, and carries out systematic research on the economic operation, industry transformation, rural reform, environmental management, social development, and the like - all of which have received much public attention. Based on an in-depth analysis of Hebei's economic and social operation in 2013, it forecasts the development trends in 2014, and puts forward proposals for accelerating Hebei's scientific development, green development, and harmonious development. This book lays stress on the originality, practicability, and operability of the research, in order for its development ideas, solutions, and proposals to be able to serve as a reference for decision-making at all levels of CPC committees and governments, and other organizations concerned.

In 2013, the global economy was in a state of lethargy, the European debt crisis continued to spread, and China's domestic economic growth slowed down, all of which brought many uncertainties to Hebei's economic and social development. Under the background of complex domestic and international economic situation, and resources and environment pressures caused by the traditional model of development, the CPC Hebei Provincial Committee and Hebei Provincial Government, centering around emancipating the mind, reform and opening-up, innovation-driven and scientific development, has launched the "Four Campaigns" for accelerating the building of growth poles taking the lead in the development of the coastal areas, vigorously fostering new growth poles around Beijing and Tianjin, building large and strong intra-county economies and counties, pushing forward industrial transformation and upgrading, and environmental rectification, and as a result, the province-wide economic operation has been steady on the whole, the structural transformation has been accelerating gradually, and the overall social development has been rapid.

The General Report is an overall analysis and forecast of economic and social situation of Hebei province. With the accelerated advancement of integration of urban and rural infrastructure and public services, the overall economic and social development of Hebei Province is gaining momentum, but also running up against the "third wave of turbulence". General Report conducts an in-depth analysis of such outstanding issues as how to accelerate the industrial transformation and upgrading and the development of coastal areas, promote county economy take-off, improve the quality of urbanization, and deal with relationships between economic development and ecological environment, and then puts forward approaches and solutions to building "An Upgraded Hebei Economy".

The Economic Section focuses on systematic research on such key issues as the transformation and upgrading of iron and steel industry of Hebei province, cultural industry development, and industrialization models, and identifies the future direction of Hebei's industrial structural adjustment and approaches to the industrialization. Meanwhile, this book pays more attention to the transformation and upgrading of rural appearances, models of and approaches to modern agriculture development in the integrated urban and rural development. Of them, an intense focus should be on making full use of the geographical location advantage of being adjacent to Beijing and Tianjin in Hebei's economic development, taking the initiative to match itself to the development needs of Beijing and Tianjin, becoming a "decompression valve" for urban functions and population burdens of Beijing and Tianjin, and a part of a flourishing greater metropolitan area, in an effort to achieve development by leaps and bounds.

The Social Section, centering around the "Four Campaigns" put forward at the Fifth Plenary Session of the Eighth Hebei CPC Provincial Committee, conducts an in-depth analysis of such hot social issues as Hebei's legal system construction, administrative system reform, professional talents training, and environmental management, and puts forward relevant theories and proposals that provide strong support for creating a harmonious and steady atmosphere. Meanwhile, this book pays attention to the "Promoting Ethics in Hebei" campaign, the first such campaign in the nation, and its social effects, and the features and influence of excessive purchase of lotteries, and puts forward corresponding solutions. In addition, it also pays special attention to the environmental pollution from smog in Hebei, and puts forward solutions for breaking through key and hot environmental problems to promote overall improvement of environmental quality.

The Case Section focuses on a case analysis of the transformation and upgrading of traditional industries, the cultivation and development of cultural industries, and integrated prevention and management of regional air pollution. In industrial transformation, making full use of the traditional martial arts culture resources of Hebei Province to cultivate and develop emerging cultural industries and form industrial agglomeration is one of the effective approaches to accelerating industrial transformation and upgrading. Faced with increasingly severe air pollution in the Beijing-Tianjin-Hebei region, establishing an integrated prevention and control mechanism for air pollution in the Beijing-Tianjin-Hebei region and peripheral regions is the optimal approach to eliminating such harmful substances as smog and $PM_{2.5}$, purifying the air, and improving the ecological environment. Case Section is one of the distinguishing features of *the Hebei Economic and Social Development Report*, and a good combination of "theories" and "practices" that reflects public sentiments and people's livelihood issues.

# 目 录

## 𝔹Ⅰ 总报告



## 𝔹Ⅱ 经济篇

## BⅢ 社会篇



## BⅣ 案例篇

## CONTENTS

## B I General Report



## B II Economic Reports

## B Ⅲ Social Reports



## B Ⅳ Reports of Case Studies

# 总 报 告

General Report

## “第三次经济起伏”中开启“河北经济升级版”的思路与对策

陈璐 薛维君*

**摘 要：**

2013年河北迎来了“第三次经济起伏”。本报告从河北省委八届五次全会的新要求、新起点出发，深入分析了河北经济发展在“第三次经济起伏”中的总体表现和特征，预测了2014年河北经济发展走势，指出了河北经济未来发展面临的新形势和新机遇，并对当前河北发展面临的沿海地区、环首都地区、城镇化、县域经济、生态环境、工业转型升级等突出难题进行深入分析，相应地提出了开启“河北经济升级版”的思路与对策。

* 陈璐，河北省社会科学院经济研究所、河北省文化产业研究中心，研究员，主要研究区域经济、生态经济；薛维君，河北省社会科学院经济研究所、河北省文化产业研究中心，研究员，主要研究区域经济。

**关键词：**

河北省　经济形势　雾霾治理　环首都地区

## 一　“第三次经济起伏”中河北经济的总体表现和特征①

### （一）全国排位：在全国经济复苏中处于下游，比2012年位次有所下降，自改革开放以来第一次没完成预定年度目标

2013年前三季度，河北省完成生产总值20947.3亿元，同比增长8.5%，比上半年环比下降0.2个百分点，从目前情况看，第四季度将有所回升，预计全年生产总值增长将在8.8%左右，难以完成“保九”目标，将出现自改革开放以来第一次没有完成GDP预定增长目标的情况。在全国经济复苏进程中的排位从第26位退居至第28位，被海南和广东超过和追上，继续处于全国下游的地位，只比北京、上海、浙江等已发展到较高阶段的老牌先进省市复苏速度略高。从周边省区市前三季度复苏进程看，天津（12.6%）仍然领先，位居全国第一，内蒙古紧随其后，山西和辽宁保持适中速度（10%），河北省只比北京高0.8个百分点。从全国各省区复苏情况看，2013年继续延续2012年的“西部引领、中部稳固、东部垫底”的态势，全国增长强劲的省区主要集中在西部地区，贵州和重庆“领跑西部”，中部六省集体表现为“适中”，沿海省份集体表现为“动力不足”，老牌先进省份中只有江苏还维持了较充足的增长动力，除天津、福建外，沿海省份大体增速为7.5%～9.6%，在全国属于落后状态。

### （二）增长走势：在经历了前几年“两次溜车”的“二次探底”进程后，呈现相对平稳的“第三次起伏”，但与全国总体增长态势并不一致

从经济危机以来的经济增长态势看，河北在经历了2009年的第一次“溜

① 文中数据来源：《河北省统计局统计月报》2013年1～9月。

车”（前四季度累计速度11%的低点）和2012年的第二次“溜车”（前三季度累计速度9.3%的低点）后，逐渐保持了相对平稳的增长态势，2013年在全国经济增长逐渐下滑时，并没有出现大幅度“溜车”现象，从2012年增长速度9.6%的水平下降到2013年前二季度的8.7%的水平，再到前三季度的8.5%的水平，预计第四季度缓慢回升，呈现相对平稳的“第三次起伏”现象。但与全国总体经济增长态势相对照，2013年上半年全国经济到达低点，第三季度探底回升，而河北直至第三季度才到达底部，第四季度有望回升，所以与全国增长态势并不完全保持一致。

### （三）结构特征：工业结构优化升级进一步显现，高新技术和装备制造产业增长加快，技改投资占比继续加大

从工业生产情况看，2013年前三季度化学原药、水泥、焦炭、采矿、传统纺织服装等高耗能低端产品呈现负增长或停滞状态，集成电路、汽车、单晶硅、变压器、食品等技术含量高的特色产品出现爆发式增长。从工业投资看，前三季度装备制造业和高新技术产业投资分别增长16.1%和19%，比去年同期增长速度又有所加快，工业技术改造投资增长23.5%，占工业投资的比重为61.7%，与上年同期相比，占比进一步加大。从规模以上工业增加值增长来看，装备制造尤其是汽车制造业、医药、食品、纺织服装业等继续高于全省平均增长水平，数据表明河北工业结构优化升级仍在持续，工业技改的效应进一步体现。

### （四）区域态势：沿海地区并未表现出“引擎”模样；环首都地区没有成为疏解首都城市功能和人口负担的“减压阀”，无法形成大都市连绵带的繁荣区；县域发展“不进则退”，总体上在全国进一步退后

被全省寄予厚望的河北沿海地区发展并未能引领全省增长，秦皇岛、唐山、沧州沿海三市除沧州发展较快外，其他两市发展都不尽如人意，拥有全省最大经济“引擎”曹妃甸区的唐山市经济增长只有8.8%，只比全省平均水平多0.3个百分点，规模以上工业增加值增长11.3%，与全省平均11%的速度

大体相当，而秦皇岛前三季度生产总值、规模以上工业增加值和固定资产投资分别为6.6%、2.4%和7.5%，已倒退成为全省最后一位。环首都地区近年来对接央企工作“有声有色”，落户了一批央企，涌现了几个央企主导的产业集聚区，可以说，成功布局了制造业领域的“星星点点”，但是，始终没有走出一条通过缓解首都城市功能压力和外来人口重负来迅速提升城市化水平，成为大都市连绵区的路子。县域经济发展总体上起色不大，且有进一步退后的趋势，在2012年第十二届全国县域经济百强县（市）排名中，河北只占3个，三年前评比时还有5个县入围，而江苏、山东、浙江分别多达29个、26个、24个，表明河北省县域经济实力总体上在后退。

### （五）生态环境：统计指标显示的治理成效与群众亲身感受的治理成效形成鲜明的反差，雾霾天气“常态”化和水污染严重成为影响民生幸福的两大因素

从统计数据看，河北省前三季度的规模以上工业单位增加值能耗同比下降7.83%，全省各设区市除了保定、承德、邯郸下降较少外，其他各市都有7%以上的大幅下降，但是，从国家和省环保部门发布的空气质量日报中可以看出，全省大部分设区市都被列入全国空气严重污染城市的前列。群众生活中的直观感受是，2013年比以往任何年份空气污染都要严重，雾霾天气已经成为“常态”，晴空万里已成为生活中需要倍加珍惜的现象。除此以外，2013年中央电视台、河北省电视台和各地方媒体等也曝光了河北大量的水污染及违规排放事件，水污染严重也是当前影响人民生活质量和幸福感的重要原因。为什么会出现如此反差？是统计数据有问题吗？普通百姓很容易联想到这两个问题。实际上，统计数据基本上是没有问题的。原因在于这次的污染源与以往不同，它们存在于统计范围之外，也就是非入统的工业企业。河北目前污染的主要排放者并非城市或城郊中的规模以上工业企业，这些企业都已经进行了技术改造升级或使用了减排装置，而是在范围广阔的乡村中存在的成千上万的为乡镇或村办小化工、小冶炼、小铸造等非入统小企业提供初级原料加工的村中家庭作坊，家家户户都有自制的土锅炉，都在冒黑烟。省环保厅网站上群众举报栏目的内容就能反映这种现象，绝大多数的举报都是指向县、乡、村的小企业，城

市及城郊居民的举报几乎没有。这些企业被查停产后很快就又“死灰复燃”，如何用行政手段杜绝“善于打游击战”的乡村企业和家庭作坊来“治标”，又如何用市场力量彻底排挤污染型小企业生存空间来“治本”，确实考验着全省党政部门的政治和经济管理智慧。

## 二　2014 年河北经济发展面临的形势与预测分析

### （一）2014 年河北经济发展面临的新形势与新机遇

**1. 十八届三中全会带来的改革“红利”和打造“中国经济升级版”是河北经济发展长期的利好背景**

举世瞩目的十八届三中全会制定出中国下一轮经济改革的整体规划蓝图，对经济改革的顶层设计、对若干宏观经济难题的破解将会有重大突破。李克强总理于 2013 年 3 月提出“要立足当前、着眼长远，用勇气和智慧推动转型发展，打造中国经济升级版”的宏伟目标，对稳增长、增后劲具有双重作用，是实现“中国梦”的现实路径。在国家强力推进转型和迈向“中国经济升级版”的过程中，河北作为首都经济圈重要组成部分和“转型升级的代表省份”必将从中受益，这将是河北经济长期利好的大背景。

**2. 中央领导多次视察河北的讲话和针对河北提出的新要求、新任务倒逼河北经济加速转型升级**

习近平总书记 2013 年三次视察河北时的讲话，尤其是在河北省级领导班子成员座谈会上的讲话中，明确提出了“三个大力”的方向，即“大力提高发展质量和效益”、“大力保障和改善民生”、“大力推进生态环境保护”，并指出河北未来经济发展不要看速度，要把生态环境治理和调整经济结构作为最大的目标，明确提出了“河北三年内要削减 4000 万吨标准煤、近 1 亿吨钢”的新任务。此外，李克强总理会见出席 2013 夏季达沃斯论坛的企业家代表并回答提问时也高调宣布了“京津冀削减 8000 万吨标准煤”的目标。中央领导的视察以及重要讲话所提出的新要求、新任务将冲击传统的高能耗、高排放的重化企业的生存，并将对河北高耗能经济的改造升级、发展循环经济以及京津冀产业协同发展产生积极的促进作用，对今后较长一段时间内河北经济发展的方向与道路将产生深远的影响。

**3. 省委八届五次全会后“四大攻坚战”的全面展开将助推河北经济结构向更高层次迈进**

2013 年 5 月，省委八届五次全会提出“打好解放思想、改革开放、创新驱动、科学发展的四大攻坚战”，特别是“下大力量把县域经济和县城做大”以及“下大决心推动工业转型升级和环境治理”这两大攻坚战，对全省现有的传统产业结构调整下了“军令状”，明确提出要按照中央要求，结合河北省实际，列出节能减排、淘汰落后产能的重点企业，限期转型升级，这将有力地倒逼传统的重化工业企业向战略新兴产业和文化产业转型和拓展，有力地推进新型城镇化发展，有力地促进区域协调发展和催生战略新引擎的出现，有效地促进产业结构、区域经济结构、城镇结构的优化升级，从而迅速提高河北经济发展的层次和水平。

### （二）2014 年河北省经济发展初步预测

2014 年是河北经济“壮士断腕”的关键一年，中央要求和群众期盼的压力将促使河北经济改变原有的“促进增长”的路线方针，而十八届三中全会所带来的宏观经济政策体系的变革、政治与经济体制改革以及世界发达经济体经济复苏的不确定性等都将直接影响到河北经济基本面的走势，根据课题组所作的研究与分析判断，2014 年将会出现的可能走势如下：第一，在强力推进工业转型升级的背景下，2014 年经济增长将最有可能维持 2013 年的发展速度基本不变或略有下调，全年将达到 8% ~9.5% 的增长水平；固定资产投资增长水平将达到 20% ~28%，规上工业增加值增长将达到 10% ~18%，规上工业亏损面大幅缩小，工业利润实现 10% 以内的增长。第二，国内外宏观经济形势若有较大变动，如国内货币政策进一步松动、财税制度进行调整、“以税代限”变相松绑房地产政策出台、美日欧量化宽松政策仍然基本维持等，河北经济增长将达到 9.5% ~10.5% 的水平，极端情况下将达到 11% 的高限；CPI 也将达到 5% 以上，工业利润将实现 15% 以上的增长。

## 三　当前河北发展面临的突出难题

### （一）全省翘首以盼的“主引擎”河北沿海地区发展面临多项叠加的困难和问题

**1. 没有成功布局“能够集聚产业链企业”的引擎性“航空母舰”型项目对河北省沿海地区优化产业结构、提升产业层次具有较大的影响**

能够延伸产业链、集聚配套企业的“航母”项目是带动区域整体发展的“引擎”，比如，汽车、火车、船舶、飞机等交通装备制造，黑白大家电、大乙烯石化项目、源头性煤化工项目等。我国先进地区的发展经验中无一例外都具有这一特点，如上海的汽车、国产大飞机、造船和百万吨乙烯项目，天津的百万吨乙烯、汽车、大飞机、大推力火箭、卫星和空间站项目等。天津的百万吨乙烯项目投产一年就吸引了下游化工企业 100 多家入驻，成为名副其实的“大引擎”。从山东的经验看，主动引资招商布局这类引擎性“母体”项目也是其坚定不移的产业提升路径，比如，“青岛西海岸新区”中的百万吨炼化一体化项目、黑白大家电集群、造船产业集群等，成为当地大规模集聚产业链企业、带动当地产业结构提升的“航空母舰”。

反观河北省，在主动出击、有目的有计划地招商布局引擎性“母体”项目方面与国内先进地区存在着明显差距。像河北钢铁等单体企业和一些引进的央企，虽然规模巨大，但却不是能够集聚配套企业的“母体企业”，缺少带动配套企业的能力，很难影响和改变产业结构和不合理布局。等待多年的曹妃甸、沧州的百万吨乙烯项目仍然未能如愿落地；唐山的动车装配项目至今未能实现大规模集聚配套企业的目标；秦皇岛山海关造船产业受中船重工给予的技术与产能定位影响，还不能成为集聚配套产业的项目。目前河北沿海地区还未形成炼化一体化、交通装备、家电等真正带动一方发展的“产业引擎”，从中也可以看出，河北沿海地区仍然普遍缺乏“谋大局”的引资意识，“对外宣传、坐等上门、热情招待、守候结果”的惯性思维仍然根深蒂固，引进“航空母舰”类的重大项目缺乏“主动瞄准、定向追踪、锁定攻坚”等一系列系统有效的办法和手段。

**2. 在缺乏航母型产业集群提供财税支撑的前提下，投融资平台的设计与建设没有及时跟进，导致各项建设的大规模资金需求无法持续保障**

河北沿海地区作为国家批准重点发展的新区，建设初期对资金的需求大，效益回报慢，单靠银行信贷难以解决“资金饥渴”的问题。而沿海地区又不能从“引擎”项目中获得大量财税收入，财政无法继续担保获得信贷，同时又面临巨额的前期信贷利息偿还的压力，“债务危机”开始到来。从天津、山东等先进地区建设新区经验看，“资金缺乏症”不可避免，破解资金困难的关键是投融资平台的设计与建设及时跟进，通过探索和建立新型融资平台来实现建设资金的良性循环。比如，自批准滨海新区以来，天津立足于国务院批准的金融改革试验区的先行先试政策，被国家批准建立了 2 只“产业投资基金”：渤海产业投资基金和船舶产业投资基金，总规模 400 亿元。此外，天津还设立了 30 多只独资、中外合资的产业和创业风险投资基金，其中政府创立的风投基金基本上采用“母子基金”的模式，即政府创立的基金并不是直接投资企业项目，而是设立母基金，由母基金再投资于专业创投企业，以发挥导向和补位作用。引导基金的出资原则是参股不控股，其所投资的商业基金将重点投资于信息技术、生物技术和现代医药、新材料、现代制造、新能源、环境保护等新兴技术领域。此外，渤海银行的成立和各大外资银行在天津的落户，也为滨海新区融资发展赢得了先机。类似的做法在山东也得到了充分体现。自黄河三角洲上升到国家战略后，山东一共被批准建立 2 只“产业投资基金”：黄河三角洲产业投资基金和蓝色半岛产业投资基金，其中“蓝基金”是双币基金，是全国额度最大的基金，两只基金总额超过 600 亿元。“蓝基金”发起人山东海洋投资有限公司按照封闭式“母基金”的模式，将基金按照 4∶6 规模进行分配，40% 用于直接投资，亦即从总规模 500 亿元中拿出近一半资金，根据不同的地域、产业、项目，发起设立多个产业子基金，不断扩大融资规模，放大资金杠杆功能。有专业机构测算，“母子基金”运作模式一般放大资金规模 6 倍以上，这意味着“蓝基金”将撬动直接投资 3000 亿元以上。除此以外，山东省“黄、蓝”两区还自行设立了 30 多只创业风险投资基金、担保基金等，为山东沿海经济大发展提供了资金保障①。

---

① 资料来源：赴天津市、山东省实地调研得到的资料。

反观河北省，在2008年曹妃甸循环经济示范区上升到国家战略后，国家批准唐山设立曹妃甸产业投资基金，额度为300亿元，但是并没有正式建成和挂牌。沧州渤海新区还未有产业投资基金。除此以外，还未建立起全省统筹的河北沿海开发的风险投资基金、创业投资基金、信贷担保基金、城市投资基金和基础设施投资基金等；沿海各市虽然自行建立了一些规模较小的城投和风投，但是不足以影响整个河北沿海地区的开发布局。沿海经济带的开发区建设、港口建设、城市基础设施建设、战略性新兴产业发展等投融资瓶颈制约严重。不改变只靠银行贷款的单一融资模式，就难以从根本上扭转沿海地区建设资金紧张的被动局面。

**3. 作为国务院批准的重点开发地区，河北沿海地区理应引领全省经济、行政管理体制改革，但行政管理体制仍未改革到位，缺乏先行先试的勇气和手段，客观上制约了沿海经济快速发展**

行政管理体制改革与创新可以有效地消除阻碍新区统一规划和建设、阻隔生产要素自由流动的体制羁绊，大大推进新区健康、快速和科学发展。从天津的经验看，天津市对滨海新区行政管理体制采取的是“小政府＋派出机构＋权力直通车”模式，对内部9个经济功能区实行的是“管委会＋公司”模式。具体做法如下：一是建立统一的行政区架构。2009年10月国务院批准调整天津市行政区划，正式成立“天津滨海新区”行政区。天津市撤销滨海新区工委、管委会，成立滨海新区区委、区人大、区政府、区政协。区委、区政府内设机构按照大部制要求设置，比一般行政区内设机构减少一半左右，比原塘沽、汉沽、大港三个行政区的内设机构大幅精简，领导职数和行政编制相应减少。区内的乡镇建制改为街道建制。新区政府职能部门享有天津市职能部门绝大多数的审批权限，凡新区需要报送国家审批的事项，市直部门不再审批，可按程序直接报送。二是在全国率先组建两类区委、区政府的派出机构。一类叫城区管理机构，成立塘沽、汉沽、大港三个城区工委和管理委员会，主要行使社会管理职能；一类叫功能区管理机构，成立9个功能区管委会和党组，主要行使发展经济职能，并比照开发区、保税区的审批权限，授予各功能区相应审批权，审批“直通车”最大限度地激发了功能区的发展活力。三是在功能区内部实行“管委会＋公司”模式，除9个功能区管委会以外，还成立了功能

区开发建设投资服务公司，负责具体的开发建设、投融资、提供基础设施运营服务等事项。从目前情况看，天津行政管理体制的创新有效地促进了滨海新区的科学发展和率先发展。

从山东的情况看，在国家批复“山东蓝色半岛经济区规划”后，山东省委、省政府成立了“山东半岛蓝色经济区规划建设领导小组和协调推进小组”，组建了“蓝办”。相继成立的“青岛西海岸新区”、“潍坊滨海新区”、“威海南海新区”等经济新区（与河北省曹妃甸新区、渤海新区相似），也在探索行政管理体制改革的新办法。比如，青岛西海岸新区在区内各行政区划调整前，设经济新区管委会，作为市政府派出机构，享有市级人民政府审批权限。新区管委将实施大部制运作，减少行政部门，减少交叉。下辖管委各职能部门、街道（镇）办事处和若干重点经济功能区管委。保留了新区内黄岛区、胶南市人民政府的牌子。组建了青岛西海岸发展（集团）有限公司等开发建设实体公司，实施了“管委会 + 公司”模式，但从运行情况看，也面临着一系列需要破解的难题。

反观河北省，目前沿海地区中的曹妃甸新区在行政区划改革中得到国务院的支持，改区划为“曹妃甸区”，并且也建立了“小政府 + 派出机构 + 权力直通车”行政管理模式以及产业功能区内部的“管委会 + 公司”体制，体制机制的改革迈出了实质性的步伐①。但是，秦皇岛沿海地区、沧州渤海新区等行政管理、经济管理、社会管理的体制改革仍然未到位，推进改革的难度较大。比如，秦皇岛沿海地区下辖的秦皇岛经济技术开发区、沿海县市、北戴河新区等行政管理层级与体制分散、混乱，与曹妃甸情况不同，有一个国家级经济技术开发区，如何整合国家级开发区及其托管区域与北戴河新区、昌黎和抚宁等行政区域的管理层级与关系，目前还没有易于操作的先行先试的改革办法；沧州渤海新区管理层级仍然较多，如何统筹区内各个小开发区与功能区，既能减少管理层级，又能不“伤害”国家级临港经济技术开发区的管理权限，同时又能使沧州市一级政府不被架空，确实是个难题。这需要省政府敢于冲破阻碍，创新管理体制，探索先行先试的行政与经济、社会管理新体制②。

---

① 陈璐:《曹妃甸科学发展的金钥匙》,《光明日报》2012 年 9 月 12 日。

② 本部分资料来源：赴天津、山东实地调研获得的资料。

### （二）河北环首都地区过于侧重招商引资发展制造业，疏解首都城市功能和人口、集聚配套产业的目标反而进展缓慢，面临重重障碍

首都周边地区本应有大规模的先进制造业或与首都先进制造业相匹配、相对接的配套企业集群，这是环首都地区应该具备的产业定位，也是世界先进国家的首都经济圈中最常见的产业现象。但是，我国特有的财税和行政管理体制，导致了很多由市场决定的资源要素流动并没有按市场规律进行配置，经济繁荣并没有在环首都地区实现，首都周边地区反而出现了赤贫区。生活水平和经济质量的巨大反差使得河北环首都地区期望改善产业发展现状，通过招引、对接、配套首都的先进制造业来加快自身繁荣，可现实却并不尽如人意。目前，除了廊坊、保定北部等地区依靠央企投资发展了一定规模的先进制造业以外，其他地区仍然只能从首都"菜篮子、后花园"的定位中分享"杯水车薪"的利益。我们认为，促进经济繁荣不应只有一种"制造业优先"的模式，尤其是在紧邻首都这个特定区位上。好的产业首都舍不得放，污染重、耗能大的低技术水平产业，河北也不能再承接。目前首都最紧迫的是如何疏解城市人口和功能，最容易疏解人口与城市功能的领域当属教育、医疗、养老、会展等领域，其次当属文化、娱乐、餐饮等服务业，只要我们改变过分侧重"制造业"引资的观念，坚持"两条腿走路"，率先从教育、医疗和养老领域着力，积极与首都的著名医院、著名高校开展合作，充分利用已有或在建的京石、京秦、京张高铁等交通便利的条件，探索出一条"离京不离院"、"离京不离校"的新型合作办院、合作办校的模式，探索新型养老机构建设和合作模式，积极推进与中央部委合作的会展基地建设，将会大幅度地减轻首都外来人口的压力，在为首都疏解人口和城市功能的同时，带动河北省环首都地区的发展和投资。

### （三）县域发展中县域经济与扶贫、县城建设、县域开发区发展难以统筹协调发展的问题没有根本破解

县域经济的发展已不是一个单纯的县级区域的经济增长和结构优化问题，它的内涵已远远超出这个范围，从我国目前县域发展的先进经验看，县域经济的发展基本上要与农村扶贫、县域城镇化、县域产业集聚区的发展统筹设计，

否则，就会出现反映县域经济的GDP指标、工业增长指标、人均收入指标在不断上升的同时，贫困人口也在增加，“县城乡貌”的现象比比皆是，县域内产业集聚区开发建设表现为“小、散、乱”，并伴随着污染环境和破坏生态的行为。从河北省县域发展总体情况看，县域内工业化、城镇化和农业现代化的“三化脱节”现象以及经济增长、社会进步、生态文明“各抓各的”的“三张皮”现象都十分普遍。比如，冀南地区很多县的县域经济就是一些县域特色农业或简单加工业，对如何发展和布局县域开发区，依托开发区建设县城、发展新型农村社区、带动贫困人口脱贫等问题都没有统筹考虑过。对比先进省市县域经济发展的经验，可以看出河北省县域经济的发展存在的关键问题，即缺乏县域经济发展的顶层设计，没有探索和总结“三化同步协调”的发展模式，导致县域发展“随意盲目、多走弯路”。

我们可以从河南省的县域发展经验来看河北的差距与问题。近年来，在不牺牲粮食和生态环境的前提下，河南各地充分发挥新型城镇化的引领作用，按照“镇村一体，一园多能，产城融合”的原则，全面实施“大镇区”发展战略，在人多地少的平原地区逐步走出了一条“就近城镇化”的新型农村社区建设的路子。主要做法是动员几个村的农户向附近交通区位条件好的村镇搬迁集聚，通过村房换楼房、土地置换、盘活土地的方式将流转出来的土地集中出让给龙头企业，龙头企业负责统一规划、统一兴建新型农村社区，政府提供统一配套基础设施、统一提供行政管理和公共服务，龙头企业将获得的流转土地统一使用、统一规划建设现代农业示范区和加工制造项目，农户凭借流转土地作为资本参与企业盈利分成，同时企业和政府部门负责培训农村劳动力，并吸纳其在加工制造企业中就业，其他富余人员可利用优惠政策开展服务业个体经营和在政府提供的公共服务岗位就业。这种模式以居住集中、就业充分、设施完善的新型农村社区为载体，推动农村结构包括城乡结构、就业结构、消费结构、文化结构、公民权益结构、居住环境结构、社会治理结构的全面转换，让农村能够就地、就近实现城镇化转换，可一步到位地实现村民向市民的转变，是一种农业现代化、新型工业化和新型城镇化“三化同步协调”的新模式①。

① 资料来源：河南省部分地区的实地调研材料。

从河南的实施效果看，这种模式的推开与当地人均收入水平高低无关，只要补偿合理、尊重农户意愿和需求，农户的积极性就很高，最终就能够真正实现农民居住环境城市化、公共服务城市化、就业结构城市化和消费方式城市化。河北省平原地区与河南相似，人多地少，粮食保障任务重，城镇化水平和农民收入都较低，多年来，破解"三农"问题、推进城乡一体化一直是一个棘手的难题，河南"两不三化"的新型农村社区建设模式无疑为河北省提供了一条可借鉴的县域统筹发展之路。

河南的县域发展模式只是一种选择。河北省地貌多样，不仅有平原地区，还有很多山区、丘陵和坝上高原，不可能只遵循一种模式，需要解放思想，敢于先行先试，积极探索适合河北省地缘条件、经济发展水平、文化特点的新模式。比如，河北省承德的平泉县走出了一条"特色农业 + 文化园区 + 新型社区 + 县城新区"一体化融合的新路子，不仅极大地提升了县域经济实力，而且将县城面貌、农民脱贫、文化发展、社会进步有机地融合在县域经济之中，尽管平泉的经济指标不是全省最高，但是它开创出了适合自身特点的、不依赖矿产资源发展的县域发展新模式，发展活力和后劲越来越足，反过来这种模式不断自我复制和强化，近两年又吸引了高技术企业进驻，建设了更为高端的航空城项目，这又是一个将县域制造业与新城建设、文化发展相融合的园区，平泉这种县域发展的顶层设计和思路是全省县域学习的榜样①。

### （四）以根除雾霾为主的生态环境治理成效不显著，从上到下的倒逼压力使得河北工业转型发展必须选择"壮士断腕"方式，权衡经济较快增长、民生如期小康、环境同步治理的困难空前加大

自 2012 年下半年以来，华北地区持续大面积的雾霾天气已经成为全世界关注的事件，而河北因被看作是雾霾天气的"始作俑者"而饱受非议。全省各级政府采取了不少应对措施，不断加大雾霾治理的力度，但效果却不显著。我们认为，导致华北地区雾霾天气的原因主要有以下几个：第一，工业废气污染的确是一个重要原因。对此有很多不同的看法，有人认为，河北几乎所有大

① 资料来源：赴河南实地调研获得的资料。

城市的大型重化企业都已搬迁，并且都安装了除尘除硫的装置，河北主要的重化行业钢铁产业普遍亏损，怎么可能还在开工？按理说应该比以前排放的废气更少，怎么会导致了雾霾天气？钢铁行业虽然近几年亏损，企业经营不景气，但由于钢铁行业的特点，如果高炉停产就会带来更大的损失，小钢铁企业主宁愿保持开工状态，而且为了降低成本，必须要偷排，期待熬过这段低迷的日子再“卷土重来”。但是，这次雾霾天气的源头并非钢铁行业，经过调查，我们认为，遍布各地，位于县、乡（镇）的小型重化企业和污染型轻工企业尤其是小化工、小橡胶、小革塑、小冶炼、小建材企业是这次污染的源头，它们不仅自身排放，而且已经成为推动排放废气的“始作俑者”。比如，央视记者暗访中提到的石家庄新乐市杜固镇周边的几个村子里，几乎家家户户都在“烤鞋底子”和“土炼铝”，家家户户都有“土锅炉”，都在冒着黑黑的浓烟，为的是给乡镇上的小鞋厂、小塑料厂、小铝加工厂提供原料赚钱。这种村民与附近企业合作共同体的生存方式，在河北省唐山、廊坊、保定、沧州、石家庄、衡水、邯郸、邢台等地都存在，而且不只是河北独有，据我们了解调查，山东西部和西北部、山西东部、河南北部都广泛存在着以加工废旧产品回收再利用的企业－村民合作生产共同体。而这个加工“版图”恰好也是雾霾天气主要的覆盖地区。为再生利用而进行的废旧原料资源初级加工是污染最严重的生产环节，本该由具有污染防治的专业化企业进行加工生产，现在倒成为老百姓“吃饭”的行当，这种村民－企业合作生产方式肯定会给企业带来成本的大幅降低，但也肯定会导致大范围、扩散性、无法治理的污染。虽然减少了十几家大型企业的废气污染，但却增加了成千上万的来自农村的废气污染源，而且这些排放肆无忌惮，其范围之广、程度之深令人发指。环保部门根本没有任何办法和手段来阻止成千上万的排污的家庭作坊，“睁一只眼、闭一只眼”的“无所作为”也是无奈之举。第二，中石油、中石化为了自身的利益生产了大量的劣质油品，劣质油的大量使用也是城市大气污染的重要原因。冀中南、鲁西北地区虽然是全国乙醇汽油的试点地区，但并未显示出试点对大气环境的益处，反而成为雾霾的先试者，倒让人怀疑乙醇汽油是否真能减少尾气排放。第三，2013 年春季以来，华北地区没有频频出现以往的大风和沙尘暴天气，反而被副热带高压频繁控制，气候反常也是导致雾霾天气常态化的一个重要原

因。以上三个因素的叠加，共同导致了 2012 ~ 2013 年的雾霾天气。由于雾霾天气的常态化，从中央领导到普通百姓，都对河北治理雾霾的成效有所期待，但常规化的治理行为已经证明成效不大，从上到下的倒逼压力将迫使河北采取非常规的行政和市场手段，以“壮士断腕”的决心和魄力全力整治大气污染尤其是工业废气污染，如果真的强力推进和实施“关停”企业行为，短期内又无法有接续企业跟进或新的替代产业崛起，这对于主要依靠投资拉动的河北来说，将不可避免地造成大规模失业、财税流失和经济增长放缓甚至倒退，如何才能做到既能保增长、保饭碗，又能调结构、治污染，确实是当前全省面临的重大难题。

## 四　开启“河北经济升级版”的思路与对策

深入领会中央领导来河北多次视察的重要讲话精神和群众对经济发展质量的期盼，我们认为，河北未来发展需要牺牲一定的经济增长速度来换取“河北经济升级版”的启动，2014 年是开启“河北经济升级版”的关键年，发展思路需要将“调结构、治污染、破难题”放在首位，“保增长”放在次位。

### （一）全力引资布局“能够集聚下游企业”的“航母”型大项目，以市场化手段排挤淘汰遍布华北地区的小工业污染源的同时，确保经济平稳增长的动力仍然强劲

能够将环境治理、经济增长、结构优化和质量提升同步实现的最关键项目就是炼化一体化大乙烯项目。炼化一体化大乙烯项目是化工产业技术高端、循环经济的代表项目，所以对于化工产业结构优化、产业质量提升的作用不言而喻，对于经济增长的拉动也是共识，而对于消除目前大气和水污染的作用很多人却认识不到，从某种意义上说，当前华北地区大量的小重化企业污染源出现，就是因为在渤海湾西岸并没有足够产能的炼化一体化的大乙烯产业集群。目前建成的只有天津的一个百万吨大乙烯项目，北京燕山石化的百万吨乙烯项目并非一体化装置，而是由几个小装置拼合而成的，京津两地合计才 200 万吨产能，远远不能满足华北地区 500 万吨乙烯当量需求。华北地区人口稠密，化

工产品的需求量巨大且利润丰厚，由于乙烯裂解只有石油巨头才有能力加工生产，且为国务院控制性审批项目，300 万吨乙烯当量需求的巨大缺口必将促使民营资本绕开乙烯项目转而大量投资乙烯中下游延伸产品，华北地区就会出现很多产能小、技术水平低、装置差的化工厂、塑料厂、橡胶厂，这些小工厂分散在各地，从外地进来中间化工原料，再加工成后续产品销售，由于空间上不集聚，产品上不是循环链条，所以废气、废水排放难以控制，地方政府抓得紧了就偷排，"恶意排放"或将部分污染性的生产阶段分包给村民作坊的"转嫁排放"现象就会层出不穷。单靠行政关停只能"治标"而不能"治本"，可能关上几个月或一两年，又会"死灰复燃"。根本之计就是要学习日本东京湾和阪神沿海工业带的重化工业布局经验，在河北沿海地区布局建设 200 万吨～300 万吨炼化一体化乙烯项目，按照"吃光榨净"的循环经济理念，围绕该项目布局中下游产业链条的化工项目，由于装置一体化和循环经济的缘故，乙烯的成本会非常低，且不用运输，立即转化成其他后续化工产品的成本就非常低，且往下游工厂不断传导低成本产品，就会围绕乙烯项目形成巨大产业集群，将彻底挤垮内陆地区大量的小化工厂，将比较彻底地杜绝化工气体污染和渤海水污染。

除了沿海地区适合发展炼化一体化大石化项目外，内陆资源型地区也有适合其发展的"母体"项目。比如，绿色煤气化和煤液化的源头性项目其下游产品达两万多种，是典型的"母体"项目，但产能必须达到很大规模，使用一体化装置生产的化工原料成本才合算，否则就无法吸引下游企业扎堆集聚。河北省煤炭资源丰富，又具有三条北煤南运的大通道，理应做足、做好煤炭的文章，培育循环经济型大煤化产业集群，为河北省赢得经济增长的巨大动力的同时，置换和淘汰一大批布局分散的小化工企业产能，从根本上提升产业档次，缓解大气环境和水污染问题。由此建议：一是瞄准中石化、中石油、中海油等央企，积极争取中央的支持，继续加大跑办力度，积极推进两个以上千万吨炼油百万吨乙烯炼化一体化项目落户沿海地区。二是成倍扩大现有峰峰和开滦煤焦化循环经济产业园的规模；依托开滦、峰峰以及大型央企和兄弟省市大型煤企布局建设新的煤气化、煤液化"航母"型项目，高水准建设具有全国意义的大型绿色煤化工循环经济产业园。三是千方百计引进汽车、飞机、动车

和造船等交通装备制造项目和大家电产业群，同时提供一切必要条件留住本土汽车企业的新扩产能。

### （二）借鉴先进经验，加快推进沿海地区行政管理体制改革与创新，多渠道、全方位推进投融资平台群体建设，为河北沿海地区腾飞提供保障

在行政区划短期内难以调整的前提下，借鉴先进地区部分经验，结合河北省实际，我们建议，渤海新区的行政管理体制架构采取“新区管委会+两类派出机构+审批直通车+公司”体制。一是成立新区管委会，作为省政府派出机构，享受市级职能权限，新区事项可直接报省职能部门审批，沧州市备案。二是在“新区管委会”下设立两类派出机构：一类是按照所辖行政区划的县、市（区）设立新区管委会派出机构（可与行政区党委、政府一套人马两块牌子，也可精简），统筹区内经济、社会和城市建设与管理职能，另一类是在所辖经济功能区内设立管委派驻经济功能区的派出机构，负责功能区内经济、社会和城市建设与管理（相当于一级政府职能）。两类派出机构对新区管委负责，所有审批事项都报新区管委审批，不再报沧州市审批。三是成立“新区开发建设有限公司”等实体公司，负责区内基础设施、厂房建设开发投资、运营和管理，采取BOT、BT等新型投资建设方式开展活动，通过盘活土地、冠名权等资源灵活多样地经营城市与功能区。四是原行政区划内的人大、政协等机构和职能保持不变。

投融资平台的建设对于沿海地区开发建设至关重要。河北省还须多渠道、全方位地推进投融资平台群体建设，我们建议：第一，仍须联合省内外有实力的投资机构和战略投资者，发起设立沿海开发产业投资基金，向国家发改委积极争取设立“河北沿海地区发展产业投资基金”或“沧州渤海新区投资基金”，待国家正式出台《股权投资管理办法》后，河北省可按市场化原则自行组建投资基金。第二，除产业投资基金外，应尽可能多地广开门路，争取设立一批创业风险投资引导基金、小微企业联合债权担保基金等非产业投资基金。第三，借力天津放开股权投资基金市场、投资基金不受地域和领域范围限制的契机，可研究制定一些政策吸引天津成立的各类市场化取向的产业投资基金到

河北省沿海地区投资，为沿海地区快速发展提供资金支持。第四，引入专业金融租赁机构，充分利用两个新区现有的各种大型设备，宜售则售，宜租则租，做活码头、铁路等核心资产以外的其他经营性资产，吸引民营资本进入，扩大投融资公司的现金流。第五，加快组建曹妃甸农村商业银行和渤海新区商业银行，大力发展贷款公司、担保公司、金融租赁公司、村镇银行等新型金融组织。第六，支持具有发展潜力、资产规模较大的公司发行企业债券、短期融资券、中期票据等。第七，加强与保险公司总部的合作，制定保险资产债权融资计划，利用保险资金增加对基础设施建设的投入。

### （三）开拓河北环首都地区借力首都、对接首都新的着力点，以教育、医疗、养老、会展等领域为主，吸引配套服务业，疏解首都的城市功能和外来人口

坚持“两条腿走路”的原则，在继续加大针对央企、京企制造业招商引资的同时，环首都地区各市县要积极联系首都著名医院、高校，利用高铁等快捷交通的优势，吸引其来首都周边地区兴办分院和分校。创新合作办医疗和合作办教育的模式，在“一个法人、异地建设、一体化经营”的基本原则下先行先试，采取民间投资建设基础设施入股的方式，解决分院、分校建设资金的问题。比如，保定市离首都只有半个小时高铁车程，可以考虑谋划紧邻高铁站（保定东站）的地域与首都某一个或几个著名大医院合作建设分院，通过社会资本投入的方式高标准建设医院门诊楼、住院部等各项基础设施，保定市提供土地、开通道路、安排公共交通等，医院方采购大型医疗设备，并启动名医来分院轮流定时出诊制度，定向培养或委培医学大学毕业生，实行院部为分院轮训医生、总院医生轮流到分院带薪上班等方式，将保定分院真正变成总院的医疗直属机构，保证分院医疗技术不逊于总院，居民又能享受到比总院更方便舒适、成本更低的治疗。这将会大大吸引外来入京看病的人口集聚保定，不仅能有效地疏解入京外来人口，而且还能带动保定“高铁新城”的建设和发展。除了医疗和教育以外，河北环首都地区还应在养老和会展领域与首都开展实质性合作，通过在环首都山清水秀的地域或邻近合办医院的地域兴办各种标准的养老院，也能够疏解一部分老年人口；通过在环首都交通便利的区域建设一批

高标准的会展场地和设施，完善会展产业的服务配套机构，促进首都会展向环首都地区转移。

### （四）探索适合河北省情的县域“新型城镇化”模式，敢于借鉴先进经验完善顶层设计，切实统筹协调好县域经济与农村扶贫、县级开发区和县城建设

**1. 选择具备条件的地区试行“就近城镇化”的新型农村社区模式**

河北省广大平原区位于交通条件较好的乡镇、城市近郊区、产业集聚区周边地区都可以按照“分类指导、科学规划、群众自愿、就业为本、打造特色、量力而行、尽力而为”的原则，积极尝试“就近城镇化”、“三化协调”的新型农村社区模式。第一，要综合考虑土地利用、城乡建设、产业布局、人口分布与城市总体规划、土地利用总体规划、产业集聚区规划、扶贫规划、现代农业产业化集群规划相结合，高起点、高标准编制新型农村社区建设规划，明确社区选址、功能布局、建设容量和人口规模，既考虑经济功能，又注重宜居功能、生态功能和就业、就学、就医、社会保障、文化体育等各方面内容，配套建设基础设施、公共服务设施和产业创业就业项目。第二，要坚持产业发展与社区建设同步规划，始终把就业安置、创业引导作为新型农村社区建设的首要任务。鼓励靠近产业集聚区的农村社区以产业集聚区内企业为就业依托；远离产业集聚区的社区要积极引导支持群众创业，规划建设农民创业园，出台支持新型农村社区建设居民贷款政策，创立创业基金，以创业带动就业。第三，突出重点，示范带动。选择不同地域条件的若干个示范社区开展高标准建设，在示范带动上实现突破。引导条件较好、建房积极性较高的农村率先启动新型农村社区建设。第四，创新机制，多元投入。采用市场化运作方式，综合运用土地、资金、信贷、费用减免等优惠政策，吸纳社会资金和民间资金参与新型农村社区建设。加大新型农村社区建设项目包装推介力度，加强招商引资，积极引进战略投资者、大企业投入建设与发展新型社区产业项目。

**2. 完善县域发展顶层设计，坚持县城建设“一张蓝图绘到底”，着力促进县城建设与开发区布局、扶贫、特色县域经济发展同步协调**

当前，县城建设由于规划水平有限，加上建设中遇到非常棘手的土地、资

金、居民搬迁与迁入等难题，往往无法坚持下来，“走走停停”、“只画图不动手”的现象非常普遍。为此，建议：第一，全省各县（市）要舍得花钱聘请“规划大师”高标准编制城市（新城）规划，突出特色，避免千城一面。省有关部门要全力支持和帮助各市跑批规划。省要支持有条件的扩权县（市）规划筹建县城的“新区”，必要时调整县城城市规划。第二，完善顶层设计要多“取经”、敢尝试，省城建部门应组织各市县相关部门赴先进地区搞专题调研取经，借鉴先进经验，结合本地实际，创造性地破解推进县城建设中的各项难点问题，统筹协调好县城建设与园区发展、新型社区与农村脱贫、特色经济与城市发展之间的关系，统筹规划好城区、园区、社区。第三，“坚持一张蓝图绘到底”。无论是城市规划还是产业集聚区规划，尽可能地上升到法律的层面固定下来，防止在推进过程中一遇到形势不好就“走样”的情况发生。第四，统筹考虑老城改造与新城建设中的协调问题，出台相关优惠政策鼓励老城行政管理实体和生活要素向新城迁移，促进人口向新城集聚，同步规划腾出的空间发展文化创意产业或高端服务业。

### （五）争取国家政策支持，谨防各地在操作中的“走偏”行为，全力打赢工业转型升级和大气环境治理攻坚战

#### 1. 积极争取国家政策支持，用足、用活现有政策

加紧梳理国家有关节能减排、推进过剩产能淘汰以及环境治理中的优惠政策，鼓励各地用足、用活国家政策“红利”。尽快谋划和筹备一批涉及工业转型升级、大气和水环境治理的基础设施项目、产业基地项目，有针对性地向国家提出争取支持的政策措施。加大政策支持力度，尽快制定和出台鼓励淘汰小型污染企业的实施意见，出台一系列有利于减排和发展循环经济的“河北版”优惠政策措施。比如，可向国家申请享受“国家钢铁产业结构调整试点政策”；恳请国家尽快批复炼化一体化乙烯项目，并批准河北一批有潜力、有实力的先进制造产业集聚区上升为国家级经济技术开发区、国家高新技术开发区、国家新型工业化示范基地；等等。

#### 2. 谨防为了完成减排指标，而采取“减指标不减排放”的“走偏”措施

中央领导要求河北按时完成节能减排任务，并对削减产能和能耗目标提出

了明确的指示，指标要求很高，任务极其繁重。如何才能完成中央规定的降低几千万吨标准煤的能耗指标，已经成为河北各级政府最关心、最重视的问题。全省各地都或多或少地存在着一些落后产能、小工业污染源，如果一律关停，恐怕会引起社会不稳定，因此，一些地市为了完成指标，采取了“关停好关的、躲开麻烦的”措施，将一些技术先进、产能较大、无环境污染的大型重化企业关停，这样可以迅速完成降低能耗的指标，但是，小污染源根本没有涉及，天空照样是雾霾，反而把环境友好型、提供财政收入和就业的大型骨干企业关掉了。比如，据调查了解，某市准备将位于市内某县级市的一家大型水泥公司关停，而这家年产800万吨水泥的公司是我国北方最大的水泥企业，是代表中国水泥行业节能减排最高水平的示范企业，国家第一批循环经济试点企业之一，其率先在业内推广使用水泥窑余热发电、利用水泥窑处置工业废弃物等循环经济技术，成为唯一荣获“中华环境奖”这一环保领域殊荣的建材企业，是国家环保部的样板企业，被称为“花园式”企业，厂区内种植的绿色植物甚至比市区家庭养的植物还要洁净。关掉这样一个大企业是可以迅速完成压减能耗的指标任务，但是对雾霾的天空没有什么清洁作用。

### （六）借助“党的群众路线教育活动”的深入开展，在全省全面开展“解放思想”学习教育和创新实践活动，力争在整顿工作作风、提高执行力和推进能力方面取得新突破

解放思想是实现科学发展的总开关。就河北实际来说，解放思想就是要把开放、务实、创新作为思想认识转变的主基调，从根本上转变制约科学发展的领导方式、思维方式和行为方式。第一，广泛开展“解放思想、改革开放、创新驱动、科学发展”教育实践六大行动，即以实施“解放思想大讨论、观念问题大排查、工作作风大整顿、方式方法大变革、动力机制大创新、用人导向大调整”等六大行动为抓手，着力构建三种方式转变的长效机制。第二，省、市、县各部门开展常规的“解放思想大讲堂”活动，这是后发地区走向经济腾飞的重要经验之一，每月定期请专家、著名企业家、部委领导来讲，当地主要负责人要亲自参加并听讲，长期坚持下来，无论有什么事都不动摇，一来可以解放领导干部思想，二来可以借机宣传本地经济和社会发展。第三，开

展执行力提效“亮剑”行动。首先要明责。每一项工作，要细化到每一个节点，确保压力级级传递、责任层层落实。其次要尽责。主要领导要经常查一查各项目标任务的进展情况，经常议一议除了做好常规工作之外还为发展多做了哪些工作，经常问一问自己及整个班子有没有把全部精力都用在工作上。再次要问责。要按照“亮剑”行动查效问责的有关规定，加大督查力度，切实做到各项工作有检查、有评估、有考核，不能只是把“剑”挥来挥去、舞来舞去，对影响发展、影响形象、影响环境的人和事，要敢于手起剑落，把剑锋指向责任落实。

B.2

# 2013年河北省社会形势及2014年发展趋势分析

周伟文　王立源*

**摘　要：**

河北省2013年的社会发展形势呈现良好的发展态势。财政收入小幅下降后明显回升，市场价格基本稳定；城乡居民社会养老保险制度覆盖全省，基本公共服务的均等化水平有所提高，社会建设受到重视；精神文明建设扎实推进，生态环境建设增大力度，社会稳定风险防范开始步入科学规范轨道；"善行河北"主题道德实践活动深入开展，对河北人的精神生活、日常行为起到导向和规范作用。2013年年初河北省政府提出的城镇居民人均可支配收入和农民人均纯收入增长9%以上，居民消费价格涨幅控制在3.5%左右，城镇登记失业率控制在4.5%以内，人口自然增长率控制在7.6‰内等目标都有望实现。社会整体呈现和谐团结氛围，社会情绪主体为正向积极，但逆向消极的社会情绪也急须疏导和化解。

**关键词：**

河北省　社会形势　非均衡发展　城镇化

## 一　2013年河北社会发展总体形势及特点

2013年是实施"十二五"规划承上启下的年份，河北省在保持经济运行

---

* 周伟文，河北省社会科学院社会发展研究所所长、研究员；王立源，河北省社会科学院社会发展研究所助理研究员。

稳中求进的基础上，更加重视经济与社会的协调发展和社会的和谐稳定，更加重视社会的公平公正，更加重视道德建设和社会文明建设。在社会发展领域，着力推进全省社会建设和社会管理创新，重点完善和落实基本公共服务体系建设，提高城乡基本公共服务均等化水平；谋划城乡居民收入倍增计划，着力提高城乡居民的收入水平，缩小收入差距；推进“善行河北”主题道德实践活动，提升全省居民道德素质，推进社会文明和和谐发展。全省社会发展形势总体呈现如下态势与特征。

**1. 经济增速开始放缓，财政收入由降转增**

2013 年第一季度，全省实现生产总值 5312.2 亿元，与同期相比，增长 9.1%，增速比上年同期下降了 0.6%，其中第二产业增长较快，达到了 11.0%，第一产业增长较慢，为 0.5%，折射出了连续的雾霾天气和冬季的寒冷气候对农业生产的负面影响。上半年，全省实现生产总值 13154.6 亿元，与同期相比，增长 8.7%，其中第一产业增长回升，为 2.7%，第二产业增长趋缓，为 10.0%，原因是夏粮生产再获丰收，畜牧、蔬菜、果品三大农业优势产业发展稳定；相比而言，因经济形势的影响，规模以上工业企业利润增长放缓，增速比第一季度下降 12.7%。预计 2013 年河北省生产总值将突破 28000 亿元，经济增速在 9% 左右。

2013 年 1 ~8 月，全省全部财政收入完成 2442.5 亿元，与同期相比，增长 2.7%。在这一过程中，全部财政收入经历了三次同比负增长，其中 1 月份下降了 4.9%，2 月份下降了 7%，5 月份下降了 7.1%。影响全部财政收入的主要因素是省级财政收入、国内增值税、企业所得税和个人所得税的减少；究其原因，河北省的工业生产和企业经营都受到了内外环境的影响，出现了暂时性的波动。到了 7、8 月份全部财政收入实现回升增速，1 ~8 月份增速比1 ~7 月份提高了 1.8 个百分点，全省全年财政收入有望突破 3800 亿元。

**2. 公共财政预算支出总量加大，支出结构呈不平衡状态**

近三年，河北省公共财政预算支出增长迅速，2010 年增长率为 20.1%，2011 年为 25.4%，到 2012 年底，公共财政预算支出实现了 4079.44 亿元，比上年增长 15.3%，比经济增速高出 5.7 个百分点。2013 年 1 ~8 月份，河北省公共财政预算收入 1536.8 亿元，同比增长 8.9%，公共财政预算支出 2489.0

亿元，增长 6.0%，公共财政预算支出大于收入。其中，公共财政预算支出 1～8 月份分别为 202.5 亿元、291.3 亿元、323.7 亿元、333.6 亿元、320.0 亿元、435.5 亿元、262.1 亿元、320.3 亿元（见图 1）。持续增加的公共事业投入，反映出河北省加大社会领域投资的政策导向，开始产生实际效果。

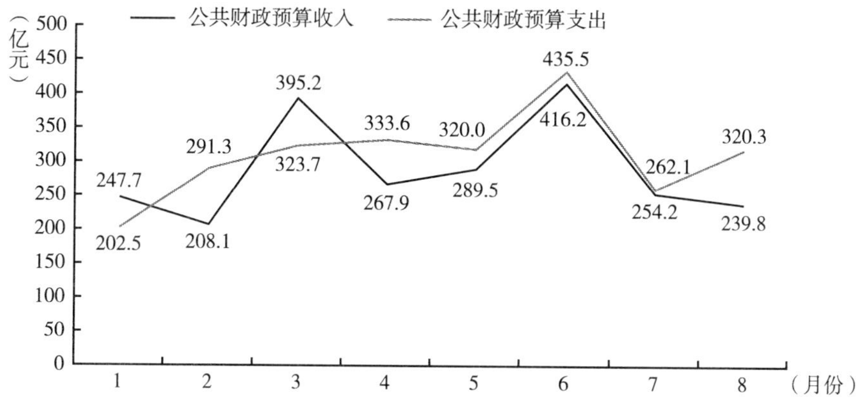


**图 1　2013 年 1～8 月河北省公共财政预算收支趋势**

资料来源：《河北统计月报》。

从河北省 2013 年 1～8 月份公共财政预算支出结构上看，大部分资金用在了教育、社会保障和就业、一般公共服务、农林水事务、医疗卫生等领域。这五个方面的资金投入分别是 458.9 亿元、357.2 亿元、312.1 亿元、261.1 亿元、220.3 亿元，资金之和占了公共财政总投入的 73%。相比而言，节能环保和科学技术投入占的比重偏小，分别为 3%、1%（见图 2）。值得注意的是对科学技术的投入，8 个月中有 6 个月是负增长，这与河北省科技创新需要不相适应。

**3. 城乡居民收入稳步上升，食品消费价格指数领跑**

2013 年上半年，河北省城镇居民人均可支配收入是 11213 元，同比增长 9.6%，扣除物价上涨因素，实际增长 6.5%；农村居民人均现金收入是 5533 元，同比增长 12.7%，扣除物价上涨因素，实际增长 11% 左右。数据表明，在物价上涨的环境下，城镇居民人均可支配收入和农村居民人均现金收入能够保持较快增长。同时，城乡居民收入增幅依然低于经济发展速度，这表明城乡

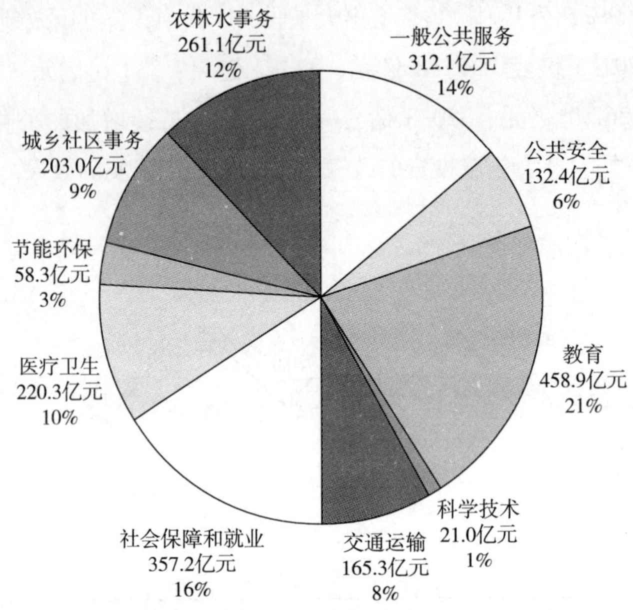


**图2　2013年1～8月份河北省公共财政支出结构**

资料来源：《河北统计月报》。

居民收入还存在增长空间。预计，全年城镇居民人均可支配收入增长幅度能达到9%左右，农村居民人均现金收入增长幅度能达到9%以上，农村居民人均现金收入增长超过了城镇居民人均可支配收入增长，这对统筹城乡发展、缩小城乡居民收入差距将起到积极作用。1～6月份，河北省农民人均现金收入与城镇居民人均可支配收入之比为1∶2.03，全省城乡居民收入差距呈现缩小趋势。

城乡居民收入的持续增长，使得城乡居民的收入预期得到一定程度的满足，居民对未来福利预期也充满信心，这在很大程度上刺激了河北省消费市场的发展。城乡居民更多地把钱花在了改善衣、食、住、行等生活条件上，2013年1～8月份，城乡居民用于粮油、食品、饮料、烟酒类支出为200.9亿元，同比增长15.6%；服装、鞋帽、针纺织品类支出为224.1亿元，同比增长18.6%；家用电器和音像器材类支出为149.0亿元，同比增长10.5%；石油及制品类支出为257.7亿元，同比增长7.7%；汽车类支出为568.1亿元，同比增长14.6%；建筑及装潢材料类支出为10.6亿元，同比增长了1.9倍。汽

车和石油类消费的增加，给空气污染治理带来了新的压力。1～6 月份，河北省社会消费品零售总额为 4681.7 亿元，增长 13.1%，其中，城镇社会消费品零售总额为 3606.5 亿元，增长 13.2%；乡村社会消费品零售总额为 1075.2 亿元，增长 12.7%。城乡社会消费基本上处于均衡发展状态。

居民消费价格总体处于温和上涨态势，2013 年 1～8 月份，居民消费价格总指数为 103.0，同比增长 3.0%，其中食品价格指数增幅较大，为 5.8%，这与食品原材料价格上升和蔬菜果品供应量减少密切相关。交通和通信价格指数小幅下降了 0.4%（见图 3），反映了交通和通信市场的竞争，给居民消费带来了实惠。预计全年居民消费价格总指数不会有太大波动，元旦和春季前后，食品和烟酒及用品价格可能会有小幅回升。

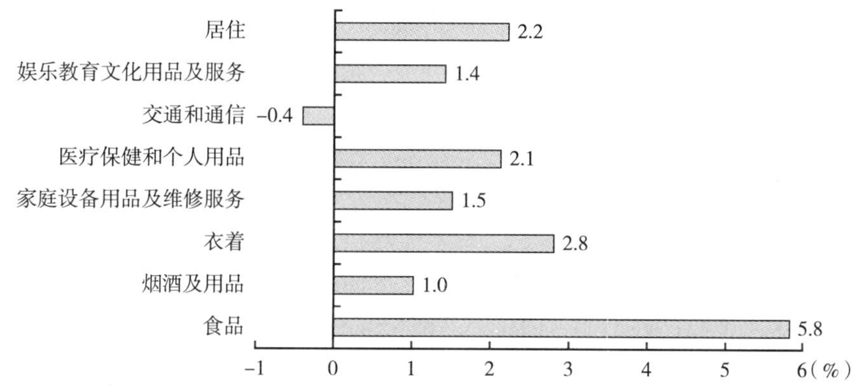


**图 3　1～8 月份河北省消费价格指数**

资料来源：《河北统计月报》。

#### 4. 人口老龄化速度加快，就业形势基本稳定

老年型社会国际通用的标准是少年儿童比重在 30% 以下，65 岁老年人口比重在 7% 以上，老少比在 30% 以上。2012 年河北省人口变动和劳动力抽样调查的数据显示：河北省少年儿童比重是 17.46%，比 2003 年下降了 1.74 个百分点；老年人口比重是 8.68%，比 2003 年上升了 1.08 个百分点；老少比达到了 49.7%，比 2003 年上升了 10.1 个百分点。河北省人口老龄化社会进入加速期。

我们通常把 15 ~64 岁的人口称作劳动年龄人口，把 0 ~14 岁和 65 岁以上人口称作非劳动年龄人口，劳动年龄人口和非劳动年龄人口的关系是抚养与被抚养关系。2012 年，河北省总抚养比为 34. 72%，比 2003 年下降了 1. 8 个百分点；少儿抚养比为 23. 72%，比 2003 年下降了 2. 48 个百分点；老年抚养比为 11. 0%，比 2003 年上升了 0. 68 个百分点，乡村的老年抚养比更高，为 12. 1%（见表 1）。这组数据印证了河北老龄化社会的发展速度。养老问题，特别是农村养老问题将成为河北社会政策关注的重点。

**表 1　2012 年河北省人口年龄构成指数**

单位：%

| 地　区 | 人口百分比 | | | 年龄构成指数 | | |
|---|---|---|---|---|---|---|
| | 0 ~14 岁 | 15 ~64 岁 | 65 岁以上 | 总抚养比 | 少儿抚养比 | 老年抚养比 |
| 省 | 17. 60 | 74. 23 | 8. 17 | 34. 72 | 23. 72 | 11. 00 |
| 市 | 15. 44 | 76. 62 | 7. 95 | 30. 52 | 20. 15 | 10. 38 |
| 镇 | 18. 31 | 74. 71 | 6. 68 | 33. 85 | 24. 51 | 9. 35 |
| 乡村 | 17. 90 | 73. 24 | 8. 86 | 36. 55 | 24. 45 | 12. 10 |

资料来源：《2012 年河北人口变动和劳动力抽样调查资料汇编》。

老龄化社会对河北的直接影响是：老年抚养比升高，劳动年龄人口负担加重，社会养老保险经费剧增。同时，老龄化社会也给社会化养老提出了新的要求，给传统的养老方式带来冲击。为此，河北省先后出台了《关于加快发展养老服务业的意见》、《关于加快推进养老服务体系建设的意见》等政策文件，推进了民政事业服务中心和农村互助幸福院建设，初步形成了城乡一体的社会养老服务体系。此体系已经在河北省的养老服务中发挥了积极作用。

就业形势基本稳定，预计 2013 年全省城镇新增就业人数达 70 万人以上，农村劳动力转移人数达 50 万人以上，城镇登记失业率在 4% 以内，高校毕业生就业率在 82% 左右，与全省劳动力市场供需基本相适应。

就业扶持多措并举。在创业服务方面，给予了税收优惠、小额担保贷款、资金补贴、场地安排等政策倾斜。在就业援助方面，注重开发公益性岗位安置就业困难人员，重点保证了零就业家庭有一人实现就业。在高校毕业生就业专项服务方面，年内将开发 10000 个就业见习岗位，引导离校未就业的高校毕业

生参加就业见习。在劳动者合法权益方面，继续推行劳动合同制度，企业劳动合同签订率达到了 96%，有效地保障了劳动者的合法权益。在残疾人就业方面，同样加强了政策支持力度，安排了 7 场残疾人就业（创业）洽谈会，力争实现残疾人就业人数每年递增 3 个百分点。在河北，就业政策体系基本完备，但是基层就业服务能力略显不足，今后的目标将会放在县及县以下就业公共服务能力提升上，实现基层就业公共服务规范化、专业化、信息化、网络化，使城乡居民能够就近享受到优质高效的就业公共服务。

**5. 社会保障水平明显提高，医疗养老保险实现全覆盖**

最低生活保障做到了应保尽保。按照河北省的低保政策，凡是城乡居民及其共同生活的家庭成员，人均收入或人均纯收入低于当地最低生活保障标准的，要做到应保尽保，并建立了低保标准与物价上涨相联系、与全国平均水平共增长的动态机制。预计到 2013 年底，全省享受城镇最低生活保障的人数将达到 88 万人左右，月人均补助达到 270 元；享受农村最低生活保障人数将达到 212 万人左右，保障标准为每年 2200 元，月人均补助 140 元；五保供养人数将达 25 万人，集中供养能力达到 60%。最低生活保障，保障了困难居民的基本生活，起到了社会的“稳定阀”作用。

基本医疗保障制度实现全覆盖。2013 年，全省职工基本医疗保险参保率达 96%，新型农村合作医疗参合率达 95%，城镇居民基本医疗保险参合率达 96%，政策范围内住院费用支付比例在 75% 左右。完备的基本医疗保障既解决了城乡居民的“看病贵”问题，也减轻了普通居民的经济负担，是一件受到称赞的好事。

社会养老保险制度实现全覆盖。2009 年，河北省正式启动新型农村养老保险试点，2011 年正式启动城镇居民养老保险试点，在制度、经验准备充足的情况下，2012 年将新型农村社会养老保险和城镇居民社会养老保险进行并轨，确立了城乡居民社会养老保险制度，统一政策、统一标准，实现了城乡养老无差别。2012 年 9 月底，随着最后一批县（市、区）纳入社会养老保险体系，河北省完成了城乡居民社会养老保险的全覆盖，参保率达到 93.62%。从此，符合条件的城乡居民在 100 ~ 1000 元的十个档次中自愿参保，60 岁以上的老年人也开始每人每月领取 55 元社会养老金。2013 年河北省又推行了社会保障卡建设工程，发放了首批社会保障卡，为下一步参保人员实现一卡多用（用于养老、医疗、工伤、失业、生育等方面）、异地报销、异地领取养老金奠定了基础，社会养老保险一体化进程又往前迈了一大步。

**6. 基本公共服务体系建立，城乡差距逐步缩小**

经过多年的努力，河北省已经形成了较为完备的基本公共服务体系，内容涵盖教育、就业、社会保障、医疗卫生、计划生育、住房保障、文化体育等广泛领域。在教育领域，全面实施了城乡免费义务教育，九年义务教育巩固率保持在92%以上，高中阶段教育毛入学率保持在89%以上，学前一年毛入园率保持在85%以上；教育公平、教育均等化进程的加快，大大减轻了学龄青少年因为择校而承受的经济负担。在就业领域，进一步完善了积极的就业政策体系，新的就业岗位不断开发，农村劳动力转移人数持续增加。在社会保障领域，社会养老保险制度实现全覆盖，城乡社会救助体系和社会福利体系基本形成。在医疗卫生领域，初步建立了基本药物制度，改善了医疗卫生机构基础设施和技术服务条件，预计到2013年底，每千人医院和卫生院床数将达3.81张，每千人拥有卫生技术人员数将达4.54人，人均基本公共卫生服务经费将在30元左右。在住房保障领域，初步形成了基本住房保障制度，预计到2013年底，将完成新增保障性住房和棚户区改造住房22万套，农村危房改造18万户。在文化体育方面，基本实现县县有文化馆、图书馆，乡乡有综合文化站，村村通广播电视，每个社区都有健身场所。

**7. 新型城镇化稳步推进，县城成为新的人口聚集区**

经过2008～2010年的城镇面貌大变样，河北省在城镇建设方面实现了跨越式发展，城市基础设施得到完善，城市的综合承载能力得到加强，城中村实现大面积改造，使得河北省城市建设从落后到站在了全国前列。到2011年，河北省设区市综合供水能力达到996万立方米/日，全国排名第10位；公园面积13326公顷，全国排名第5位；城市道路面积27935万平方公里，全国排名第5位；城市排水管道长度15435公里，全国排名第11位；建成区绿化覆盖率42.1%，全国排名第4位；城市燃气普及率99.9%，全国排名第4位。

城市建设的加强，城市面貌的改观，直接带动了河北省城镇化进程的加快。2008年河北省城镇人口为2928万人，城镇化率为41.9%；到2012年底，

城镇人口发展到了 3411 万人，城镇化率为 46.8%（见图 4）。四年间，新增城镇人口 483 万人，城镇化率提高了 4.9 个百分点。如果按照《河北省城镇化发展“十二五”规划》对城镇化率约束性指标年均增长 1.4 个百分点计算，到 2013 年底，河北省城镇化率有望达到 48.2% 左右，比全国平均水平快 0.63 个百分点；但总体还是比全国 53.37% 的城镇化率低 5.17 个百分点，说明河北省城镇化进程与其他发达省市相比还有一定差距。近年来，河北省对城镇发展的规划设计提出了新的要求，确定了新型城镇化的战略目标，从城镇规模结构、城镇空间布局、城市聚集能力、基础设施水平、城镇环境质量、城乡居住条件等方面综合协调，促进河北城镇发展，先后构建了环首都城市群、冀中南城市群、沿海城市带的城镇空间新格局。

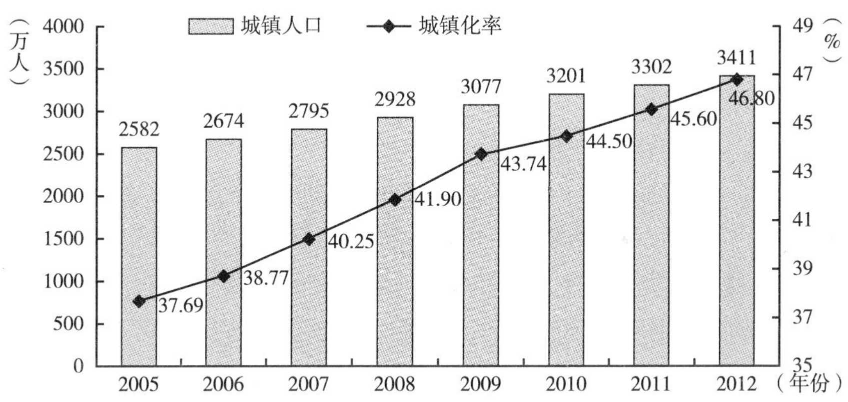


**图 4　2005～2012 年河北省城镇人口和城镇化率趋势**

资料来源：《2012 年河北省城镇化发展报告》和《2012 年河北省统计提要》。

虽然河北省城镇化步伐在加快，但城镇化质量和城市综合承载能力却并没有同时得到提升，存在的主要问题是，市政基础设施建设与人口快速聚集不相适应，交通拥堵，供暖负荷大等。为此，河北省加大了对城市基础设施的投入，在部分城市和城镇开始大规模地进行供暖、供水、供气等管网改造，并在石家庄开始修建地铁以缓解交通压力。2013 年 1～8 月份，河北省城市基础设施投资为 2687.6 亿元，同比增长 26.7%；其中城市市政公用事业投资为 967.8 亿元，同比增长 30.1%。河北省城镇化发展正由速度加快向质量提升转变。

县城发展既是新型城镇化发展的重要内容，也是河北省城镇化发展的客观需要。河北省一共有22个县级市、113个县，县城城镇人口1430万人，平均每一个县城区10.9万人，只有12个县人口达到了20万以上，有60%的县城人口不到10万，有70%的县财政收入不到5亿元。由此可以看出，河北省县城城镇化进程是滞后的，同时预示着河北省县城发展空间是巨大的。我们在冀中南5县市调查中，有85%的农村青年有愿望来到县城工作、生活，农村新生代进县城的主观倾向，会从另一个层面助推县城城镇化的进程。

**8. 大气污染日益严重，环境治理压力增大**

从2012年开始，灰黑的雾霾天气持续地笼罩着河北的大部分地区。中国环境监测总站发布的2013年2月至9月的74城市空气质量报告显示：河北省成了全国大气污染的重灾区。全国污染最严重的10个城市中，2、3月份河北占了6个，4月份占了5个，5～7月份占了6个，8、9月份上升到了7个，邢台、石家庄、唐山成了全国污染最严重的地方，河北的空气污染形势刻不容缓，已经到了零容忍的地步。

污染源主要来自于二氧化碳、氮氧化物、烟（粉）尘、臭氧、PM2.5、PM10，其中PM2.5、PM10和臭氧是最严重的三个污染物。PM2.5的主要来源是扬尘、硫和氮化物的转化物；PM10的主要来源是烟（粉）尘、机动车尾气、硫氧化物、氮氧化物。由此可见，硫氧化物、氮氧化物、烟（粉）尘是造成空气污染的主要背后黑手。在氮氧化物排放量中，电力、热力生产和供应业、非金属矿物制品业、黑色金属冶炼及压延加工业占前3位；在烟（粉）尘排放量中，非金属矿物制品业、电力、热力生产和供应业、黑色金属冶炼及压延加工业占前3位。

从全省规模以上工业能耗增速来看，2013年3月份开局增速较低，为1.90%；4、5月份小幅上升，为4.63%、4.38%；6月份出现了负增长，为－4.03%；7、8月份明显回升，为2.98%、7.51%（见图5），说明河北省工业能耗整体处在上升趋势。在1～8月份全省规模以上工业分行业能耗中，黑色金属冶炼及压延加工业、电力、热力生产和供应业、化学原料和化学制品制造业、煤炭开采和洗选业、石油加工、炼焦和核燃料加工业占有大量份额，分别占总能耗量的53.45%、19.27%、5.70%、4.17%和4.11%。由此可见，

钢铁、电力、化工业是工业能耗的三大巨头。在 1 ~ 8 月份全省工业用电中，黑色金属冶炼及压延加工业、电力、热力生产和供应业仍在前两位，为 5735516 万千瓦时和 2694345 万千瓦时，其中电力、热力生产和供应业同比增长 14.1%。可以看出，钢铁工业是造成河北污染的大户，对于钢铁大省河北来说，淘汰落后和过剩的钢铁产能将成为治理空气污染的重要手段。

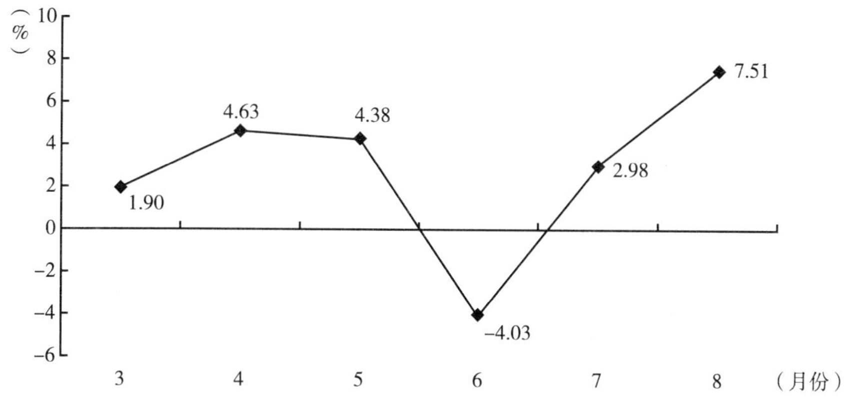


**图 5　3 ~ 5 月份全省规模以上工业能耗增速**

资料来源：《河北省节能统计监测资料》。

面对越来越严重的空气污染局面，2013 年河北省出台了大气污染防治 50 条措施，石家庄市也确立了治理大气污染的十项工程，开始由被动地应对大气污染治理转向主动地防治大气污染产生。要从根本上解决空气污染问题，河北省还有较长的路要走，要寻找新的经济增长极，要彻底淘汰落后产能，要进行治污技术创新，要培育环境治理产业。

**9. “善行河北”深入人心，文明风气日渐浓厚**

2012 年年初，河北省正式启动了“善行河北”主题道德实践活动，在河北大兴互助之风、诚信之风、孝敬之风，从重点领域入手，从社会公众最关心的事情入手，解决在社会、职业和家庭领域存在的问题。从城乡居民的呼声中可以得到印证，在河北有 32.2% 的人认为冷漠现象普遍存在，有 55.6% 的人认为社会诚信状况不如以前了。

2013 年“善行河北”主题道德实践活动向纵深展开，3 月与学雷锋活动相结合，将“善行河北”主题道德实践活动推向了小高潮，深入到了机关、事业单位、企业和学校，把“善行河北”塑造成了耳熟能详的品牌概念，据调查，有87.3%的人听说过“善行河北”并有相当的了解。几乎同时，河北又以省委、省政府名义出台了意见，决定建立“善行河北”主题道德实践活动长效机制，将“善行河北”主题道德实践活动又一次推向高潮，这标志着该活动由部门活动转向了全省行动。在全民的参与下，河北出现了以“道德青县”为代表的道德先进地区，以“油条哥”刘洪安、爱心小院高淑珍、敬老院长周汝珍、盲人校长穆孟杰等个人道德模范，在这些道德模范的带动下、舆论宣传的倡导下，河北社会风气明显好转。如图6所示，从我们对河北城乡居民进行的“善行河北”主题道德实践活动的社会效果问卷来看，城乡居民对这一活动在改善社会风气方面持基本肯定态度，但对这一活动能否真正解决当前社会不良风气问题依然持担忧和怀疑态度，这需要将“善行河北”的道德活动持续开展下去，并探索更为有效的方式，将活动与制度结合起来，将提升居民道德素质作为长期的追求目标，作为文化建设和社会建设有机组成部分，在塑造诚信河北、和谐河北，提升河北综合竞争力方面发挥独特的作用和影响。

从总体判断，河北省2013年的社会发展形势呈现良好的发展态势。财政

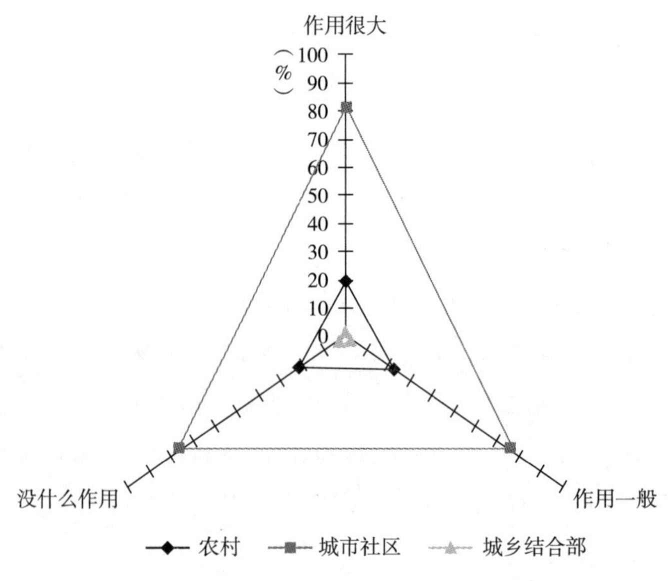


图6　城乡居民对“善行河北”社会效应认同度

收入小幅下降后明显回升，市场价格基本稳定；城乡居民社会养老保险制度覆盖全省，基本公共服务的均等化水平有所提高，社会建设受到重视；精神文明建设扎实推进，生态环境建设力度增大，社会稳定风险防范开始步入科学规范轨道；"善行河北"主题道德实践活动向纵深展开，对河北人的精神生活、日常行为起到导向和规范作用。2013 年年初河北省政府提出的城镇居民人均可支配收入和农民人均纯收入增长 9% 以上，居民消费价格涨幅控制在 3.5% 左右，城镇登记失业率控制在 4.5% 以内，人口自然增长率控制在 7.6‰内等目标都有望实现。社会整体呈现和谐团结氛围，社会情绪主体为正向积极，但逆向消极的社会情绪也急需疏导和化解。

## 二　河北省社会发展面临的主要矛盾和问题

### 1. 经济、社会、生态的非均衡发展状态没有得到根本转变

经济、社会、生态的均衡发展表现为，社会建设、民生福利、生态环境与经济发展水平是同步的、协调的，经济增长的成果主要转化为对社会建设的投入和对民生福利的投入，在城乡居民收入增长的同时，增加生态环境质量方面的投入，经济发展的同时也能保持良好的生态环境。一个地区的经济、社会、生态是否能均衡发展的关键因素取决于发展模式。根据这一标准判断，河北全省尚未实现从传统的工业社会的发展模式向现代发展模式的转变，在经济保持高速增长的同时，公共财政对教育、科技、文化等方面一直保持低水平，特别是对科技的投入出现减少的现象。河北采取了一些提升职工和居民收入水平的措施，和前几年相比，本省居民收入水平有所提高，但河北省城乡居民收入在全国的落后状态却没有得到根本改变。以 2013 年 9 月为例，河北的 CPI 涨幅为 3.2%，超过全国 3% 的平均水平，收入水平和消费指数之间的这种反差表明，河北城乡居民的生活质量面临不升反降的窘境。在生态环境保护方面，主要表现为，以生态环境破坏和资源消耗为代价的传统发展模式依然大行其道，河北省每一元 GDP 的排放量高出全国平均水平，生态风险呈现扩大态势，经济发展与环境恶化、经济发展与人民生活质量之间的矛盾更加突出，河北发展模式因此被称为用生命换发展的发展模式，全省经济、社会、生态呈现严重的

失衡状态，这种失衡状态如果不能得到及时的遏止，将对全省发展的综合能力、社会的稳定和民心的走向产生严重的影响。传统发展模式所造成的经济、社会、生态之间的非均衡状态是河北整体发展面临的主要矛盾。

**2. 社会管理模式没有实现从“管控为本”到“服务为本”的根本转变**

社会管理模式在现代社会的发展中的作用体现为，政府管理社会的观念、能力和效率，政府与社会各主体之间的关系以及其激发活力的作用，这关系到该地区的发展环境，是区域发展的重要竞争力。河北省地处中国北部的京畿之地，长期以来，受传统社会文化中“官本位”思想的影响较深，受计划经济体制影响的思维惯性和工作方式惯性也大于其他地区。近几年，在党中央科学发展观和创新社会管理的思想指导下，社会管理方面出现了新的气象、新的做法，但从社会管理创新科学内涵上分析，河北省的社会管理依然没有走出传统社会管理模式，政府依然是包揽一切的管理主体，“四位一体”的社会管理格局只是停留在文件上，政府各个职能部门基本还沿袭着以往的管理方式，包揽着所有的事情，一些可以由政府购买服务的领域，如养老、社会保障服务等，只是实现了部分的社会化，政府部门，特别的民政、人力资源与社会保障等部门依然处于什么都管，又管不过来的状况。对社会组织的管理方面，将社会组织作为一个控制管理对象，而不是作为管理主体的思维惯性依然是影响管理者的主要思想，民间组织的注册准入条件、运行、审核依然带有很强的官方化特征，在发挥非政府组织在社会管理方面的主体作用方面，与广东、上海、浙江等省市存在很大差距，政府依然是社会管理的唯一主体，社会组织和社会成员依然是社会管理的对象，而没有成为真正的管理主体和参与者。在城市管理、工商管理、道路交通管理等方面，以管为主依然是主要的工作方式，这些方面与邻近的山东等省相比，河北明显存在管、卡、压现象，这在很大程度上影响了投资环境、就业创业环境。在社会管理主体的专业性方面，河北还尚未真正建立起一支专门的社会工作队伍。社会工作专业人才是进行创新性社会管理的基础，但河北在社会工作专业队伍建设方面还十分落后，至今还没有建立专门的社会工作管理机构和相关制度，很多社会工作专业人才在河北找不到工作，而一些社会服务领域却严重缺乏专业的社会工作人员。这在很大程度上影响着河北的社会管理水平。

从整体上看，河北各级政府普遍存在考核出发点的被动执行上级任务的工作习惯，缺乏工作的主动性、创新性。在对社会管理成效及工作业绩的理解上，以没有问题和矛盾为出发点，将正常出现的社会矛盾问题视为考核工作的大敌，从指定工作方案到执行过程，都以完成上级任务和考核目标为出发点，一旦有了问题，不是从根本上解决，而是采取捂盖子、压问题的方法，尽量减少这些负面因素对工作业绩的影响，导致在很多情况下，问题越捂越多、矛盾越盖越尖锐的局面。

**3. 改善民生的社会政策还没有从碎片化、临时性政策向可持续的系统性制度建设转变**

近年来，河北省及各地方政府在年度工作报告中都会推出不同的民生工程，目的在于解决各类急需解决的民生问题。这些种类繁多的民心工程，基本属于时间短、见效快的政绩工程，具有临时安抚民心、快速满足民众部分期望的短期效果。这样的做法，在一定程度上满足了民众的福利预期。但弊端是，各个部门临时制定的政策，依然是碎片化政策，而非从民众长远利益考虑的可持续政策体系。二是这种临时性民生政策增加了民众在改善自身福利方面对人而非制度的依赖。一旦因人和事受阻，不能延续执行某些民生福利项目，民众预期就得不到满足，社会心理就会很快发生逆转，使得不信任政府、对未来缺少信心的社会情绪得以滋生与蔓延，从长计议的制度建设才是改变这种现状的出路。

**4. 人口城镇化还没有走出“造城”怪圈**

新型城镇化具有两个特征，一是需要以产业化、现代化为支撑，实现人口向城镇的聚集。二是按照城乡统筹的思路，实现大中小城镇的并重发展，尤其是注重县城的发展，使人口向不同类型的城镇转移。按照新型城镇化思路，河北的城镇化存在人口城镇化偏低和缺少城乡统筹、城镇化人口结构不合理等问题。按照 2012 年国家统计局数据，中国的城镇化率是 52% 左右，但这是把常住城市半年以上的人都计算在内的，如果把这些只在城市工作打工，但并未实现身份和福利转变的农民工人数去掉的话，中国真实的城镇化率大约在 47%，河北的城镇化率一直低于全国的平均水平，按照河北统计局数据，河北 2012 年的城镇化率为 46.8%，按照实际情况测算，河北省真实的城镇化率大约在

33%。河北流动人口具有流动半径多在京津冀区域内部和季节性流动等特征，由于向北京、天津实现城市化转移目标的成本高、难度大，因此更多的农村人口将在河北省内的各类城镇实现城镇化作为转移的最终目标，但目前河北省的城市发展与建设远远不能满足这一需求。以省会石家庄为代表的大中城市，普遍存在城市容量、城市设施、城市公共服务不能满足现有人口需要的困境，这些大中城市建设规划对流动人口考虑不多，导致很多地方出现流动人口高档社区住不起，低档居住地带不让住的现象。而在一些县城和小城镇的城市建设做表面文章多，形象工程与“穿衣戴帽”工程、交通要道沿线的工程代替长远建设现象比较普遍，这些都不能真正提升人口聚集功能。

从全省城市的产业结构来看，工业化、产业化与人口的城镇化之间尚未形成良性互动，特别是服务业发展质量不高，还未能成为促进人口聚集的强势动力。城市公共服务与公共管理还存在水平低下，应对各类公共突发事件能力明显不足。政府在城镇化中思路和导向存在较大偏差，一些地方将城镇化作为追求经济利益的平台，还有一些地方将城镇化作为追求政绩的最终目标，片面追求城镇化速度，人为“推进”城镇化，热衷于“造城运动”，这些现象都影响到城镇化的发展质量。

**5. 社会情绪耐受性降低导致社会生活风险加大**

从总体上看，河北省社会情绪的基调是积极的，但负面情绪的影响也不可忽视。应当注意的是，社会情绪的变化所引发各类社会风险和安全危机增加，例如个人非法暴力致富个案增加导致的人身安全感下降；生态环境的恶化，导致生命及健康安全感下降；个人信息和食品安全问题不能得到有效遏制，导致居民生活安全感下降的现象增多，使得社会情绪呈现比较普遍的焦虑状态。特别是随着社会阶层的进一步固化和收入差距的进一步扩大，部分人群致富无望，生存状况继续恶化，导致一些人情绪失控并突破忍耐极限，抢劫致富、杀人致富、偷盗致富等非法致富案例开始增多。这些社会性事件表明，社会情绪的耐受性和控制点都降到了低点，社会事件的引爆点也明显降低，社会生活安全感和社会信任度也达到了前所未有的低点。这些都需要采取有效的办法进行疏导和化解。

## 三　2014 年河北社会形势预测与对策建议

**1. 生态环境治理将带动河北向绿色发展模式转变**

在大气污染严峻形势的倒逼下，河北省生态环境治理将进入高度重视的实质性治理阶段，并带动发展模式向绿色发展模式的转变。绿色发展模式是在传统发展基础上的一种模式创新，是建立在生态环境容量和资源承载力的约束条件下，将环境保护作为实现可持续发展重要支柱的一种新型发展模式。《国家“十二五”规划纲要》指出，未来五年中国将走绿色发展之路，绿色发展直接关系到河北发展质量和经济社会发展战略的实现，关系到主要污染物排放量的控制和森林覆盖率的提高等相应指标的实现。积极探索河北省绿色发展战略对提升全省发展质量和全省居民的幸福指数具有重要意义。河北省生态环境的治理也将带动全社会对发展模式的深刻反思，同时促进全社会在绿色发展的价值观基础上逐步达成共识。全省各级政府将认真思考绿色发展面临的各种挑战，其一，要从观念上彻底改变资源无价和资源可无限供给的想法，认可绿色发展的重要价值，并通过改变落后观念，树立牢固的绿色发展意识，促进绿色发展的实现。其二，还需要克制经济增长冲动，改变传统粗放增长方式，在节能减排、发展循环经济、推动低碳经济、加大环境保护投资、建立环境经济政策体系等方面进行系统的制度创新。其三，在改善空气质量方面，要本着实事求是，对自己负责，对全体人民负责的态度，不要弄虚作假，不要自欺欺人，在选择空气监测点方面不能有意选择空气质量相对好的地方进行监测，要以科学的精神，按照客观规律选择监测地点，以便反映各地真实的环境质量情况。

**2. 收入倍增计划将进入实施阶段，城乡居民福利预期提升**

在 2013 年 1 月河北省第十二届人民代表大会第一次会议上，河北省省长的政府工作报告提出，今后五年制定实施城乡居民收入倍增计划，大幅度提高城乡居民收入，促进居民收入水平与经济社会发展水平同步提高，实现城乡居民收入比 2010 年翻番，这一计划使得城乡居民收入提高有了明确预期。为实施这一五年计划，2013 年河北省相关部门开始研究制定着力提高中低收入群体的收入水平的河北城乡居民收入倍增计划。2014 年，居民收入倍增计划将

进入实施阶段，而这一计划将在全体居民的期盼中公开、公正地逐步实现，这需要政府认真履行责任，实现承诺，要建立和强化工资正常增长机制，强化实施最低工资制度，并逐步提高最低工资标准。在产业政策上，应注重支持中小企业、小微企业等劳动与技术密集型企业的发展，为就业和自主创业建立良好环境，同时要制定可行性政策拓宽农民增收渠道。此外，在具体实施方面，要注意收入倍增计划需要扣除物价因素，按照可比价执行，保障城乡居民收入水平有实质性的提高。

**3. 人口城镇化将出现分类聚集、城乡统筹发展态势**

未来中国的发展，将进入工业化、信息化、城镇化、农业现代化的“新四化建设”阶段，新四化建设与新型城镇化的发展思路是一致的，它突出了以人为中心的城镇化，需要依托工业化、信息化、农业现代化来实现，既体现了通过工业化、信息化带动就业的以人为本的城镇化新思路，也体现了城乡统筹发展的城镇化思路。城镇化既包括人口进入城市城镇化，也包含人口就地转移的城镇化。在新四化建设和新型城镇化双重动力的促进下，河北省的城镇化将出现新的发展态势。一是大中小城镇在吸纳人口方面发挥不同作用，大城市通过产业发展、信息化需要，吸引高素质的年轻人就业，并留在城市生活，成为真正的市民。中小城镇通过特色产业、中小企业创业优势吸引有创业意愿的年龄偏大的人进入，实现全家人向城镇的转移。而一部分愿意从事现代农业的人，则可选择继续留在农村实现就地城市化。二是农村新社区建设将进入初步建设阶段，城乡居民在享受社会保障、基本公共服务等方面的差距将逐步缩小。

**4. 基本公共服务均等化将有新的突破**

2013 年河北省政府工作报告还提出了未来五年的目标，全省经济持续健康发展，生产总值年均增长在 8.5% 以上，公共财政预算收入年均增长在 11% 以上。公共财政在基本公共服务方面的投入机制将进一步得到制度保障，2013 年，河北省“‘十二五’基本公共服务体系建设规划”得到进一步完善和落实，2014 年全省将着重实现城乡和区域间教育、医疗、文化、体育、公共安全等方面均等化发展，为基本公共服务体系建设“十二五”目标的实现做好各项工作。随着“国民基础社会保障包”制度的建立，2014 年河北省将开始

进入国民基本保障包的初级阶段，在实行名义账户制统一，各类人群的基本养老保险，医保参保补贴实现费随人走，人口跨行政区流动时补贴由上级政府承担等项工作都将有新的突破。

**5. 构建和谐的社会生活秩序的社会共识将逐步形成**

作为社会心理层面的结构性要素，社会共识涉及人们对社会利益配置结构公平性的认可，对经济与社会增长模式匹配度的认知以及对核心价值观的认同，对于构建和谐社会具有重要意义。未来的河北发展，不仅需要正确的发展模式和明确战略目标，也需要建立和谐稳定的社会生活秩序。和谐稳定的社会生活秩序包含社会的稳定、生态环境的安全、生活的富足、人际关系的和谐等。从社会心理层面来看，人心思定、人心思安已经成为社会稳定的心理基础，建立和谐稳定的社会生活秩序，正在成为社会共识，这为河北的发展奠定了良好的社会基础，各级政府需要珍视这一现实，采取灵活多样的方式，不断推动全社会的创造活力，构建和谐的社会生活新秩序，同时，还需要努力引导社会管理新格局的多主体间的有序互动，以不同方式为社会多方力量参与社会管理提供制度合法性与现实路径。

## 参考资料

《河北省经济年鉴》（2003～2011），中国统计出版社。

河北省统计局、国家统计局河北调查总队：《河北统计提要》，2012。

河北省统计局、国家统计局河北调查总队：《河北统计月报》（1～8 月），2013。

河北省统计局：《河北节能统计监测资料》（2～8 月），2013。

河北省住房和城乡建设厅和河北省统计局：《2012 河北城镇化发展报告》，河北人民出版社，2013。

中国环境监测总站：《74 个城市空气质量状况月报》（2～9 月），2013。

河北省发展和改革委员会：《河北省基本公共服务体系行动计划（2013～2015）》。

# 经 济 篇

Economic Reports

## B.3 以人为本视角下河北省新型人口城镇化发展研究

李海飞*

**摘 要：**

当前，城镇化作为一个关系全局的重要战略，其重要性正在得到全国上下越来越多人的重视。人口城镇化是城镇化发展的核心和根本。近年来，河北省的人口城镇化不断发展，但也存在着诸如水平不高、质量不足、结构不合理、发展态势趋缓等问题。相对保守与粗放的经济发展模式以及具有一定非人本化倾向的城镇化发展体制，是河北省人口城镇化诸多问题的根本原因。坚持以人为本的基本立场和视角，积极正视这些问题和现实，并从政策方向、工作重点、战略支撑等方面扎实努力，是下一步推进河北省人口城镇化健康发展的

* 李海飞，河北省社会科学院经济研究所助理研究员、经济学博士，主要从事政治经济学基础理论和河北省区域经济发展研究。

基本途径。

**关键词：**

以人为本　人口　城镇化

人口城镇化是城镇化过程的核心内容，以人为本是新型城镇化建设的本质要求。进入21世纪以来，河北省城镇化的发展已进入一个快车道，发展的速度和质量正在不断提升。但另一方面，囿于传统的城镇化发展体制和河北省特殊的经济发展模式，河北以往的人口城镇化还存在很多问题，以人为本原则坚持得还相对不够。努力分析这些问题和原因，并结合河北具体发展的实际，提出切实可行的对策和建议，进而依此在实践中去不断创新和完善人口服务和管理制度，逐步消除城乡区域间各种障碍，从而最终促进河北省城镇化过程中人口的有序流动、合理分布和社会融合，对于河北省下一阶段的城镇化健康发展来讲，意义非常重大。

## 一　河北省人口城镇化发展的现状和方向

### （一）河北省人口城镇化发展的基本现状

所谓城镇化，简单来讲就是在非农产业于某些特定空间与地理区域内集聚发展的基础上，更多人口从农村转移到城市进行就业和生活，同时城市基础设施和服务、城市管理和城市规模与空间结构等也在不断扩张和发展的一个自然历史过程。从中可以看出，虽然城市化的内容有很多，但是其中最根本和最明显的，是人口的城镇化，即人口不断地从农村转移进城市，并且实现其就业方式的非农化、生存方式的社会化和生活方式的现代化。这也是世界上各国在统计和测量城市化率的大小时，基本上都使用人口城市化率（城市人口占总人口的比重）这一指标来代表的主要原因。

新中国成立60多年来，河北省的人口城镇化虽然历经波折，但总体上平稳向前的态势并没有变，其间所取得的成绩也是有目共睹的。特别是自进入21世纪以来，河北城镇化发展的体制机制不断改进和完善，城镇化的发展已进入一个快车道，发展的速度和质量正在不断提升。

首先，人口城镇化水平不断提高。2012年，河北省城镇化人口达到3390万人，城镇化水平为46.8%，比2003年（33.5%）提高13.3个百分点，年均增长1.48个百分点，高于全国同期增长幅度①。

其次，城市化规模结构不断改善。全省各个设区市城市发展迅速，2012年城市人口增加比2003年增加了320万人，已有6个城市市区人口超过100万人②。

再次，人口城镇化质量也不断提升。2012年，全省城镇居民人均可支配收入达到20543元，比2007年增长75.7%；就业规模持续扩大，城镇就业近五年新增316.5万人，农村劳动力转移就业489.6万人，城镇登记失业率控制在4%以内；社会保障体系不断完善，企业职工基本养老保险实现省级统筹，连续八年提高企业退休人员养老金水平，城乡居民社会养老保险和基本医疗保险实现制度全覆盖，城乡低保标准超过全国平均水平；保障性住房建设扎实推进，累计建设保障性住房和棚户区改造住房110.9万套，解决了167.5万户城镇中低收入家庭住房困难问题；城乡免费义务教育全面实现，学前教育加快发展，高中阶段教育基本普及，职业教育发展特色鲜明，高等教育质量提高，公办本科高校生均预算内教育事业费由3958元提高到12000元；文化事业蓬勃发展，省市博物馆、图书馆等一批公共文化设施投入使用并实现免费开放；基层医疗卫生服务体系不断完善，城市社区卫生服务街道覆盖率达到99%③。

### （二）以人为本新型城镇化的重要意义和基本内涵

当前，中国经济正处在一个增速趋缓、蓄势求变的关键时期。这时，城镇化，作为一个关系全局的重要战略，其重要性正在得到全国上下越来

---

① 袁伟华：《新型城镇化“新”在何处》，《燕赵都市报》2013年1月28日，第6版。

② 袁伟华：《新型城镇化“新”在何处》，《燕赵都市报》2013年1月28日，第6版。

③ 张庆伟：《张庆伟在十二届人大一次会议上的政府工作报告（摘登）》，《河北日报》2013年1月26日，第2版。

越多人的重视。以城镇化有力带动信息化、工业化和农业产业化的不断发展和各项改革事业的继续推进，并帮助持续释放巨大的内需潜能和不断提升整个经济的集约可持续发展能力，从而保证我国今后较长时间内经济和社会的继续前进，也已成为当今社会各界的一个广泛共识。但同时，作为中国传统粗放一体化发展模式的一部分，我国城镇化旧有的基础体制、推进方式和发展形态，由于其继续延续所可能带来的众多不良后果，也同样面临着越来越多的批评；而强调“公平共享、集约高效、协调可持续”的新型城镇化道路，正在成为全国多数民众的共同诉求和国家下一步发展的必然方向。

新型城镇化道路，有很多新特征和新做法，但其本质是以人为本。这体现在人口城镇化方面，其所主要考虑和重点关照的则是在城市化过程中“人往哪里去”的问题。这从微观上来讲，就是要统筹解决好人口城镇化过程中的“流得动”、“留得下”、“过得好”等问题；从宏观上来讲，它主要关注的则是人口城市化过程中人员流动的方向、数量、质量和结构等问题；从实现途径和保障机制上来讲，则主要体现和依赖于更为科学的工业化和经济发展模式，更为对等顺畅的城乡协调关系，以及更为公平合理的土地制度、户籍制度、财税制度、社保制度、城市规划与管理体制等。

在城镇化过程中，如果有条件、欲进城的农民不能自由合理地选择自己所愿迁移的城市，进城后长远看不到自己有稳定就业和安居的希望，在城市生活中不能平等地享受应有的城市公共服务和福利，人口城镇化流动整体上呈现多方受限和低效不平衡的格局，我们就不能说我们的城市化是在以人为本的科学发展观原则指导下的新型城镇化。就像李克强总理所说的，推进城镇化，核心是人的城镇化，关键是提高城镇化质量，目的是造福百姓和富裕农民。

对河北省而言，以人为本同样是其未来人口城镇化发展的基本方向。但值得注意的是，河北省以往的人口城镇化发展具有全国传统人口城镇化运作模式的一些共同特征，但也有着自己的一些特殊性和不同问题，因而其向以人为本新型城镇化模式的转型和转变有着同样的重要性和特殊的艰巨性。这需要我们下面对具体问题进行具体分析。

## 二　当前河北省人口城镇化存在的主要问题

### （一）人口城镇化率相对较低

河北省城镇化进程长期滞后于全国平均水平（见表1），与先进省份相比差距更是明显。2012年，河北省的城镇化率为46.8%，低于全国平均水平5.8个百分点；与广东、辽宁、江苏、浙江、山东等先进省份相比，则分别低20.6个、18.9个、16.6个、16.4个和5.6个百分点。此外，在2012年，河北省的城镇化率比工业化率低0.28个百分点，而全国的情况是城镇化率比工业化率高14.09个百分点；而且从城镇化滞后于非农化的程度来看，2012年，河北省城镇化率低于非农产业比率41.21个百分点，全国城镇化率低于非农产业比率37.34个百分点，前者比后者高3.87个百分点①。

**表1　2000～2012年全国和河北的常住人口城镇化率**

单位：%

| 年份<br>地区 | 2000 | 2001 | 2002 | 2003 | 2004 | 2005 | 2006 | 2007 | 2008 | 2009 | 2010 | 2011 | 2012 |
|---|---|---|---|---|---|---|---|---|---|---|---|---|---|
| 全国 | 36.22 | 37.66 | 39.09 | 40.53 | 41.76 | 42.99 | 44.34 | 45.89 | 46.99 | 48.34 | 49.95 | 51.27 | 52.57 |
| 河北 | 26.08 | 30.60 | 33.00 | 33.51 | 35.83 | 37.69 | 38.77 | 40.25 | 41.90 | 43.74 | 44.50 | 45.60 | 46.80 |

资料来源：《中国人口和就业统计年鉴2012》，《河北经济年鉴2013》，《中国统计年鉴2013》。

### （二）人口城镇化结构不尽合理

人口城镇化过程中人口流动方向的结构及其均衡问题，可以在城镇规模结构和区域结构上得到清晰而明显的展示，它可以说明在城镇化过程中人口都流向了哪些城市，以及最后其所产生的人口集聚的规模结构、区域布局及其特征又如何等。长久以来，河北省城市整体规模层级低、大城市规模小、中等城市数量少、小城市小而散且特色不突出的问题十分明显，且直到现在还看不到明

① 根据《河北经济年鉴2013》和《中国统计年鉴2013》中的数据计算而得。

显改善的迹象。2012 年，全省地级及以上城市中，市区人口 100 万人以上的城市仅有唐山、石家庄、保定、邯郸四个，占地级及以上城市数量的 36.37%，低于全国平均水平 7.57 个百分点（见表 2）；2011 年末常住总人口指标，河北省设区城市（市区）占全省的比重仅为 2.6%，低于全国地级城市占全国比重 10.4 个百分点①。此外，从区域分布来看，河北省沿海地带仅有秦皇岛、唐山和沧州 3 个地级市，与周边山东沿海 7 个地级市、辽宁 6 个地级市相比，相差 1 倍以上，这说明河北省沿海区域缺乏连绵的城市带，人口向河北省沿海地区的集聚并不积极。

**表 2　2012 年一些省份地级及以上城市的人口规模结构分组情况**

单位：个，人

| 地　区 | 合　计 | 按城市市辖区年末总人口分组 | | | | | |
|---|---|---|---|---|---|---|---|
| | | 400 万以上 | 200 万～400 万 | 100 万～200 万 | 50 万～100 万 | 20 万～50 万 | 20 万以下 |
| 全　国 | 289 | 14 | 31 | 82 | 108 | 50 | 4 |
| 河　北 | 11 | — | 2 | 2 | 7 | — | — |
| 江　苏 | 13 | 1 | 7 | 3 | 2 | — | — |
| 浙　江 | 11 | 1 | 1 | 3 | 5 | 1 | — |
| 山　东 | 17 | — | 5 | 8 | 4 | — | — |
| 广　东 | 21 | 2 | 2 | 7 | 6 | 4 | — |

资料来源：《中国统计年鉴 2013》。

## （三）人口城镇化的质量存在缺陷

人口城镇化的质量，是指新进入城镇的人群是否能完全适应和融入到城市的生产生活中去，是否能平等拥有其他市民已经得到的享有城市中各种公共服务和福利的权利，以及他们平均能够享受到的城市生活质量如何，等等。在这个方面，当前各界讨论最多当然也是表现最突出的问题，就是城市常住农民工的“半市民化”问题，这在河北省同样存在，且呈现不断恶化的

① 河北省住房和城乡建设厅、河北省统计局编《2012 河北城镇化发展报告》，河北人民出版社，2013，第 60 页。

趋势。2000~2011年，河北省的常住人口城镇化率和城市户籍人口城镇化率（非农业人口率），分别从26.08%和19.6%增长到了45.6%和31.91%，分别增长了19.52个百分点和12.31个百分点，前者比后者快7.21个百分点，常住人口城镇化率和户籍人口城镇化率之间的差距在不断拉大（见表3）。此外，统计资料显示，2012年，河北省城市人均用水126.2升，比全国平均水平低45.6升；每万人拥有公共交通车辆为11.29标台，低于全国平均水平0.86标台；人均住房建筑面积为32.5平方米，低于全国平均水平0.4平方米①。

**表3 2000~2011年河北省常住人口城镇化率和户籍非农业人口城镇化率**

单位：%

| 项目 \ 年份 | 2000 | 2001 | 2002 | 2003 | 2004 | 2005 | 2006 | 2007 | 2008 | 2009 | 2010 | 2011 |
|---|---|---|---|---|---|---|---|---|---|---|---|---|
| 常住人口城镇化率 | 26.08 | 30.6 | 33 | 33.51 | 35.83 | 37.69 | 38.77 | 40.25 | 41.9 | 43.74 | 44.5 | 45.6 |
| 户籍非农业人口率 | 19.6 | 20.34 | 21.34 | 26.68 | 26.56 | 26.88 | 30.39 | 31 | 30.95 | 31.28 | 31.79 | 31.91 |

资料来源：《中国人口和就业统计年鉴2012》，《河北经济年鉴2012》。

## （四）人口城镇化未来加速提升的可能性不大

进入21世纪以来，河北省城镇化率与全国平均水平的差距先是有所缩小，但近三年又呈现不断扩大的态势。2000年，河北省城镇化率比全国低10.14个百分点，到2009年时已缩小到4.6个百分点；但2010~2012年，河北省与全国在城镇化率方面的差距又不断增大，到2012年时达到5.77个百分点。此外，从未来几年影响河北省城镇化发展的各种条件来看，形式也不容乐观。首先，以往在劳动、资本、环境低成本基础上主要依赖外需和投资拉动经济快速增长的内外部条件和环境已不具备，我国经济增长将进入"7%时代"，而且这方面河北省的情况可能更为严重一些，城镇就业状况有进一步恶化的趋势（见表4）。其次，单位劳动力就业系数较低的河北省的产业结构在近期内还看不到明显改善的迹象。最后，房屋和粮油菜等价格的不断上升，以及农民工在

① 根据《河北经济年鉴2013》和《中国统计年鉴2013》上的数据计算而得。

受到城市公共福利方面的差别化待遇，他们进城的成本在不断提高，意愿在下降；改变这背后的土地制度、户籍制度、财税制度、社保制度也必将需要一个长期而艰难的过程。

**表 4　2000～2012 年河北省城镇年末登记失业人数**

单位：万人

| 年份 | 2000 | 2001 | 2002 | 2003 | 2004 | 2005 | 2006 | 2007 | 2008 | 2009 | 2010 | 2011 | 2012 |
|---|---|---|---|---|---|---|---|---|---|---|---|---|---|
| 登记失业人数 | 17.4 | 19.5 | 22.2 | 25.7 | 28 | 27.8 | 28.7 | 29.3 | 32.2 | 34.5 | 35.1 | 36.0 | 36.8 |

资料来源：《中国人口和就业统计年鉴 2012》，《中国统计年鉴 2013》。

## 三　河北省人口城镇化发展滞后的深层原因和障碍

### （一）经济赶超战略与粗放型的经济增长模式

经济增长或发展的具体模式与程度，对人口城市化的方方面面都有着广泛而深刻的影响，因为它们深刻决定着人口流动的方式和途径、城镇对人口的集聚能力和分配布局等内容。

**1. 传统的以优先发展重工业为核心的经济赶超战略**

新中国成立以后，为了实现国家经济结构的快速成型和经济实力的快速提高，我们实行了以优先发展城市重工业为主要特征的赶超战略；并且为了保证这一战略的顺利进行，我们还进一步设计建立了工农产品价格剪刀差机制、以公有制和户籍制度为主要形式的对微观经济主体（单位和个人）的固化控制和宏观上高度集中的资源计划配置制度这三位一体的经济运作管理体制①，以保证资本原始积累的顺利实现，缓解城市就业的巨大压力和保证各种资源对优先发展目标的集中投放。这种发展战略和体制机制对我国（当然包括河北省）人口城镇化发展的影响是深远的，并且其影响一直波及现在。

首先，已有城市以集中发展重工业为自己的主要经济使命，这对城市化发

① 林毅夫、蔡昉、李周：《中国的奇迹：发展战略与经济改革（增订版）》，格致出版社，2012。

展产生了两个不良后果。一是重工业的资本有机构成比较高，创造就业能力不足，导致城市对新增劳动力的需求有限；二是，以投资和重工业发展为主要驱动的经济增长，最容易产生10年一个轮回的周期性经济波动，这导致城市在其经济进入波谷时不仅不能增加就业、吸纳人口，反而会吐出劳动力、降低人口城市化水平。这就是我国自新中国成立以来城市化率长期较低、并且周期反复性地号召城市青年下乡的最根本原因。

其次，在农村，为了扶助城市中的重工业发展，满足其资本原始积累时期对资本和投资的无限需求，农村经济在通过工农产品价格剪刀差不断向城市“输血”的同时，也被以各种名义（如“割资本主义尾巴”）要求禁止自己的工业和服务业发展，以防止资本沉淀在农村。这样做显然限制了农村自己的工业化发展以及在此基础上中小城镇的自然壮大。

**2. 新时期相对保守与粗放的经济发展模式**

进入改革开放时期以后，传统的经济发展战略和城市发展模式都有所改变，其中最突出的一是在民营经济的搞活带动下城乡轻工业和第三产业的快速发展和繁荣，这在经济规模扩大和资本有机构成降低两个层面上都有利于城市和县镇对于就业扩大和人口吸纳的促进；二是户口发放审批的标准不断降低，同时市场化改革对以户籍制度为代表的城乡隔离体制的诸多内在附属内容也在逐步消解，比如，粮食买卖的放开使得农民可以“自带口粮”或购买口粮而进城，房地产市场的放开使得农民现在可以以购买商品房的形式在城市定居，等等，这些都大大促进了人口向城镇的自由流动。

具体到河北而言，在改革开放以后，同其他先进省份相比，我们跟随国家改革前进的节奏和步伐有些缓慢，经济发展表现出了一定的相对保守性和粗放性，并给河北省的人口城镇化发展带来了一些不好的影响。

首先，由于没能按照市场经济的原则大力放松管制降低交易成本，搞好服务优化经营环境，河北省的民营经济没能如山东、江苏、浙江等省份那样迅速崛起。这一方面影响了河北省大中城市经济规模的扩张①，另一方面也造成整

① 据《中国城市经济年鉴2011》上的数据，在2010年中国GDP百强城市排名中，河北省进入前50名的仅有唐山、石家庄、邯郸等3个城市，分别排名第19、27、45位；而江苏和山东进入前50名的有8个，浙江有6个。

个县域经济的低迷，从而使中小城镇的发展丧失了动力①，最终导致整个城镇体系对农村人口的吸纳能力总体不足。

其次，由于没有寻找到或做到有效激发人的积极性和创造性，从而将经济增长的动力更多地依赖于人力资本的提高上，河北省经济继续延续并强化了以往的那种过度的拼资源、拼环境、拼投资的粗放式发展模式，使河北省的经济结构偏粗、偏重、偏低、偏散。这给河北省城镇化带来的影响是，一方面工业经济偏向资源区位导向致使其向中心城区的集聚能力不强②，另一方面城市经济较高的资本有机构成导致其吸纳劳动力的能力较弱，此外较低的经济效率导致居民人均收入较低从而进一步影响了吸纳就业能力较强的第三产业的发展③。

## （二）传统人口城镇化发展模式中的非人本化倾向

出于赶超战略下优先发展城市重工业（改革开放前）和降低城市建设与管理成本的考虑，以及占据经济和社会决策权相对优势地位的城市既得利益者维护和巩固自己利益的需要，依靠各种体制设计，我们传统的人口城镇化发展模式内部逐渐形成了一种非人本化的倾向。这种“非人本化倾向”的内涵主要有两条，一是过于重视“物的城市化”而轻视“人的城市化”，二是过于重视已有市民城市化质量或福利的提高而轻视潜在城市化人口的引进和扩容。细致来讲，这主要体现为以下几个方面。

### 1. 重视城市经济发展而轻视城市人口吸纳增加

其背后的传统逻辑是“先建设后享受”、“大河有水小河满”。这方面的重

① 根据中国县域经济网上的数据，2011 年，河北省县域经济平均地区生产总值为 122.70 亿元，与全国平均水平的 121.10 亿元基本持平；但平均地方财政一般预算收入为 4.51 亿元，比全国平均水平低 2.1 亿元，少了 1/3。从第十二届全国县域经济与县域基本竞争力百强县的评比来看，河北省仅有 3 个入围，而辽宁省 11 个、江苏省 25 个、浙江省 20 个、福建省 7 个、山东省 24 个。

② 2011 年，河北省在地区生产总值、工业总产值、规模以上工业企业数、固定资产投资、社会消费品零售总额等指标上，设区城市占全省的比重分别比全国地级城市占全国比重低了 28.4、19.1、25.3、14.7、26.0 个百分点。（河北省住房和城乡建设厅、河北省统计局编《2012 河北城镇化发展报告》，河北人民出版社，2013，第 1 版，第 60 页。）

③ 2012 年，河北省规模以上工业企业总资产贡献率为 13.83%，工业成本费用利润率为 6.19%，分别比全国平均水平低 1.28 和 0.92 个百分点；2012 年，河北省城镇居民人均可支配收入为 20543.44 元（全国排名第 19 位），城镇单位就业人员平均工资为 38658 元（全国排名第 24 位），分别比全国平均水平低 4021.28 元和 8111 元；2012 年，河北省第三产业增加值贡献率或 GDP 占比为 35.31%，比全国低 9.28 个百分点。（资料来源：《中国统计年鉴 2013》，《河北经济年鉴 2013》）

要体现是我们长久以来顽固存在的阻碍城乡人口自由流动的户籍制度。在很多情况下，城市给人的感觉是它需要的是各个劳动力，而不是具有完整公民权的人。这样做的后果显然就是城市化的发展速度在很长时期内会慢于工业化的发展速度，城市化率的绝对水平也会在很长时期内低于工业化和非农化的绝对水平。前面我们已经说过，2012 年时，河北省的城镇化水平达到 46.8%，比工业化率和非农产业比率低 0.28 和 41.21 个百分点。

**2. 重视城市容貌升级而轻视人口引进**

这种现象在近年来比较突出。它有两层意思，一是我们的城镇化侧重在已有城市土地、建筑、市容等“物”方面的扩大和改进，而不太重视城市人口的扩容和增加；二是城市建设的浮夸性，即它更侧重城市形象的改善而相对不重视城市承载能力的提升（如“地面工程很鲜亮，地下工程欠账一箩筐”）。比如，从 2003 到 2011 年，河北省各个设区市城市建成区规模扩大了 514 平方公里，但城市人口只增加了 320 万人；全省 33 个城市，城区人口的人均建成区面积在 2003 年时为每万人占地 0.94 平方公里，2011 年时增长为每万人占地 1.08 平方公里，8 年时间增长了 14.89%①。这种尤其存在于一些非中心市镇中的被称为“摊大饼”式的“造城运动”和形象工程建设现在正受到越来越多的批评，而其背后的体制根源则是“土地财政”制度和缺乏监督的城市规划和建设体制。

**3. 进城人口自由流动的方向受到一定程度的影响**

为了遵循国家政策调控的意图，河北省大多数情况下也主张进城人口少进入城市基础设施、公共服务和福利水平都更高的大城市，而要更多进入各方面城市化条件均较差的中小城镇。这在我国似乎已成了一条国策，并延续于我国各个历史时期的国家城市化规划条文中②。河北省也没能例外。在这种政策背

① 根据《中国城市建设统计年鉴 2003》和《中国城市建设统计年鉴 2011》上的数据计算而得。

② 这样的做法实际上是违反城市化发展的一般规律的。多数的统计经验已经证明，城镇化效率和效益同城市规模一般是呈正相关关系的，而且城市化进程一般规律也是大城市优先发展，达到极限后人口再向城郊和中小城市迁流，最终形成城市群、城市带和大中小城市协调均衡的城市规模结构。过早人为地阻碍人口流动的自然方向，固守以小为主“铺摊子”式的城镇化，势必一方面助长盲目圈地占地、投资开发，另一方面造成资源浪费、成本升高，从而使城镇化偏离转变经济发展方式和城镇化协调发展的方向。

后，作为其根源和强势支撑的是我国层级式的行政性城市与城乡资源配置和管理体制。这样做的直接后果是河北省大城市的城市首位度相对不高，城市规模结构不合理。规模最大的唐山与石家庄，其市区人口占全省总人口的比重分别只有4.19%和3.55%，相对比重较低，与河北省总体的经济发展程度不相适应；在全国地级以上城市中，市区人口占总人口比重河北省只有唐山一个城市进入了100名之内①。

**4. 新增进城人员享受平等城市福利待遇的步骤相对滞后**

这一点，在我们近年来常住城市的农民工身上表现得最明显，附着有众多城市公共福利内容的户籍体制则是其制度支撑。2011年，河北省进入到城镇但没有取得户籍的常住人口大约有958万人，占城镇常住人口的29%，将近1/3②。他们实现了地域转移和职业转换，但还没有实现身份和地位的转变，与户籍配套的就业、居住、教育、医疗、养老等城市公共保障服务还没有覆盖到他们，造成了现在所谓的“半城市化”现象。

## 四　对河北省下一阶段人口城镇化发展方向与形势的基本判断

### （一）一般性分析

当前，我国的发展与改革进程正处在一个静极待变、转型求生的历史关键点上，矛盾丛生，风险凸现，同时也充满着希望。一方面，传统的在控制人力、资源、环境、资本等要素的成本的基础上主要依靠投资推动的粗放型增长模式，已基本完成了其历史使命，并且由于现在各方面环境的变化和条件的丧失，已然基本走到了尽头；另一方面，增量改革的空间所剩无几，存量改革将成为下一阶段改革形式的主流，如何调整各种既得利益者的态度将成为我们今后推进改革时所面临的经常性难题，改革的难度在不断加大。此时，城镇化作

① 河北省住房和城乡建设厅、河北省统计局编《2012河北城镇化发展报告》，河北人民出版社，2013，第1版，第36页。

② 根据《河北经济年鉴2013》和《中国人口和就业统计年鉴2012》中的数据计算而得。

为一个关系全局同时又与各种矛盾深刻纠缠的主题，其下一步推进的意义和难度都是不言而喻的。

对于人口城镇化而言，尽管由国家发改委牵头，财政部、国土部、住建部等10多个部委参与编制的《全国促进城镇化健康发展规划纲要2011～2020年》的颁布日期一再推迟，但从各方面所透露出来的信息来看，有以下两点是可以肯定的，这也是需要我们去认真加以深刻领会和贯彻的。

第一，以人为本的人口城镇化将是这一次新型城镇化的核心主题之一（另两个主题应该是实现城镇建设从追求数量（规模）到追求质量的转型，以及强调城市建设和发展的可持续性），实现战略重点从“物”的城镇化向“人”的城镇化的转型，解决农民工的“半城市化”问题、给予他们平等的城市福利待遇、使他们能够在城镇安居乐业有保障并进而扎根，将是今后新型城镇化任务的重中之重。进一步来说，以人为本的新型人口城镇化有两个着重点，一是要尊重农村人口进城意愿和进城权利，有序推进农业转移人口市民化，不去人为设置各种有形与无形阻碍；二是在城镇化过程中必须坚持公平共享原则，推动城镇基本公共服务对常住人口全覆盖，以及基础设施和公共服务向农村地区的延伸，从而不断提升和改善人民的生活品质与生活环境，使全体居民共享城镇化发展成果。

第二，从实现途径上来看，将会要求我们在战略思路上实现从主要依赖投资向主要依靠改革的转变，切实防止以发展城镇化的名义重蹈盲目投资、盲目扩张的覆辙（地方债务问题以及人们对土地财政体制越来越多的批评，是促使实现这种重心转变的两个直接原因）。今后，作为我国传统的投资驱动型经济增长模式的重要组成部分，投资驱动型城镇化模式可能要改弦更张。

### （二）河北省的特殊性

具体到河北省而言，我们推进新型城镇化所面临的形势将会更严重一些，所要面临的困难可能会更多一些。这不仅是因为我们的城镇化水平现在还相对滞后，面临的追赶任务相对更重，还因为以下三个更深层次的原因。

第一，改革是需要付出成本的，而河北省的经济实力和财政实力相对较

弱。2012 年，河北省每万人财政收入 0.29 亿元，而全国的平均水平是每万人财政收入 0.45 亿元，前者仅是后者的 64%①。

第二，河北省的发展阶段相对滞后，加快进行新型城镇化建设的条件相对更不成熟，其将要付出的代价可能会更高。理论逻辑和历史经验告诉我们，经济发展是一个自然的历史过程。每一个国家或地区在度过其重工业化中期以前，都会面临资本原始积累和经济周期波动的困扰。面对这两个问题，人类现在所发明出来的解决方法一分为二但又殊途同归，一种是对外建立不平衡的国际秩序（如殖民体系）进行资本积累和风险转嫁，另一种是对内建立不平衡的城乡关系（二元体制）进行资本积累和风险转嫁。二战后崛起的发展中国家基本上采用的都是上面第二种方法，我国也不例外。而要结束这种城乡二元体制同时又不至于对整个经济增长造成大的伤害，是需要有条件的，这种条件一是整个经济的产业结构已经进行升级，重工业在国民经济中的比重大幅下降，而高新技术产业和第三产业的比例大幅上升；二是整个经济的发展方式也已经进行了升级，经济增长更多地依赖于人力资本和创新而非投资，更多地体现为经济效益的改善而非单薄利润的外延增加。实际上，可以这样说，产业升级与发展方式转型实现的空间，就是我们结束城乡二元体制的空间。现在我国基本上正处在产业结构升级和增长方式转型的历史转折点上，而河北省的情况则要相对更“滞后”一些，整体经济偏重、偏低的特征更为突出。在这种情况下，如果强行偏快地推动人口城镇化，很可能会迅速挤压经济建设和城市建设可资利用的资本空间，从而较大程度地影响经济增长和城市建设的速度；并且在经济运行到波谷时由于没法转移人口而在城镇造成巨大的失业现象，进而衍生出众多的社会问题。这种情况尤其值得我们关注和认真对待。

第三，与河北省的区位条件和创新魄力有关。由于身处“京畿重地”，河北省历来在改革和开放的进程中都表现得相对保守。推行以人为本的新型城镇化，需要在户籍制度、土地制度、财税制度、社保制度、城市规划与管理制度等众多方面进行破旧立新。河北省要在这些方面改革领一时潮流之先，在主观和政策上所要面临的障碍和困难显然都要更多。

---

① 根据《中国统计年鉴 2013》中的数据进行计算而得。

## 五 对策建议

### （一）明确方向，坚持以人为本城镇化建设的各项目标不动摇

首先，适当提高城镇化的发展速度，不断提升河北省的城镇化率。拓展“就地城镇化”和“转移城镇化”的方式和途径，实现十二五规划中到2015年全省城镇化率达到51.5%的目标，尽快缩短河北省与全国平均水平的差距。

其次，完善城镇规模体系和空间布局，优化人口城镇化流动的方向和结构。重点提高石家庄、唐山两个区域中心城市的人口首位度，适度引导向沿海中心城市的人口流动和聚集，完善河北省“两群一带”的城市群空间体系。

最后，全面提升河北省人口城镇化的内涵和质量。积极推动城镇地上、地下基础设施的改造和升级，逐步实现公共服务向城镇常住人口的全覆盖。

### （二）找准关键，实施重点突破

一是就业工作。要统筹利用各类职业培训资源，建立以职业院校、用工企业和各类职业培训机构为载体的职业培训体系，大力开展农民工就业技能培训和岗位技能培训。促进工会、政府和法律机构对农民工就业的司法保护。宣传创业事迹，完善创业服务，提高创业扶持，广泛开展实施社会创业工程。更加关注毕业大学生和城市困难家庭的就业工作。

二是安居工作。控制房价过快上涨，有针对性地放宽购房条件，扩大廉租房供应规模，规范房产中介市场，推进公共交通设施向城边和郊区的延伸和覆盖，逐步建立起市场配置和政府保障相结合的住房制度，形成总量基本平衡、结构基本合理、房价与消费能力基本适应的住房供需格局，有效保障城镇常住人口的合理住房需求。

三是教育、医疗、养老等工作。以举家迁徙到城镇的外来农村人口为重点，适当降低落户条件，把常住城市的农民工逐批、逐步转为城镇居民。对于未取得城镇户口的人员，要统筹流入地公办幼儿园、中小学资源，保证农民工

随迁子女平等接受学前教育和幼儿教育，并做好与高中阶段教育的有效衔接；将与企业建立起稳定劳动关系的农民工纳入城镇职工基本医疗和养老保险体系。

### （三）打好基础，完善战略支撑

首先，促进经济增长、产业升级与发展方式转型，为提高城镇集聚力和结束城乡二元体制创造空间。适当保持投资增长，维持一定的经济增长速度。大中城市要扩大投入、改善环境，积极促进创新能力提升和产品技术改造，以及高新技术产业和第三产业的发展。中小城镇一方面要积极承接大城市转移下来的规模产业，另一方面更要摒弃传统的选择和偏向某些“优势产业”的产业政策的偏见，对众多小、散产业一视同仁，并广泛借鉴和应用集群政策，利用众多中小企业组成的集群合作竞争优势，提高城镇吸纳力、集聚力，努力扩大就业和提高居民收入水平。

其次，完善城镇基础设施和公共服务设施，不断提升河北省城市的可承载能力。本着合理布局、综合开发、重在实用、优化环境等原则，以地下管网、污水处理、地铁轻轨等建设为重点，对土地和空间资源利用、公共交通及其他公共服务产品的提供和各种建设活动，综合部署，统筹规划，重在质量，进一步优化城市的硬件支撑功能。加快市政公用事业建设，建立健全分层次、广覆盖的教育、卫生、住房、养老等社会保障体系，提高政府服务效率，进一步完善河北省城市软件的支撑服务功能。推进创新城市、绿色城市、智慧城市和人文城市建设，全面提升城市内在品质和影响力。

最后，锐意改革，破除新型城镇化发展的深层体制障碍。根据中央政府的改革决心和河北省的可承受能力，积极探索改变以往旧体制的方式和方法。比如，弱化传统户籍制度的福利配置功能，推动城市公共服务和福利保障向城市常住人口的全覆盖；推进农村土地和宅基地的确权和市场化流转，促进耕地改建设用地过程中的规范化和市场化；改变土地财政体制，增加政府直接税的征收；建立起真正透明可监督的城市规划和建设制度；重新考虑对不同城市和城乡进行行政化的层级式公共资源配给和管理的体制的优缺点，或者在此框架内进行一定程度的县改市、县改区调整等。

### （四）循序渐进，防止走向脱离实际轻许冒进的另一个极端

一要充分尊重农民自身的意愿。不搞“强迫进城”、“强迫上楼”、“强迫卖地”，依法保障农民的土地承包经营权、宅基地使用权、集体收益分配权。对已经进城的农民，争取为他和他的家人设立3～5年的过渡期，保留他们在农村的土地或允许其以资产形式转让，使其平稳完成起步阶段的过渡。

二要注意保持城镇化的速度和质量与客观允许条件的对应协调。在村镇新社区或新农村建设中，在农民的就业和长期生活保障得以解决，垃圾和废水处理等公共服务得以建立，村镇政府的公共治理职能没有转型之前，不能强制激进推行“三集中”。人口向城镇的完全转移，也要适当考虑城镇就业吸纳能力、基础设施和公共服务承受能力、资源环境承载力的提高和改善速度，力戒拉美国家城市化“陷阱”现象在我们这里的重演。

## 参考文献

河北省人民政府编《河北经济年鉴2013》，中国统计出版社，2013，第1版。

中华人民共和国国家统计局编《中国统计年鉴2013》，中国统计出版社，2013，第1版。

国家统计局人口和就业统计司编《中国人口和就业统计年鉴2012》，中国统计出版社，2012，第1版。

河北省住房和城乡建设厅、河北省统计局编《2012河北城镇化发展报告》，河北人民出版社，2013，第1版。

阎东彬：《河北省新型城镇化建设的问题及原因剖析》，《金融教学与研究》2012年第1期。

康桂芬、刘娟：《河北省加快新型城镇化进程的战略选择》，《领导之友》2012年第3期。

刘家强、王春蕊、刘嘉汉：《农民工就业地选择决策的影响因素分析》，《人口研究》2011年第2期。

于淑娟、赵志江、张富强：《乡镇企业聚集与小城镇发展的互动机制及对策》，《河北科技师范学院学报（社会科学版）》2005年第2期。

王博：《新型城镇化构筑区域发展高地》，《河北日报》2012年3月1日，第5版。

苗建萍：《新型城镇化与新型工业化的互动发展机制》，《经济导刊》2012年第1期。

B.4

# 2013～2014年河北省农村经济形势分析与预测

段小平　唐丙元*

**摘　要：**

河北是农业大省和粮食生产大省，农业和农村经济在河北省乃至全国都具有重要地位。全文在介绍2013年前三季度河北省农村经济运行情况的基础上，深入分析了当前河北省农村农业发展面临的形势及挑战，并对2014年全省农村经济的发展趋势进行了分析和展望，认为2014年河北省农村经济将有望保持较快的增长态势，粮食生产保持稳定，农民收入增长将好于2013年，但资源环境约束下的县域经济转型升级压力较大，最后提出了促进河北省农村经济平稳较快发展的建议。

**关键词：**

河北省　农村经济　现代农业　经济形势

2013年是全面贯彻落实党的十八大精神的开局之年，也是河北省加快经济转型升级、全面建设小康社会的重要一年。面对复杂多变的国内外经济形势，河北省各级各部门在省委、省政府的领导下，按照解放思想、改革开放、创新驱动、科学发展的总要求，齐心协力，深入推进工业化、城镇化、信息化和农业现代化，全力打好“四大攻坚战”，高起点上再创佳绩，农业、农村保持了平稳、较快的发展态势，实现了全省粮食生产连续十年增长，农民收入持

* 段小平，河北省社会科学院农村经济研究所助理研究员，主要从事农村经济问题研究；唐丙元，河北省社会科学院农村经济研究所副所长、研究员，主要从事农村经济问题研究。

续较快增长，现代农业发展水平持续提升，为全省经济社会发展做出了重要贡献。

## 一 2013 年河北省农业农村经济发展总体评价

河北省农业生产基础较好，农林牧渔业总产值在全国居第 5 位，粮食、肉类总产量均居全国第 6 位，蔬菜、果品产量居第 2 位，棉花、禽蛋、牛奶产量均居第 3 位。2013 年，河北省农村经济运行保持稳定，农产品生产继续增产，农产品生产价格保持平稳，农民收入保持较快增速，民营经济稳步壮大，农村市场供需总体稳定。

### （一）农业生产稳定增长，粮食产量再创新高

近年来，河北省农业发展呈现稳中有增的良好态势。2012 年，全省农林牧渔业总产值达到 5340 亿元，同比增长 4.1%（见图 1），产值仅次于山东、河南、江苏、四川，居全国第 5 位①。2013 年上半年，受持续雾霾天气、部分畜禽价格回落等因素影响，河北省农林牧渔业增速有所减缓。根据河北省统计局的数据，2013 年上半年，全省共完成农林牧渔业总产值 2305 亿元，同比增长 2.4%，增速比 2012 年同期回落了 1.8 个百分点，实现增加值 1362 亿元，同比增长 2.7%，略低于全国 3% 的平均增速，创下自 2007 年以来同期增速新低（见图 2）。其中，农业产值达到 1254.7 亿元，同比增长 3.9%，林业产值达到 31.2 亿元，同比增长 6.3%，畜牧业产值达到 897.5 亿元，同比下降 0.1%。渔业产值 23.9 亿元，同比增长 3.5%。第三季度，全省农林牧渔业产值增速加快。1～9 月份，全省农林牧渔业总产值累计达到 4750.4 亿元，完成增加值 2845 亿元，同比增长 4.4%，其中，农业产值 3024 亿元，林业产值 38.5 亿元，牧业产值 1400 亿元，渔业产值 85.3 亿元。

粮食生产高起点上再创新高。河北省全力打造 4000 万亩粮食生产核心区，

---

① 资料来源：河北省人民政府《河北经济年鉴 2013》，中国统计出版社，2013。本文年度数据来源为历年《河北经济年鉴》，2013 年月度、季度数据，来源为河北省统计局，下文不再赘述。

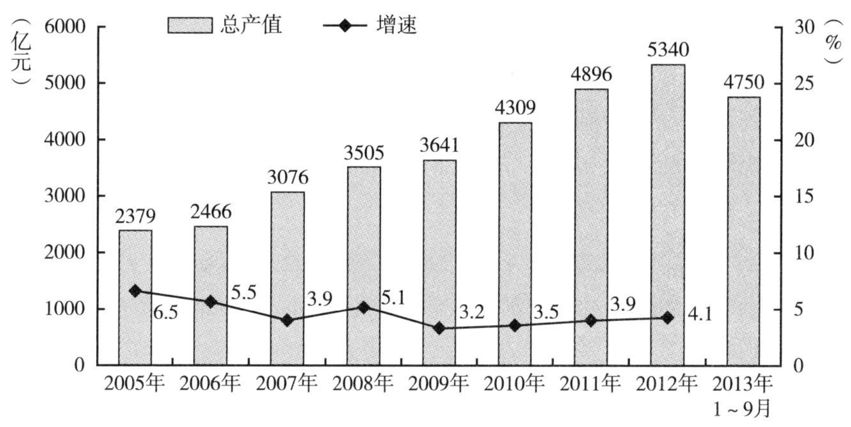


**图 1　近年来河北省农林牧渔业产值增长情况**

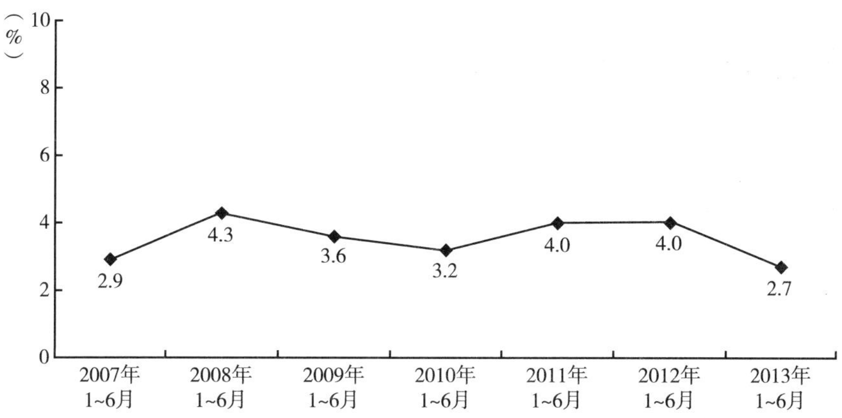


**图 2　2007 年以来河北省上半年农林牧渔业增加值增速情况**

积极创建粮食高产示范片，稳步推动吨粮市、吨粮县建设，粮食生产水平得到全面提高。2012 年全省粮食总产量达到 3246. 6 万吨，增产 74 万吨，连续九年实现增产（见表 1）。2013 年，在小麦生产遭遇不利气象条件的情况下，全省夏粮生产仍然再创新高，总产量达到 1402. 4 万吨，同比增长 3. 6%。同时，根据河北省农业厅对秋粮产量的抽测显示，全省秋粮丰收已成定局，全年粮食总产将有望实现“十连增”（见图 3）。

畜牧业生产保持稳定。2012 年，河北省畜牧业产值达到 1747. 6 亿元，占全省农林牧渔业总产值的 32. 7%，实现增加值 825. 3 亿元，占全省农林牧渔

**表1　2000年以来河北省农林牧渔业生产情况***

单位：万吨，亿元

| 项目 | 农林牧渔业产值 | 农林牧渔业增加值 | 粮食产量 | 棉花产量 | 油料产量 | 猪牛羊肉产量 | 牛奶产量 | 水产品产量 |
|---|---|---|---|---|---|---|---|---|
| 2000年 | 1544.7 | 824.6 | 2551.1 | 30.0 | 147.0 | 270.0 | 84.2 | 80.9 |
| 2001年 | 1680.3 | 913.8 | 2491.8 | 41.9 | 153.8 | 269.7 | 107.4 | 84.9 |
| 2002年 | 1728.9 | 956.8 | 2435.8 | 40.2 | 151.3 | 277.1 | 136.9 | 87.1 |
| 2003年 | 1877.4 | 1064.0 | 2387.8 | 52.2 | 163.1 | 285.3 | 197.9 | 86.3 |
| 2004年 | 2285.6 | 1333.6 | 2480.1 | 66.5 | 154.3 | 298.7 | 266.5 | 92.8 |
| 2005年 | 2379.2 | 1400.0 | 2598.6 | 57.7 | 152.7 | 314.2 | 340.4 | 98.9 |
| 2006年 | 2466.4 | 1461.8 | 2780.6 | 70.0 | 133.8 | 323.5 | 407.6 | 87.1 |
| 2007年 | 3075.8 | 1804.7 | 2841.6 | 72.5 | 138.1 | 307.6 | 489.4 | 90.6 |
| 2008年 | 3505.2 | 2034.6 | 2905.8 | 73.7 | 152.6 | 329.1 | 504.5 | 96.6 |
| 2009年 | 3640.9 | 2207.3 | 2910.2 | 60.5 | 143.3 | 336.8 | 451.5 | 100.4 |
| 2010年 | 4309.4 | 2562.8 | 2975.9 | 57.0 | 140.3 | 332.6 | 439.8 | 106.3 |
| 2011年 | 4895.9 | 2905.7 | 3172.6 | 65.3 | 141.8 | 329.5 | 458.9 | 106.7 |
| 2012年 | 5340.1 | 3186.7 | 3246.6 | 56.4 | 142.8 | 343.0 | 470.4 | 116.3 |
| 2013年1~9月 | 4750.4 | 2845 | 1402.4 | — | — | 208.4 | — | — |

＊资料来源：河北省人民政府，《河北经济年鉴2013》，中国统计出版社，2013。2013年的数据来源为河北省统计局，其中，猪牛羊肉产量均为2013年上半年数据，粮食产量为2013年夏粮总产量。

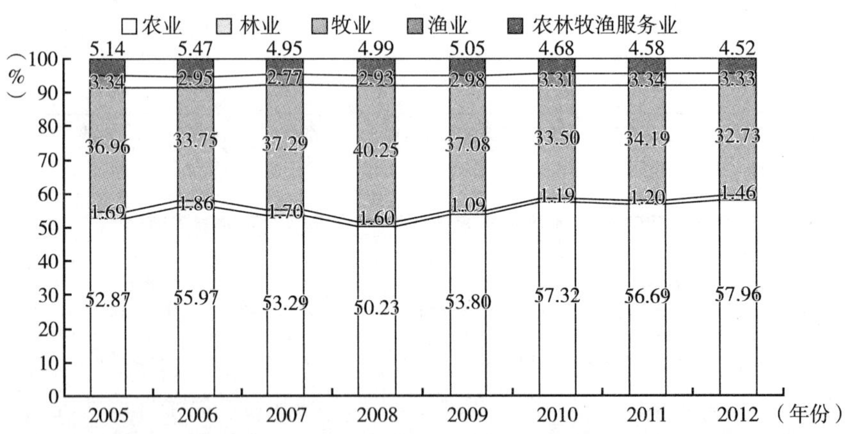


**图3　2005年以来河北省农林牧渔业产值内部结构变化情况**

业增加值的25.9%。2013年上半年，全省畜牧业产值受畜禽价格下跌影响，同比下降0.1%，产值为897亿元。此后，随着猪肉市场价格回暖，第三季度全省畜牧业增速加快，1~9月份累计实现产值1400亿元，渔业实现产值85.3

亿元。畜牧、蔬菜、果品三大优势产业产值占农林牧渔业总产值的77.0%左右。上半年，全省猪牛羊禽肉产量208.4万吨，增长0.1%，其中猪肉产量130.4万吨，增长0.1%；禽蛋产量152.7万吨，增长0.9%；水产品产量18.9万吨，增长3.8%。

### （二）农业内部结构调整加快，种植业产值比重明显提高

从农林牧渔业内部结构变化看，河北省农业产值占比经历了先降后升的过程，2008年农业产值所占比重下降到50.23%的近年最低点，此后随着粮食等种植业产品价格提升、产量增加，农业比重快速提升，到2012年，农业所占比重提高到了57.96%。畜牧业产值则经历了先升后降的过程，2005年，河北省畜牧业占比为36.96%，到2008年上升到40.46%的高峰。受三聚氰胺事件影响，2009年全省畜牧业产值出现了较大波动，此后年份虽有所恢复，但增长明显放缓，畜牧业产值在农林牧渔业总产值中的比重逐年下滑。到2012年，河北省畜牧业占比已下降到32.73%，创1996年以来的新低。林业产值和渔业产值占比则均呈现先降后升的态势，但波动幅度均不大，其中，林业占比在2009年达到1.09%后，开始逐步企稳，到2012年占比提高到1.46%，但仍低于2005年的水平。渔业占比在2007年达到2.77%的低点，此后产值逐年提升，到2012年占比提升到3.33%，与2005年基本持平（见图3）。

### （三）现代农业发展加快，农业产业化水平不断提升

在国家农机购置补贴政策的推动下，全省各地农用机械购置和使用积极性持续提高，农业机械化水平发展加快。2012年，河北省机耕面积达到540.2万公顷，占农作物总播种面积的61.5%，比上年提高0.7个百分点，机播面积达到645.2万公顷，占农作物总播种面积的75%。机收面积达到421.0万公顷，占农作物总播种面积的47.9%，同比大幅提高5.6个百分点。2012年，全省农业产业化经营总量达到5394.3亿元，同比增长13.4%，农业产业化经营率61.5%，比上年提高1.5个百分点。全省龙头经营组织总数发展到1662个，其中，龙头企业（集团）1388个，中介服务组织147个。龙头经营组织实现销售总额达到2719.1亿元，同比增长12.2%。其中，龙头企业（集团）

销售额达到 2496.5 亿元，同比增长 11.7%，专业市场销售额为 199.5 亿元，同比增长 19.5%。龙头经营组织创造利润 293.4 亿元，同比增长 11.6%。

## （四）农民人均现金收入较快增长

近年来，河北省农民收入出现了连年较快增长的好局面。2012 年，河北省农村居民家庭人均收入达到 8081 元，同比增长 13.5%，高出全国平均水平 1062 元，人均家庭现金收入 10226 元，同比增长 14.1%。2013 年，河北省农民收入继续保持较快增长。上半年，全省农村居民家庭人均现金收入 5533 元，同比增长 12.7%，增速高出城镇居民 3.1 个百分点，农民人均现金收入比全国平均水平高出 716 元。其中，工资性收入继续保持较高增长水平，增速达到 18.9%；家庭经营收入增速则相对放缓，只有 7.7%，但部分农产品价格上涨以及农村非农经济的发展，带动了农民出售农产品收入和农民家庭经营性非农产业现金收入增长。同时，受益于国家粮食直补、农资综合补贴等政策，农民转移性收入和财产性增长较快，增速分别达到 12.3% 和 21.6%，但由于基数较小，对农民现金收入增长的贡献并不明显。回顾历史数据可以发现，多年来河北省上半年的农民现金收入，除 2009 年受金融危机影响增速只有 6.45% 外，其他年份均保持了 15% 以上的增长速度（见图 4）。今年上半年，河北省农民现金收入 12.7% 的增速，与往年相比明显偏低，显示宏观经济增速放缓对农民收入增长的负面影响正在显现。

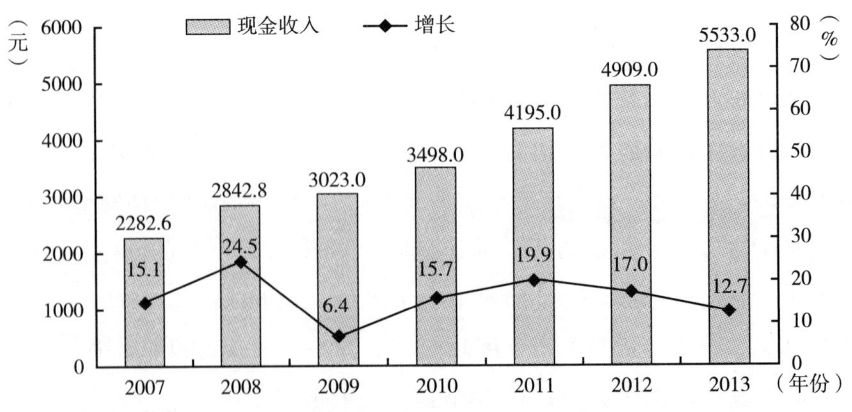


**图 4　近年来河北省上半年同期农民人均现金收入增长情况**

## （五）农产品生产价格上涨明显

2013 年前三季度，河北省农产品生产价格指数 107.65，比 2012 年同期增长 7.3%，涨幅明显。前三季度，河北省农产品生产价格指数中，除了林业产品呈现较为明显的下跌，其他农产品生产价格均呈现较为明显的上涨（见图5）。一是种植业产品价格上涨较快。受前期累积的劳动力、生产资料价格上涨影响，小麦等种植业生产成本明显提高，带动主要成品粮、蔬菜等价格全线上涨。小麦生产价格上涨 8.6%；蔬菜生产价格先抑后扬，同比上涨达 10.1%；水果生产价格上涨 17.8%；前期相对坚挺的玉米价格，在 H7N9 禽流感和养殖业亏损双重影响下，玉米需求受到影响，造成玉米价格的下降，玉米生产价格小幅下降 0.9%；棉花价格呈现先高后低的态势，同比降幅较大；油料生产价格在 2012 年同期大幅上涨 9.76% 基础上下跌 7.3%，价格与 2011 年同期持平。二是林产品生产价格大幅度回调。受宏观经济增速回落等因素影响，河北省林产品生产价格大幅回调，下跌幅度达到 21%。三是畜牧产品生产价格总体上涨，畜牧产品价格指数达到 105.5。前三季度河北省牛、羊肉生产价格出现明显上涨，对牧业产品价格上涨起到重要拉动作用，其中，牛肉生产价格上涨达到 22.6%，羊肉生产价格上涨 16.2%。活猪生产价格受到市场

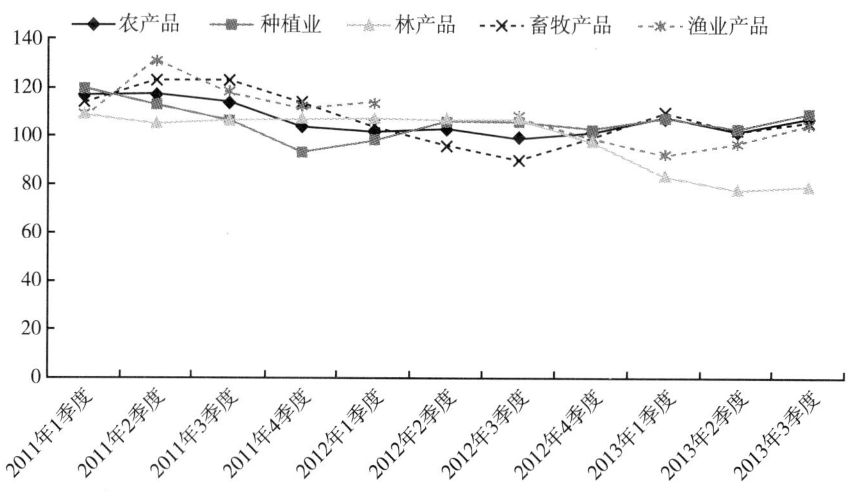


**图 5　河北农产品生产价格指数（上年为 100）变化情况**

供过于求的影响，价格经历了先降后升的过程，二季度价格同比下跌达12.1%，猪粮比价跌破盈亏平衡点，养殖户出现亏损；此后，在国家生猪收储政策影响下，生猪市场价格逐步回升，三季度同比上涨10.6%。禽蛋、肉禽生产价格呈“V”字形运行，上半年出现明显下跌，下半年出现回升，到第三季度肉禽生产价格同比仅下降2.7%，禽蛋生产价格下降1.2%，对抑制畜牧产品价格上涨起到了一定的作用。牛肉价格高企，养殖户屠宰奶牛导致奶牛数量减少，下半年河北省奶类价格呈逐月上涨的态势，三季度同比上涨4.8%。四是渔业产品价格保持温和上涨，指数为104.5，其中，淡水养殖产品价格同比上涨4.5%。

### （六）民营经济保持较快增速

2013年上半年，河北省民营经济共实现增加值8656.1亿元，同比增长10.7%，增速比2012年同期加快0.1个百分点，比河北省生产总值增速快1.2个百分点，民营经济增加值占全省GDP的比重达到65.8%，同比提高近2.4个百分点。全省民营经济共上缴税金1345.6亿元，占河北省全部财政收入的比重达到69.1%，同比提高1.6个百分点；吸纳就业人员近1946万人，实现利润总额3353.9亿元，同比增长12.7%。其中工业企业利润增幅达到17.3%，建筑业企业增幅出现回落，只有5.2%。从季度增速看，受到宏观经济整体增速下调影响，一季度全省民营经济增加值增长11.3%，二季度增加值增长10.7%，增速呈现出放缓的态势。从产业内增速看，一、三产业增速出现回落，第二产业增速加快。其中，第一产业民营经济增加值为162.5亿元，同比增长3.2%，增速回落2.4个百分点；第二产业增加值增幅最大，实现增加值5362.8亿元，同比增长12.4%，增速加快1.8个百分点；第三产业民营经济增加值3130.8亿元，增长8.3%，增速回落1.7个百分点。

## 二　河北省农村经济发展面临的宏观经济形势及挑战

### （一）国内外复杂的经济形势对河北农村经济的走势可能产生的影响

宏观经济走势对农村农业发展有着重要影响。从国际经济形势看，全球金

融危机爆发至今已 6 年有余，但世界经济复苏的步伐仍然步履蹒跚，日美经济在量化宽松政策的作用下开始复苏，欧元区国家债务阴云依旧，有的国家还处在衰退的边缘，新兴国家经济体经济普遍低迷，世界经济稳固复苏尚需时日。从国内经济形势看，我国经济正进入由高速增长向平稳增长过渡的关键期，面临着深化改革开放，加快推进转型升级，激发市场活力和经济发展长期内生动力等一系列重要任务；同时，国家减少“三公”经费开支、环境污染问题日益凸显、流动性过剩下的宏观调控难度加大都会对经济增长产生一定影响；旨在激发市场活力的营改增、棚户区改造、取消企业注册资本金等改革措施，对经济的推动作用存在一定的时滞。同时，国际发达经济体量化宽松政策退出、全球贸易保护主义抬头、国际市场低迷等制约国内经济快速增长的因素依然存在。2014 年，我国经济增长的形势仍然不容乐观，对河北省农村经济的快速发展将产生较大制约。

### （二）资源环境约束下产业转型升级压力加大对全省经济可能造成的影响

从河北自身发展看，当前河北省正迎来河北沿海地区上升为国家战略，冀中南的邯郸、邢台列入中原经济区规划，全省 11 个社区市有望全部纳入国家发展战略等前所未有的发展机遇。但也面临着经济增长过多依靠资源、投资推动，重化工业比重高，污染物排放总量大，产业转型升级的压力大等诸多问题，特别是 2013 年以来京津冀地区空气污染形势严峻，河北省面临着前所未有的发展压力。河北省委、省政府在《河北省大气污染防治行动计划实施方案》中明确提出，全省要在 2017 年前大幅压减煤炭消耗量和钢铁、水泥、平板玻璃产能，其中，仅钢铁产能压减就达到 6000 万吨，占河北省钢铁产能的 20% 以上，直接影响到河北省经济、就业、财税等各个方面。在大规模的传统产业退出后，如果没有新的产业弥补，河北省的经济发展将面临很大考验。从河北省农村工业经济发展看，县域经济的支柱产业低端化、初级化问题仍未改观，资源消耗型中小企业比重大，战略性新兴产业、高新技术产业发展不足，企业自主创新能力不足等问题普遍存在。在国家和河北省强力推进大气污染治理的背景下，县域经济转型发展的压力很大，对农村经济、农民就业的影响也将逐步显现。

## （三）河北省农业生产基础条件薄弱，自然风险和市场风险仍将长期制约河北省农业和农村经济的平稳发展

近年来，河北省农业生产遭遇极端气象条件的次数增多，强度增强。今年以来，遭遇春季持续低温，5～6月份小麦灌浆期间阴雨天气增多，日照不足等气象条件，小麦、蔬菜生产受到了较大影响，部分地区出现小麦收获质量等级下降，亩产降低，不完善粒指标中生芽粒较常年偏高的情况。这表明，河北省农业靠天吃饭的局面没有得到根本改观，农业生产基础还不稳固。与先进省份相比，河北省农业基础设施现代化水平不高，农业常规种植、养殖品种多，特色产品、多功能高效农业、循环农业发展少，农产品粗加工项目多，深加工项目少，农业发展的外向程度不高，农产品增值效率不高，竞争优势不明显。部分地区农业设施老化失修，斗渠、毛渠等小型农田水利设施疏于管理，地头沟、路边沟淤堵、损坏严重，水利设施“毛细血管”不畅，农业防灾抗灾能力较弱，确保稳定农业增产的形势仍然严峻。同时，近年来，畜牧业生产多次面临自然风险和市场风险的双重风险叠加。上半年受H7N9型禽流感影响，禽蛋类产品市场销售不畅，价格下跌，生猪价格的大幅下跌，对养殖企业和农户造成较为严重的损失。价格的大幅波动，造成活鸡、生猪存栏量大幅下降，容易引发后期产品市场供给和价格的暴涨暴跌，加剧农业生产的波动幅度。2013年上半年，牛肉价格大幅上涨和牛奶价格的持续低迷，养殖户开始大规模淘汰奶牛，造成后期奶源不足，牛奶价格飙升，对农产品市场稳定造成了不利影响。

## （四）农民持续增收的长效机制还没有完全建立

近年来，河北省农民收入保持了较快的增长态势，但影响农民增收的一些深层次问题还没有得到有效化解，农民持续增收的长效机制还没有建立起来。从影响农民工资性收入增长的因素看，近几年国民经济的高速增长是带动农民工资性收入快速提高的重要原因，特别是国家四万亿投资对农民工资性收入上涨起到了重要作用。随着国家经济刺激政策的陆续推出，经济开始由高速增长向平稳增长过渡，增长方式开始由大规模投资驱动、粗放增长向创新驱动、集约增长转变，以简单劳动为主的农民工资性收入高速增长的局面将很难继续维

持。同时，户籍、就业、社保等城乡二元制度改革滞后，不利于农民工收入的持续快速提高。从影响农民家庭经营性收入增长的因素看，近年来，粮食等农产品价格的上涨，是带动农民家庭经营性农业收入增长的重要因素。从历史数据看，粮食等农产品价格的上涨时期往往也是农民收入增长加快的时期，反之，则是农民收入增长较慢的时期。21 世纪初，经济的低迷造成的农产品市场价格的连续下跌，是影响农民收入增长的重要原因。目前我国的粮食价格相对成本来讲仍然偏低，但受到国际市场粮食价格的制约，未来粮食价格上涨的空间并不大。特别是今年以来我国经济增速主动下调，农民家庭经营性收入的增长速度已明显放缓，部分地方出现了农产品销售困难、价格下跌的现象，不利于农民家庭经营性收入的持续较快增长。同时，受到乡镇企业生产规模小、产品档次低、自主创新能力弱等因素影响，河北省农民家庭经营性非农收入增速一直较慢。随着河北省对高耗能产业淘汰力度加大，未来农民家庭经营性非农收入增长面临的形势将更加严峻。从影响转移性收入增长的因素看，在国家一系列惠农政策的支持下，近年来农民的转移性收入增速较快，但国家财政补贴不可能一直维持高速增长；加之，转移性收入的基数较低，对农民增收的影响较小。从影响农民财产性收入的因素看，城乡二元土地制度下农民拥有的财产数量有限，融资难问题仍然是制约农业、农村发展的重要因素，推进农民财产性收入快速增长仍然面临诸多困难。

## 三　2014 年河北省农村经济形势预测与展望

虽然当前河北省经济发展面临着诸多挑战和困难，但展望 2014 年，随着世界经济逐步走出金融危机的阴霾，各国经济增长的动力将有望继续恢复，国际市场的需求有望进一步扩大。同时，随着国家以强化市场、放松管制为核心的各项改革措施的实施，我国经济发展的内生动力和市场活力将被进一步激发，河北省农村经济将有望继续保持平稳较快的增长势头。

### （一）农民种粮积极性提高，粮食产量有望保持稳定

国家和河北省对粮食生产高度重视，强农惠农政策力度不断加大，种粮补

贴连续提高，小麦等粮食价格稳中有升，肥料价格有所下降，农民种粮积极性普遍较高。特别2013年夏季，大部分麦区降水过程较多，底墒充足。小麦播种期间温湿度较为适宜，播种基础较好，小麦良种更新换代速度快，高产稳产品种得到较好推广。小麦出苗顺利，出苗质量好，为形成冬前壮苗和实现粮食高产奠定下基础。同时，近年来河北省以4000万亩粮食生产核心区为基础，推进粮食综合生产能力建设，加大中低产田改造力度，实施了大型灌区等农田水利设施建设项目、粮食丰产科技示范工程，加快推进粮食高产示范市建设，大幅度提高小麦玉米两熟区吨粮田比重，粮食综合生产能力得到进一步提高。预计2014年，河北省粮食播种面积仍将维持在9450万亩左右的较高水平，粮食生产向优势产区集中的趋势将更加明显，在不发生重大自然灾害的情况下，小麦产量将保持基本稳定。

### （二）农民增收的有利因素增多，农民收入将继续保持增长

2014年，河北省农民收入增长虽然面临着较大的困难，但也存在着很多有利因素，从总体上看农民收入有望实现较快增长，增速有望略高于2013年的水平，但低于2012年的增长水平。支持农民收入增长的有利因素主要有：一是小麦、畜产品价格上涨，对农民收入增长起到重要支撑作用。近年来小麦价格明显偏低，加之劳动力成本上涨影响，农民种粮积极性普遍下降。今年以来，小麦价格呈明显补涨态势，农民普遍看好未来的小麦价格，种粮积极性普遍提高。国内化肥价格出现下跌，对于降低农民生产成本起到了重要作用。同时，2013年以来牛羊肉价格涨幅明显，带动牛奶价格上涨，扩大了农民养殖的利润空间，有利于促进农民增收。二是城镇化、工业化加速发展，城镇对农村劳动力转移的吸纳能力不断提高，农民外出就业的机会日益增多。同时，随着农民教育程度的提高，掌握一定技能的农民工数量日益增多，有利于农民工资性收入的提高。三是政府市场化改革加速，企业发展的环境日益宽松，经济增长的内在动力和活力有望得到加强，经济质量效益有望明显提高，对促进农民就业、创业将起到重要作用。四是国家强农惠农政策力度继续加强，家庭农场、法人农业等新型农业经营主体加速发展，农民就业、医疗、社会保障等各项政策逐步完善，城乡一体化发展的局面正在形成，农民收入增长的总体形势

不断趋好。但从不利方面看，农业生产的不确定性，以及国内外经济走势还存在的不确定性、经济转型带来的摩擦失业，都可能对农民收入增长产生影响。综合考虑各方面因素，2014年河北省农民收入有望保持增长，增幅将略高于2013年的水平。

### （三）粮食价格将平稳上涨，牛羊肉价格逐步趋于平稳

我国粮食供求长期处于紧平衡状态，国家对粮食安全的日益重视和粮食种植成本的不断提高，使市场对粮食价格上涨的预期普遍较高。小麦价格从2012年下半年开始进入上涨通道后，价格稳步攀升，虽然粮食生产总量增长，但气候因素导致的部分省份和地区减产，推高了市场对粮食价格的预期，预计小麦价格仍将保持一定幅度上涨。玉米价格受生猪、禽蛋市场不景气影响，出现小幅下跌，但随着生猪、禽蛋市场价格的回暖，牛羊肉养殖量的扩大，未来玉米价格仍将会有小幅上涨。畜牧业方面，随着三、四季度猪肉消费量的扩大，生猪市场价格将进一步反弹，但受到供给因素影响，反弹幅度不会太大。牛羊肉价格受到养殖周期影响，近两年不会出现明显变化，价格仍将维持在较高水平，但上涨幅度将明显缩小。此后，随着养殖规模逐步扩大，价格将逐步趋于平稳，并可能出现小幅回落。

### （四）县域经济转型升级加快，中小企业洗牌分化加速

国家和河北省对环境问题的日益重视，河北省中小企业发展将面临前所未有的挑战，一些传统资源消耗型、产品粗加工型、环境污染型的低利润、低附加值的企业将面临淘汰出局的风险，传统发展模式下的钢铁、玻璃、建材等产业集群面临要么加速转型升级，要么被淘汰。相反，一些拥有自主知识产权、环境污染少、技术含量较高、产业集群配套好、市场前景好的企业，以及战略性新兴产业、高新技术企业，有望在国家和省内政策的大力支持下快速发展。同时，国家营业税改增值税、取消企业注册资本金、加大中小微企业扶持力度等放权简政、激活市场活力措施的实施，将使河北省各界兴业、创业的积极性明显提高，民营经济的发展活力将进一步提升。预计2014年，河北省民营经济将保持较高的增长速度，并超过全省经济增速1～2个百分点。

## 四　加快河北省农村经济发展的对策建议

2014年是落实河北省委八届五次全会精神，全力打好四大攻坚战，推动全省经济转型跨越发展的关键之年。全省农村经济发展要围绕加快转变经济发展方式这一主线，加快构建现代农业产业体系，进一步提升农业现代化水平和农民生活水平，促进农村农业经济平稳较快发展。

### （一）以农业基础设施建设为龙头，不断完善现代农业发展体系

农业基础设施建设是促进农业可持续发展的重要基础，也是推进现代农业发展的重要抓手。加快现代农业发展，就要落实好国家惠农政策各项补贴，稳定粮食播种面积，以4000万亩粮食生产核心区建设为依托，进一步加强农田水利基础设施建设，做好大型灌区水利设施更新改造，积极研究推进田间路、地头沟等农田水利“毛细血管”建设的具体方式，稳步提高粮食综合生产能力。以市场需求为导向，加快推进农业结构战略性调整，促进农业生产经营向专业化、标准化、规模化和集约化的方向发展。进一步壮大畜牧、蔬菜、果品三大优势产业，促进优势产业向优势中央区域集中，重点推进环京津现代农业示范带，太行山－燕山优质果品带，山前优质畜牧产业带，沿海高效渔业产业带建设，不断提高农业的综合效益。加快完善现代农业发展的综合服务体系，着力推进种养良种体系、农业科技创新和应用体系、农产品质量安全体系、农业社会化服务和管理体系、农产品市场信息体系建设，全面提高全省农业整体科技创新能力，不断提高农业的综合效益。加快建立农产品生产、加工、销售一体化监督体系，全面提升农产品生产的安全水平。大力发展农民专业合作组织、农业龙头企业，积极培育法人农业、家庭农场等新型农业经营主体，完善公司农户之间的利益联结机制，不断提高农业经营的组织化程度。

### （二）以统筹城乡发展为基本手段，加快推进社会主义新农村建设

把城镇建设作为促进河北省经济增长的重要突破口，实施大中城市和县城协调发展战略，高标准规划和做大县城，加强县城基础设施和公共服务设施建

设，进一步增强县城和特色小城镇的公共服务功能和居住功能，提高城镇人口的聚集、吸纳水平，推动城镇化发展由速度扩张向质量效益并重方向发展。以推进新型城镇化发展为契机，不断加大城乡统筹发展力度，促进城乡公共资源均衡配置，生产要素有序流动，实现城镇化和新农村建设良性互动。积极借鉴浙江美丽乡村建设经验，按照保持田园风光、增加现代设施、绿化村落庭院的总体要求，推进实施农村面貌改造提升行动，重点解决好农村饮水安全、村庄道路硬化、田间林路完善、生活垃圾处理、生活污水排放、村庄绿化等群众关心的问题。加强对农村基础设施建设的财政投入力度，进一步提升农村公共服务水平。加大对太行山、燕山等连片特困地区的扶贫力度，采取整村移民搬迁、产业扶贫、技能培训、劳动力转移等多种措施，不断改善贫困地区农民的生产生活水平。研究制定加快太行山、燕山绿化的具体举措，鼓励企业、城市居民、农村居民等主体参与到山区绿化中，将太行山、燕山建设成为拱卫首都的绿色屏障。

### （三）以深化改革为根本动力，不断增强农村农业发展活力

把推进行政审批制度改革，转变政府职能作为激发市场活力的重要举措。通过大力推进县域行政审批制度改革，最大限度地简政放权，加快落实国家企业注册资本金制度改革措施，允许县级政府在经济发展、项目引进、现代农业建设等方面先行先试，不断激发农村各类经营主体的创业、创新活力，让真正有就业、扩就业的实体经济发展起来。继续完善农村家庭承包经营制度，稳步推进农村土地承包经营权流转和农村土地管理制度创新。加快农村土地承包经营权流转，鼓励和引导农民采取多种方式流转土地承包经营权，发展多种形式的适度规模经营。加快推进农村宅基地确权颁证，鼓励和引导农村集体经营性建设用地使用权流转，鼓励引导农村宅基地使用权流转，探索建立农民宅基地有偿退出机制，研究细化农村宅基地、农房抵押的具体措施。加快推进林权市场改革，健全林权流转机制，不断完善林权抵押、质押制度，推动农村资产的有序盘活。加快构建农村集体经济财富积累机制，逐步推进农村集体经济股份制改革，完善村集体资产管理、运行机制，实现集体资产保值、增值。大力培育各类市场化服务主体，积极引导经营性服务组织为农业生产提供全方位的服务，加大对农民专业合作社、专业服务组织、农民经济人的政策扶持力度。加

快发展村镇银行、小额贷款公司等新型农村金融组织，加大对农村金融发展的支持力度，更好地满足农村中小企业、农户和新型农业经营主体的融资需求。

### （四）把民生改善作为发展目标，不断推动农村和谐稳定

经济社会发展的最终目标，就是要让群众从不断发展中得到实惠。面对日趋严峻的环境压力，河北省必须牢固树立绿色发展的理念，紧紧围绕经济转型升级、生态环境保护、民生事业改善三大中心任务，加快推进县域经济转型升级，打造特色经济发展升级版，全力推进资源节约型、环境友好型社会建设。要抓住河北沿海地区上升为国家战略、河北省将整体纳入首都经济圈的有利机遇，全面实施“四化”同步发展战略，通过企业自主创新能力的提升，加快消化和淘汰过剩产能，推进县域中小企业转型升级，实现县域经济赶超发展、跨越发展，进而带动城乡居民收入的快速提高。各级政府要不断加强政府在农村基础设施和社会事业上的财政支持力度，让群众在不断发展中得到实惠。严格落实中央关于勤政、廉政的各项政策规定，大规模缩减政府行政支出特别是“三公”经费，将节省下的财政资金用于保障和改善民生。通过政府过紧日子，让老百姓过上好日子。加快建立城乡一体的就业和社会保障制度。积极推进城乡二元制度改革，逐步消除和化解附加在户籍制度上的就业、就学、参军、社保等待遇上的差别，积极呼吁和推进跨省、跨区域医疗、养老及公积金制度的可转移、可衔接，加快破解城乡医疗、养老制度衔接的制度性障碍，逐步实现城乡居民待遇的平等化。积极推进农村社会管理创新，全面加强农村社会服务，深入开展平安河北建设，巩固和谐河北发展的良好局面。

## 参考文献

彭建强、唐丙元：《河北省新农村建设发展报告 2008》，河北人民出版社，2008。

彭建强、穆兴增、唐丙元：《2012～2013 年河北省农村经济形势分析与预测》，河北人民出版社，2012。

周文夫、焦新旗、彭建强：《河北沿海地区经济发展问题研究》，河北人民出版社，2012。

B.5

# 河北省农村面貌改造提升行动的理论内涵与实现路径研究

王春蕊*

**摘　要：**

农村面貌改造提升行动是新农村建设的主要抓手和重要举措。本文从城乡发展一体化角度界定了具有村庄环境生态化、基础设施等值化、公共服务增量化、民居特色化、居住舒适化“五化”特征的农村面貌改造提升行动的理论内涵，以及包含“环境整治、民居改造、设施配套、服务提升、生态建设”五大工程的建设内容，梳理出“扩散、延伸、覆盖、融合、传递”五种机制。在此基础上，勾勒出河北省农村面貌改造提升行动的实现路径。

**关键词：**

河北省　农村面貌改造提升行动　理论内涵　实现路径

党的十八大报告明确指出：“解决好农业农村农民问题是全党工作重中之重，城乡发展一体化是解决‘三农’问题的根本途径。”我国已经进入工业化中后期，改善农村面貌，加快农村发展，既是城乡一体化发展的必然趋势，也是全面建成小康社会的基本保障。为全面贯彻落实党的十八大精神和河北省委八届五次全会安排部署，切实改善农民的生活质量和生产生活条件，河北省委省政府决定，用三年时间，对全省近5万个行政村配套改进，整体提升（简称农村面貌改造提升行动）。深入研究这一行动的理论

* 王春蕊，河北省社会科学院农村经济研究所助理研究员，主要从事农村经济问题研究。

内涵和实现路径，对进一步提高新农村建设质量，促进城乡一体化发展具有重要意义。

## 一　实施农村面貌改造提升行动的必然性和必要性

加快农村面貌改造提升行动是河北省委、省政府对当前河北城乡经济社会结构转型的深刻把握和在历史发展纵深感知的基础上做出的重要战略部署，也是城乡一体化进程中加快新农村建设的必然要求。

### （一）实施农村面貌改造提升行动是城乡发展一体化的应有之义

近年来，河北省着力开展城镇面貌三年大变样活动，使得城镇面貌显著改善。然而，长期受二元体制及“重城轻乡”意识的影响，不论是基础设施、公共服务，还是民居环境，农村与城市的面貌落差都较大，对农村的历史欠账较多。河北省是农业大省，多数人口分布在农村。加快农村发展，不仅要大力促进农民收入持续较快增长，同时也需要改善农民生产生活条件，提高农民生活质量。因此，在当前城乡发展一体化的背景下，河北省委、省政府按照全面建成小康社会要求，立足农村发展实际，充分发挥“以工补农、以城带乡”的反哺作用，加快推进城市基础设施向农村延伸，公共服务向农村覆盖，不断改善农村居住生活环境，使农村居民能够享有与城市居民等值的公共产品和服务，过上与城市居民一样的现代生活，让农民能够充分享受经济社会发展的成果。

### （二）实施农村面貌改造提升行动是着力建设生态型村庄的迫切要求

党的十八大明确指出“将生态文明建设融入经济建设、社会建设、文化建设、社会建设各方面和全过程，努力建成美丽中国”。从当前农村发展现状看，生态环境不容乐观，不仅表现为传统意义上的“脏、乱、差”，而且呈现出生产污染与生活污染并存，城市污染向农村转移等新趋势。从整体上看，生态文明建设不仅是城市生态文明的拓展和升华，同时也是农村生态文明的重塑

与提升。将生态文明的理念融入农村经济、社会、文化、环境建设的全过程，生态文明、田园风光与现代村落有机结合，打造生态田园特色美丽村庄，既是改变农村落后面貌的内在要求，也是改善农村发展环境，促进优势要素向农村流动，增强农村发展能力的迫切要求。建设生态型美丽村庄就是将生态文明的理念融入农村发展方方面面的最好诠释。

### （三）实施农村面貌改造提升行动是保持经济平稳较快发展的重要举措

保持经济平稳较快发展的根本立足点是扩大内需，而拉动内需的最大潜力在农村，关键也在农村。实施农村面貌改造提升行动，一方面，通过农村生活基础设施和公共服务设施建设，改善农村市场环境、消费环境，扩大消费需求，提高农民消费水平。河北农村人口约占总人口的一半，随着农村交通、通信等基础设施供给数量、质量的不断增加，农村商品种类的不断增多，农村商品供给率和服务效率的不断提高，在农民收入水平逐年增加的利好趋势下，农民购买力也会持续增强，农村消费潜力不断释放，将进一步促进农村经济发展。另一方面，农村面貌改造提升过程中，需要进行一些基础设施工程建设，可进一步拉动钢材、建材、装饰等相关产业的发展。同时，农民为了改善生活水平和质量，也必然会购置新型家电等日用消费品，将拉动家电行业的发展，扩大农村消费需求，增强经济发展的内生动力。

### （四）实施农村面貌改造提升行动是提高农民幸福指数的根本落脚点

随着城镇化和新农村建设的双重推进，我国农村地区发生了很大变化，在传统文明与现代文明的相互交织、渗透、融合下，农民的生活方式也在发生改变。河北当前正处在工业化和城镇化的进程中，农村生活基础设施仍很薄弱，农民生活方式的现代化转型还不彻底，生活品质还很低。特别是随着经济社会的发展和农民收入水平的提高，农民对改变现状，追求更高生活品位的意愿越来越强烈，迫切需要提高农村生活设施配置力度和质量，以多元化的方式满足农民群众多样化的需求，切实提高农民生活质量，增强农民幸福感。

## 二　农村面貌改造提升的理论内涵、建设内容与运行机制

新时期，系统阐述农村面貌改造提升行动的理论内涵，对于丰富新农村建设的理论和实践都具有重要意义。

### （一）农村面貌改造提升行动的理论内涵

综观社会发展历程，城乡关系经历了“混沌统一——城乡分离—城乡统筹—城乡一体”的发展阶段。城乡一体化是发展的最高阶段，其目标是促使城乡二元向一元转型，促进城乡经济社会发展融为一体，让农民享有与市民等值的公共产品和服务。不论是政界还是学界，对农村的建设发展都有着不同的理论阐释和实践探索。从理论上看，从新中国成立初期党的领导人提出的要“把我国建设成为一个具有现代农业、现代工业、现代国防和现代科学技术的‘四个现代化’强国”①，到20世纪70年代后期邓小平同志提出的“三步走”发展战略实现小康，再到党的十六届五中全会提出的“生产发展、生活宽裕、乡风文明、村容整洁、管理民主”的新农村建设，以及党的十八大提出的“城乡发展一体化”，都是对不同阶段城乡关系演变规律及发展特征的形象表述，为特定历史时期我国农村建设发展指明了方向。从实践看，很多地区对农村建设发展进行了诸多有益探索。尤其自党的十六届五中全会提出新农村建设以来，各地都围绕新农村建设要求开展了诸多尝试。

综观国内一些地区新农村建设形式，主要分为四种：从区域城乡一体化发展全局出发，按照农村经济水平、产业基础和区位条件，因地制宜地开展以城市（镇）扩容型、中心村扩并型、特色村提升型、偏远村迁建型为主要类型的新型农村社区建设，引导基础设施和社会事业集中向农村配置，改善农村居民生产生活条件。其中，“合村并居”式的新型农村社区建设通常是产业基础

① 中共中央文献研究室：《毛泽东文集（两卷本）》，人民出版社，1996，第1版，第1601页。

条件好，农民收入水平高的农村，由于产业发展和农民自身的需求，通过区域局部整体规划，围绕产业园区将周边村庄进行合并，建成一个或几个新型农村社区引导农民集中居住，实现了农村“城镇化”。如河南新乡等地的新型农村社区建设就主要采取这种形式。当然，由于认识的偏误和土地利益的驱动，一些地区不顾农村发展实际大搞“造城运动”、“造村运动”，迫使农民“上楼”。这种盲目推进模式只是实现了农民居住空间的改变，农民的生活方式、价值观念并没有发生改变，“被上楼”产生了很多负面影响。

新农村建设是一项长期工程，不可能一蹴而就。不论是采用哪种形式，在充分尊重农民意愿，维护农民利益的基础上，新农村建设如果能够提高农民生活品质，增加农民收入，改善农村发展环境，就都是解决“三农”问题，加快城乡一体化发展的惠民工程。我国已经进入工业化中后期，农村的发展不仅要靠内源力的推动，还需要城镇的辐射带动。因此，深刻把握城乡关系演变规律，立足农村发展实际，着力改善农村面貌，是政府发挥以工补农、以城带乡反哺作用力的体现。从城乡发展一体化角度看，农村面貌改造提升行动更加强调对现有农村面貌的进一步改造和升级，而不是简单的“合村并居”建设新社区。其内涵可以概括为：以提升农民生活品质为目标，以改善农村面貌为抓手，以增强农民幸福指数为根本落脚点，通过实施“环境整治、民居改造、设施配套、服务提升、生态建设”五大工程，打造“环境整洁、设施完善、舒适宜居、田园风光”的现代化生态型美丽乡村。其主要特征可概括为“五化”：村庄环境的生态化，基础设施的等值化，公共服务的增量化，村落民居的特色化，村民生活的舒适化。

### （二）农村面貌改造提升行动的建设内容

从农村面貌改造提升行动的内涵看，其主要内容包括：村庄环境整治，即通过全面开展清垃圾、清杂物、清残垣断壁、清庭院等“四清”，整洁亮化村庄环境；居民改造，即分别对不同发展水平、不同地域类型农村民居进行修缮、美化、绿化，提高民居住宅的美观感和舒适度，增强生产生活服务功能，建设具有燕赵特色的“微田园”；设施配套，即通过城镇基础设施向农村延伸和覆盖，不断增强农村路、水、电、通信等各项基础设施建设力度，使农民能

够享有与市民不同类但等值的各种公共产品；服务提升，即通过加大农村教育、卫生、医疗、养老等公共服务的供给力度，完善配套设施，增强农村基本公共服务能力，提高农民社会福利水平；生态建设，即通过加强农村污染治理、开展植树造林等活动，固沙防风，提高植被覆盖率，改善农村生态环境，建设生态型美丽乡村“大田园”。

### （三）农村面貌改造提升行动的运行机制

从农村面貌改造提升行动的内涵与内容看，通过实施农村环境整治、民居改造、基础设施配套、公共服务提升、生态环境建设“五大工程”，促使城镇基础设施、公共服务、现代文明优质要素向农村流动，农村生态效应和民俗风情向城镇扩散传递，最终形成城乡良性互动发展格局。因此，在农村面貌改造提升行动过程中，需要遵循五种运行机制：扩散机制、延伸机制、覆盖机制、融合机制和传递机制，使城镇的优势资源流向农村，为农村面貌改造提升提供物质支持（见图1）。

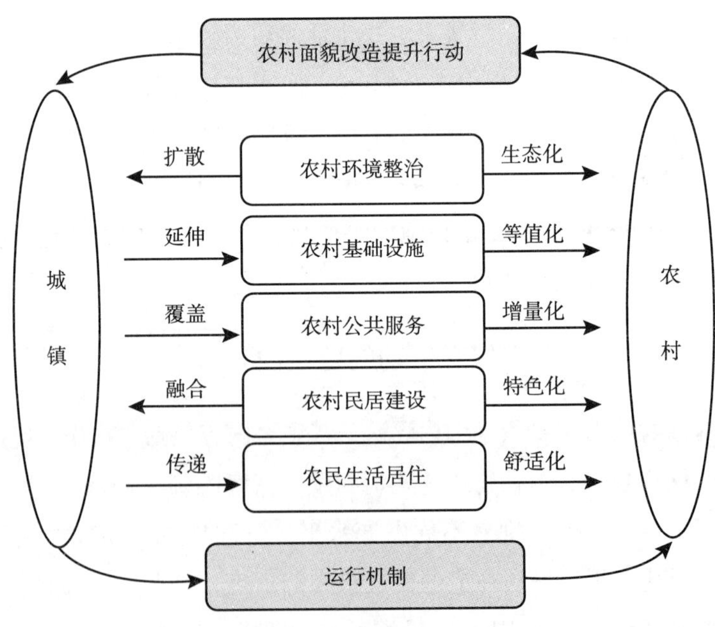


图1　农村面貌改造提升行动的运行机制

**1. 扩散机制**

主要通过农村环境整治工程，净化主干道和公共场所，美化绿化街道和庭院，建设生态型“微田园”和“大田园”，既能有效改善农村环境，树立农村美好形象，也能将农村生态环保的理念融入到农业、农村等经济社会发展过程中，使农村不仅具备生态绿色田园风光，同时，这种田园、绿色、生态的农村环境也会吸引城镇居民闲暇之余到农村观景旅游，体验农家休闲劳作，感受民俗风情，享受自然风光，弥补城市生态环境的不足。

**2. 延伸机制**

主要通过城镇交通、通信等基础设施向农村延伸，不断加强农村路、水、电等基础设施建设和配置，形成村村通、城乡通的基础设施全面覆盖，实现与城镇无缝对接，解决最后一公里问题。由于城乡经济业态、价值观念、居民生产和生活方式存有差异，城乡基础设施建设必然要适应和满足居民的日常生活需求。因此，城乡基础设施一体化并不是简单的“一样化”，而是城乡居民在两个地域空间能够享受等值同质的基础设施服务。

**3. 覆盖机制**

与基础设施延伸机制类似，公共服务向农村覆盖主要是通过加强农村教育设施、文化设施、卫生设施、养老设施建设，将城镇教育、医疗、卫生等优质资源向农村流动配置，不断提高农村公共服务水平和社会福利，并覆盖全体农民，实现公共服务城乡等值。这里的覆盖，不仅是指公共服务覆盖每一个农民，更是指农民社会福利水平在现有基础上的增量提质。

**4. 融合机制**

主要指通过农村民居特色改造和村庄布局优化，与城镇形成相互辉映、错落有致、互为一体的空间格局。农村民居建设的融合机制，一方面指农村住宅中的生活设施改造要融入城市现代理念，具有现代功能，农民可以方便地享受现代化的生活方式；另一方面指村落民居建设要体现乡村特色、地域特色，展现乡村神韵和自然之美。因此，村落民居建设的特色化不仅是现代村庄的地标性名片，也是城乡一体化发展的景观表现。

**5. 传递机制**

主要指以现代化基础设施为物质载体，城市现代文明以信息、媒体、网络等形式不断传递，与农村传统文化交织相融，形成一种独特的乡村现代文明，并融入农民日常生产生活行为，使农民具备现代素质，享受现代设施，具有现代化生活方式，不仅提高了农民居住的舒适度，也改变了农民传统的生活陋习，使农民生活行为更加文明。

以上五种机制分别对应五项工程，是实施农村面貌改造提升行动的重要举措。其中，各种机制并不是独立运行，它们之间是相互并行且部分存在交叉。只有五种机制同时运行，才能够使农村面貌改造提升行动取得实效。

## 三　农村面貌改造提升行动的案例分析

按照《中共河北省委河北省人民政府关于实施农村面貌改造提升行动的意见》（冀发〔2013〕10号），河北省农村面貌改造提升行动是以重点区域和重点村庄为主分期、分批开展。从当前情况看，河北省一些地区已经开展了农村面貌改造提升行动，但由于各地区经济发展水平和基础条件不同，在具体实践中的做法不尽相同。本文仅以部分地区为例，对地方实践进行分析。

### （一）邢台内丘县“县—乡—村”一体化垃圾收运模式

实施农村面貌改造提升行动的基础性工作就是要解决好农村“垃圾乱倒”、“垃圾围村”问题。邢台内丘县在实践中探索建立了城乡垃圾一体化处理“五项机制”，确保了农村环境整洁。

**1. 人员保障机制**

内丘县各乡镇分别设立了环卫所，由乡镇主管副职任所长，具体负责各辖区农村环境卫生日常管理工作。在村级层面，各村按照每300～500人标准配备保洁员，定人定岗定责。同时，以村为单位聘请3～5名义务检查员，负责监督本村保洁工作，形成了县—镇—村三级人员保障机制。

**2. 设施保障机制**

按照“县有一场（生活垃圾填埋场）、乡有一车（全封闭垃圾清运车）、村有一坑（垃圾填埋坑）”的目标，内丘县高标准建成日处理垃圾150吨的垃圾处理场和两座压缩式中转站，购置密闭垃圾运输车和压缩垃圾转运车，在各

村建立了垃圾填埋坑、标准垃圾池，为保洁员统一配备了手推车，为垃圾清运提供了设施保障。

**3. 垃圾处理机制**

构建了“户定点倾倒、村收集分类、乡集中转运、县统一处理”的处理模式。各户每天早上7点之前将垃圾运到村里的垃圾池，各村保洁员定时将垃圾运到分拣场并进行分类，将无害垃圾倒入填埋坑，有害垃圾放入有害垃圾存放池，乡镇保洁员用封闭式垃圾运输车每周到各村收集有害垃圾，运到垃圾压缩中转站进行压缩，再由密封压缩垃圾转运车转运到县垃圾填埋场进行处理。

**4. 资金保障机制**

为了保障垃圾清运工作的有效开展，内丘县建立县、乡、村、户四级投入机制。县财政为每名保洁员每月补助300元，乡镇财政负责乡村垃圾清运费和日常管理费，农村按照人均每月0.5～1元的标准，向村民适当收取卫生保洁费，使保洁员的月工资达到500元，保证垃圾清洁人员的基本工资和相关管理费用支出。

**5. 督促检查机制**

本着垃圾清运工作的长效性和可持续性，内丘县委县政府连同有关部门成立了督查组，专门负责垃圾清运工作。如从县委、县政府督查室、县委农工委等部门抽调人员组成联合督查组，不定期到各乡镇、村进行明察暗访，激励先进，督促后进，帮助基层解决实际工作中出现的各种问题，确保农村长期干净卫生。

## （二）藁城市“四级分包”组织管理体制运作模式

藁城市农村面貌改造提升行动实施主要集中在京石高铁沿线10个重点村。农村面貌改造提升行动中，藁城市在组织领导上实行“四级分包”，在改造重点上实施“四大攻坚”，建立了一套高效、健全的组织管理体系，推动了10个重点村面貌改造提升行动扎实快速开展。

**1. 建立“四级分包”组织管理体制**

藁城市四级分包管理体制主要包括：一是市级领导和有关部门分包到村。成立以市长任总指挥的面貌改造提升行动指挥部，安排10名市级领导分包10

个重点村，负责统筹指挥全局工作；确定10个与改造提升行动联系紧密的市直单位分包10个重点村，每个单位选派2名专职人员驻村开展工作，负责统筹整合有关项目资金，指导业务。二是乡镇领导和干部分包到村。沿京石高铁的增村镇、西关镇成立以党委书记任指挥长的农村面貌改造提升行动指挥部，负责全镇重点村面貌改造提升工作的统一安排和组织推动。每村安排1名乡镇副职和3～4名一般干部分包，做好各项工作的协调、指导和督促。三是驻村工作组分包到街道。各驻村工作组吃、住在村，身临一线，现场指导，明确每名工作人员分包1～2条主要街道的工程推进。四是村干部分包到每项工程。各村安排村两委班子成员全程分包各项重点工程施工，负责协调解决工程施工中的各种问题。

**2. 实施农村面貌改造提升“四大攻坚”**

藁城市确定四项重点工作为农村改造提升行动的突破口，实施集中攻坚。一是民居改造攻坚。实施二层楼屋顶“平改坡”、平房屋顶增砌飞檐、外墙立面粉刷，美化居民环境。二是道路改造攻坚。对村主街、主路进行硬化，两侧便道铺设便道砖，进行街道绿化。三是饮水改造攻坚。实施开展打深水井、陈旧管网改造升级、分户安装水表等工程，稳定供水，提升水质，保障居民饮水健康安全。四是厕所改造攻坚。实施沼气池改造，无公害卫生厕所改造，进一步改善农民家居环境。

截至目前，藁城市已建立了3个民居节能改造示范点，新完成小街道硬化5条，完成了6个村的饮水安全工程改造，10个改造村中已有半数农户建成了三格式或沼气式卫生厕所。通过农村面貌改造提升，京石高铁沿线村庄街道较为干净整洁，村庄整体面貌已经有了一定改善。

### （三）曲周县小第八村的“空心村”转向“幸福村”改造模式

小第八村位于曲周县城东9公里，全村256户，1200余人，拥有耕地2400余亩。该村以旧村治理、就地改建新民居为突破，以发展特色产业为支撑，以划定村界、原地改建为突破，取得明显成效。

**1. 以治理“空心村”为契机，建设新民居**

该村采取“划定村界，一户一宅，超占回收，宅田挂钩，股份运作”的方法，按照统一规划，统一样式，统一补贴，统一建设“四统一”要求，全村共收回闲散宅基地140亩，分批建造新民居。在民居建设规划方面，该村将村庄规划设计效果图和河北省下发的《燕赵新民居》100套新民居户型方案图集交由全体村民提建议、选方案，并聘请县专业人员为村民讲解每一套方案的设计理念、居室结构和实用性能。按照村民意愿，选出建筑面积为260平方米和230平方米的两套新民居方案。目前，现已建成二层新民居75栋，均已全部入住，二期50套二层新民居正在建设中。

**2. 加大基础设施投入，提高居民居住舒适度**

为了进一步改善村庄环境，该村加大对街巷道路硬化，街道两侧的绿化、美化。在村主街道安装了路灯，使所有街巷净化、绿化、硬化、亮化；投资30万元建成高标准村民中心，丰富了村民的业余生活；倡导农户进行自家庭院绿化、美化，使得各户庭院干净整洁。与此同时，该村还投资建成了幸福院，为老年人就地养老提供了便利。

**3. 健全保洁体系，保障村容村貌整洁**

在村庄道路清扫、垃圾收集运转方面，该村购置了垃圾箱和垃圾清运车等设备，聘请了4名卫生保洁员，定期对垃圾进行清运，保持村容清洁。村委会与农户签订门前“包扫、包集、包整洁”的三包责任制，形成垃圾“户集村运村处理”的集运体系。通过开展评选清洁示范户等活动，提高村民清洁卫生意识，全面提升村庄品味，使居民生活与自然环境相协调。

**4. 发展生态经济林，强化产业支撑**

为了保障农村面貌改造提升行动的有效运行，除了在大街和空闲宅基地上种植各种林木，绿化村庄环境外，该村还种植速生片林500亩、林网400亩，种植苗圃园千余亩，培育观赏和经济苗木56种，总产值达1200万元，年集体经济收入达到110多万元。为了扩大种植规模，该村将部分农户分散的小块地统一平整，调成大方，铺设防渗管道，进行统一经营管理。生态经济林产业为小第八村面貌改造提供了有力的资金保障。

## 四　农村面貌改造提升行动的实现路径

实施农村面貌改造提升行动，是一项民生工程、发展工程、生态工程。其目的就是要保持田园风光、增加现代设施、绿化村落庭院、传承优秀文化，打造升级版的现代农村。由于河北农村各地经济发展不平衡、自然资源禀赋存有差异，在改造提升行动中，必须从城乡一体化发展的全局出发，因地制宜，探索农村面貌改造提升路径。

### （一）以城乡发展一体化规划为指引，打造一批农村面貌改造提升的精品村

农村面貌改造提升行动应坚持规划先行，强化规划的引领和指导作用，科学规划、分步实施。一是本着实用、美观、经济、可操作性原则，科学、详细地制定农村面貌改造行动规划，使农村面貌改造提升行动各项工作有序开展。二是村庄规划编制要充分征求村民意见，尊重农民意愿，让村民代表参与村庄规划过程始终，保证各项规划都符合民意，符合农村实际。三是村庄面貌改造提升规划应凸显村庄传统特色，保持田园风貌，倡导农村历史文化的传承，切不可“千村一面”，搞“一刀切”。四是农村面貌改造提升规划要以县域村镇一体化规划为指导，使各项规划有机衔接。如县城、中心镇周边村庄要与城镇一体化规划、一体化建设、一体化管理衔接，特别是农村垃圾处理、污水处理、联村供水等各项基础设施，应尽可能布局在县城周边、中心镇、中心村，发挥城镇辐射带动作用。五是选取部分经济水平高、基础条件好的农村作为示范点，以高标准村庄规划为引领，高水平改造一批基础设施现代、公共服务完善、村容村貌整洁、居住适宜舒适、生态环境优美的精品村庄，发挥精品村对其他村的示范效应。

### （二）以不同类型民居改造工程为载体，建设美丽宜居幸福村

河北农村发展水平和基础条件参差不齐，民居改造不能一种模式全面推进。应针对全省农村各方面差异，因地制宜、突出特色，多种形式开展，重点解决饮水安全、居民改造、垃圾处理、污水排放、厕所改建、厨房改造等突出问题。考虑到各地的生产力水平和实际承受能力，把农村面貌改造村分成“精品村”、“达标村”、“中心村”、“城郊村”、“保护村”五类，加强分类指导，做好民居节能改造、厕所改造、基础设施建设和村庄绿化等各项工作。

一是对传统意义上的村庄，原则上不搞大拆大建，按照一村一特色、一户一格局的要求，在对每户情况进行深入调查的基础上，制定切实可行的改造方案，重点对现有民居的屋顶、墙体、门窗进行就地改造提升，引导农民把住房改造成为安全实用、节能环保、美观大方的新型现代住宅。

二是对已经建成或在建的新民居新建村，应按照农村面貌改造提升的总体要求，进一步完善有关设施和项目，增强对周边村庄的示范带动力和人口吸纳力，努力打造成农村面貌改造提升的样板村；对尚未开工但有条件建设新民居的示范村，应按照新民居建设规划和农村面貌改造提升工作要求，稳妥推进新民居建设。

三是对位于中心城市、县城和建制镇规划区之内的城郊村和城中村，要按照城镇社区的要求进行改造提升，其建筑风格要与城镇总体建筑风格相协调，加快传统农村向城市社区转变。

四是对国家级、省级历史文化名村，要将村庄面貌改造提升规划与历史文化名村保护规划有机衔接，重点根据历史建筑及传统民居特色，做好民居修缮和环境整治工作，保持村容整洁，突出文化特色。

五是对近三年内即将拆迁、撤并的村庄，不再单独编制村庄建设规划和进行大规模基础设施建设投入，控制村民再建新房，应重点开展“四清”，保持村庄环境干净、卫生、整洁。同时，维护好现有基础设施、公共服务设施，保障基本民生。这类村庄要按照规划和建设时序要求，加快引导农民向城镇或中心村集中。

### （三）以提高基础设施配置水平为抓手，建设功能完善的现代农村

基础设施与公共服务配套设施建设既是农村面貌改造提升的重点，也是改善农民居住环境，提高农民生活品质的关键。在农村基础设施建设中，应重点做好三个方面的改造：

一是厕所改造。当前河北大多数农村的厕所是旱厕，有些厕所临街搭建，条件设施简陋，卫生条件很差，需要进行彻底改造。应鼓励和引导农户推广使用双瓮漏斗式、三格化粪池式、三联通沼气池式和下水道水冲式厕所，鼓励有

条件的农户在室内建厕所，保持庭院干净卫生。

二是污水处理设施建设。河北的农村普遍没有建立污水处理设施，造成农村生活污水随意泼倒，既造成土地、水体污染，又影响环境美观。应结合农村实际，采取分散处理与集中处理相结合的方式建设污水处理设施，对城镇周边的村庄，优先选择接入城镇污水收集处理系统统一处理；其他村庄，可进行集中式建设，可以七八十户为单元集中建设一个污水处理设施，对生活污水进行集中收集，采用节能环保的污水处理技术，进行净化处理。

三是村庄道路硬化、绿化。目前省内大多数农村都已基本实现了道路"村村通"，村里主干街道硬化。应在现有基础上，按照不同类型村庄改造提升要求，进一步加强村庄道路硬化、绿化。在材料选用上，应充分利用本地建设材料，就地取材，分类建设。主干道可建成水泥路，辅道、巷道和街景花园可利用红砖、石板、石子等铺路，节约资源。在造型设计上，应突出田园风格、体现乡村特色，根据道路用途设计多种造型，凸显舒适美观，和周围环境浑然一体。基础设施建设要与改变农民生活方式相结合，引导农村居民增强生态环保意识，形成文明健康的生活方式。

## （四）以壮大农村产业为支撑，建设"村美民富"新农村

以农村面貌改造提升为契机，以县域"园区"为载体，探索建立农村建设与经济发展相结合的机制，同步谋划，充分发挥各类园区的要素聚集效应、产业联动衍生效应，发展壮大农村三次产业，推动农村面貌改造提升行动的有序开展。

一是以现代农业示范区为载体，高标准、高起点科学规划现代农业示范区，使农业示范区的规划与推进城镇化、工业化、农业发展的总体规划协调一致。盘活集体建设用地等农村资源，结合农村土地流转，发展一村一品特色产业，壮大村级集体经济，增加集体财富积累，形成以"农业资源集中"推动现代农业发展格局，为农村面貌改造提升和长效管护提供资金保障。

二是以农业产业化为核心纽带，促成一、二、三产业链接互动。以农业龙头企业为重点，以产业间的分工为链接，构建链接三次产业、沟通城乡两个地域，融合研发、科技于一体的贸工农产业链。

三是以县域产业园区为载体，形成特色优势产业聚集化发展。按照“一（几）园一主业”、“一（几）园一特色”的发展思路，完善各项功能，吸引资本、技术、劳动力向园区聚集，通过园区聚集发展带动农村三次产业纵深发展。

此外，还应大力培育新型生产经营主体，积极发展家庭农场、农民合作社和农业股份公司，提升现代农业水平；开发农业多种功能，大力发展农家乐、乡村游和休闲产业，积极培育农村经济新的增长点，增加农民非农产业收入。

## （五）以新型环保科技为保障，建设生态环保型民居

农村面貌改造提升的目标之一是改善农村居住环境、生态环境，相应的环保科技支撑十分必要。因此，在项目实施过程中，必须强化科技支撑理念，注重推广节能环保的新技术、新工艺，精心选择综合性价比高的建筑材料。在民居建设选材方面，应本着就地取材、经济适用、节能环保的原则选择相应建筑材料。在山区，可选用当地石材建造房屋，不仅能节约运输成本，而且富有地方特色；也可选用生土，原土中掺入一定比例的细砂和砾石作为“黏土混凝土”骨料，形成夯土墙体，提升耐久性能和强度；还可选用砖材，如方孔砖、混凝土空心砌块等新型墙体材料，建造不同特色的民居。在平原地区，可选用砖材，如新建房屋可用以粉煤灰、煤矸石、建筑渣土等固体废物为原料的新型墙体材料，替代原来的实心黏土砖，既能够节约资源，提高资源利用率，也能美化民居景观，改善农村生态环境。与此同时，政府部门应积极组织省内高校、科研机构和企业，针对一些关键技术难题进行技术攻关，研发出符合河北特点的先进实用技术和产品，政府部门应主动与掌握先进技术的科研院所和企业开展合作，直接引进或合作生产清洁环保建筑材料，提高民居安全性、环保性、舒适性。

## （六）建立多元化投融资机制，为农村面貌改造提升注入活力

资金是农村面貌改造提升的物质保障，必须建立多元化长效投融资机制，确保各项工作顺利开展。一是加大财政投入力度。应建立省、市、县三级农村面貌改造提升行动财政专项资金，且保证财政投入每年递增。二是积极争取国

家财政支持。省、市、县三级有关部门，应主动对接有关部委，最大限度争取国家部委的财政支持。三是鼓励金融机构提供信贷支持。制定并出台农村面貌改造提升行动的支持政策，鼓励农信社、农发行等涉农金融机构增加对农村面貌改造提升行动的信贷额度。同时，应积极探索将农村集体经营性建设用地使用权、污水和垃圾处理收费权以及林地、矿山使用权等作为抵押物进行抵押贷款的办法，引导金融资金投入农村面貌改造提升行动。四是动员社会力量投资建设。通过命名认建、品牌捐赠、税前列支等方式鼓励企业家投资建设农村基础设施，支持农村面貌改造提升行动。五是鼓励农民投资投劳建设。对民居、厕所、厨房、饮用水等农民直接受益的改造项目，应动员农民承担一部分费用。六是整合涉农资金集中使用。由县级政府负责，将“一事一议”奖补、新民居建设、农村土地整理、农村危房改造、农村环境连片治理、贫困村扶贫移民等涉农资金项目打捆使用，集中用于农村面貌改造提升，提供充足的资金支持。

## 参考文献


中共中央文献研究室：《毛泽东文集（两卷本）》，人民出版社，1996，第1版。

《中共河北省委河北省人民政府关于实施农村面貌改造提升行动的意见》，冀发〔2013〕10号。

河北省新农村建设研究课题组：《河北省新农村建设发展报告2008》，河北人民出版社，2008，第1版。

B.6

# 河北省实现农业现代化的基本模式与路径研究

张　波*

**摘　要：**

归纳总结国内外农业现代化发展一般规律，结合发展实际，研究提出河北省实现农业现代化的基本路径和模式是：按照发挥比较优势的原则，突出主导产业和主要区域，在全省范围内进行产业选择和空间定位，构筑产业竞争力与区域竞争力相统一的十大区域特色农业经济板块，协调整合各方面资源要素，向特色主导产业和特色农业区域集中配置；围绕每一特色主导产业和农业经济板块，采用现代组织方式和现代经营手段，打造“生产、加工、销售、服务”四位一体的产业化经营体系，提升全省农业现代化经营水平。

**关键词：**

河北省　农业现代化　模式　路径　区域特色农业经济板块

党的十八大报告明确提出，要促进工业化、信息化、城镇化、农业现代化同步发展。当前，作为典型的经济大省、人口大省、农业大省和工业大省，河北正处于工业化、城镇化和信息化的快速提升期，促进“四化同步”发展，重中之重是加速推进农业现代化。加快推进农业现代化，顺应全省经济发展的客观趋势，符合当今世界农业发展的一般规律，是实现城

* 张波，河北省社会科学院农村经济研究所助理研究员，主要研究专业为财政学、发展经济学、产业经济学，主要研究方向为农业农村经济和区域经济。

乡一体化发展的必然要求，也是经济社会协调发展和全面建成小康社会的基本保障。

## 一 农业现代化内涵和实现形式

### （一）农业现代化基本内涵与主要特征

农业现代化的内涵没有统一的论述，通常来讲，农业现代化是指由传统农业向现代农业转化的过程和手段。在这个过程中，人们日益用现代物质装备、现代科学技术和现代经营管理方式改造提升传统农业，使农业生产力由落后的传统农业逐步转变为当代世界先进水平的现代农业。

经济社会不断发展的事实表明，农业现代化特征应当从动态的角度进行描述和概括，综合来看，农业现代化的特征集中体现为生产方式自动化、经营方式社会化、生产能力高效化、增长方式持续化四个方面。

**1. 生产方式自动化**

应用现代工业装备和技术，加快对农业生产条件和劳动者的改造，彻底改变传统农业以人工耕作为主、靠天吃饭的生产格局。大力推广机械化，以先进农业机械替代手工作业，节约人力资源消耗，提高劳动生产效率；以工业化大生产方式强化农田水利等基础设施建设，全面提高农业生产的可控性和保障水平；以先进科学技术改进传统耕作方式，提升农业劳动者知识水平和创新能力，切实推进农业生产智能化。

**2. 经营方式社会化**

突破传统农业只注重生产环节的局限，将现代经营管理方式和经营理念贯穿于农业生产始终，推进农业生产组织化、规模化、标准化和专业化，加快构建农业产前、产中、产后的社会化服务体系，推动建立产加销、贸工农一体化的现代产业经营体系，实现农业大生产与社会化大生产的有机结合。

**3. 生产能力高优化**

不断加大对农业生产的支持和投入，以高产、优质、高效为基本目标，大幅提高农产品生产质量和数量，确保国家粮食安全和农产品总量供给平衡，保

障人民生存健康和工业原材料需求，稳固农业在国民经济中的基础性地位，为经济社会持续稳定发展提供重要保障。

**4. 增长方式持续化**

坚持集约、生态发展，转变传统农业的粗放型增长方式，加强对土地资源、水资源、动植物资源等的有效保护和利用，减少直至杜绝对生态环境的污染和破坏，遵循自然发展规律，实现人与自然和谐共处，着眼于子孙后代，实现农业的可持续发展。

## （二）国内外农业现代化实现形式

从世界范围看，由于自然资源禀赋、经济地理基础和历史文化风俗不同，各国在农业现代化道路的选择上不尽相同。概括起来，大致有三种类型：一是如美国、加拿大等人少地多、劳动力短缺的国家，它们以提高劳动生产率为主要目标，凭借发达的现代工业优势，大力发展农用机械取代人力和畜力，通过扩大经营规模，提高农产品总产量；二是如日本、荷兰等人多地少、耕地资源短缺的国家，它们以提高土地生产率为主要目标，把科技进步放在重要位置，通过改良农作物品种、加强农田水利建设、增加化肥和农药使用量等措施，提高单位面积农产品产量；三是如法国、德国等土地、劳动力比较适中的国家，它们以提高劳动生产率和土地生产率为主要目标，既重视用现代工业装备农业，又重视科学技术的推广应用。发展经验表明，发达国家在实现农业现代化的过程中，都非常注重立足本国国情和发展阶段，积极探索各具特色的发展道路。

从国内发展实践看，各地区均从实际出发，积极探索符合自身需要的现代农业发展模式和路径，较为典型的有：山东利用区位和农业资源优势，大力发展外向型农业；浙江突破资源瓶颈，大力发展新型农业循环经济；上海围绕服务城市，大力发展都市型农业。

国内外发展经验表明，实现农业现代化没有一成不变的固定模式，唯有从实际出发才是取得成功的正确选择。河北的农业现代化应当立足省情，在认清现实的基础上走具有河北特色的农业现代化道路。

## 二　河北省农业现代化发展总体评价

### （一）河北省农业现代化发展的现实基础

近年来，河北省认真贯彻落实党中央、国务院关于加强“三农”工作的各项方针政策，紧紧围绕农业增效、农民增收和农村繁荣这一中心任务，切实加大对“三农”的扶持力度，积极应对经济社会环境的发展变化，加快推进农业产业化、农村工业化和农村城镇化进程，全省农业农村经济发展取得了显著成就，为成功应对国际金融危机、保持全省经济社会平稳较快发展提供了重要支撑。

**1. 主要农产品产量持续增长**

2012 年，全省粮食总产 649. 3 亿斤，实现了“九连增”，优质小麦、专用玉米、杂交谷子推广种植面积分别达到 2800 万亩、3500 万亩、90 万亩。以示范县建设和标准园创建为抓手，全省累计建成蔬菜标准园 920 个，“冀园一品”集体商标成为河北蔬菜名片，蔬菜播种面积 2050 万亩，总产 8100 万吨，日供北京蔬菜总量超过 900 万吨。以规模养殖示范场创建为抓手，努力打造奶牛、蛋鸡、生猪三大优势产业，培育肉牛、肉羊、肉鸡、皮毛动物养殖四大特色产业，省部级标准化规模养殖示范场达到 1013 个，奶牛规模养殖比例达到 100%，肉类、禽蛋、奶类产量分别达到 476 万吨、383 万吨、619 万吨。国家级水产健康养殖示范场达到 45 家，辐射带动健康养殖面积 87 万亩，水产品产量达到 115 万吨。

**2. 农业产业化经营水平稳步提升**

农业主导产业稳定增长，2012 年畜牧、蔬菜、果品三大产业产值占全省农林牧渔业总产值的比重接近 70%。农业规模化、标准化、组织化水平不断提高，农业产业化经营总量达到 5470 亿元，产业化经营率达到 61. 5%。截至 2013 年 6 月，全省农村土地流转面积达 1251 万亩，占家庭承包耕地总面积的 15. 1%，通过流转，实现规模经营比重达到 60. 2%。全省种养业农民合作社发展到 2. 97 万家；粮食、蔬菜、棉花、中药材种植专业大户达到 9028 户；植

保、农机专业化服务组织分别达到5772个和4780个。

**3. 农业物质装备水平大幅提升**

农业基础设施建设进一步增强，大型骨干工程稳步推进，南水北调工程京石段实现向北京应急供水，石家庄以南段、天津干渠正抓紧施工，配套工程廊涿干渠实现开工建设；引黄、引岳向白洋淀应急调水工程顺利实施。“十一五”期间，全省新增节水灌溉面积1084万亩，节水灌溉面积接近4000万亩，占有效灌溉面积的58%。2012年，全省农机总动力达到1.1亿千瓦，比上年增加2%，农机总量居全国第二位。其中，大中型拖拉机保有量达到20万台，大中型机具配套比达到1∶2.1；玉米联合收获机保有量达到2.7万台，机械化收获率达到45.6%，耕、种、收综合机械化水平达到69.2%，居全国第六位。

**4. 农民收入和生活水平进一步提升**

2012年，全省农民人均纯收入达8081元，增长13.5%，增长率连续三年超城镇。农民人均生活消费支出5364元，增长13.9%；农村居民家庭恩格尔系数为33.9%，比上年提高0.4个百分点；人均居住面积36.4平方米。164个县（市、区）开展了新型农村合作医疗工作，新型农村合作医疗参合率达到96.24%。全省列入新型农村社会养老保险试点地区参保人数达到3334.57万人。

## （二）河北省加快推进农业现代化面临的问题

与此同时，河北现代农业发展依然面临严峻挑战，农业“大而不强、多而不优”的问题较为突出。

**1. 农民持续增收难度日益加大**

受国际金融危机的影响，农产品价格下行压力加大，而农业生产资料价格却明显升高，农业生产效益已经显现下降势头，粮食比较收益降低，对稳定农业和粮食生产、增加农民收入极为不利。同时，国际市场需求萎缩，劳动密集型优势农产品出口难度加大，国内市场开拓受到信息、物流等因素的影响，制约了农民收入的可持续增长和农产品生产效益的提高。

**2. 农业基础设施仍然薄弱**

农业和农村基础设施建设投入不足，农田水利设施建设滞后，农业仍未从根本上摆脱靠天吃饭的局面。全省仍有2000多万亩耕地没有灌溉条件，现有的农田水利工程老化失修严重，设施不配套，灌溉保证率低。耕地数量逐年减少，水土流失和荒漠化严重，全省仍有水土流失面积6.3万平方公里，中低产田占全省耕地面积的2/3。

**3. 农业资源约束日益突出**

水资源极度短缺，全省目前人均水资源量307立方米，仅为全国平均水平的1/7。全省多年平均降水量为531.7毫米，可利用水资源总量仅为165亿立方米，实际利用量195亿立方米，平均每年超采地下水30～40亿立方米。耕地资源逐年减少，后备资源不足，全省现有耕地面积9476万亩，人均常用耕地1.36亩，未来5～10年耕地减少不可避免，人地矛盾将更加突出，实现农业稳定增产的压力越来越大。

**4. 现代农业的服务支撑体系尚未完全建立**

农产品质量安全体系不健全，高质量的绿色有机食品市场价格未得到体现，涉农企业和农民的农产品安全生产观念还有待引导和提高。农业科技创新支撑体系不够强，制约河北农业发展的很多技术难题仍然没有得到很好地解决，农技推广队伍缺乏活力，农民科技文化素质较低，难以适应农业发展形势的需要。农产品市场体系、农业社会化服务体系不健全，农业结构不合理，农民组织化程度低，农产品加工水平不高等问题仍然比较突出，实现农业现代化仍面临较大困难。

## 三　河北省实现农业现代化的基本模式与路径选择

科学分析把握农业现代化基本规律和特征，结合发展实际，研究提出河北省实现农业现代化的基本模式是：按照比较优势原则优化农业结构与布局，进行区域特色主导产业选择和发展定位，构筑起产业竞争力与区域竞争力相统一的区域特色农业经济板块；围绕每一特色主导产业和农业经济板块，采用现代组织方式和现代经营手段，打造“生产、加工、销售、服务”四位一体的产业化经营体系，提升河北农业现代化经营水平。

河北省实现农业现代化的基本路径是：以市场化、组织化、规模化、专业化推进农业产业化，以农业产业化推进农业现代化。在具体发展路径上，要切实转变“重生产、轻市场”的农业经营方式和发展方式，以市场为核心导向，并通过技术跨越、组织跨越和管理跨越，全面提升河北省农业的现代化水平和市场竞争力，加速推进河北农业现代化进程。

### （一）构筑区域特色农业经济板块

农业具有自然区域属性，打造农业品牌优势，必须强化“区域”特征。全面推进河北省农业现代化，核心任务是发展区域特色主导产业，形成产业竞争力与区域竞争力相统一，并具有全局战略支撑作用的特色农业经济板块。农业特色主导产业的优化布局要突破行政区域限制，按照自然经济区域要求，统筹考虑自然、经济和市场三方面因素，确立能够支撑全省农业发展的特色主导产业，并形成各具特色的农业经济板块。针对河北实际，重点建设京山、京广铁路沿线优质专用小麦、优质专用玉米、生猪、禽蛋产业，环京津、环省会奶牛产业，黑龙港地区棉花产业，黑龙港、太行山浅山丘陵和张承地区优质杂粮产业，燕山、太行山浅山丘陵优质果品产业，沿海特色水产养殖业，坝上地区错季蔬菜和环首都优质蔬菜产业等十大特色农业板块。

### （二）协调整合资源要素向主导产业和主要区域集中配置

按照十大区域特色农业经济板块的划分，协调整合各方面资源要素，向特色主导产业和特色农业区域集中配置，实现集约、集群发展。在市、县两级层面，建立财政涉农资金整合机制。在市级层面，重点是引导产业项目和资金向相应的优势区域集中配置；在县级层面，重点是引导各类支农资金向特色主导产业集中配置。在目前我国涉农资金来源分散的情况下，可按照“渠道不乱、用途不变、统筹安排、系统集成、形成合力、各记其功”的工作思路，通过建立政府领导、部门配合的协调机制，整合涉农基金，向优势产业和优势区域集中投入。同时，要发挥政府的引导和政策调控作用，引导社会资源和市场要素向相应的特色主导产业和特色农业区域集中配置，合力打造产业竞争力与区域竞争力相统一的区域特色农业经济板块。

（三）建立“生产、加工、销售、服务”四位一体的产业化经营体系

针对每个农业经济板块，围绕区域特色主导产业，从纵向上延长产业链条（突出发展农产品加工业），从横向上发展相关配套产业，完善以主导产业链条为轴心的产业体系。具体来说，要建立起“1－1－4－2－1”生产经营组织模式（一个主导、一个链条、四个支撑、两个基础、一个体系，组织构造如图1所示），通过生产经营组织方式的转变，实现农业发展方式的转变和现代化水平的提升。

一个主导：以专业化、品牌化市场营销和实施农业品牌战略为主导。长期以来，河北农业经营不仅重产轻销，而且营销手段落后，影响农业经营效益。以专业化、品牌化市场营销为主导，就是要突破以往农业发展中过多关注生产过程，而较少关注市场营销的局限，突出市场的导向决定作用，采取“以销定产”的思路，按照市场需求和品牌经营需要去组织生产。

一个链条：以生产、加工、销售一体化经营为主体链条。现代农业不是单纯的农业生产，而是一个包括了生产、加工、销售并将三者贯穿成一线的产业经营链条。这一产业链条，不仅是一体化经营的需要，更是实现农产品转化增值、提高农业效益的需要。完善产业链条有两个关键：一是突出发展农产品加工业，二是发展农民合作组织并与龙头企业建立稳定的合作关系，搭建小生产走向大市场的组织通道。

四个支撑：以质量安全保障、科技支撑、社会化服务、市场信息四个服务体系为支撑。建设现代农业，需要有完善的服务支撑体系。现代农业服务支撑体系，是促进农产品生产、加工、销售，提高质量、效益，顺利实现农产品商品价值的重要保障。河北省推进现代农业建设，必须适应现代农业发展要求，加快建立和完善服务支撑体系，为现代农业发展提供有力保障。

两个基础：基础设施建设和生态建设。基础设施建设为农业现代化建设提供物质装备，确保农业的可控和高效；生态建设为农业现代化建设提供良好的发展环境，确保农业可持续发展和集约发展。两者共同构成农业现代化建设的物质基础，缺一不可。

一个体系：即建立“生产、加工、销售、服务”四位一体的产业化经营体系。围绕每一特色主导产业和农业经济板块，通过以上内容的组建，即可建立起河北省现代农业经营体系。

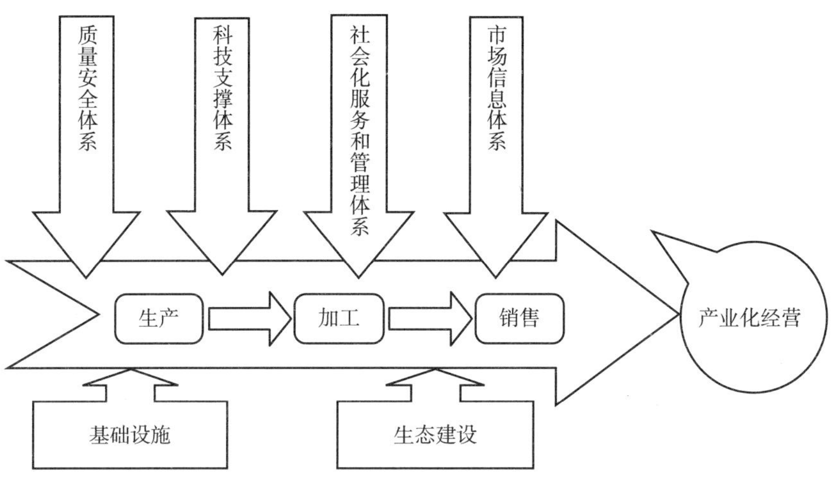


**图1 “1－1－4－2－1”生产经营组织模式**

## 四 加快推进河北省农业现代化的政策措施

推进现代农业建设，是一项复杂的系统工程和长期任务，既需要激发市场主体的内在活力，又需要发挥政府的职能作用。河北省要从基本省情和现实发展需要出发，转变发展观念，创新发展模式，着力消除制约现代农业发展的深层次障碍，加速推进全省农业现代化进程。

### （一）推进区域特色农业经济板块整体崛起

围绕打造十大特色主导产业和区域农业经济板块，按照现代化经营模式的要求，急需针对薄弱环节和关键问题采取有力措施，开展省域范围内主导产业支持，生产经营方式和营销组织形式等方面的整体制度设计，加快形成产业和区域发展合力，促进特色主导产业集聚发展，推进农业区域经济板块的整体崛起。

**1. 建立特色主导产业区域性协调机构**

打破行政区划限制，依托区域特色主导产业省级成立农业产业协调机构，赋予其实质性职能，如制定特色主导产业发展规划和促进政策，制定和实施涉农资金和项目整合方案，协调特色农业经济板块内各县（市、区）之间的关系，组织重大招商活动，搞好重大产业化项目管理等，切实发挥其在统筹规划、资源整合、跨区域协调方面的作用。协调机构办公室既可设在省会石家庄，也可作为省级派出机构分别设置在每个农业经济板块的核心区，以便置身产区、贴近基层，对相关县（市、区）进行组织协调，确保形成区域发展合力。

**2. 建立区域性技术支撑中心**

依照区域特色主导产业经济板块，在核心县（市、区）重点建设服务于整个板块区域的技术支撑中心，负责区域性技术研发和推广。技术支撑中心依托区域内核心企业，联合科研机构和院所，开展共性技术和实用技术研发，对关系区域内主导产业发展的重大关键技术进行攻关，提高区域主导产业的整体科技竞争力。同时，技术支撑中心要统领和整合区块内科技培训和推广服务机构，开展共性技术、关键技术和实用技术培训，提高劳动者素质和技能。此外，技术支撑中心要依托区域内各农技推广机构，开展农业技术的推广普及。

**3. 成立区域性行业协会**

为加强信息交流、市场服务和技术推广，共同开拓市场，针对谋划确定的特色主导产业和农业区块成立区域性行业协会，行业协会依托该经济板块中的大型龙头企业，明确行业规程，定期组织举行行业会议。充分发挥行业协会在产业内部协调、产业市场建设、产业信息沟通、品牌建设、招商引资等方面的作用。在对外交流，参加国内外展销会、推介会和产品宣传方面，由行业协会统一组织。充分发挥行业整体优势，实施产业链招商。

**4. 培育特色农业产业集团**

围绕区域特色主导产业，组建农业产业集团。产业集团可以由政府直接注资成立，也可由区块内有影响力的大型龙头企业单独或联合成立。农业产业集团主要从事相关主导产业的投资、开发，还可依此开展技术研发和推广，甚至可以将区域性技术支撑中心和行业协会设立在农业产业集团内部。产业集团在充分整合区域内和省域内农业资源并发展壮大后，实施“走出去”战略，放

眼国际、国内两个市场进行良性拓展。

**5. 建立农业品牌营销网络**

由政府或大型龙头企业出资，开设“河北省特色农产品指定专营店”，实施连锁经营和指定专卖，由政府或大型龙头企业提供产品和品牌信誉保障，满足消费者对高档、优质农特产品的需求。专营店在销售河北名优特农产品的同时，还进行特色农业品牌、农业文化、农业企业以及特色产品的展示和宣传推介。指定专营店主要进驻超市、大型商场和繁华商圈，首先在京津市场和河北省域范围开设发展，然后逐步向全国和海外扩展，打造属于河北自己的名优特产品销售和农产品品牌推广网络。

**6. 在各农业经济板块培育核心增长极**

在省域范围内统筹布局，围绕特色主导产业，在农业经济板块内部，集中优势要素，分别建设各具特色的现代农业示范园区，示范和带动区域特色主导产业和农业经济板块的现代化发展。有条件的现代农业园区可注册园区发展股份有限公司，具体负责园区的建设、招商、生产和经营。

**7. 建设区域性专业批发市场和质量安全检测中心**

积极支持和鼓励在农业板块的核心地区建立区域性农产品批发市场和农产品质量安全检测中心。以河北特色优势产品和产业为依托，引入现代商品交易手段，支持建设几个全国区域性农产品交易中心，打造区域性农产品集散基地。依托区域性市场，集中力量建设高水平的大宗农产品质量安全检测中心，完善农产品标签、标识体系，全面推行农产品可追溯机制，确保农产品质量安全。

为了更好地整合资源、节约成本、相互配合和提高效率，可考虑围绕每个特色主导产业，在每个特色农业经济板块的核心区，组建“区域特色主导产业综合服务中心”。将上述建议中的产业协调机构、技术支撑中心、行业协会、市场营销中心、质量安全检测中心等作为分支机构汇集到综合服务中心。综合服务中心在空间选址上，在首选核心产区的基础上，最好与大型龙头企业、产业集团总部、示范园区、区域性中心批发市场所在地相统一。

## （二）着力建设服务支撑体系

服务支撑体系是河北省农业现代化的重要保障，整合、提升已有的农业服

务资源和设施，为现代农业产业发展提供科技、信息、市场、物质装备等全方位的服务与支撑，实现经济、社会、技术同农业自然资源与环境保护的紧密结合，促进资源、环境和现代生产要素优化配置。

**1. 健全农业科技创新服务体系**

围绕优势产业和区域特色产业，加强提质增效重大关键技术的创新集成和应用，建设一批各具特色的现代农业科技园区和科技服务示范基地。充分发挥省农科院、农业大学、各级农技推广中心、职业院校和龙头企业优势，有效整合资源进行联合攻关，解决生产经营和技术中的实际问题，开发具有河北特色的农业科技项目。完善基层公益性农技推广体系，充分发挥基层农技推广区域综合站职能，构建协调有序、运转高效的农技推广新机制，加快农业新技术、新品种、新设施、新机具的研发和推广步伐。大力培养农业技术创新和推广骨干人才、农村实用人才和农村生产型、经营型、技能型人才，增强人才支撑能力，加强星火“12396”科技信息服务体系建设，促进农业科技知识的普及和先进技术的推广。

**2. 建立健全农业信息和农产品市场体系**

加快农业信息化建设，完善省、市、县、乡四级农业信息服务中心，全面建立农村信息服务网点，形成基本覆盖市、县、乡（镇）、村、农业龙头企业、合作经济组织、批发市场、生产经营大户的农村信息服务体系，及时、准确地向农民、经销商和政府提供市场预测、价格信息、供求信息、农业生产布局、资金投向、产业政策以及气象服务等。积极推进农产品批发市场升级改造，加快建设现代粮食物流体系和鲜活农产品冷链物流系统。大力发展现代流通方式，加快形成流通成本低、运行效率高的农产品营销网络。依托河北现有的农业信息体系，逐步建立权威的农产品批发市场信息网络，大力支持大型农产品批发市场建立网站，发展电子商务，逐步实现市场交易、结算、仓储、运输、配送的智能网络化管理。

**3. 构建农产品质量安全保障体系**

加快完善农产品标准体系，基本建成与生产加工销售相配套、与国家标准接轨且具有本地特色的农产品生产环境、生产程序和质量标准体系。进一步健全省、市、县、乡四级农产品生产环境、生产程序和产品质量检测监督机构，

在农产品产区、基地及大型批发市场建立速测站，建立例行抽检机制，加快形成布局合理、职能明确、专业齐全、运行高效的检验监测体系。加强农业生产环境、生产程序和产品质量标准的认证和推广。建设农产品标准化生产示范基地，搞好农业标准化生产基地认定，积极推行农产品原产地标记制度，开展农业投入品强制性产品认证。健全完善农产品市场准入制度和质量安全追溯体系，在全省大中型农产品市场，全面实施严格的市场准入制度，做到农产品质量安全标识明确，建立健全农产品质量安全追溯机制。

**4. 完善物质装备支撑体系**

着力加强农田水利、农机装备、生态林业和耕地质量四项建设，不断改善农业生产条件。大力发展节水灌溉工程，加强农业用水管理，推进农业水资源科学利用。大力实施保护性耕作机械化、粮油作物全程机械化、经济作物生产加工机械化和秸秆综合利用机械化等技术的推广和应用，提高农业机械化水平。深入开展造林绿化工作，不断加强“四荒”绿化、农田林网建设，增强防风固沙和涵养水源能力，切实改善农业生态环境。大力实施保护性耕作、秸秆还田、增施有机肥等措施，提升土壤有机质，改良土壤培肥地力，提高耕地蓄水保墒能力。实施“沃土工程”，全覆盖测土配方施肥，提高施肥水平，防止土壤退化。加强耕地质量监控、地力与环境质量监测，以及配套集成技术的普及和应用，以改善农业环境，增强农业抗灾减灾能力。

## 参考文献

顾益康：《关于中国特色农业现代化道路内涵、特征与思路的新思考》，《世界农业》2013 年第 8 期。

白文周、吴义周：《中国特色农业现代化道路的内涵及实现路径》，《经济问题探索》2008 年第 5 期。

王万山：《国外农业现代化的主要模式和共同规律》，《调研世界》2005 年第 5 期。

李燕琼：《我国传统农业现代化的困境与路径突破》，《经济学家》2007 年第 5 期。

B.7

# 2013～2014年河北省文化产业形势分析与预测

陈璐　薛维君*

**摘　要：**

在经济形势不景气的大背景下，河北文化产业又迎来了蓬勃发展的一年。本报告从河北省委八届五次全会对文化产业的新要求、新起点出发，深入分析了河北文化产业发展的总体走势、区域差距、动力格局、行业结构、空间布局、环境氛围等方面表现的特征与态势，指出了当前河北文化产业在发展模式、要素市场、园区建设、城区规划和政策环境方面存在的问题，并相应地提出了破解对策。

**关键词：**

转型发展　发展形势　存在问题　破解对策

2013年是全国经济"三次起伏"中最难过的一年，但却是河北省文化产业步入加快发展黄金周期的第二年。党的十八大和十八届三中全会的精神为河北省文化产业发展打造了长期利好的大背景，习总书记多次来河北视察的讲话也为河北文化产业强劲发展带来了前所未有的机遇。全省上下在省委八届五次全会确定的"四大攻坚战"的战略部署下，放手发展文化产业，继续强力推进"三个十"工程，全面提升了全省文化产业的实力和竞争力，当前的河北

* 陈璐，河北省社会科学院经济研究所、河北省文化产业研究中心，研究员，主要研究区域经济、文化产业、生态经济；薛维君，河北省社会科学院经济研究所、河北省文化产业研究中心，研究员，主要研究区域经济、文化产业。

文化产业已经成为全省产业转型升级的“领跑者”，为全省产业结构调整、经济发展方式转变注入了新的活力和动力。

## 一　2013 年河北文化产业发展形势分析及 2014 年预测

### （一）总体走势：延续 U 形反转后的迅猛回升态势，“一枝独秀”领跑其他产业

河北文化产业发展自“十一五”以来呈现“U”形走势，2006 年文化产业增加值增长最高（43.5%），随后“高空跳水”，至 2008 年达到 20% 左右的水平（当年价计算），2008～2010 年基本上维持了一段 20% 左右的低水平增长，至 2011 年开始迅猛回升，2012 年仍然延续 2011 年的良好态势，据初步统计，全省文化产业增加值达 729 亿元[①]，同比增长 35.6%，占 GDP 比重为 2.74%[②]，完全符合课题组上年总报告中预测的增长区间（33%～40%）[③]。如按可比价格推算，2012 年文化产业 GDP 增长大约应是 21.6%，比全省 GDP 增长率 9.6% 高出 12 个百分点，在所有产业增长中处于“领跑”地位。这也完全印证了课题组上一年所作的分析和预测。从 2013 年前三季度文化产业相关标志性指标监测来看[④]，文化产业相关的投资仍然延续高增长态势，消费和旅游的增长基本与上年持平，预计 2013 年全年文化产业 GDP 增长仍将维持在 30%～40%，从 2013 年文化产业投资增长势头来预测，2014 年的文化产业发展将延续良好的发展势头，保持 30% 以上的高增长。

① 2012 年 7 月，国家统计局重新颁布了新修订的《文化及相关产业分类（2012）》标准，因此 2013 年统计的 2012 年文化产业增加值又将有新的口径变化，增长率和绝对值都是按照此标准进行测算的，另外，增长率仍然是按当年价计算。

② 资料来源：河北省统计局发布数据。

③ 薛维君、陈璐编《2012～2013 年河北省文化产业发展形势分析与预测》，河北人民出版社，2013。

④ 资料来源：根据河北省统计月报 2013 年 9 月数据计算得出。

## （二）区域差距：与全国比较水平相比，文化产业增加值占 GDP 比重差距开始缩小，但总量差距仍然较大

从文化产业增加值占生产总值的比重看，“十一五”时期，河北文化产业增加值占全省生产总值的比重上升较慢，“十一五”末期甚至出现了比重比“十一五”初期还要低的局面，原因在于“十一五”后四年河北的文化产业增长过低，而同期全省生产总值保持了比较稳定的增长。按旧口径统计的数据表明，2006 年河北文化产业增加值占全省生产总值的比重为 2.01%，到 2010 年下降为 1.73%，从“十二五”开始，2011 年河北文化产业增加值占全省生产总值比重开始回升，达到 1.95%，2012 年按照国家统计局采用新颁布的文化产业统计指标口径计算，河北文化产业增加值占全省生产总值比重达到 2.74%，有了大幅提高。与全国同一时期文化产业占全国生产总值的比重相比，2006 年占比与全国相差 0.44 个百分点，到 2011 年与全国相差近 1 个百分点，2012 年按新口径统计，全国文化产业占生产总值比重为 3.48%，河北与全国的差距缩小到 0.74 个百分点，这表明占比差距已经开始缩小。从增加值规模总量看，河北省与全国的差距仍然较大，与周边省份的差距并没有明显的缩小。比如，全国 2012 年文化产业法人单位增加值达到 18071 亿元[①]，河北省只相当于全国文化产业规模总量的 4%，与周边省份相比，相当于北京市文化产业总量（1474.9 亿）的 49.4%，相当于山东省（2720 亿）的 26.8%，浙江省（1582 亿）的 46%，广东省（2707 亿）的 27%，这与前两年相比，没有什么明显的变化。从目前的发展势头预测，2014 年占比差距将继续缩小，与先进地区的总量差距也将继续维持现有水平。

## （三）动力格局：“三驾马车”中投资仍然是“一马当先”，文化消费对产业增长的贡献有所提高，出口贡献微不足道，多年来国有、民资和外资“三分天下”的投资比例结构正在悄然发生转变[②]

2012 年河北省文化产业投资增长达到 35.4%，基本上与文化产业 GDP 增长

① 数据来源：国家统计局 2013 年 8 月发布。

② 本部分数据来源：《河北统计年鉴 2012 年》，中国统计出版社，2013。

率相当，表明文化产业增长依赖投资增长的比重极大，这也是多年来河北文化产业投资中的显著特点。文化消费中体育娱乐用品消费为17.7%，书报杂志类消费增长为67.9%，电子出版物及音像制品类消费增长为28.8%，文化办公用品类消费增长为11.9%，文化旅游增长为23%。从各大类增长率来看，比2011年有较大的提高，但仍然算是正常的增长幅度，并没有太大的异动。文化产业消费总体增长率为18%～20%，比上年12%～15%的增长水平有明显增长，表明文化消费对文化产业增长的贡献比上年有所增加。从文化产品出口情况看，仍然局限在个别的文化民俗产品和少量的文化办公用品等领域，影视作品、文化艺术、动漫、传媒制作、版权等附加值较高的领域仍然是“短板”。从2013年前三季度看，文化产业投资增长表现非常强劲，在2013年深圳文博会上，河北代表团在新闻出版、广播影视、文艺演艺、文化产品生产制作与销售、文化休闲旅游等领域，集中签约了一批重大项目，签约总金额605.46亿元①。比如，河北冀广传媒集团云媒体中心、华强国际文化商业中心、承德广盛居包装印刷科技园、河北隆尼施钢琴项目、邢台邢白瓷博物馆文化产业园等项目都是超过10亿元以上的重大投资项目。除文博会签约项目外，投资110亿元的正定新区文化产业园、总投资230.23亿元的承德“21世纪避暑山庄”文化旅游产业聚集区、总投资57亿元的曲阳雕塑文化产业园区、总投资50亿元的长城影视动漫旅游创意园项目、总投资为278亿元的邯郸中华成语文化园项目等重大项目纷纷落地，有些已经开工建设。据统计②，目前全省已开工在建和即将开工建设的文化产业项目80多个，投资额10亿元以上的19个，50亿元至100亿元的16个，100亿元以上的11个。投资增长结构表现为：民营实体对文化产业的投资大幅增长，占全部投资比重的50%以上，发挥了“中流砥柱”的支撑作用，公有实体投资与外商投资基本上各占1/4的比重。文化产业投资的强劲增长势头不仅为当年而且对今后几年的文化产业快速增长奠定了坚实的基础。从2013年前三季度的文化消费情况看③，体育娱乐用品消费增长13.4%，书报杂志类消费增长18.9%，电子出版物及音像制品类消费增长－0.2%，文化

① 数据来源：深圳新闻网。

② 数据来源：《势头强劲　成效喜人　河北文化产业工作综述》，长城网，2013年8月14日。

③ 数据来源：《河北统计月报》2013年1～9月。

办公用品类消费增长8.6%，文化旅游增长21.4%，除了电子出版物及音像制品类以外，其他类消费增长的表现与上年前三季度基本相当，消费比例仍然维持以往的结构，没有明显的变化。表明河北省文化产业还没有找到一个消费增长的突破口和依托载体，不能出现类似上海世博会期间出现的文化消费的爆发式增长。预计2014年，仍然会维持现有的动力格局，不会出现大的变化。

### （四）行业结构：四大行业领域“领军”地位未变，多领域互相融合、多行业相互渗透的发展趋势初见端倪

多年来，河北文化产业的主导行业主要有文化用品生产和销售、出版发行、文化旅游和文化休闲娱乐服务四个门类，其中文化用品制售一直占据1/3的比重。2013年河北文化产业行业细分领域发展仍然保持了这种比例结构，但是，与以往不同的是，文化产业的内向融合与外向融合发展极其活跃，一业带多业、多业共存共融的项目和企业发展很快，多业融合发展文化产业的观念和意识已经成为文化产业基地和园区建设的普遍共识。从世界文化产业的发展历程来考察，文化产业的每次提速发展总是缘于产业融合引发的新兴文化产业或相关文化行业的大发展所带动的。河北文化产业近两年的高速发展也不例外，文化产业中各个行业间的内向融合，文化产业与非文化产业的外向融合在河北省文化产业发展过程中表现得非常明显，文化产业内每个行业对其他行业的带动作用越来越大，以产业融合为手段衍生的文化产业新增长点已经开始崭露头角，比如，易县与中国传媒大学文化发展研究院建立了战略合作关系，规划实施了总投资150亿元的易县文化产业园区建设项目，拟打造以易水砚博览城为龙头，集实用艺术商品交易、物流、演艺、娱乐休闲为一体的“中国实用艺术之都”；唐山大陆实业公司与中国文化传媒公司在丰润合作建设的丰润大陆印象文化产业园，总投资33亿元，将建设创意设计产品加工区、陶瓷艺术博物馆、书画博物馆、非物质文化遗产作品展览中心、艺术家俱乐部、房车营地、马术俱乐部等高端文化产业项目，融合了工艺美术创意、文化博览、体育健身、民俗产品制售等多个行业门类，这些以行业融合为特征的文化产业新兴力量正逐步走向成熟。预计2014年，仍然会维持2013年的结构特点，行业融合趋势将进一步加大。

### （五）空间布局："双十"效应充分体现，以打造特色园区带动产业空间集聚凸显县域强势，以延伸产业链条带动项目集聚凸显园区的发展活力

近两年，河北通过开展"三个十"工程，大力培育"十大文化产业强县"、"十大文化产业集聚区"和"十大文化产业项目"。其中，"十强县"和"十大园区"的"双十"工程对于河北文化产业的空间集聚起到了推波助澜的作用。从县域看，很多县域着力在特色文化产业集聚区上下功夫，力图通过产业的集聚获取文化产业的"强势"地位，比如，承德平泉县在原有的"艺术活性炭产业集聚区"、"山庄老酒文化产业园"、"食用菌文化产业园"、"辽河源契丹文化产业聚集区"等文化产业园区快速发展的基础上，又与深圳旭天文化传播有限公司合作，谋划建设以油画制作、交易市场、展厅、仓储、酒店等为内容的油画产业基地，努力建成中国北方的"油画村"。张家口的蔚县谋划并推进了"四园一区"，全力打造蔚州古城剪纸文化产业园、暖泉古镇民俗文化产业园、壶流河湿地休闲度假文化产业园、南部生态旅游度假园和南张庄国际剪纸风情文化区，将原有的文化产业项目点分类打捆，并延伸相关项目，发育形成特色产业园区。衡水武强县并不满足只有金音集团这个国内乐器的龙头企业，通过依托金音乐器集团，重点建设了中国武强国际乐器聚集区，吸引了包括德国、美国以及国内天津、浙江等地的一批国内外知名乐器生产企业进驻，延伸发展乐器生产、营销、物流、教育、演艺、文化休闲娱乐等产业链条，形成一个真正意义的"乐器王国"。这种通过"园区建设带强县"的路径有力地推进了河北省县域文化产业规模化、集群化发展。从园区发展看，通过延伸产业链条扩大园区内单体项目的规模和衍生性，形成相互依赖的项目群体和企业集群，是"十强园区"竞争制胜的"法宝"。比如，承德"二十一世纪避暑山庄"文化旅游产业聚集区，在去年建成鼎盛王朝文化产业园二期工程的基础上，再投资 4 亿元启动了鼎盛乐园主场馆、鼎盛国际文化交流中心、鼎盛艺术馆等项目建设。中国（开滦）矿业文化旅游开发产业园，引入战略合作伙伴，在原有矿山公园的基础上建设"中国音乐城"，拟打造集乐器展示、音乐艺术培训、音乐艺术展演、器乐体验、音乐消费于一体的中国北方独具特

色的音乐艺术聚集区。沧州的河北乐海（肃宁）乐器制造基地以当选“十大文化产业项目”为契机，正在规划建设河北乐海乐器产业聚集区，准备吸引北京星海钢琴集团有限公司、北京民族乐器厂、武汉长江乐器集团等企业入驻，打造一个全国著名的集乐器研发、生产、展示、销售、休闲、教学培训及文化交流为一体的乐器产业园区。唐山丰南的唐津运河文化产业聚集区吸引社会资金，建设东方神龙乐园、银泉珠宝商城、文化产品展销中心等一批总投资超百亿元的项目。很多园区依托原有的大型龙头项目或文化企业，吸引、衍生和培育一批充满活力、跨界融合的企业群，不仅做大了园区规模，而且形成了很强的园区竞争力，比如，山海关长城文化产业园区内文化企业已有 31 家，投资 5000 万元以上的文化企业有 12 家；张北中都草原文化产业聚集区内文化企业有 248 家，投资 5000 万元及以上的文化企业有 8 家；等等①。这些“强县”和“强区”的培育发展，正在逐步改变着河北省文化产业“分散布局”的空间集聚形态和特征，预计 2014 年这种趋势将会更加明显。

### （六）环境氛围：支撑环境有待优化，政策支持“雷声大、雨点小”，发展氛围“县浓城薄”

河北省近几年来陆续出台了《关于加快文化事业和文化产业发展的若干政策》、《河北省文化产业振兴规划》、《关于深入推动文化大发展大繁荣的若干意见》、《文化产业振兴奖励资金管理办法》、《河北省文化产业“十二五”规划纲要》等一系列文件和规划，可以说，文化产业发展的顶层设计已经基本完成，“三个十”工程的强力实施标志着战役部署阶段已经开展。然而，“战役”开展的“后勤保障”却并不尽如人意，具体表现为：目前只能依靠单纯的财政手段（补贴、奖励）和授予荣誉（强县命名、基地评选）来引导和调动发展文化产业的地方政府与企业的积极性，在工商注册、市场准入、税收、信贷融资、土地、人力资源培训、知识产权保护等多个方面的政策制定和出台仍然十分缺乏，有些已经出台的政策基本上没有可操作的余地，属于“纸上谈兵”的“空头支票”。这充分表明了当前河北文化产业发展的一个尴

① 本部分资料来源：省委宣传部“河北省文化产业工作综述”。

尬的局面，即文化产业发展只是宣传和文化管理部门的事，经济管理职能部门并没有高度重视、充分配合，没有将文化产业纳入到产业升级和结构调整的重要抓手中去。而北京、上海、浙江、广东、四川、湖南等先进省市都根据自身的实际情况，出台了专项的政策措施和实施意见，比如有关动漫产业、数字内容产业等产业领域类优惠政策，有关动漫主题公园、数字出版园区等园区类扶持政策，有关文化创意的投融资平台建设类政策，有关数字内容产业的龙头型和创新型企业扶持政策等，在政策的具体条款和内容上，也按照大类划分为财税政策、投融资政策、人才培养引进政策、创新政策、知识产权保护政策等。相对于先进省市和周边省市，河北省的文化产业支持政策“真金白银”含量很少，导致投资发展环境相对恶劣。从发展氛围上看，近几年来，无论是文化的硬设施还是软功能、内环境还是外氛围的建设营造，都取得很大的成就。但从总体上看，城区中发展文化产业的氛围比不上县域，由于有“文化产业强县”的评选和评价考核体系发挥作用，县域文化产业发展热情高涨，发展氛围良好，而城区的文化产业发展往往表现得更加“淡薄”，比如，城区文化产业项目的经济氛围浓，商业色彩浓，文化气息则相对不足；文化市场发育与建设中市场味道浓，文化因素和内涵则相对不足；文化管理中条线色彩浓，条块合力则相对不足，因此，当前河北文化产业发展氛围中的“县浓城薄”现象需要引起重视，需要进一步营造城市文化产业发展氛围。

## 二　当前河北文化产业发展面临的问题

### （一）河北的文化企业习惯于“外延式扩张型”发展模式，对于如何构建“内容为王、创意为先、品牌为宝”的“内生增殖型”发展模式显得无从着手

河北的文化企业发展过程中普遍存在着依靠“外延式扩张”模式做大做强的思维惯性，比如，文化产品制售企业不断扩大产品生产规模，推动机电化装备替代传统手工制作，增加销售网点等方式，扩张产品生产和销售规模。从短期看，可能会对提高文化企业销售收入、增加企业知名度有所帮助，但是，

从长期看，并没有进行技术创新、文化创意的研发和储备，“吃老本”、“暂时繁荣”的现象非常普遍，这与外省市先进文化企业战略创意一代、开发创新一代、储备一代、生产销售一代的先进代际产品发展策略相比，显得非常落后。在市场竞争中，势必处于下风，很可能逐步跌入产业价值链末端，在内容、原创设计以及终端销售环节的影响力也会越来越弱。除此以外，文化旅游、体育健身、演艺娱乐等领域开发、创意、挖掘的程度较浅，内容比较俗套、形式流于一般，品牌影响力很弱，总体盈利水平较差；节庆会展业发展还没有形成市场化的体制机制，更谈不上常态化、多样化、品牌化。从总体上看，河北文化产业还没有真正找到如何走出一条以“内容为主、创意为先、品牌为宝”的产业发展“内生增殖型”发展路径。

### （二）文化产业要素市场发育滞后，面向文化产业的人力资源市场、文化艺术知识产权交易市场、资本与股权市场的建设还受到相关规制的阻碍

河北文化产业要素市场发育还处于萌芽状态，主要表现为：一是文化艺术知识产权交易市场还没有建立起来，知识产权保护机制还没有发挥应有的效用，文化艺术知识产权申请专利还有很多制度政策上的制约，文化知识产品完成后，登记和备案、转让，作用的制度、法律和政策还不完善，知识产权交易很难真正操作。二是文化资本投融资与股权市场基本上是空白，文化企业融资渠道单一，版权的质押担保、文化企业产权的认证等机构和体系都还没有健全，导致实际操作中无法可依、无规可循，中小文化企业融资困难的现象十分普遍；此外，市场化的文化产业投资基金还没有设立，通过投资基金手段缓解中小文化企业融资发展的问题还没有破解。三是土地要素进入文化产业过程中存在着偏差和走样的问题。这主要表现为，文化企业获得土地资源并不能像工业企业用地那样进行出让，反而大多项目走的是住宅用地和商业用地的招拍挂的程序，由于文化产业区别于一般商业和房地产业，文化企业如果真心实意搞文化产业往往回报缓慢，获利程度和速度会与房地产业有很大区别，这就导致文化企业在拿地时处于天然劣势，文化土地要素如何与当地土地规制进行有机融合目前还未有成熟的做法和规定，因此，以文化产业名义圈地，一小部分土

地搞文化产业，一大部分土地搞房地产开发的短期行为，就既成为房产商和文化企业无奈的选择，也成为目前绝大部分房地产商“偷梁换柱、挂羊头卖狗肉”的“潜规则”。四是文化服务中介组织缺失及其运行不规范，使得文化中介服务市场发展受到制约。由于缺乏中介组织的有效服务，文化产业的人才和人力资源的流动不畅，法律服务、文化艺术产品检验、产品供求信息服务等市场服务都没有像工业产品那样得到专业化、规模化发展，文化企业难以充分利用市场资源，提高生产效率和服务质量，从而制约了文化企业的发展壮大。此外，文化中介组织缺乏相应的制度规范，进入与退出门槛过低，致使市场诚信缺失，企业交易成本过高。

### （三）城市新区建设和老城改造中普遍存在着忽视文化产业及相关配套设施的布局建设问题

从国际城镇化一般规律看，一个国家和地区城镇化率只有达到 70%，才会进入一个平稳的发展阶段。河北从 46.8% 迈向 70%，拥有一个相当大的发展潜力和空间。省委八届五次全会提出①，河北要抓住国家扩大内需的有利契机，把城镇建设作为重要投资方向，使城镇化成为河北省新的经济增长点。中心城市要进一步做大做强，在三年大变样的基础上，把重点转到拓展新城新区上，拉开大的格局，扩大城市规模，壮大产业基础。县城发展要把县城建设作为推动工业化、城镇化发展的重要突破口来抓，实施“小县大县城”战略。这样，河北县多、县小的劣势就变成了优势。县城建设一定要科学规划、体现特色、突出产业、保护文脉，探索创新管理体制。在贯彻落实省委八届五次全会精神过程中，城市新区建设与老城改造，县城改造与新区建设，都不约而同地出现了城市规划设计中缺乏文化产业及其相关基础设施配套布局的问题，城市规划并没有充分考虑到文化产业集聚区、城市文化标杆、文化产业与商贸相结合等方面的土地功能划分，规划设计中体现文化产业元素较少，这使得城市文化产业发展中不可避免地受到土地、规划等因素的限制，导致城市文化产业发展难以借助“城市新区”、“组团化”、“多中心”发展的特定机遇，实施河

① 参见省委八届五次全会报告。

北省大中城市文化配套设施建设、文化资源要素的分类重组，难以推动文化建设的“重心下移”和文化产业平台的合理搭建，难以吸引文化单位、文化人才、文化项目、文化活动、文化资本进入城市新区。

## （四）文化产业园区建设过程中普遍缺乏配套服务平台，园区建设更注重“硬”设施，忽视“软”服务

河北文化产业园区建设比较重视基础设施建设，尤其是水、电、路、通信等公用基础设施建设，这也是产业园区建设中最基本的“硬件”，作为文化产业园区，与工业园区有很大的不同，“硬件”设施的建设当然必不可少，但是，政府部门或园区管委会只提供“硬件”设施并不能使不同类别的文化产业园区中的文化企业都能很“舒服”地“活”下来，比如，与科技结合比较紧密的文化创意企业对于园区特有的融资辅助功能、公用技术应用与服务支撑功能、人才服务功能等的要求就比较高，如果园区不能提供具备这些功能的平台，文化创新企业的发展就会受到制约，与其他地区文化创意企业相比，其竞争力就会大打折扣。民俗特色文化产品生产企业对于园区所拥有的产业信息收集功能与宣传推广功能需求较高，很多非遗特色文化产品的生产需要了解相似产品或整个行业的需求和供给信息，如果没有真实、快捷的信息服务，就会使这些企业难以把握市场需求，容易在市场中“迷路”而陷入危机。所以，文化产业园区中不仅要重视“硬件”设施建设，更应把“软件”服务平台建设作为文化产业园区发展中的“法宝”。目前河北省所建成的大部分文化产业园区已经形成了“产业信息平台、宣传推广平台”等部分服务平台，但是，服务文化产业园区的“政府服务平台、投融资平台、产权交易平台、技术支撑平台、人才服务平台、区域协作平台、国际交流平台”等其他七大服务平台几乎还没有建成，“一体化”公共配套服务平台体系的理念还未在文化产业园区建设中真正形成。绝大多数新建的园区在基础设施体系规划和设计中还存在着配套服务平台规划设计考虑不周全，布局不合理，功能不完善的问题，其主要原因还是为了尽快能够招商引资，在企业准入和落户布局上存在着短期行为，客观上影响了公用支撑体系的完整配套。这已经成为河北文化产业园区发展中的“软肋”，必须予以高度重视。

## （五）文化产业发展的政策与体制环境与周边地区存在明显差距，导致文化产业项目很难落地而最终大量外逃

以体制、政策为核心的软环境集成，是文化产业大发展的有力保障。从河北与京津及周边省份竞合的角度看，河北在体制、政策方面的差距究竟是什么？很多人认为，是税收、土地、人才、行政费减免等具体条款优惠力度的差距。其实，政策优惠力度的差距可以通过模仿、翻新实现相互赶超。关键在于谁能够轻易地实现对政策的模仿、翻新，也就是说，谁具备能够迅速改进、创新和执行优惠政策的体制和机制，谁的软环境建设就是具有活力和吸引力的。在大力发展文化产业过程中，河北省与周边先进省市软环境的差距不只是政策优惠程度上的差距，最根本的是体制运行和政策执行机制上的差距。

**1. 经济管理权限的层级差距**

京津是直辖市，拥有省级经济管理及审批权限，京津所辖县级行政区很少，大多是“区”，区级经济管理机构基本上都属于直辖市级（省级）派出机构，也就是说，在京津的文化产业投资项目如果落在所辖“区”内，需要的只有省级一个层级的审批；如果落在所辖县内，也只有县级和直辖市级两个审批层级。由于京津所辖县在经济和社会管理方面都获得了大规模的扩权，实质上投资项目审批和管理只需要一个层级。从周边省份上看，山东、河南、辽宁都大量下放了审批权限，减少了文化产业投资审批事项，尤其是针对一些大型文化产业园区的审批，都将市级审批权下放到了园区管委会，并实行了联席会议审批、一站式审批等。河北作为省份，其行政管理体制是设区市管辖县（市、区），在文化产业投资项目审批及管理方面，存在着县、设区市、省三个管理层级，虽然河北省拥有22个扩权县，几十个省管财政县，但绝大多数县仍然是三级审批与管理层级。与京津、周边省份相比，在文化产业项目审批管理效率方面存在着较大的差距。

**2. 构建垂直管理部门协调机制的差距**

土地、金融、工商、税务、环保等是对当地经济发展具有举足轻重影响的垂直管理的部门，它们各自有自上而下的行政管理体制，扩权政策在这种既成事实面前往往显得无能为力，这也是影响扩权改革效力的一个重要因素。京津的垂直管理部门放权相对简便易行，且大多数管理权限只设直辖市一级，与河北不具有可比性。从长三角、珠三角和中部地区的一些先进省份调研看，省级对垂直管理部门放权的影响力很大，对其他部门放权后涉及垂直管理部门提供便利条件方面保持了高压态势，协调力度较大。比如，浙江，自行放权涉及的垂直管理部门需配合或需审批的事项都已在省级层面妥善协调好，采取了变通和灵活的处理方式解决了难题；山东，对垂直管理部门干部任用加大了影响力等；湖北、湖南、安徽等省份在推进放权改革方面都构建起了相对固定的垂管部门协调机制，定期或不定期协调重大事项的放权及放权中遇到的垂管部门自身体制的障碍问题等。而河北的扩权县试点虽然涉及一些垂直管理部门的放权改革，但是，并没有建立相应的机制来激励和监督其放权，对于其他部门放权后需要垂直管理部门配合运作的权限也没有建立起协调机制来保障，导致了一些关键权限下放后很难落实或落实过程中大打折扣。文化产业本身就是一个产业门类并不十分明确的类别，相关政策所支持的范围也没有明确，所以，当一些优惠政策制定出台后，需要垂直管理部门配合运作的权限却没有落实，导致优惠政策根本实行不了。

**3. 制定优惠政策与规制方面的差距**

与周边先进省市相比，河北在出台一些鼓励文化产业发展的优惠政策时，存在着政策空泛、着力点虚无、落实不下去等问题。究其原因，主要有两点：一是在起草制定政策时，一些非常实在的条款的提出会损害一些部门的既得利益或给这些部门造成“麻烦”，这些部门就会打着违反国家或省市有关规制的旗号，阻碍这些政策的出台，政策起草部门为了不得罪或不想旷日持久地拖下去，就只好在制定政策时变换角度或“虚化”条款或附加难以落实的苛刻条件等，总之，政策制定部门必须与政策执行部门达到妥协。政策虽然出台了，但基本上用处不大。二是省有关部门在制定政策时，不敢打破“撒芝麻盐”的利益分配格局，没有魄力在短时间内牺牲一些地区的利益来保障另一些需要重点发展的关键区域的发展。这也是导致政策效用不大的一个主要原因。

**4. 重大招商引资中“重商”表现的差距**

与先进地区相比，全省各地在文化产业招商引资过程中所表现出来的“官本位”的味道太浓，摆样子、做姿态的味道太浓。很多地市在招商引资中，还是延续老一套招商套路，比如，举办或参加文博会和招商会、举办签约仪式、坐等上门、无目的地撒大网等，必然陷于被动，进来的好项目越来越少，出去的好项目越来越多。与河北形成鲜明对比的是，一些先进省份对渴望引进的关键项目实施“政治招商”：由书记、市长挂帅，组团定向、定点考察目标企业，商谈投资事项，并邀请企业回访，以政府领导人的真诚打动企业负责人。比如，深圳华强投资建设的拥有自主知识产权的第四代文化产业主题公园“方特欢乐世界”和“方特梦幻王国”，不仅得到中国人的喜爱，而且国外也非常追捧，老百姓体验后都感觉比迪斯尼主题公园还要好玩、好看。这样一个好项目，需要在全国大区中挑选地点展开布局，山东省主动出击，与华强公司深入洽谈，最终在山东泰安、青岛两个地区引入了方特系列主题公园；河南郑州、辽宁沈阳也是主动与华强接触，进行定向、定点招商，最终使郑州和沈阳也拥有了“方特欢乐世界”，随后又实施了二期“梦幻王国”的建设。实际上，从 2006 ~2012 年，本课题组不断向省领导、相关市领导提出，河北省应主动与深圳华强公司联系，力争在京津冀大区内布局方特系列主题公园，并首推秦皇岛、廊坊、保定、石家庄这四个城市作为方特系列主题公园落户的备选城市。但是，这些好的建议都被束之高阁，无人理会。直到辽宁、河南、山东都建成或着手建设后，河北省邯郸才提出要上方特系列主题公园项目，并列为重点项目，但为时已晚，郑州已建成两期，离邯郸如此之近，不太可能再布局一个新的方特乐园；天津滨海新区也已抢先建成一个，2014 年 3 月正式开园，整个京津冀地区已不会再有方特主题公园布局河北的可能性。从这个例子就能看出，河北文化产业招商引资中“重商”表现与周边省市相比有不小的差距。

## 三　2014 年加快推动河北文化产业崛起的思路与对策

### （一）加快发展河北省文化产业要素市场和要素服务平台

促进文化市场的全面发展，在当前尤其要重视文化要素和文化服务市场，如文化资本、文化艺术设施（设备）、文化艺术人才和劳务、文化中介、文化产权等市场建设，这对于河北文化产业的健康发展至关重要。

**1. 创新文化产业投融资机制，建立完善的投融资市场体系**

建立和完善以财政投入为引导、企业投入为主体、全社会共同参与的多元化文化创新资金投入体系。第一，全省和各个设区市除已设立的“文化产业引导资金”外，再设立“文化产业股权投资基金”，采取财政拿一部分，大企业入股一部分、机构参股一部分的市场化股份制方式设立。出台“文化产业股权投资基金管理办法”，逐步设立文化中小企业科技创新基金、文化中小企业风险投资基金、文化企业担保投资基金和担保信贷专项资金等。鼓励民间资本建立信用担保机构，建立和完善信用担保机构的风险补偿机制及投资退出机制。第二，争取多方面的文化产业专项资金支持。全省各级政府、开发区、文化龙头企业要积极争取中央各类文化产业支持专项资金，用于文化项目、文化中介组织建设的贴息和奖励。第三，引导和鼓励企业加大文化知识创新、内容创意的投入力度。出台相关政策奖励文化企业科技创新行为和内容创意行为，对企业的技术创新投入、文化内容创新能力建设、文艺知识产权的保护和运用等进行排名并对社会公布，对排名靠前的企业进行奖励。第四，探索设立文化创业投资基金，采取联合投资和组合投资方式培育和扶持新建文化科技创新型企业，或投资于具有成长潜力的文化创新公司。第五，强化金融机构对文化创新的支持。引导金融机构建立适应文化创新特点的信贷管理、信用评级和贷款评审制度，推进知识产权质押贷款、产业链融资等金融产品的推广和使用。第六，鼓励文化企业通过资本市场开展融资。引导、督促、帮助文化企业健全管理制度，完善现代公司治理结构，先着手从入市门槛较低的创业板和中小企业板开始进入融资市场。鼓励通过发行文化科技型企业债券、联合债券、公司债券、典当等方式融资。第七，探索构建文化艺术知识产权和专利投融资机制。设立文化专利或非遗产业化资金，尝试建设文化专利技术成果转化基地，制定关于文化专利投融资的扶持政策，鼓励企业采取专利权入股、质押、信托、拍卖等多种形式募集发展基金。

**2. 构筑知识产权保护体系，建立文化知识产权交易市场**

第一，要完善保护文化知识产权政策法规体系，建立行政、司法、公安等部门共同参与的知识产权联合执法机制和重大案件会商通报、案件移送制度，开展打击侵犯文化艺术知识产权和制售假冒文化商品专项行动，完善文化知识

产权维权援助机制和侵犯文化知识产权行为举报制度。坚决打击侵犯文化知识产权的违法行为，保护艺术家和文化知识创新者的合法权益。第二，要培育几个影响较大的文化产权交易市场。可考虑在石家庄、廊坊率先设立文化艺术成果与知识产权交易市场，推动版权交易、艺术品交易、影视作品交易和文化创意设计交易，积极开展与京津文化企业、艺术家、文化产权中介机构的合作，采取多种方式建立文化产权交易平台。

**3. 鼓励发展与文化产业配套的中介服务机构，加快发展各类要素市场**

第一，大力发展文化专利代理机构、文化艺术品鉴定机构、信息与咨询公司、会计事务所、法律事务所等专业服务机构。鼓励文化中介机构围绕文化产业发展积极开展战略策划、评估咨询、成果转化、知识传播、风险投资、文艺服务、技术转移、教育培训、知识产权代理等服务活动，发挥中介机构在文化产业发展中的产业研究、要素引进、技术支撑和企业服务的作用。第二，支持文化中介机构应用现代科学技术创新服务方式、手段和组织形式，拓展服务领域、充实技术内涵、提升服务质量。第三，加强文化中介机构人才培训与行业自律。第四，探索通过政府采购大力培育中介服务市场的方式方法，支持中介机构做专做强。

## （二）加快建设文化园区的公共服务支撑体系

**1. 提高对文化产业园区“软件”支撑体系的认识水平，尤其对投融资平台支撑和信息支撑体系的重视程度**

河北文化产业园区的“软件”支撑体系还远未建立起来，其中一个重要方面就是对支撑体系的认识不到位，重视不够，这不仅反映在政府层面，而且也体现在企业和园区管理层面上。因此，为破解这一难题，政府要率先提高对“软件”支撑平台体系的认识和重视，并通过制定激励约束政策、建立服务体系等方面，着力将重视支撑体系的观念向园区和企业传导，努力建设一批支撑力较强的文化产业园区。

**2. 积极促成“软件”支撑体系建设主体的多元化，引进国外最先进理念，大胆开拓创新，走出有中国特色的新路子**

理清、明确创新文化产业园区“软件”支撑平台体系的投资、建设、经

营与管理体制思路与措施等。引进国外先进理念，将支撑体系作为项目来“经营”，通过 BOT（建设—经营—移交）、BOOT（建设—拥有—经营—移交)、BOO（建设—拥有—经营)、BRT（建设—租赁—移交)、DBOM（设计—建设—经营—维护)、ABS（资产证券化）等方式，吸引企业、机构、业主投资建设和经营公共服务平台设施；通过信息化改造或业务分包、租赁改造等形式鼓励从事网络开发、网络媒体经营的网络信息公司建设经营园区信息支撑体系。从而形成“政府引导、社会参与、企业为主、市场运作”的文化产业园区支撑体系建设新机制。

**3. 抓好文化产业园区“软硬件”支撑体系一体化规划和设计，科学合理布局产业项目**

园区管理者要抓好文化产业园区所有公共支撑体系的一体化规划、设计与建设经营，包括“硬件”基础设施建设和“软件”公用支撑平台，新建园区在引进项目前要基本做到主要公用基础设施完善，支撑平台布局设计科学合理，全部的支撑体系建设的经费、业主要到位，保证开工率。技术支撑体系和信息支撑体系项目要规划齐全，有条件的园区可先行建设，最晚的也必须保证在项目投产前建成基本支撑体系。在一体化规划设计和建设的前提下，引符合要求的文化企业入园。

## （三）在“三个十”的基础上，大力实施“六个十”工程，激发全社会文化产业发展热情

**1. 创立并评选年度性“十大文化产业内容创意奖”，引导和鼓励文化产业实体和项目向“内容产业”转变**

在“三个十”的基础上，河北应开始着手评选第四个“十”，即“十大文化产业内容创意奖”，表彰每个年度中文化产品、文化项目、文化园区建设中优秀的“文化创意内容”，评选范围可包括影视作品、文艺演出创意制作、文学作品、文化地标设计、城市文化小品设计、文化园区创意性规划、文化创意性发明、民俗文化新创意等等。每年先从全国挑选创意专家、媒体资深人士组建评选委员会进行初选，再通过广泛的网络投票产生最终结果。这样做不仅能有效地引导和激励企业、文艺创作者开展内容创意，而且还能发动全社会投

入、参与、关注文化产业创意内容，使创意产品、设计等迅速提高知名度，从而形成知名品牌。

**2. 创立和评选全省“十大文化产业转型‘先锋’企业”，激励河北省重化企业加快进军文化产业，推进产业转向和调整升级**

从行业角度看，非文化产业能够较快融入文化创意元素发展的行业有食品饮料、纺织服装、房地产、餐饮、商贸等，煤炭、钢铁等重化工业企业虽然行业特性与文化距离较远，但也不是无所作为，开滦集团的国家矿山公园就是一个很好的结合案例。从世界文化产业先进国家和地区的经验看，大型重化工业企业和高新技术企业在发展到一定规模逐渐停滞时，都会不约而同地转向文化产业投资、并购或重组，特别是在经济不景气时更是如此。例如，美国的西方石油公司前身为美国联合制药公司，它在经济危机时投资文具制造和艺术品拍卖，获取巨额利润。我国深圳的华强电子公司，从电子信息高技术起家，而最出名的却是将信息技术融合在文化主题公园的“方特欢乐世界和梦幻王国”，目前电视上热播的动画片《熊出没》也是该公司投资创作的。因此，河北省的大型重化企业和其他行业的骨干企业都有机会和条件转型进军文化产业，都应该积极进军文化产业，开拓出新的企业发展空间和经济增长点。第一，鼓励全省钢铁、石化、煤炭、医药、建材等大型重化企业和食品、纺织服装、商贸、汽车、房地产、餐饮等领域大型企业向文化产业拓展。设立并开展年度性评选“十大转型文化产业‘先锋’企业”行动，制订和出台“先锋”企业享受的相关优惠财税政策、土地政策和融资政策，以开滦集团为样板，鼓励重化企业举办主题文化公园、建设工业文化旅游项目、创办文化节庆与会展、建设主题博览馆、兴办文化商品交易市场等。第二，建议河北省开展“‘重化＋文化’两化融合企业对标行动”，鼓励重化企业与文化企业联姻，进一步拓展进入文化产业的方式和业态。通过组织河北省中、大型重化企业负责人赴国内外规模相称的重化企业实地调研，了解考察先进重化企业如何将重化工业与文化产业相结合，成功地发展文化产业项目、促进重化企业快速成长的案例，学习借鉴对标企业的经验。第三，组织文化产业专家到大型企业调研，为河北省企业投资文化产业项目、如何进军文化产业领域、如何与文化企业联姻等具体事项出谋划策。第四，组织企业负责人接受培训，省文化产业主管部门应与省国资委、省工经联、省中小企业协会合作，聘请文化产业专家对非文化企业负责人开展一系列文化产业相关投资领域的知识、技巧、战略方向等方面的授课活动。

**3. 设立并评选“十大文化创业风云人物”，引导和激励全社会积极投入文化产业发展潮流**

设立“文化创业风云人物”的初衷是要引领全社会文化产业发展的市场氛围、开放氛围和人文氛围。从创业这个角度出发，有利于招商引资和推动全民创业的热情，有利于释放创业过程中的正能量，消除普通民众中文化产业发展的“高不可攀”的畏惧心理。建议每两年评选一次“风云人物”，范围可覆盖文化企业家、促进创业的党政管理人员、为创业提供服务的基层工作人员、文化个体户、积极创业的文化艺术家和文化精英。采取“专家提名、事迹公布、网络评选、公开颁奖”的形式推动评选，通过较长时间的坚持和努力，营造出河北文化产业发展的浓烈氛围和活力魅力。

### （四）改进以体制和政策为核心的“软”环境，消除与周边地区文化产业发展政策的“梯度差”

**1. 进一步下放审批权限，建立省级对垂直管理部门放权的协调机制**

第一，在原有22个扩权县试点的基础上，再选择10个县进行文化改革与产业发展扩权试点，可考虑实施部分弱县扩权（从先进省份经验看，弱县扩权的效果更大，而且对强县发展有意想不到的推动力）。第二，对扩权县（市）的放权要涉及文化产业相关联的大多数经济、社会管理方面，挑选对县域发展促进作用较大、县域积极性较高的关键权限下放。第三，重视对文化产业园区的扩权与放权，条件许可时可探索“省级文化综合改革配套试验区”，尽可能减少经济管理层级。第四，建立省级对垂直管理部门的协调机制。深入细致地学习京津和浙江等先进省份经验，针对由于权限调整而出现的有关向垂直管理部门报批及审核等手续办理方面的技术性问题，建立起全省垂直管理部门协调会议制度，定期或不定期召集省人民银行、工商、税务、国土、海关、商检、环保等垂直管理部门负责人举行扩权协调会，支持并引导有关部门积极借鉴外省经验进行技术上的配合处理，以便有效地解决试点中涉及垂管部门无

法配合的问题。

**2. 制定优惠政策的着力点要落在区域上，要学会“集中力量打歼灭战”**

河北省以往在制定文化产业优惠政策时总是着眼于产业，期望以产业优惠政策来促进全省这一产业的快速发展。而实际上，无论如何高端、现代的产业，都不可能在省域内所有区域内发展，总要在某一个或几个最适合的区域内率先发展。因此，针对特定区域的产业优惠政策（区域政策）才是最有效用的。当前，河北省需要从区域政策着手，一方面，制定全力扶持“文化产业十强县”的特殊政策，另一方面，着重在“文化产业集聚区”方面制定实实在在的扶持政策，在土地、税收、人员编制、财政奖励等方面加大支持力度，从而在较快的时间内提升文化产业集聚区的企业集聚度、投资力度和经济产出强度。

**3. 各级党委政府要真正俯下身去抓好“政治”招商，以应对来自京津及周边省份的竞争**

目前地区间文化产业招商引资的竞争逐步升级，已经从“经济招商”向“政治招商”演化。各地的党政领导亲自带队“挖墙脚”的范例屡见不鲜。要应对周边地区的“政治招商”的竞争，必须“俯下身”去，在招商引资、软环境建设上尽快破除“官本位”思想，改变“形式主义”的惯性行为，有目的地主动走出去，以真诚、谦恭、重商的姿态扎扎实实地引进几个体现文化风范的大项目。

# B.8

# 河北省国有文化企业资产管理的难点问题与破解对策

边继云*

**摘　要：**

随着文化体制改革的不断深入和国家文化大发展、大繁荣目标的确立，大量国有文化事业单位从事业制转变为企业制，河北省也不例外，国有文化企业资产数量急剧攀升，资本运作方式发生了本质变化，面临着加强监管的迫切需求。在此背景下，本文以国有企业资产管理的相关经验为借鉴，深入分析了国有文化企业资产管理的特殊性，剖析了河北省国有文化企业资产管理的现状与难点问题，并以此为基础，提出了健全河北省国有文化资产管理体制，加强国有文化资产管理的破解对策。

**关键词：**

河北省　国有文化企业　资产管理　难点　对策

## 一　国有文化企业资产的界定

### （一）文化企业资产的界定

文化企业与一般性工业企业和零售业不同，其产品的生产是对无形的精神内容的创造、加工、组合和传播，在生产过程中有一个看不见的“软性”流

* 边继云，河北省社会科学院经济研究所副研究员，主要研究方向为区域经济学和文化产业发展等。

水线和隐性价值链条在流动，流动在其中的是精神内容资源，而使其流动起来的是一群创意人才和虚拟的、网络化的生产组织模式。这决定了文化企业资产与一般性工业企业和零售业大多为有形资产不同，其由两部分组成。一部分是有形固定资产，如剧院、设备等；另外一部分是无形资产，如版权、精神内容的原创母本、歌舞演员的人力资本等。

## （二）国有文化企业资产与一般国有企业资产的区别

国有文化企业资产是指由中央或地方政府投资或控股的从事文化生产或经营类的企业所具有的资产，包括我们前面所讲的有形资产与无形资产两类。由于文化企业集中于对精神内容要素的整合、塑创、生产与销售，所以其具有不同于一般国有企业资产的特殊性和复杂性。

**1. 文化企业资产具有经济、政治、文化三重属性**

文化企业产品多用于满足人们精神文化层面的需求，所以文化企业产品具有一定的意识引导性和价值判断性。这也就决定了国有文化企业资产除了具有一般国有企业资产所具有的经济性，即商品经营属性外，还具有一般国有企业资产所没有的政治性，即意识形态属性。尤其是出版社、党报、电视台等重要新闻媒体和出版机构，既是经营性企业，要实现企业资产的保值增值；又是重要的思想文化阵地，要实现党和政府对企业的领导和控制。同时，文化企业的某些固定资产还具有特殊的文化属性和用途，比如，影视城大量的建筑投资和场景投资，与普通的厂房不同，它融入了文化内涵，具有了一定的文化属性，可以增加文化资产的可经营性，提升文化企业资产的原有价值。

**2. 无形资产是文化企业资产的关键性资源**

对于传统的国有企业，其主要的运行资本是投入的有形物质资产，诸如厂房、资金、机器、原材料等。而对于文化企业，其投入的主体则是无形资产，包括版权、著作权、人力资本、创意、品牌资源、个人的社会关系资本等，这些无形资产决定着文化企业产品的核心竞争力。因此，在很大程度上说，无形资产是文化企业资产的关键性资源，国有文化企业也不例外。

## 二　河北省加强国有文化企业资产管理的重要性与紧迫性

随着文化体制改革的不断深入和国家文化大发展、大繁荣目标的确立，大量国有文化事业单位从事业制转变为企业制，河北省也不例外，国有文化企业资产数量急剧攀升，资本运作方式发生本质变化，面临着加强监管的迫切需求。

### （一）加强国有文化企业资产管理是深化文化体制改革、建设文化强省的迫切需要

河北省在省委八届二次全会中明确提出建设文化强省的发展目标。但实事求是地看，当前离文化强省的目标还有较大差距。2013 年上半年，全省文化产业增加值占 GDP 的比重仅为 2.84%，比全国平均水平低近 0.8 个百分点。产业集中度低、竞争能力弱、骨干企业缺乏都是当前文化产业发展迫切需要解决的问题。作为文化产业的骨干企业，国有文化企业掌控着重要的稀缺文化资源（2012 年全国文化企业 30 强中，国有或国有控股有企业达到 23 家，占总数的 76.7%①），应该成为文化产业发展的中流砥柱。加强国有文化资产管理，增强国有文化企业发展活力，既是深化文化体制改革面临的重要课题，也是提高文化产业对全省经济增长贡献率的迫切需要，对于建设文化强省具有重要的意义。

### （二）加强国有文化企业资产管理是提升企业竞争力、实现国有文化企业价值最大化的迫切需要

追求价值和利润的最大化是企业存在的最终目的，文化企业包括国有文化企业也不例外。截至目前，河北省已有 488 家文化事业单位完成转企改制，改制后的企业与原有行政主管部门之间已不再具有行政隶属关系，企业资产处于

① 《第五届中国“文化企业 30 强”发布》，《经济日报》2013 年 5 月 17 日。

监管的模糊领域。如何使处于模糊领域的国有文化资产管理走向明朗化、科学化和精细化，避免资产流失和资产无效率以及如何最大化地开发企业无形资产的价值，实现无形资产的最优化配置和最大程度利用，增强企业核心竞争力、实现企业价值最大化既是企业发展的关键，也是企业进一步发展所追寻的目标，加强国有文化企业资产管理则成为关键。

### （三）加强国有文化资产管理是提升主流媒体舆论引导能力、增强主流媒体影响力的迫切需要

文化既是价值观的载体，也是意识形态最主要的表现方式，文化领域同时也是意识形态争夺最激烈的战场。国有文化企业除了肩负国有文化资产保值增值的任务之外，还负有维护国家文化安全、树立民族文化形象、弘扬社会主义先进文化的重任。如何在吸纳社会资本做大做强自身的同时，保持党管宣传的本质不褪色？如何在引入竞争与合作的同时，牢牢守住话语权和市场份额？这些都需要从加强国有文化资产的管理，增强政府对文化企业的控制力和影响力入手。

## 三　国有文化企业资产管理模式分析

### （一）一般国有企业资产管理模式

改革开放以来，我国国有企业改革取得了一定的成效。对于国有资产经营管理有了一套比较成熟的思路和做法，这对于我们探索国有文化资产经营管理具有十分重要的借鉴意义。

**1. 明确出资人，建立三层次的国有资产管理经营体制**

改革开放之初，我国国有资产管理置于党政多个部门之中，多个部门行使国有资产所有者的权利，却没有一个部门真正对国有资产负责，形成事实上的国有资产产权主体虚置和出资人缺位。2003 年，随着国资委的成立，国有资产出资人被明确。与此同时，以“三层管理”为基础的经营性国有资产管理的基本框架得以确定。所谓“三层管理”的基本框架就是对国有资产运营管

理建立“国有资产监督管理委员会—国有资产营运主体（多为行使国有资产的经营管理职能的商业实体）—国有及国有控股、国有参股企业”三个层次的运营管理体系[①]。“三层管理”框架的确立有效理顺了我国国有资产监督管理的体制。

**2. 推动企业建立现代企业制度**

自十四届三中全会提出国有企业改革的目标是建立现代企业制度以来，“三会一层”（股东会、董事会、监事会、经理层）的公司治理结构在我国国有企业已普遍建立。由企业法人制度、企业自负盈亏制度、出资者有限责任制度、科学的领导体制与组织管理制度组成的现代企业制度，成为国有企业资产管理的制度基础。

**3. 建立企业内部的激励约束机制**

完善企业内部的治理机制是我国国有企业在进行资产监管时所采取的另一重要方式。这一方式的理论基础是现代企业制度的建立导致企业所有权与经营权相分离，股东不直接参与经营企业；而代理人，即经理层次高管人员，行使组织决策权和经营运行。由于二者之间存在着信息不对称、目标不一致等现象，代理人不可能完全按照委托人的要求展开业务。这便产生了委托人对代理人激励、监督和约束的动因，目的是使代理人的行为最大限度地符合其要求，尽可能降低代理成本，达到自身利益最大化[②]。当前，我国国有企业采用的激励手段主要有物质奖励、精神奖励、股权激励等，约束手段主要有产权约束、行政约束（政府通过法律法令或政策法规对企业及企业经营者进行约束）、市场约束等。

**4. 建立国有资产管理的法律制度**

合理的国有资产管理的法律制度安排是保障国有资产管理体系遵循市场经济规律有效运行的基础。正是基于此点认识，建立合理的法律法规体系成为我国加强国有资产管理的另一重要举措。到目前为止，我国已初步形成了以《企业国有资产监督管理暂行条例》为核心的国有资产管理法律法规体系。同

---

① 曹宇：《国有资产监督管理体系的分析及完善》，《大科技·科技天地》2010 年第 9 期。

② 张述凯、刘绍英：《国有企业改革激励机制、监督机制和约束机制等问题的思考》，《经济研究导刊》2009 年第 16 期。

时，针对国有企业的统计评价、资产评估、业绩考核、产权登记、产权管理、兼并破产、企业改革、财务监督、收入分配、就业保障等制定了一系列的部门规章制度，对加强国有资产的监督管理起到了重要的保障作用。

## （二）国有文化企业资产管理的特殊性

我国国有企业资产管理的方式和手段对国有文化企业的资产管理来说，无疑能提供一定程度的借鉴，但需要我们注意的是国有文化企业资产管理有它自身的特殊性。

### 1. 保障文化与意识形态安全是国有文化资产管理中的关键环节

正如我们前面所分析的那样，国有文化企业资产除了具有一般国有企业所具有的经济性外，政治性和文化性也是其本身固有的属性。正因如此，与一般国有企业资产管理要求不同，保障文化与意识形态安全是国有文化资产管理的关键环节。十七届六中全会对国有文化资产管理提出了“管人管事管资产管导向相结合”的目标，其中“管导向”即是针对文化企业资产管理的特殊性所作的具体要求。

### 2. 无形资产的不可监控性增加了资产管理的难度

无形资产是国有文化企业资产的核心，但客观来讲，无形资产具有随意性和不可掌控性，如电影的摄制，导演、演员、编剧都不是一个企业的长期雇佣人员，通常都是根据电影项目由制片人进行选聘，这些创意人员贡献的是他们的智慧，为他们个人所有，并不为企业所控制。正因如此，这也使得文化企业的无形资产不能像一般国有企业资产那样，可以确切地用货币加以计量、记录和监控，其对企业价值创造的贡献难以精确地测量，这在无形中增加了国有文化企业资产管理的难度。

### 3. 文化资产的特有属性使资产管理的考核评价体系更加复杂

合理的考核评价体系是建立企业考核激励约束机制的基础。但就国有文化企业资产管理来说，其考核评价体系更加复杂。一方面无形资产的不可计量性及不可监控性增加了考核评价的弹性，相应的激励约束机制的制定必须考虑文化产业的特点，评价指标体系的不可控因素增多。另一方面由于文化资产具有政治和经济双重属性，政府在进行考核时便往往赋予企业公共性和赢利性两种目标，而这两种目标往往在一定程度上不能同时兼得，这使得考核评价体系指标的确定相当困难。

## 四　河北省国有文化企业资产管理现状与难点

### （一）现状

经过多年的文化体制改革，河北省国有文化企业的资产管理取得了一定的突破。一是国有文化企业资产监管的制度基础初步确立。2012 年 8 月，河北省成立了文化企业国有资产监督管理领导小组办公室（简称文资办），设在宣传部，负责研究省级文化企业监督管理中的重大政策问题。2012 年 11 月 21 日，河北省政府印发《关于授权省级文化企业国有资产监督管理领导小组办公室履行省级文化企业国有资产出资人职责的批复》（冀政函［2012］165 号），正式将省级文化企业国有资产出资人职责授权省文资办履行，省属文化企业与政府主管的关系正式由行政关系转变为出资人与投资企业之间的关系，国有文化企业资产监管的制度基础初步确立。二是国有文化企业资产运营日常监管逐步启动。文资办成立后，开始搭建文化企业综合监管信息平台，涉及国有文化企业的数据收集、审核、上报、查询；同时，省财政厅也开始针对国有文化企业资产开展产权登记，对文化企业国有资产占有状况、出资人投资金额、股权比例等情况开始摸排，为规范和加强国有资产监督管理奠定了基础。

### （二）难点

虽然河北省的国有文化资产管理开始迈入“精细化”的范畴，但还处于理顺体制的初级阶段，在实际管理过程中，仍然面临很多难点问题，其中既有当前全国国有文化资产管理的共性难题，也有河北省自身的现实问题。

**1. 资产监管统计体系缺失，国有文化企业资产家底不明**

对国有文化企业资产进行管理，需要明确国有文化企业资产的基本情况，对资产进行清产核资、流失查处、评估与统计等。当前，河北省虽然开始着手对国有文化企业资产进行日常监管，但相关的监管体系并未建立。虽已着手建立文化企业综合监管信息平台和产权登记，但多针对有形资产，无形资产如人力资本、版权等则几乎没有涉及。而即便有形资产，与其相对应的统计工作也并未开展，导致现在河北省国有文化企业资产家底不明，国有文化企业资产管理的基础缺失。

**2. 国有文化企业整合改制的行政色彩浓烈，企业的市场主体地位尚未确立**

经过系列改革，河北省已成立了一批国有文化企业和集团。如河北出版传媒集团、河北广电信息网络集团、河北日报报业集团、河北演艺集团、河北长城传媒有限公司等。但实事求是地说，这些企业集团的建立带有明显的行政性色彩，大多是在政府的直接推动下由政府批准组建的，甚至个别具有明显的“翻牌”痕迹，多数国有文化企业与相关政府部门的行政隶属关系依旧没有改变，企业市场化程度不高。报业集团、出版集团、广电集团等国有文化企业还承担着许多本应由党和政府承担的社会义务，同时政府管理部门还在以这些政治宣传任务的完成情况作为考核企业经营者绩效的标准，造成国有文化企业游离于政府和市场之间，无法将经营目标放在首位。行政整合的直接结果是事业单位转为企业单位，单位的名字改变了，但资产管理的方式并没有改变，仍然沿用事业单位的管理方式，企业的市场法人地位没有真正确立，国有文化资产运营效率偏低。

**3. 监管体制不顺，行政主管部门与出资人职权界定不清，出资人职责难以真正到位**

合理顺畅的管理体制是国有文化企业资产管理的前提和基础，前期的体制不顺会使后期的管理举步维艰。十七届六中全会通过的《中共中央关于深化文化体制改革推动社会主义文化大发展大繁荣若干重大问题的决定》中，对国有文化监督管理机构提出了“管人管事管资产管导向相结合”的职责要求，但是在实际运行中，河北省尚难以履行这样的职责。原因就是相关管理部门没有明确的职能定位和清晰的权力范围，政府与国有文化企业单位之间关系混乱，导致国有出资人职责难以真正到位。目前，河北省政府委托省文资办履行省级文化企业国有资产出资人职责，但文资办只是名义上承担了资产保值增值的责任，在实际运行中，人事由当地的宣传部门和组织部门共同负责，重大事项和决策、导向由宣传部负责，资产由财政部门负责，投资由发改部门负责等

等，文资办并不能承担起“管人管事管资产管导向相结合”的职责。同时，文资办本身作为政府行政管理部门（河北省文资办与河北省文化体制改革和发展工作领导小组办公室是一个机构两块牌子），在履行出资人职责时也有天生的不足，行政编制本身使其很难单纯地履行“经济人”行为，这为“政企不分、政资不分”以至“越位管理”埋下了隐患。

**4. 文化管理人才缺乏，资产运营能力尤其是无形资产的开发利用能力薄弱**

国有文化资产管理是一项体现高知识水平的策划、经营、管理的活动，业务活动涉及企业管理、法律、评估、投融资、资产盘活与开发、文化产业发展等各个领域，需要懂经营、懂管理又懂文化的高水平混合型专业人才。而目前以河北省来看，国有企业集团的实际领导者多为原有事业单位领导人直接过渡而来，各级管理人员也多是由各级组织人事部门通过各种行政手段和组织措施进行委派和任命的，专长过于狭窄，真正的职业经理人缺乏，难以自如应付各种文化资产管理中出现的复杂情况。这使得河北省国有文化企业资产的运营能力尤其是更为复杂的无形资产的开发利用能力普遍较为薄弱。

**5. 资产管理的法律规范缺失，法规政策的制定滞后于资产管理的需求**

国有文化企业若要健康发展，必须以法律规范替代行政干预，用法律法规来规范和引导企业发展，进行资产管理。目前河北省成立了文资办，但具体的管理办法及明确的法律规范尚未制定实施，法律、法规、政策、措施的制定滞后于资产管理的需求，造成了文化资产管理无法可依、无章可循的状态，这也在一定程度上促成了国有文化资产管理的混乱和无序。

## 五　破解河北省国有文化企业资产管理的对策

国有文化资产是一种特殊属性的资产，多种原因造成了国有文化资产管理困难重重。面对国有文化企业资产管理这一全新的问题，我们必须以创新的精神大胆开拓，深化改革，锐意进取，才能破解现存体制的障碍，实现国有文化资产的保值增值和文化的大发展、大繁荣①。当前，从河北省国有文化资产管

① 靳柯：《国有文化资产管理问题的成因分析及对策》，《经济问题探索》2007 年第 10 期。

理来看，需要解决几大核心问题：一是尽快摸清家底，完善国有文化企业资产管理的基础；二是理顺管理体制，尽快以“资产”为纽带，划定文化行政主管部门、出资人、财政部、宣传部之间的职权，厘清多个“婆婆”之间的关系；三是找准重点，深化改革，推动国有文化企业建立现代企业制度，完善出资人制度，夯实资产监管的制度基础；四是针对无形资产的开发利用，尽快建立管理体系；五是建立企业内部的激励约束机制，建设国有文化企业资产运营的责任体系；六是建章立制，尽快出台法律规范，提升管理依据的层级。

### （一）调查研究，摸清家底，完善国有文化企业资产管理的基础

尽快建立健全国有文化资产的统计评价体系，摸清底数；同时建立重大事项报告制度，如主要财务指标月度报送制度、经济形势季度分析制度以及国有文化资产管理年度工作会议制度等，并跟踪了解国有文化企业经营情况。另外，应以报业、广电、出版、演艺等省属产业集团为试点，尽快开展综合性和专题性调研，以点带面，以期对各行业国有文化资产运营存在的主要问题、亟须关注的事项做到心中有数。

### （二）理顺管理体制，划定相关管理部门的权限范围

针对目前国有文化企业资产管理混乱的情况，一是将政府公共文化部门的管理职权和文资办的机构职权进行明确划分。前者是国家机关，不能直接作为产权主体，它们的职能应是负责文化产业政策的制定、文化法规的起草和政策引导、组建文化执法队伍和规范文化市场、建立健全文化市场体系、进行文化经济的宏观调控和指导等。而文资办是政府的特殊机构，应依法履行国有文化资产所有者的职权，应做好清产核资、资产评估、资产重组、产权界定、产权转让、出资人代表到位、经营者选聘等重大战略决策工作，进行国有文化资产的授权经营和委托经营，并监督企业的经营管理。二是建立多部门的沟通协调机制。针对企业资产多头监管的现状，尽快由文资办牵头组织财政部、宣传部、发改委等各部门建立联席会议制度，共同研究解决重要问题，做出重大决策，实现科学监督、有序管理。

## （三）找准重点、深化改革，夯实资产管理的制度基础

### 1. 以省属文化企业集团为试点，建立健全法人治理结构，完善现代企业制度

文化事业单位转企改制仅仅完成了文化体制改革的第一步，下一步应推动已成功改制的文化企业和集团着手建立现代企业制度。由于现代企业制度的建立并不是一朝一夕可完成的，所以在具体实施上应采取“试点先行、稳步推进”的政策。具体来讲，可以以成功改制的省属文化企业集团为试点，如河北报业传媒有限公司、河北出版传媒集团有限公司、河北新华书店集团、河北广电信息网络（集团）股份有限公司等，按照现代企业制度的要求，向其派出独立董事和监事会，保障其根据新《公司法》独立开展工作，提升资产监管的有效性，保障决策的客观性和科学性。

### 2. 加快建立省属国有文化资产经营机构，完善出资人制度

针对省文资办作为国有文化资产出资人先天不足的问题，可以效仿国有资产管理的模式，在文资办下设立国有文化资产经营机构（由其代行国有文化资本出资人代表职责，享有出资人权益），形成“国有文化资产出资人机构—国有文化资产经营机构—国有文化企业”三层管理的体制框架。关于国有文化资产经营机构的设立可以采取两种方案：一是将国有资产管理的成熟模式引入文化资产管理，成立国有文化控股中心；一是组建省文资公司，使其成为特殊的企业法人，与省文资办签订国有资本保值增值合同。

## （四）加强无形资产的管理开发和利用，探索建立无形资产管理体系

### 1. 建立无形资产的价值评估体系和以无形资产价值实现为导向的激励机制

文化企业的竞争力主要来自于其所拥有的关键无形资产，如专业文化人才（演员、导演）、管理人员和专业技术人员的人力资本、企业拥有的独特的精神内容创作品、版权等，国有文化企业也不能例外，所以加强无形资产的管理和开发利用是国有文化企业资产管理中的重要内容。就河北省而言，一方面，

可以率先探索建立无形资产的价值评估体系。在具体实施上，可以河北省出版传媒集团为试点，针对其版权管理率先建立价值评估体系（之所以先以版权作为试点，是因为有关版权价值的研究在国内外已比较成熟，有较多的经验可以借鉴），待评估体系较成熟之后，再根据其他行业的特点，建立全面性的价值评估体系。另一方面，可以积极探索和鼓励无形资产等生产要素参与收益分配，建立人才资本、版权、内容的有偿转移制度，把无形资产转化为货币或股权，实行人才资本产权激励制度。同时，加快改革经营机制，如对演艺集团可以全面实施以双向选择为基本特征的聘用制、签约制、演出经纪人制、节目制作人制。从实际出发，进行剧目股份制、委托承包制等经营形式的尝试，力促无形资产的价值最大化。

**2. 加强高素质管理人才的引进和培养，完善用人机制**

针对高素质管理人才匮乏的问题，从近期来看，可由省文资办牵头寻找培训机构开设文化管理特训班，对文化领域的经营管理与资本运作开展深入培训，以提高国有文化企业管理人员的综合素质。从远期来看，就是要在完善现代企业制度的基础上，选拔聘任高素质的职业经理人，建立职业经理人选聘制度，从根本上将国有文化企业管理者的“干部”身份转变为“经理人”身份。

### （五）建立科学有效的激励约束机制，完善国有文化企业资产运营的责任体系

针对文化产业的运行特点和不同行业的发展特征，分行业研究制定国有文化企业经营业绩考核制度。一是以省属文化企业为试点，建立国有文化资产经营管理目标责任制，对企业领导人进行绩效考核。在具体考核上，可采用年度业绩考核和任期业绩考核相结合的考核方式，制订年度业绩考核指标、考核程序，并签订任期业绩责任书。同时，制定科学的国有文化资产保值增值指标考核体系，建立与资产经营绩效挂钩的薪酬方案，激发企业负责人的创造力和积极性。二是可以借鉴国有企业改革中“管理层持股”等行之有效的经验以及市场化文化企业“骨干员工持股”的体制化优势，逐步在省属文化企业中引入“管理层持股”、“骨干员工持股”等制度，建立起“物质激励和精神激励并重，长期激励和短期激励相结合”的激励约束机制。

### （六）建章立制，出台法律规范，健全资产管理的政策体系

借鉴中央和其他省市的成熟做法，拟定必要的规章制度。如上海市2004～2010年先后印发了文化企业国资监管的规范性文件49件，内容涵盖产权管理、统计评价、国有资产保值增值考核、经营者绩效考核分配等制度，建立起一套相对完备的国有文化资产管理政策体系[①]。深圳市于2011年建立了深圳市国有文化资产管理体制，出台了《深圳市属国有文化集团资产监督管理暂行办法》以及关于考核、薪酬、投资、产权变动、资产评估、贷款担保、资产减值等7个配套制度，以此来规范国有文化资产监管主体和运营主体的行为及程序[②]。河北省可以进行效仿，如近期可以谋划出台《关于加强国有文化资产监督管理的意见》、《省属文化企业集团国有资产保值增值考核指标及领导层薪酬方案》、《省属文化企业集团重大投资项目管理办法》等，通过政策管理体系的制定和实施，使国有文化资产监管工作做到有章可循。

① 《上海市文化产业"管天下""资本对接"激发原动力》，《经济日报》2011年10月18日。

② 《上海、深圳市宣传文化企业国有资产监管工作调研报告》，《决策与咨询》2012年第2期。

B.9

# 河北省的工业化模式研究

石亚碧*

**摘　要：**

河北是中国近代工业的摇篮，在河北大地上诞生了中国制造的第一辆蒸汽机车，第一袋水泥，第一块机制平板玻璃。新中国成立后，在国家投资引导下，河北工业依托资源禀赋走过了一条从重化工业起步的超常规道路，逐步形成门类比较齐全，具有多层次技术水平，但资源依赖性较强的工业体系，以及大中型国有企业占较大比重的企业制度，在计划经济时代为国民经济和社会发展做出了突出贡献。本文对河北省的工业化模式、工业化进程、工业对全省经济的贡献、存在的问题等进行了分析和评价。进入21世纪，河北省积极探索走新型工业化道路，推进工业强省战略。

**关键词：**

河北省　工业化　模式

工业化是一个国家和地区国民经济中，工业生产活动取得主导地位的发展过程。工业化是现代化的核心内容，工业化过程是伴随科技进步、经济发展、产业结构优化升级的过程。工业化模式，是指实现工业化的途径与方式。在特定历史条件下和在不同国家，工业化呈现出多种模式。

## 一　中国的工业化模式

### 1. 传统的社会主义工业化模式

1949～1978年以前，主要是学习苏联的赶超型经济发展战略，以优先发

* 石亚碧，河北省社会科学院研究员，主要研究区域经济和产业经济。

展重工业、优先发展国有经济并逐步实现对其他经济成分的改造，采用高关税和高估本币等方式推进进口替代，采用外延增长方式改善工业布局和区域经济不平衡作为基本的工业化战略。

**2. 中国特色社会主义工业化模式**

改革开放以来，中国工业化进程分为三个阶段：一是结构调整，轻重工业同步发展阶段。1978 年开始进行工业化战略调整，采取改善人民生活第一、工业全面发展、对外开放和多种经济成分共同发展的工业化战略，注重市场需求导向，优先发展轻工业。在多种经济成分推动下，工业化的总体进程由工业化初级阶段向工业化中期过渡。二是重化工业加速发展、产业结构明显高度化阶段。1999 年以后，中国逐步告别了“短期经济”，人们开始追求汽车、住房等耐用消费品，需求结构的变化带动了工业结构的调整和升级，重工业化和高加工度化，使工业增长再次以重工业为主导，这是工业化进入中期阶段以后工业结构的自然演变。三是走新型工业化道路阶段。2002 年，中共“十六大”根据中国国情提出了走新型工业化道路，要“以信息化带动工业化，以工业化促进信息化，走一条科技含量高、经济效益好、资源消耗低、环境污染少、人力资源优势得到充分发挥的新型工业化路子”。

与传统的工业化相比，新型工业化有三个突出的特点：一是以信息化带动的、能够实现跨越式发展的工业化。以科技进步和创新为动力，注重科技进步和劳动者素质的提高，在激烈的市场竞争中以质优价廉的商品争取更大的市场份额。二是能够增强可持续发展能力的工业化。要强调生态建设和环境保护，强调处理好经济发展与人口、资源、环境之间的关系，为降低资源消耗，减少环境污染，提供强大的技术支撑，从而大大增强中国的可持续发展能力和经济后劲。三是能够充分发挥人力资源优势的工业化。

## 二　河北省的工业化模式

河北是中国近代工业的摇篮，在河北大地上诞生了中国制造的第一辆蒸汽机车，第一袋水泥，第一块机制平板玻璃。新中国成立后，国家实行“优先发展重工业”的战略，在国家投资引导下，河北工业依托资源禀赋走过了一条从重化工业起步的超常规道路，逐步形成门类比较齐全，具有多层次技术水平，但资源依赖性较强的工业体系，以及大中型国有企业占较大比重的企业制度，在计划经济时代为国民经济和社会发展做出了突出贡献。

中共十一届三中全会以来，在推进工业化进程中，河北省下大力进行工业结构调整和国有工业企业改革，为中国工业化道路作出了有益的探索。经过新中国成立60多年特别是改革开放30多年来的奋斗，河北工业已奠定了坚实的发展基础。

## （一）河北省工业发展战略演化及其结构特点

### 1. 优先发展重工业战略（1978年以前）

从新中国成立至十一届三中全会以前，河北省实行“优先发展重工业”战略，初步构建起工业门类比较齐全，具有多层次技术水平的相对完整的工业体系，众多国营企业具备了一定的生产规模和产品生产能力，奠定了工业在国民经济中的主导地位。工业生产快速增长，物质基础不断壮大。1978年与1952年相比，在工农业总产值中，工业所占比重由33.8%提高到74.3%；在工业总产值中，重工业所占比重由29.11%提高到55.5%。经过近30年的发展，河北工业完成了工业化初级阶段的历史重任。

（1）工业布局资源型。河北工业布局从全国经济发展战略需要出发，充分发挥资源优势，以重工业为主，面向全国，服务于全国，使河北的工业结构、工业类型基本与省内资源状况相适应。“一五”、“二五”时期，国家就把钢铁基地、煤炭基地设在了河北，在此基础上逐渐形成了河北省的产业特色。唐山—秦皇岛和邯郸—邢台两大煤铁资源丰富区，吸附着全省1/5的工业企业，拥有全省1/3以上的工业生产能力；京山、京广两条铁路干线，串联着纺织、机电、钢铁、电力、建材、化工、医药、轻工等部门的主要工业企业，沿线的工业企业创造着占全省一半以上的工业产值，形成河北的“工业走廊”；11个省辖市，聚集着全省1/5以上的工业企业，工业生产能力约占全省的60%以上；11个大中城市、两线和两片构成河北工业的点、线、面网络。这种以矿定区、因运靠路、就城布点的发展方式，形成河北工业“资源型”特点，促进了矿区城镇的发展和城市群的形成。

（2）产品结构初级化。工业产业和产品结构以资源型、初加工产品生产为主。工业门类基本齐全，行业覆盖面大，产品品种丰富。主要行业有能源、冶金、纺织、机械、建材、化学、食品 7 大行业，这种能源、原材料大省的地位决定了河北工业以开发资源的重工业为主，以农产品初加工为主。长期以来，河北重要轻重工业产品产量居全国前列，河北重要的一、二类物资产量在全国的比重都高于工业总产值在全国的比重，初级产品和初加工产品担负着支援全国的重任。每年调出的大宗工业产品是矿产品（洗煤、原油、金属矿）、棉麻纺织品（含针织品）、皮革和皮毛、建筑材料、造纸及纸制品、医药等。调入的大宗产品是机械电气电子产品、金属材料、化工产品、食品饮料烟草、石油加工品、木材等。河北工业产品档次低、附加值低。原料性产品和初加工产品多，深加工产品少；低档、大路产品多，名牌和科技含量高的产品少；多批量产品多，有一定经营规模的拳头产品少；成熟期和滞胀期产品多，导入期和成长期产品少；平销和滞销产品多，畅销和紧销产品少。

（3）企业结构趋同化。河北工业拥有一批大中型骨干企业，并在国民经济中占有十分重要的地位。1978 年河北省有大中型骨干企业 183 个，主要分布在煤炭、石油、冶金、电力、棉纺织、化学纤维、医药、化工、水泥、玻璃、造纸、烟草和机械电气电子设备制造等河北工业的重点行业。在全省基础工业产值中，大中型骨干企业占 60% 以上。企业规模结构有很大改善。总体上说，河北工业企业比较分散，企业生产合乎规模经济要求的比较少，且大中小企业存在行业趋同现象，产品档次、技术层次基本相同，“大而全、小而全”现象普遍，尚未形成不同档次产品的合理组合和合理分工，专业化、协作化水平低。

**2. 消费导向型的工业化发展战略（1978～2001 年）**

十一届三中全会后，国家开始进行工业化战略的重大调整，放弃偏重发展重化工业的思路，转而采取改善人民生活第一、工业全面发展、对外开放和多种经济成分共同发展的消费导向型的工业化发展战略，注重市场需求导向，优先发展轻工业，以纠正扭曲的产业结构。河北省工业领域侧重调整内部比例，

加快发展与群众生活联系比较密切的行业和产业，轻纺工业、煤、电、油、建筑材料、交通运输的生产受到广泛重视，轻工业投资比重增加，生产能力有较大提高。

**3. 走新型工业化道路（2002 年至今）**

进入 21 世纪，中共十六大提出在经济建设方面，要走新型工业化道路，按照科学发展观的基本要求，河北省委、省政府提出走新型工业化道路是振兴河北经济的必由之路。河北通过实施“集团”战略，发展规模经济，调整企业组织结构；培育支柱产业和优势企业，打造战略支撑重点，调整优化产业结构；实施名牌战略，调整工业产品结构，以高端、精品、专业化、深加工为方向，支持“河北制造”，鼓励“河北创造”，培育“中国驰名商标”，开发了一批高档次、高附加值的新产品，改造提升了一批传统产品，淘汰了一批落后产品，促进产品结构由粗加工向精加工转变、由低端向高端转变。河北省拥有“欧意”、“神威”、“华北”、“宝硕”、“耀华”、“雪驰”、“露露”、“珍极”等 89 件中国驰名商标，拥有数量居全国第 8 位。

河北以加快转变经济发展方式为主线，大力实施一产抓特色，二产抓提升，三产抓拓展的发展战略，开展对标行动，推进节能减排。

2013 年 5 月 6 日，河北省委八届五次全会提出，要全面推进工业强省战略，着力促进工业转型升级，提升发展质量和效益。工业转型升级，要坚持“有中生新”和“无中生有”两手抓、两手硬的方针，强化基地支撑、龙头带动、品牌引领、集群发展，以重点突破带动和活跃全局。要立足“有中生新”，改造提升传统产业，采取有效措施，支持引导每个传统企业通过上新项目转型升级，加快向高端、高质、高效迈进。要加快“无中生有”，发展战略性新兴产业，通过招商引资、引智，使更多的新兴产业到河北落户。

## （二）河北省工业发展的基础和比较优势

**1. 矿产资源比较丰富**

河北是矿产资源大省，已发现各类矿种 153 种，居全国前 5 位的矿产有 38 种。能源种类齐全，储量丰富，主要矿藏有煤炭、石油和天然气。煤炭资源储量大，质量好，品种比较齐全，已探明储量 170 亿吨，保有储量 156 亿

吨，是国家确定的煤炭基地之一。石油、天然气资源主要分布在冀中、大港和冀东，累计石油探明储量 17 亿吨，天然气地质储量约 420 亿立方米，拥有著名的华北大油田和冀东大油田。水力、地热、风能等其他能源资源，也有不同程度的开发。这些资源分布广泛，体系完整，具有建设大型钢铁、建材、化工等综合工业基地和发展煤化工、盐化工、油化工的有利条件和良好基础。

**2. 工业基础较为雄厚**

以钢铁、装备制造、石油化工、食品、医药、建材、纺织服装等产业为主导，基本形成了比较完善的工业体系。2012 年，全省规模以上工业企业达到 11872 家，主要工业产品钢材、平板玻璃、青霉素、维生素 C、水泥、食品、纯碱、变压器、皮卡汽车、冶金轧辊等产品产量居全国前列，其中钢材、平板玻璃、青霉素、维生素 C 产量居全国第 1 位。

**3. 结构调整不断优化**

在全省工业企业组织开展对标行动，涌现出一批先进地区和标杆企业。工业化和信息化加速融合，培育形成了一批新型工业化产业示范基地和两化融合示范企业。食品、医药、建材、纺织服装四大传统产业在调整中发展，具备了一定竞争优势。

**4. 产业集中度明显提高**

形成了河北钢铁集团、冀中能源集团、开滦集团、保定天威、华北制药、唐山三友、乐凯胶片、长城汽车等一批在国内外有较大影响的大型骨干企业。企业技术创新能力逐步提高，拥有省级以上企业技术中心 200 家。

**5. 新的工业聚集区正在形成**

唐山曹妃甸被命名为国家级两化融合试验区，已进入产业大规模聚集阶段，首钢京唐公司钢铁厂项目已形成部分生产能力；沧州渤海新区开发建设全面展开，一批重大临港项目开工建设；以廊坊、保定为重点的环京津高新技术产业带正在兴起，富士康、华为、中兴、京东方、中电科等一批知名企业落户河北；以石家庄为龙头的生物医药产业基地稳步发展，潜力和后劲显著增强；邯郸等老工业基地传统产业改造升级取得新进展，一批重大项目的相继开工建成，将为工业经济增长提供有力支撑。

## 三　河北省的工业化进程

### （一）河北省工业化进程的主要经济指标分析

国际上衡量工业化程度，使用最广泛的是美国经济学家 H. 钱纳里和西蒙·库兹涅茨等人的工业化水平评价体系。主要经济指标有四项：一是人均生产总值，人均 GDP 达到 1000 美元为初期阶段，人均 3000 美元为中期，人均 5000 美元为后期；二是三次产业结构；三是就业结构；四是城市化率，一般工业化初期为 36% 以下，中期为 50% 以上，后期则达到 65% 以上。

2000～2012 年，河北省人均 GDP 由 7592 提高到 36584 元，低于全国平均水平 1836 元；三次产业结构由 16. 3∶49. 9∶33. 8 调整为 12. 0∶52. 7∶35. 3，三次产业就业结构由 49. 6∶26. 2∶24. 2 调整为 34. 9∶34. 3∶30. 8，一产、二产的产业结构和就业结构比重都高于全国平均水平，而三产的产业结构和就业结构比重都低于全国平均水平，反映出河北省第三产业发展滞后；城市化率由 26. 1% 提高到 46. 8%，低于全国平均水平 5. 8 个百分点，反映出河北省城市化水平比较低（见表 1）。

**表 1　2000～2012 年反映河北省工业化进程的主要经济指标**

单位：元，%

| 指　标 | | 2000 年 | 2005 年 | 2010 年 | 2011 年 | 2012 年 | 全国 2012 年 |
|---|---|---|---|---|---|---|---|
| 人均 GDP | | 7592 | 14659 | 28668 | 33969 | 36584 | 38420 |
| 三次产业结构 | 第一产业 | 16. 3 | 14. 0 | 12. 6 | 11. 9 | 12. 0 | 10. 1 |
| | 第二产业 | 49. 9 | 52. 7 | 52. 5 | 53. 5 | 52. 7 | 45. 3 |
| | 第三产业 | 33. 8 | 33. 3 | 34. 9 | 34. 6 | 35. 3 | 44. 6 |
| 三次产业就业结构 | 第一产业 | 49. 6 | 43. 8 | 37. 9 | 36. 3 | 34. 9 | 33. 6 |
| | 第二产业 | 26. 2 | 29. 3 | 32. 3 | 33. 3 | 34. 3 | 30. 3 |
| | 第三产业 | 24. 2 | 26. 9 | 29. 8 | 30. 4 | 30. 8 | 36. 1 |
| 城市化率 | | 26. 1 | 37. 7 | 44. 5 | 45. 6 | 46. 8 | 52. 6 |

资料来源：2001～2013 年《河北经济年鉴》，2013 年《中国统计年鉴》，中国统计出版社，下同。

**1. 人均国内生产总值**

人均国内生产总值是国际上划分工业化阶段最基本且最重要的指标。2012年，河北省人均GDP36584元，达到5821美元，低于全国平均水平279美元（全国人均GDP达到6100美元），从人均GDP水平对应的工业化阶段看，河北处于工业化后期阶段。

**2. 三次产业结构**

根据美国经济学家西蒙·库兹涅茨等人的研究成果，当第一产业比重下降到20%以下，第二产业比重上升到高于第三产业时，进入工业化中期阶段。2012年，河北省三次产业结构为12.0∶52.7∶35.3。从三次产业结构对应的工业化阶段看，河北处于工业化中期阶段。

**3. 三次产业就业结构**

2012年，河北省三次产业就业结构为34.9∶34.3∶30.8，依据配第－克拉克定理，从三次产业就业结构对应的工业化阶段看，河北产业发展接近工业化中期阶段。

**4. 城市化率**

城市化与工业化是相伴而生、共同发展的，工业化必然带来城市化，而城市化所提供的集聚效应又反过来推进工业化进程。2012年，河北省城市化率为46.8%，从城市化水平对应的工业化阶段看，河北仅处于工业化的初期向中期发展的阶段。

综合以上四项指标看，河北工业化正处于工业化中期阶段。根据产业结构演进的一般规律，到工业化中后期阶段进入重工业化，重工业和石化工业成为主导产业和支柱产业。目前河北省工业结构与其发展阶段相适应，与资源禀赋相衔接，与工业化中期产业发展趋势相吻合。

## （二）河北省与先进省份的产业发展差距

河北省是东部区位，中部水平，从表2看，与广东、山东、江苏、浙江四个沿海先进省份相比，河北省产业发展水平与先进省份存在发展差距。

**1. 比先进省份的产业结构发展水平落后一个发展阶段**

广东、山东、江苏、浙江等先进省份的产业结构已进入工业化后期阶段，

表 2　2012 年河北省与先进省份三次产业结构比较

| 地区 | 地区生产总值（亿元） | 第一产业 | | 第二产业 | | 第三产业 | | 人均GDP（元） |
|---|---|---|---|---|---|---|---|---|
| | | 增加值（亿元） | 占 GDP 比重（%） | 增加值（亿元） | 占 GDP 比重（%） | 增加值（亿元） | 占 GDP 比重（%） | |
| 河　北 | 26575.0 | 3186.7 | 12.0 | 14003.6 | 52.7 | 9384.8 | 35.3 | 36584 |
| 广　东 | 57067.9 | 2847.4 | 5.0 | 27700.9 | 48.5 | 26519.7 | 46.5 | 54095 |
| 山　东 | 50013.2 | 4281.7 | 8.6 | 25735.7 | 51.5 | 19995.8 | 40.0 | 51768 |
| 江　苏 | 54058.2 | 3418.3 | 6.3 | 27121.9 | 50.2 | 23517.9 | 43.5 | 68347 |
| 浙　江 | 34665.3 | 1667.9 | 4.8 | 17316.3 | 50.0 | 15681.1 | 45.2 | 63374 |

并且加速向后工业化时代迈进，河北尚处于工业化中期阶段。

**2. 一产强、二产弱、三产发展滞后**

2012 年，河北第一产业实现增加值 3186.7 亿元，仅次于山东和江苏。河北第二、第三产业实现增加值分别为 14003.6 亿元和 9384.8 亿元，与四省差距较大。三次产业中二产占比高于全国 7.4 个百分点，钢铁、石化、电力和建材四个产业增加值占规模以上工业的 56.7%，二产过度重型化，资源依赖程度高，科技创新能力不足。三产发展缓慢，比重低于全国 9.3 个百分点，河北加快二产、三产发展的任务还十分艰巨。

**3. 差距来自于第二、第三产业发展规模小**

河北省与先进省份在产业结构发展水平上的差距来自于第二、第三产业发展规模小。2012 年，河北第二、第三产业占 GDP 的比重分别为 52.7% 和 35.3%，与广东、山东、江苏、浙江等先进省份的比重差距较小，但是从发展规模看，二产、三产增加值差距比较大。二产增加值与广东、江苏、山东、浙江的差距分别为 13697.3 亿元、13118.3 亿元、11732.1 亿元、3312.7 亿元；三产增加值与广东、江苏、山东、浙江的差距分别为 17134.9 亿元、14133.1 亿元、10611.0 亿元、6296.3 亿元。

**4. 产业发展的层次不高，效率较低**

2012 年，河北实现人均 GDP36584 元，江苏、浙江、广东、山东分别超过河北 31763 元、26790 元、17511 元、15184 元，河北提高产业发展的层次和效率任重而道远。

## 四　河北省工业对全省经济的贡献及其地位

### （一）工业对全省经济增长的贡献

河北省工业在全省经济社会发展中占有重要地位，新中国成立以来特别是改革开放30多年来，全省工业经济一直保持较快增长，在国民经济中的比重不断提高，河北省工业对全省经济增长的贡献率由1990年的36.5%提高到2012年的59%，工业成为河北省经济增长的重要支撑（见表3）。

**表3　河北省三次产业贡献率**

单位：%

| 年　份 | 地区生产总值 | 第一产业 | 第二产业 | | 第三产业 |
|---|---|---|---|---|---|
| | | | | 工业 | |
| 1990 | 100.0 | 22.9 | 34.1 | 36.5 | 43.0 |
| 1995 | 100.0 | 11.5 | 55.5 | 49.2 | 33.0 |
| 2000 | 100.0 | 6.1 | 59.1 | 57.4 | 34.8 |
| 2005 | 100.0 | 6.6 | 60.2 | 54.0 | 33.2 |
| 2010 | 100.0 | 3.1 | 59.7 | 54.5 | 37.2 |
| 2011 | 100.0 | 4.6 | 62.7 | 58.7 | 32.7 |
| 2012 | 100.0 | 4.9 | 64.0 | 59.0 | 31.1 |

2012年，河北省工业完成增加值12511.6亿元，其中规模以上工业增加值11069.6亿元，总量占全国比重的4.7%，居全国第6位。钢铁、装备、石化等七个主要行业完成工业增加值9384.9亿元，占全省工业增加值的85%，对全省工业经济增长提供了有力支撑（见表4）。六大高耗能行业完成增加值4901.8亿元，占规模以上增加值的44.3%。高新技术增加值1301亿元，占规模以上总量的11.8%。工业增加值超千亿元市有5个：唐山、石家庄、沧州、邯郸、保定，占全省总量的74.1%。

2012年，全省11872家规模以上工业企业实现利润2296.9亿元，实现主营业务收入43466.9亿元，每百元主营业务收入中的成本为87.6元，高于全

表4　2012 河北省 7 个主要行业对全省规模以上工业增长的贡献率

单位：亿元，%

| 指　标 | 增加值 | 占全省规模以上工业比重 |
| --- | --- | --- |
| 全省规模以上工业 | 11069.6 | 100 |
| 钢铁行业 | 3685.3 | 33.3 |
| 装备制造业 | 1987.9 | 17.9 |
| 石化行业 | 1527.8 | 13.8 |
| 建材行业 | 522.5 | 4.7 |
| 纺织行业 | 767.7 | 6.9 |
| 食品行业 | 731.5 | 6.6 |
| 医药行业 | 162.2 | 1.5 |

国平均水平 2.8 元；主营业务收入利润率为 5.28%，低于全国平均水平 0.79 个百分点。利润率较低主要是受黑色金属冶炼和压延加工业利润较低影响，剔除黑色金属冶炼和压延加工业，全省主营业务收入利润率为 6.7%（高于全国平均水平 0.63 个百分点）。

## （二）重点行业发展情况

### 1. 钢铁行业

河北是全国第一钢铁大省，钢铁产量连续 12 年居全国首位，钢铁产业作为河北省第一大支柱产业，为河北省经济发展做出了积极的贡献。2012 年，全年完成增加值 3685.3 亿元，对全省规模以上工业增长的贡献率为 33.3%，其中，黑色压延业完成工业增加值 2411.4 亿元。全省粗钢产量 18048.4 万吨，占全国产量的 25.2%，居全国第 1 位；钢材产量 20995.2 万吨，占全国产量的 22.1%，居全国第 1 位。受有效需求不足以及产能过剩影响，钢材价格持续下跌并低位波动，效益状况低迷。2012 年，钢铁行业实现利润 642.7 亿元，低于全省规上工业增速 13.1 个百分点；主营业务利润率为 4.6%，居七大行业末位。

### 2. 装备制造业

2012 年，完成增加值 1987.9 亿元，对全省规模以上工业增长的贡献率为 17.9%；实现利润 492.7 亿元。入统的 8 个行业大类中，生产增长有快有慢，金属制品、通用设备制造、汽车制造行业保持两位数增长。

汽车制造业：2012 年完成工业增加值 348.8 亿元，实现利润 136.1 亿元，在 40 个行业大类中成为仅次于黑金属采矿和冶炼压延的第三利润贡献大户。2012 年，全省汽车产量 82.5 万辆，占全国产量的 4%，居全国第 12 位，其中，长城汽车继续保持迅猛发展势头，全年生产汽车 62.4 万辆，占全省汽车产量的 75.6%。

2013 年铁路、水利等基础设施领域投资的加快将拉动工程机械等行业增长。但河北省装备制造业面临的中低端产品产能过剩、高端产品研发能力和产业化能力弱等问题，导致行业同质化竞争进一步加剧。

**3. 石化行业**

2012 年，完成增加值 1527.8 亿元，对全省规模以上工业增长的贡献率为 13.8%，实现利润 304.4 亿元，原油加工量 1432.4 万吨，占全国的 3.1%，居第 13 位。河北省是石化大省，但不是石化强省。随着产业结构的积极调整和项目带动战略的深入实施，石化产业链不断完善，石化产业集群已初现端倪，在提升石化产业竞争优势、促进区域经济增长中正发挥着越来越重要的作用。形成了一批如华北油田、华北石化、石家庄炼油厂、三友碱业集团、中国乐凯胶片公司、沧州大化、冀衡集团、中阿化肥等在国内具有较大影响的大型骨干企业。大油田的发现，为河北省石化产业迎来脱胎换骨、换代升级的大好机遇。

**4. 建材行业**

在经历了前几年井喷式发展之后，水泥和平板玻璃等传统行业产能过剩问题凸显，产销不畅问题较为突出，价格下滑明显，行业生产增速逐月回落，效益大幅下滑。2012 年，完成增加值 522.5 亿元，对全省规模以上工业增长的贡献率为 4.7%，实现利润 105.7 亿元。全省水泥产量 12809.8 万吨，占全国产量的 5.9%，居全国第 5 位；平板玻璃产量 11382.7 万重量箱，占全国产量的 15.9%，居全国第 1 位。

**5. 纺织行业**

受用工等生产要素成本上涨、人民币汇率升值压力、国际贸易壁垒、国内外棉花价差持续扩大等因素影响，部分大型棉纺企业生产形势严峻，但服装、

皮革、鞋帽生产形势较好，产销两旺，带动纺织行业平稳较快增长。2012 年，完成增加值 767.7 亿元，对全省规模以上工业增长的贡献率为 6.9%，总量跃居河北省第 4 大主导产业，实现利润 210.2 亿元，主营业务利润率 7.4%，居七大行业首位，高于全省规上工业利润率 2.1 个百分点。全省纱产量 188.1 万吨，布产量 65.7 亿米，服装产量 7 亿件。

**6. 食品行业**

2012 年完成增加值 731.5 亿元，对全省规模以上工业增长的贡献率为 6.6%，实现利润 194.3 亿元，主要产品产量保持快速增长，方便面产量 103.8 万吨，罐头产量 41.3 万吨，软饮料产量 308.5 万吨。

**7. 医药行业**

在医院终端增速回升、政策面趋于缓和、结构调整效果初显等多重因素影响下，2012 年，完成增加值 162.2 亿元，对全省规模以上工业增长的贡献率为 1.5%，实现利润 48.4 亿元。全省化学药品原药产量 59.4 万吨，中成药产量 4.9 万吨。

## 五　河北省工业化进程中存在的问题

**1. 依赖资源的重工业结构过重**

资源丰富是河北的特有禀赋，河北省由于原材料工业比重高，经济增长过度依赖资源型产业，这种偏重的结构必然带来能源消耗总量和污染物排放量的刚性增长。尤其是钢铁、电力、煤炭、化工、纺织、建材等行业和企业，一方面能耗高、排放大，一方面利税多、贡献大，往往是地方财政的主要来源，在推进节能减排工作中，普遍存在执行效果不理想的情况，消极影响在当下表现得尤为突出。河北省县域经济 30 强县（市）多数是依靠矿产等自然资源发展起来的，这些县（市）对资源的依赖性较强，后续发展越来越受到资源和环境的约束。

河北一方面是资源依赖，另一方面是资源紧缺，资源依赖与资源紧缺并存。河北的第二产业产值比重在 1992 年达到 50% 以上后并未呈现下降趋势，产业内部重工业化严重，第三产业发展缓慢。

2012 年，河北省经济总量在全国居第 6 位，人均 GDP 在全国居第 15 位。河北省经济总量在全国的位次，已经保持多年，上升趋势不明，但紧随后面的辽宁、四川与河北的差距逐年缩小，赶超之势逼人；2009 年，河北人均 GDP 在各省排名居第 9 位，到 2012 年，则下滑到第 15 位。2012 年河北省人均 GDP 是 5838 美元，经济总量不及河北的内蒙古、辽宁、陕西等人均 GDP 均排在河北前面。GDP 总量代表实力，人均 GDP 代表生产力发展水平，由于河北资源依赖性强，工业结构过重，导致了河北生产力水平的不理想。

**2. 河北工业大而不强**

河北是工业大省，但不是强省，资源依赖型发展特征明显，存在资源依赖程度高、自主创新能力弱、行业技术水平低、领军企业和名牌产品少等问题。

河北冶金、化工、建材、电力四大产业增加值占河北省制造业增加值的 79.2%，而天津仅是 45%。部分行业产能过剩问题突出，“高产能、高库存、高成本，低需求、低价格、低效益”的问题困扰着行业健康发展。炼钢、水泥熟料、平板玻璃产能利用率均在 80% 以下，产能过剩导致这些行业产品价格震荡下滑，行业亏损加重。

钢铁行业已经告别了高利润时代，当前最主要的问题在于产能过剩，进而导致恶性竞争、盈利下滑乃至亏损。钢铁行业今后的形势将取决于整个经济环境的变化，河北钢铁业已进入微利时代，多数企业处于微利或亏损状态。截至 2013 年 6 月底，河北省钢铁行业吨钢利税为 96.7 元，销售利润率为 0.55%，吨钢利润为 32.03 元，生产一吨钢，利润却不及一个小小的芯片。一些钢铁企业为了生存，将会通过适度多元化、发展“非钢”产业等方式谋求出路。此外，环保压力是钢铁业倒闭潮进一步蔓延的关键因素之一，河北的小型钢铁企业扎堆，由于京津冀地区雾霾问题日益引起重视，高污染的小型钢企已被陆续关停取缔上百家。

2012 年，经济总量排在河北后面的辽宁省，高新技术产业增加值比河北多出了 3500 多亿元，而河北仅是 1301 亿，而同样排在河北后面的湖北、湖南、安徽，新兴产业增加值已经占到 20%，江苏达 38.6%，相当于河北的钢铁业占制造业水平。因此，加快发展高新技术产业和新兴产业是河北调整产业结构、加快产业升级的重点。

**3. 产业转型升级迫在眉睫**

河北转型升级的内在压力来源于产业结构的极“重”特色，在重化时代，钢铁、煤炭、水泥、化工是河北的产业优势。造成河北产业结构偏重的原因是多方面的。一是冶金、建材、化工和机械等重工业，技术比较成熟，技术门槛相对较低，属于劳动密集型产业，而且河北煤炭和铁矿石资源丰富，原材料比较容易获得；二是在基础设施建设阶段，市场对原材料需求比较旺盛，因此多年来，河北在重工业支撑下经济总量稳定在全国第6位的水平。

经过2008年4万亿投资应对全球金融危机之后，基础设施的投资高峰已过，河北虽然挺过了金融危机的冲击，但经济发展的后劲却越来越乏力。

河北经济的主要问题，一直以来都是受结构性效率低的拖累，环境压力给了河北转型升级更为紧迫的现实压力，也使得“压钢”、“压煤”成为迫在眉睫的任务。“压减”钢铁、煤炭等重化行业的产能，是当前环境倒逼压力之下的直接选择。从长远来看，河北转型升级的关键不在于“压”，而在于“增”。在压减旧产能的同时，培养一批新产业，提供新的投资渠道和就业机会。可以有两种方式：一是既有产业延伸产业链，提高产品附加值；另一种是既有企业尝试进入新的行业。

## 六　河北省促进工业转型升级的路径

**1. 钢铁产业：推进钢材产品精深加工**

钢铁产业是河北的支柱产业，但同时也需要大量的能耗支撑。钢铁产业每年综合能耗和电耗均占全省能耗总量的1/3。目前全省二氧化硫的排放量中，26.6%出自钢铁产业，烟粉尘排放量中，40%来自钢铁产业。近年来，河北省在钢铁业淘汰落后、企业整合方面进行了大量工作，5年共淘汰炼铁、炼钢产能8000万吨以上。

2013年9月6日，河北省委省政府下发的《河北省大气污染防治行动计划实施方案》提出，到2017年，全省钢铁产能削减6000万吨，相当于200万吨中等规模的钢铁厂，关闭30座。这个目标的实现，对环境改善有着重大意义。

河北省将以钢铁行业为突破口，通过压减产能、优化布局、整合重组等措施，下大力推进产业结构调整，为其他行业化解产能过剩矛盾探索新路。河北省将在控制产能的同时，重点推进钢材产品精深加工，巩固发展优势板材品种，发展高强度建筑用钢，热轧带肋钢筋中400兆帕及以上产品产量超过70%；延伸完善钢铁产业链，支持发展高速铁路、高强度轿车、造船等用钢，以及工磨具钢、高速工具钢、电工钢、高等级管线钢等关键钢材新品种；推进城市钢铁企业向沿海临港地区搬迁改造，支持曹妃甸精品钢和承德钒钛制品基地建设。

**2. 装备制造业：成为第一大主导产业**

为推动全省工业转型升级，2013年9月17日，河北省委、省政府出台《关于实施工业转型升级攻坚行动的意见》，提出河北省将以“十百千工程”为抓手，充分发挥市场机制主导作用，推动工业加快向创新驱动、绿色低碳、智能制造、服务化发展、内需主导转型，实现工业科学发展、赶超发展。到2017年，河北省装备制造业增加值占工业增加值的比重将达到26%以上，成为第一大主导产业。

河北省将组织实施通用飞机、智能制造装备等专项，形成30个国际国内领先的优势产品；实施强基工程，提升关键基础材料、核心基础零部件、先进基础工艺和产业技术基础水平；延伸汽车、输变电等八大产业链；加快制造业服务化，增强产品效能，拓展在线维护，提高专业化总集成、总承包服务水平；打造唐山轨道客车等10个超百亿元企业，其中长城汽车、新兴铸管销售收入将超过千亿元。

**3. 石化产业：推进原油炼化一体化**

石化和化学工业，要推进原油炼化一体化，加快实施中石油华北石化、中石化石家庄炼化两个千万吨炼油项目，开发生产高档溶剂油、润滑油、高等级道路沥青等产业链延伸产品；加快发展新型煤化工，支持煤焦油深加工、粗苯加氢精制等；支持离子膜烧碱扩能改造，延伸氯碱上下游产业链，发展高性能、绿色环保和高附加值的染料、涂料、电子化学品、生物技术产品等。加快建设曹妃甸石油化工、石家庄循环化工、渤海新区高端化工等基地。

**4. 培育战略性新兴产业**

廊坊、保定、石家庄等地高新技术产业具备一定基础，是国家电子信息技术、新能源、生物和高新技术服务业基地。河北省将培育战略性新兴产业，进一步延伸太阳能光伏电池、风力发电等新能源产业链，信息通信等信息产业链，生物制药产业链，新能源材料、钒钛等新材料产业链，航空航天、核电等高端装备产业链，节能环保、新能源汽车、海洋装备等新兴产业链。重点筹划石家庄国家生物产业、保定国家新能源产业等5个具有相当规模的国家级高技术产业基地建设；扶持壮大邢台光伏产业、邯郸新材料等9个高成长性特色产业基地；着力培育唐山高速动车产业、曹妃甸新能源汽车城等30个新兴产业聚集区。到2015年，河北省战略性新兴产业的增加值将达到3000亿元，2017年将达到4100亿元以上。

**5. 做大做强做优先进制造业**

河北要把调整产业结构作为河北发展经济的主攻方向，做大做强做优先进制造业，培育壮大新兴产业。三年内削减煤，压减钢，通过消化、转移、整合、淘汰等方式，调整经济结构、化解产能过剩。要把河北经济未来发展与环渤海经济地区崛起、京津冀协同发展有机结合，充分利用河北毗邻京津的相对比较优势，充分挖掘河北潜力，形成新的经济增长极。京津冀要协同发展，要想改变河北重工业格局，进而改变污染，就必须争取更多顶层设计上的支持。

## 参考文献

韩立成主编《当代河北简史》，当代中国出版社，1997。

H. 钱纳里等：《工业化和经济增长的比较研究》，吴奇等译，上海人民出版社，1995。

河北省人民政府编《河北经济年鉴（2013）》，中国统计出版社，2013。

国家统计局编《中国统计年鉴（2013）》，中国统计出版社，2013。

中共河北省委、河北省人民政府：《关于实施工业转型升级攻坚行动的意见》，2013年9月17日。

B.10

# 河北省在京津冀经济圈中的作用

李馨逸　石亚碧*

**摘　要：**

河北作为京津冀经济圈中经济总量和国土面积最大的省份，是北京建设世界城市不可或缺的重要组成部分，在保障首都、提升区域发展水平、改善环境品质、增强互补功能、发挥环首都地区的土地空间、风景旅游和能源矿产等组合优势，缓解北京土地资源供求矛盾，拓展城市和产业发展新空间等方面具有重要战略地位。河北省在京津冀经济圈中的作用，主要是首都的“护城河”，生态屏障、出海口、京津的饮用水源地、“菜篮子”、劳务输出地、休闲旅游胜地、首都城市功能拓展和产业转移的重要承接地，京津人才和科技的辐射地。

**关键词：**

河北省　京津冀经济圈　协调发展

京津冀作为国家层面优化开发区域，是中国北方经济最活跃，工商业最发达的地区，已成为中国经济板块中最具影响力的经济隆起带，在我国经济社会发展中具有重要战略地位。近年来，随着市场经济体系的逐步建立，京津冀区域的经济融合程度和相互开放程度均有了较大的提高，京津冀合作呈现良好态势，北京对周边地区的影响已由虹吸转向辐射外溢，河北作为京津冀经济圈中

* 李馨逸，北京航空航天大学硕士研究生；石亚碧，河北省社会科学院研究员，主要研究区域经济和产业经济。

经济总量和国土面积最大的省份，要抓住契机，充分发挥比较优势和挖掘潜力，共同推动京津冀经济圈协同发展。

## 一　国家优化开发区域中京津冀的功能定位和发展重点

依据《全国主体功能区规划》，京津冀区域的功能定位是："三北"地区的重要枢纽和出海通道，全国科技创新与技术研发基地，全国现代服务业、先进制造业、高新技术产业和战略性新兴产业基地，我国北方的经济中心。

### 1. 北京的功能定位和发展重点

强化北京的首都功能和全国中心城市地位，着眼于建设世界城市，发展首都经济，增强文化软实力，提升国际化程度和国际影响力。加快建设人文北京、科技北京、绿色北京。强化创新功能，加快中关村国家自主创新示范园区的建设，建设国家创新型城市。不断改善人居环境，建设宜居城市。

### 2. 天津的功能定位和发展重点

提升天津的国际港口城市、生态城市和北方经济中心功能，重点开发天津滨海新区，构筑高水平的产业结构，建设成为对外开放的重要门户、先进制造业和技术研发转化基地、北方国际航运中心和国际物流中心，增强辐射带动区域发展的能力。

### 3. 河北的功能定位和发展重点

培育形成河北沿海发展带，使之成为区域新的增长点。推进曹妃甸新区、沧州渤海新区和北戴河新区建设，增强唐山、黄骅、秦皇岛的港口功能，带动临港产业和临港城区发展。

优化提升京津主轴的发展水平，增强廊坊、武清等京津周边地区承接京津主城区部分功能转移的能力，建设高新技术产业和先进制造业基地。

发展都市型现代农业，推进农产品加工业，建设现代化的农产品物流基地。

统筹区域水源保护和风沙源治理，在地下水漏斗区和海水入侵区划定地下水禁采区和限采区并实施严格保护，加强入海河流小流域综合整治和近岸海域污染防治，推进防护林体系建设，构建由太行山、燕山、滨海湿地、大清河、永定河、潮白河等生态廊道组成的网状生态格局。

## 二　国家规划背景下京津冀的战略目标

**北京——建设世界城市**

北京提出了分三个阶段建设世界城市的战略目标：第一阶段，全面推进首都各项工作，努力在全国率先基本实现现代化，构建现代国际城市的基本构架；第二阶段，到2020年左右，力争全面实现现代化，确立具有鲜明特色的现代国际城市的地位；第三阶段，到2050年左右，建设成为经济、社会、生态全面协调可持续发展的城市，进入世界城市行列。

**天津——建设国际港口城市、生态城市和北方经济中心**

天津要建设成为经济繁荣、社会文明、科教发达、设施完善、环境优美、人民富裕的国际港口城市、生态城市和北方经济中心。

**河北——推进河北沿海地区发展**

依据国务院批准实施的《河北沿海地区发展规划》，河北沿海地区的战略定位是：环渤海地区新兴增长区域，京津城市功能拓展和产业转移的重要承接地，全国重要的新型工业化基地，我国开放合作的新高地，我国北方沿海生态良好的宜居区。到2015年，综合实力明显增强，建成环渤海地区新兴增长区域；到2020年，区域发展水平进一步提高，成为全国综合实力较强的地区之一。

## 三　河北省在京津冀经济圈中的地位和作用

### （一）河北省在京津冀经济圈中的重要地位

河北作为京畿重地，内环京津，外沿渤海，历史悠久，文化灿烂，资源丰富，底蕴深厚，交通便捷，在产业发展上先天基础雄厚，前景广阔。是北京打造首都经济圈和建设世界城市不可或缺的重要组成部分，在保障首都、提升区域发展水平、改善环境品质、增强互补功能、发挥环首都地区的土地空间、风景旅游和能源矿产等组合优势，缓解北京土地资源供求矛盾，拓展城市和产业发展新空间等方面具有重要战略地位。

## （二）河北省在京津冀经济圈中的作用

### 1. 首都的“护城河”

多年来，河北省委、省政府和相关部门与北京市委、市政府和相关部门密切协作，不断加强联系沟通、治安协作、矛盾纠纷联合排查调处等各项工作机制建设，为保障历次重大政治活动的安全顺利开展做了大量卓有成效的工作。最大限度地预防和减少了影响首都稳定的各种不利因素，极大地缓解了维护首都稳定和社会安全的工作压力。在维护首都地区稳定，确保党和国家重大政治活动安全顺利进行的工作中发挥了多方面的综合效益和“护城河”的重要作用。

### 2. 首都的生态屏障

河北省环首都周边的生态环境较好，森林覆盖率达27.66%，高于河北省和全国的平均水平，其中承德高达55.8%，草丰林茂，享有“绿色宝库”、“华北绿肺”、“天然氧吧”等美誉。西北部山区是首都地区的重要水源地及河流上游的主要径流汇水区，是西北风沙进入首都地区的必经之路，河北肩负为首都地区“涵水源”、“阻沙源”的重要职责；东南部平原地区分布着海河流域的多个蓄滞洪区，保障流域的防洪安全。

### 3. 京津的饮用水源地

天津93%的用水，北京80%的用水都来源于河北，为保护好水源，河北近年来关停耗水或有污染企业近万家，张家口赤城县是北京重要的饮用水源地，境内三条河流全部流入北京市的白河堡水库和密云水库，其中密云水库来水总量的53%来自赤城县。为保障北京的水源供给，近年来赤城县先后实施了“21世纪首水项目”、京津风沙源治理、退耕还林、京冀水源保护林等一系列生态工程，累计造林170万亩，森林覆盖率由35.7%提高到41.2%，每年减少泥沙排泄量100多万吨；全县3.2万亩稻田全部改种旱田，年节水2000多万立方米。这些措施的实施，使得输入北京的水质达到了国家Ⅱ类饮用水标准，有效保障了北京的饮用水安全。从2004年开始，每年从云州水库集中为北京输水一次，年均输水 1700 万立方米，2004 ~ 2012 年 11 次集中向北京输水，累计输水 1.9 亿立方米，对北京的水资源补给起到了重要作用。

**4. 京津的“菜篮子”**

京津冀在地域上唇齿相依，你中有我，我中有你，主要城市间 3 ~ 4 小时均可到达，相连的地域人缘，使京津冀人缘、经济、产业联系来往密切。河北具有畜牧、果品、蔬菜三大优势产业，在京津市场中，河北蔬菜占 50% 以上，果品占 45% 以上，成为京津的“菜篮子”。

**5. 京津的主要劳务输出地**

京冀两地人力资源和社会保障部门建立了人力资源交流与合作长效机制，2012 年，河北在北京就业人数约 131 万人，在天津就业人数约 64 万人，主要分布在建筑、纺织、电子、服务等行业。河北省到北京务工就业的人数占外地在京务工人员的 30% 左右，居各省市之首。近 10 年来，河北已累计向北京输出务工人员 600 多万人次，遍布北京市 7000 多家用人单位。

**6. 首都城市功能拓展和产业转移的重要承接地**

世界城市是国际城市的高端形态，它要求经济社会发展必须是高端的、低碳的、集约的和多元的。根据世界城市发展的基本规律：一是世界城市产生于世界经济增长的重心区域；二是世界城市的形成和发展依赖于世界城市区域体系的强大支撑。从纽约、伦敦、东京这些世界城市的演变过程中看，世界城市面临着社会分化和生态环境恶化的挑战。因此，北京建设世界城市，需要京津冀合作，尤其需要河北区域广阔腹地的繁荣和支撑，需要建立共赢机制。

河北省环首都周边的人均土地面积约 6.7 亩，未利用土地 2.46 万平方公里，占全省未利用土地总量的 60.9%；廊坊、保定两市腹地广阔，土地资源丰富，开发成本优势明显，是北京面向区域拓展的重要空间。河北是首都城市功能拓展和产业转移的重要承接地。

**7. 首都的出海口**

北京与河北共同建设了京唐港和曹妃甸，加快了石油化工、装备制造、特色农业等产业向河北沿海地区的集聚。以首钢搬迁至曹妃甸港口为契机，河北为北京企业利用港口发展创造了条件。随着河北港口的发展，为北京货物出海提供了便利。

**8. 京津人才和科技的辐射地**

京津冀的人才、信息、科技等要素在区域间的流动，实现了区域生产要素的共享，支撑了区域经济的发展。河北具有一定规模的企业大多与京津在资金、人才、技术、信息、服务等方面建立了合作关系。北京企业利用河北优势到河北投资，河北众多企业利用北京优势到北京建立研发和销售机构，京津冀互为对方拓展了发展空间，形成了区域间的优势互补，共同发展。

**9. 京津冀共同构成容量大层次多的消费市场**

京津冀经济圈拥有1.2亿消费群体，市场容量占全国大陆总量的10%以上，是中国市场容量最大的地区之一；既是华东、华南和西南等地区连接“三北”（东北、西北、华北）地区的枢纽地带和商品流通的中转站，也是“三北”地区的重要出海通道。河北商品市场4900余个，居全国第4位；交易额2250亿元，居全国第5位。著名的白沟箱包、安国药材、辛集皮革、清河羊绒、安平丝网等在全国乃至世界均颇有名气。连锁超市，物流配送等新型商业业态发展迅速。北京王府井、上海华联和荷兰万客隆等国内外大型商业企业已先后入住石家庄。

**10. 京津的休闲旅游胜地**

河北是全国唯一兼有海洋、平原、湖泊、盆地、丘陵、山地、高原的省份，西北部山区休闲旅游、特色农业等特色资源丰富，与京津的互补性强；怀来地处北纬40度的葡萄种植“黄金地带”，与法国波尔多、美国加州并称世界三大葡萄种植基地；承德文化底蕴深厚，自古为皇家避暑胜地；板栗、红果、核桃、梨、杏等特色林果资源丰富，休闲旅游及特色农业发展潜力巨大。

## 四　京津冀产业对接及合作发展现状

京津冀地缘相邻，习俗相近，有着千丝万缕的相互联系。京津地区的水源、农副产品供应等生活必需品供应都离不开河北，而河北的基础设施及资金、人才、技术支持也离不开京津，三地间的互动合作也由来已久，京津冀产业相互融合日渐紧密。

**1. 签署合作框架协议**

北京市与河北省、天津市与河北省分别签署了一系列合作框架协议，三地将在环境治理、多个产业和领域内开展合作。

2013 年 5 月 20 日，津冀签署了深化合作框架协议。双方商定在推进区域一体化进程、完善交通网络体系、深化港口物流合作、提高水资源保障能力、推动产业转型升级、加强科技研发合作、加强农副产品对接、加快旅游会展融合、拓宽金融合作领域、建立合作协调机制 10 个方面深化合作，力求实现互利互惠的双赢局面。

5 月 22 日，京冀签署了合作框架协议。双方商定在着力打造首都经济圈、共同推进北京新机场建设、共同促进首钢在唐山做大做强、全面开展科技创新和成果转化合作、共同创建区域优美环境、共同深化服务业合作、支持张承地区产业发展等方面加强合作，共同推进首都经济圈建设。

为了使京津冀合作取得实质性进展，三方决定成立京冀和津冀省市合作领导小组，由双方常务副省长、常务副市长为领导，建立长期的交往和会商机制，强力推进合作并取得实质性进展。

**2. 交通合作**

随着京津冀地区经济实力的发展壮大及交通环境的改善，京津冀之间的同城概念得到进一步提升，三者之间交流进一步加强，相互之间的合作进一步展开。例如：为了方便北京周边群众出行，北京的城市公交已延伸到了河北的三河、大厂、香河等十余个县市，同时随着京津、京广等城际铁路的开通，京广高铁的全线开通，石家庄到北京的时空距离由两小时缩短到了一小时。为便利河北的物资运输，天津积极发挥港口资源优势，河北经天津港进出口货物占全省进出口总量的近 1/3，集装箱占全省总量的 90% 以上。

**3. 港口建设合作**

唐山港京唐港区是 1989 年唐山市联合北京市共同投资建设的我国沿海重要港口，2009 年吞吐量突破亿吨，2012 年吞吐量达 1.7 亿吨，成为全国从建港开始到达到亿吨目标时间最短、成长性最高的港口。京唐港区规划，到 2015 年，港口货物吞吐量达到 1.5 亿吨，集装箱 90 万标箱；2020 年，货物吞吐量达到 2 亿吨，集装箱 200 万标箱，成为综合型国际化大港。

曹妃甸2012年吞吐量达1.92亿吨，创历史新高。总投资677亿元的首钢京唐钢铁厂一期项目，是曹妃甸目前最大的投资项目。随着一期970万吨钢项目建成投产，二期1000万吨钢项目的推进，具有国际先进水平的大型精品钢基地呼之欲出。总投资超过200亿元的中石化曹妃甸千万吨级炼油项目，距已投产的中石化曹妃甸原油商业储备库仅600米，距30万吨级原油码头仅约7公里。该项目建成后，三者将形成一个集原油到港、储存、加工为一体的产业链条。

**4. 水资源与生态环境保护合作**

京津冀同处于一个区域自然环境内，在环境保护和治理上谁也不能独善其身。为了保护北京的水源及自然环境，3年来北京共安排资金5.94亿元，与河北省合作开展了生态水源保护林建设、森林保护、水资源环境治理和支持周边地区发展等合作项目，共同促进区域生态环境共建和资源共享。河北与北京合作在密云、官厅水库流域建成了3.5万平方公里的人工增雨作业区，累计增加降雨331毫米，降水量30.5亿立方米；联合治理两库上游水资源环境。2007~2010年，北京对张家口、承德部分地区实施“稻改旱”工程20万亩，累计补助投资2.25亿元。

京冀合作用海外液化天然气补充京津冀用气需求。河北天然气公司与中石油、北京控股集团合作的曹妃甸LNG（液化天然气）项目，2013年底可将海外LNG引入河北省。一期工程建设规模为每年350万吨，设计供气能力为每年48亿立方米，计划2013年年底建成投产。二期工程建设规模为每年650万吨。项目建成后，将为华北地区增加一个新的可靠供气气源，用以补充京津冀地区的天然气需求。

**5. 农牧业合作**

北京与河北的农牧业合作步入了产业化、规模化，北京三元、华都、千喜鹤、六必居、大发畜产、顺鑫农业等龙头企业相继在张家口、承德、廊坊、保定等地投资建立了一批规模化绿色种植和养殖基地、农副产品加工及仓储配送企业，北京最大的连锁超市集团——物美集团在三河投资建设了“河北供京蔬菜配送中心”，保障了北京绿色农产品的供应。“十一五”以来，北京企业相继在张家口、承德投资农业项目100个，投资总额近130亿元。在北京市场中，河北蔬菜占50%以上，果品占45%以上，猪肉占20%，肉禽占10%，水

产品占17%，河北是北京名副其实的“菜篮子”。

**6. 产业合作**

京冀方面：北汽福田集团、首钢机电公司、首都供水高端产品制造基地、海水淡化等合作项目已生根开花；津冀方面：天铁集团、河北长城汽车、英利集团、天士力集团等合作项目前景广阔。据不完全统计，河北省仅环北京的6个城市引进含在京央企在内的北京项目投资正在快速增长，2010年为628亿元，2012年已经达到了1616亿元，年均增速超过50%，为推动双方的经济发展发挥了重要作用。

一是河北从北京引进的大资金、好项目、战略性新兴产业大都来自国家部委和央企，例如：与航天部合建的航天信息涿州产业基地，与工信部合建的廊坊国际信息港、服务外包基地，与科技部合建的保定中国电谷等项目。“百家央企进河北”项目建设中，已有170个央企项目落地河北，总投资达到6400多亿元，众多项目分布于高端装备制造、航天航空等领域。二是北京的一些优势企业将部分生产基地和零部件生产基地迁到河北，例如：京城机电、京仪控股、首钢机电、北京现代、北汽福田、燕京啤酒、汉王电子等企业。由北汽集团投资建设的黄骅汽车产业园项目占地3552亩，建设以汽车制造、汽车零部件制造、汽车出口、汽车销售、物流为一体的综合性汽车产业园区，预计2015年建成投产。项目达产后，预计年销售收入400亿元，提供就业岗位6000个，年实现利税30亿元。三是北京的一些高新技术企业开始向河北拓展，例如：北京在廊坊投资的高技术企业，涉及电子、信息、生物医药等行业；在涿鹿县建立了科技园，中科院、北航、北工大等建立了中试和产业基地，30多家高技术企业和许多名牌高校入驻。

**7. 劳务合作**

河北大力发展面向京津的劳务经济，开展订单式、定向式劳务培训，每年向北京输出劳动力40万人次，在北京创建了“塞外技军”、“山庄机电工”、“承德服务员”等优秀劳务品牌。河北到北京务工的农民工高达131万人，占外地在京务工人员总数的30%，居各省市之首，在天津就业人数约64万人。

**8. 合作关系**

目前河北与北京的合作多于与天津的合作，京冀之间相互依存互补性较强，合作关系比较紧密。北京与河北主动合作的领域，大多数是有利于北京长远发展和日常需求的水资源、能源和农产品供应、生态保护等；北京转移到河北的产业，一是占地多、耗水大、劳动力成本低的农业合作项目，例如：三元、华都、千喜鹤等龙头企业在张家口、承德、廊坊等地建立种养基地；二是产业结构调整中淘汰出来的能耗高、有污染的传统产业，例如：首钢、北京焦化厂等，在廊坊、张家口、承德等地建立了一批建材生产基地；三是即使转移过来的是高端产业，也多数是占地多、用工多、耗能多的低端生产环节。这些项目虽然带动了地区经济发展，但同时带来的污染隐患也正在逐步暴露。

**9. 教育和科技合作**

目前河北从事科技研究人员达10.2万人，其中科学家和工程师6.8万人，两院院士14人，各类科研院所和科技开发机构1165个。在京津腹地的廊坊，“东方大学城”初具规模，已有北京航空航天大学、中国地质大学、北京工商大学、北京工业大学、北京民族大学、对外经贸大学等17所高校入住。清华大学联手河北省政府，在廊坊建设占地1万亩的“清华科技园”，并在科技园内建立河北清华研究院暨国际研发港。

**10. 旅游合作**

京、津、冀三方签订了全面合作协议，形成了定期交流与磋商机制，吸引京津旅游投资超过了千亿元，联合编制了多项旅游发展规划，10年内将在环京津地区建成16处冬季滑雪场、20处高尔夫球场、30多处温泉疗养地。

**11. 文化产业合作**

河北作为京畿重地，有丰富的物质文化遗产和非物质文化遗产，在2012年8月“首都百家院所校进河北”活动中，河北省与首都院所校签订了11个文化产业项目，4.5亿元的签约金额，充分展示了京冀文化合作成果。这些项目，市场前景好、发展潜力大，既有战略层面的全方位合作协议，又有针对性很强的合力推进技术创新项目，还有合资合作打造的文化精品。

## 五　河北与京津地区的发展差距

**1. 工业化程度**

从工业化进程看，河北与京津产业发展水平落差较大，北京已进入后工业阶段，天津进入工业化成熟期向后期发展阶段，河北尚处于工业化中期阶段。

**2. 人均 GDP**

从人均 GDP 看，2012 年，人均 GDP 在全国的排名：天津第 1 位，北京第 2 位，河北第 15 位。北京、天津的人均 GDP 都超过 1 万美元，北京 13916 美元，天津 14823 美元，而河北 5820 美元，不及北京、天津的 1/2。

**3. 产业结构**

（1）河北的产业结构优化度低于京津，河北产业结构特点是一产强、二产弱、三产发展滞后，北京的产业结构优化度最高，基本符合国际化大都市标准，第三产业比重达到 76.5%，现代服务业占比高；天津第三产业比重达到 47%；河北第三产业比重 35.3%，与 1989 年的北京、1991 年的天津基本相同，从三产占 GDP 的比重看，河北的产业结构优化度落后了京津 20 多年（见表 1）。

**表 1　2012 年京津冀工业化进程的主要经济指标**

单位：元，%

| 指　标 | | 北京 | 天津 | 河北 | 全国 2012 |
|---|---|---|---|---|---|
| 人均 GDP | | 87475 | 93173 | 36584 | 38420 |
| 三次产业结构 | 第一产业 | 0.8 | 1.3 | 12.0 | 10.1 |
| | 第二产业 | 22.7 | 51.7 | 52.7 | 45.3 |
| | 第三产业 | 76.5 | 47.0 | 35.3 | 44.6 |
| 城市化率 | | 86.2 | 81.6 | 46.8 | 52.6 |

资料来源：2001 ~2013 年《河北经济年鉴》、2013 年《中国统计年鉴》，中国统计出版社，下同。

（2）河北的产业优化度不如天津，从表 2 看，河北与天津虽然都是“二三一”的产业结构，二产增加值占 GDP 的比重相同，但是天津是以大飞机、大石化、小轿车、电子信息等先进制造业为主，符合当今世界制造业发展潮流，而河北仍以钢铁、水泥、石化等传统制造业为主，冶金、化工、建材、电力等四大基础产业占河北省制造业增加值的 80% 左右，而天津的这一比例仅为 45%，北京则仅占极小部分，京、津、冀处于不同的工业化发展阶段。由此可见，河北调结构，转方式，加快二产、三产发展的任务还十分艰巨。

表 2 2012 年京津冀三次产业结构比较

| 地区 | 地区生产总值（亿元） | 第一产业 | | 第二产业 | | 第三产业 | | 人均 GDP（元） |
|---|---|---|---|---|---|---|---|---|
| | | 增加值（亿元） | 占 GDP 比重（%） | 增加值（亿元） | 占 GDP 比重（%） | 增加值（亿元） | 占 GDP 比重（%） | |
| 北 京 | 17879 | 150.20 | 0.8 | 4059.27 | 22.7 | 13669.93 | 76.5 | 87475 |
| 天 津 | 12894 | 171.60 | 1.3 | 6663.82 | 51.7 | 6058.46 | 47.0 | 93173 |
| 河 北 | 26575 | 3186.66 | 12.0 | 14003.57 | 52.7 | 9384.78 | 35.3 | 36584 |

**4. 经济增长质量**

从经济增长质量看，京津冀产业结构的差异，造成京津冀经济增长质量差异较大，原因是第二、三产业对地方收入贡献率差别较大，二产每创造 100 元增值税，地方财政只分享 25%，而三产（商业除外）每创造 100 元营业税，地方财政分享 100%，河北三产比重较低，既是造成河北经济增长质量较低的主要原因，也是地方财政收入占 GDP 比重较低的主要因素。

**5. 发展水平**

从发展水平看，通过转变发展方式，转型升级，北京已初步形成高端化的经济发展格局，天津初步形成高端化、高质化、高新化产业体系，而河北的转型升级仍未实现突破性进展，除了钢铁和农副产品优势相对明显外，影响全局、带动整体、关联性强的新兴产业尚未能形成，与京津相比，河北大而不强，广而不富。

**6. 收入水平**

从收入水平看，河北与京津的差距呈逐年拉大的趋势。2012 年，城镇居民人均可支配收入在全国的排名：北京第 2 位，天津第 6 位，河北第 19 位；河北的城镇居民人均可支配收入 20543 元，低于全国平均水平 4022 元，北京、天津分别高于河北 15926 元、9083 元；农村居民人均纯收入在全国的排名：北京第 2 位，天津第 4 位，河北第 12 位，河北的农村居民人均纯收入 8081 元，略高于全国平均水平，北京、天津分别高于河北 8395 元、5945 元（见表 3）。由于河北的产业层次低，盈利水平低，与京津的收入差距大，消费水平低，导致京津地区现代服务业向河北延伸的步伐缓慢。

表3　2012 年京津冀城乡居民收入水平

单位：元，名

| 地　区 | 城镇居民人均可支配收入 | | 农村居民人均纯收入 | |
|---|---|---|---|---|
| | 收入 | 全国排名 | 收入 | 全国排名 |
| 北　京 | 36469 | 2 | 16476 | 2 |
| 天　津 | 29626 | 6 | 14026 | 4 |
| 河　北 | 20543 | 19 | 8081 | 12 |
| 全国平均 | 24565 | — | 7917 | — |

### 7. 配套能力

京津的优势在于高端产业，要素优势则在于人才、技术、资本、市场、信息等方面。从配套能力看，由于京津两地与河北的产业梯度落差比较大，横亘着一座巨大的“悬崖”，对经济水平产生着决定性作用的产业合作始终没有占据河北与京津关系的主流，京津的中高端产业链未能延伸到河北，致使部分本应在区域内部配套的产业和产品，不得不舍近求远，增加了产业配套成本。例如：汽车制造业，北京和天津是我国重要的汽车生产基地，但汽车零部件有80%左右要由京津冀以外的地区供给，其中大部分来自长三角。可见，京津冀不仅发展水平不在同一档次，产业结构也有所区别，不能构成紧密的产业链，因而缺少紧密合作的市场基础。京津冀一体化进程中，河北只有实现经济自强，才有足够的能力来承接京津地区的产业转移，与京津形成一个完整的产业链。

京、津、冀经济发展的不平衡、不协调、不可延续，充分说明转型升级与京津协同发展是决定河北经济未来走向的关键。

## 六　河北省推进京津冀协同发展路径

### 1. 推进工业布局优化调整

“十二五”期间，河北要加快环首都经济圈工业发展，主动承接北京产业转移和产业链延伸，推进新兴产业示范区建设，提升区域产业综合竞争力。加速河北省钢铁、石化产业向沿海转移；吸引京津和国内外资源加速向沿海聚集，着力推进沿海经济隆起带建设，重点打造精品钢材、循环化工和精深加

工、重型装备制造基地。加强对冀中南四市工业发展的规划协调，推进先进制造基地建设，推动与京津冀城市群、沿海经济城市群良性互动、融合发展。

**2. 大力培育环京津地区新的发展增长极**

河北省委八届五次全会提出，要大力培育环京津地区新的发展增长极。要抓住京津辐射外溢和渤海湾成为开放重点的双重机遇，借势京津、置身沿海，快速培育全省经济发展新的增长极。关键要抓好一批重点卫星城市和重点园区的建设，使之成为京津城市功能疏解的新空间、要素移动的新基地、央企项目布局的首选地。环京津各市要全域规划，对城市和园区进行科学布局。整合环京津地区各类产业园区，每个市都要重点建设一两个吸纳首都科技成果转化、承接高端产业要素转移的基地。要建设一批环京津的中小城市，选好立市产业，搞好生态环境，成为吸附力强、宜居宜业的卫星新城、经济强市。环京津地区的发展，坚持绿色崛起。在承接辐射中，要深入研究北京与河北省发展战略的结合点，寻找双赢的共振点，在服务首都中实现自己的发展。

**3. 承接京津的城市功能和新兴产业**

北京具有高新技术产业和生产性服务业优势，天津具有先进制造业优势，河北具有资源及传统产业优势，京津冀之间应谋求和形成有效的链接机制和互衬效应。河北省要按照产业基础和环境容量承接京津的城市功能和新兴产业。

一是要承接北京的学校、部分医院、健康养老机构、各类专业市场等。

二是要重点承接京津高端产业外溢，承接京津的新兴产业、新技术，吸引其科技创新型人才。

三是要引进京津高级人才，必须坚持招才引智与招商引资并重，找合作项目与找高端人才并举，努力营造完全开放、来去自由的人才环境。毗邻京津是河北省的一大优势，要利用好环京津优势，采取更加灵活有效的措施，促进京津冀人才的无障碍流动。

河北要想留住人才，在人才引进、人员调配上，应消除限制，降低门槛，破解阻碍，主动做好社保手续转移接续等服务工作，促进人才的自由流动。除了调整人才政策环境，培育新兴产业，为新型人才筑巢，以及优化河北的人文环境等，河北更应该有超常规的谋划。

**4. 共同防治大气污染**

2013 年 9 月 6 日，河北省委、省政府出台《河北省大气污染防治行动计划实施方案》，提出到 2017 年，全省细颗粒物浓度比 2012 年下降 25% 以上，首都周边及大气污染较重的石家庄、唐山、保定、廊坊和定州、辛集细颗粒物浓度比 2012 年下降 33%；再利用五年或更长的时间，基本消除重污染天气。而对于全省污染最重的石家庄，一定要在 5 年内摘掉污染城市帽子，路径是压煤、控车、降尘、治企、开展社会监督，其中压煤是第一位的，5 年内，石家庄压减量是 1500 万吨，基本占到全省压减总量的 1/3。

9 月 18 日，河北省与北京、天津、山西、内蒙古、山东一起与国务院签下大气污染防治目标责任书。河北省已将减少 4000 万吨燃煤任务分解落实到各市。2013 年底前拆除 3.5 万台燃煤小锅炉、茶炉和炉窑，实施 1765 台燃煤锅炉能源置换工程；重点抓好黄标车和老旧车淘汰工作，其中党政机关年内、企事业单位 2014 年 3 月底前全部淘汰完毕；黄标公交车 2006 年前注册的年底前淘汰，2014 年底全部淘汰。石家庄、唐山分别投入 2 亿多元，年内新购置 450 和 500 辆天然气公交车；加快推进大气污染自动监测全覆盖，2013 年底前完成首都和省会周边及环境敏感区域 64 个县（市、区）监测站建设，2014 年 6 月底前所有县（市、区）全部建成并实现省级联网；着力创新和完善干部目标综合考核评价机制，突出对环境质量和生态效益的考核权重。

## 参考文献

《全国主体功能区规划》，2010 年 12 月 21 日。

河北省人民政府编《河北经济年鉴（2013）》，中国统计出版社，2013。

国家统计局编《中国统计年鉴（2013）》，中国统计出版社，2013。

中共河北省委、河北省人民政府：《河北省大气污染防治行动计划实施方案》，2013 年 9 月 12 日。

# 社 会 篇

Social Reports

# B.11 2013年法治河北建设现状与2014年展望

蔡欣欣 段 颖 白玉祥*

**摘 要：**

2013年，围绕“四大攻坚战”，河北地方立法不断完善，稳步推进依法行政，司法公正，维护社会公平正义，检查工作服务河北经济社会发展大局，知识产权保护不断强化。报告分析法治河北建设存在的问题，应当继续推进科学立法、民主立法，推进依法行政，强化司法保障职能，落实检察改革措施，加强执法规范化，深化警务工作机制改革，进一步加大知识产权保护力度。

**关键词：**

河北省 法治河北 依法治省 平安河北

* 蔡欣欣，河北省社会科学院法学研究所助理研究员；段颖，河北省社会科学院法学研究所馆员；白玉祥，河北经贸大学法学院助教。

## 一　2013 年法治河北建设的现状

### （一）人大工作

#### 1. 立法工作

2013 年，河北省人大及其常委会共制定了《河北省突发事件应对条例》、《河北省气象灾害防御条例》、《河北省防震减灾条例》和《河北省法制宣传教育条例》、《河北省农村土地承包条例》、《河北省辐射污染防治条例》、《河北省农民工权益保障条例》等 7 部地方性法规，审查批准了《石家庄市医疗卫生设施规划建设管理条例》、《唐山市城乡规划条例》、《石家庄市供热用热条例》、《唐山市职工工资集体协商条例》、《邯郸市气象灾害防御条例》、新修订的《唐山市粉煤灰综合利用管理条例》等 6 部较大市制定的法规。

#### 2. 对法律实施情况进行检查

对河北省贯彻实施《中华人民共和国农民专业合作社法》、《中华人民共和国大气污染防治法》和《河北省大气污染防治条例》、《中华人民共和国水土保持法》和《河北省实施〈水土保持法〉办法》、《中华人民共和国气象法》、《中华人民共和国邮政法》和《河北省邮政条例》等实施情况进行了执法调研和执法检查，对农村面貌改造提升行动实施情况、贯彻实施农村土地承包法律法规和农村土地承包经营权流转情况进行了专题视察和专题调研。对河北省 10 个部门的主要负责人就最低生活保障、农村五保供养、救助资金投入与监管、因病致贫和“无主病人”救助、教育与住房救助等社会救助工作情况进行首次专题询问，助力省委部署的四个攻坚战。河北省政府将办理由河北省人大常委会办公厅转交的审议意见，以确保解决问题，改进社会救助工作，进一步保障改善民生、调节收入分配、促进社会公平正义、维护社会和谐稳定。

#### 3. 听取和审议专项工作报告

2013 年，河北省第十二届人民代表大会第一次会议听取和审议了《政府

工作报告》；审查和批准了省人民政府提出的《关于河北省 2012 年国民经济和社会发展计划执行情况与 2013 年国民经济和社会发展计划的报告》、《关于河北省 2012 年省本级预算及省总预算执行情况和 2013 年省本级预算及省总预算的报告》；审议和批准了《河北省人民代表大会常务委员会工作报告》、《河北省高级人民法院工作报告》、《河北省人民检察院工作报告》；审查和批准了《2012 年省级财政超收资金支出安排方案》。河北省人大常委会审议了省政府落实《〈省人大常委会执法检查组关于检查残疾人保障法律法规实施情况的报告〉的审议意见的函》（冀人常办函〔2012〕50 号）有关审议意见的报告，听取了《关于 2012 年度省本级预算执行及其他财政收支情况的审计工作报告》、《关于全省 2013 年国民经济和社会发展计划上半年执行情况的报告》、《关于全省 2013 年 1～8 月份省本级预算及省总预算执行情况的报告》。

**4. 清理现行法规**

为贯彻落实省委八届五次全委（扩大）会议精神，围绕解放思想、改革开放、创新驱动、科学发展，推动依法治省和法治河北建设，河北省人大常委会 5 月中旬至 7 月中旬对现行有效的法规和正在开展的立法工作进行全面审视和梳理，修改或废止不适应河北科学发展要求的现行有效法规，破除妨碍河北科学发展的体制和机制障碍，构建系统完备、科学规范、运行有效的制度体系，推动依法治省和法治河北建设，在法治轨道上解决各种社会矛盾。

### （二）依法行政

**1. 政府立法工作**

2013 年 3 月河北省政府依据《河北省地方政府立法规定》，首次编制了 2013～2017 年立法规划，并发布了 2013 年立法计划。2013 年的立法重点是改善发展环境和生态环境、促进经济社会全面协调发展、加强和创新社会管理、提高公共服务水平、保障和改善民生、推动文化发展繁荣以及加强政府自身建设等，确定了一档立法项目和二档立法项目。一档立法项目是力争 2013 年年内完成的 22 件立法项目，如企业国有资产监督管理条例、终身教育促进条例、供热管理办法、预防和制止餐桌浪费办法等，其中4件是提请省人大常委会审议的地方性法规草案、修订草案，18件是省政府制定、修订的省政府规章。二档立法项目是36件需要先行立法调研，待立法条件成熟时提出的立法项目，包括20件待条件成熟时由省政府提请省人大常委会审议的地方性法规草案、修订草案建议；16件适时制定、修订的省政府规章。

截至2013年10月，河北省人民政府制定了《河北省食品安全监督管理规定》、《河北省机关事务管理办法》、《河北省沿海船舶边防治安管理实施细则》、《河北省历史文化名城名镇名村保护办法》、《河北省供热用热办法》、《河北省企业权益保护规定》、《河北省农业机械安全监督管理办法》等7部地方政府规章，修改了《河北省经济信息市场管理实施办法》、《河北省经纪人管理办法》、《河北省重大危险源监督管理规定》等29件省政府规章，废止了《河北省有线电视管理实施办法》、《河北省调味品生产销售管理办法》、《河北省港口管理规定》等8件省政府规章。

**2. 清理和审查备案规范性文件**

为着力改善发展环境，河北省政府对河北省2012年10月31日前制定的538件规范性文件进行了全面清理，继续保留456件；废止省发展和改革委员会、省教育厅、省公安厅的、省监察厅等22个部门制定的共计64件规范性文件；修改涉及省发展和改革委员会、省工业和信息化厅、省民政厅等11个部门的18件规范性。按照《河北省地方政府立法规定》和《河北省规范性文件制定规定》有关规定，2013年上半年，河北省政府法制办对各设区市政府报送的120件规章规范性文件进行了审查备案，对省政府各部门报送的38件规范性文件进行了合法性审查，截至2013年7月，对于省政府各部门报送的规范性文件不予发布3件，正在审查5件。

**3. 规范和行使行政裁量权**

截至2013年上半年，省政府的34个行政执法部门和11个设区市的绝大部分行政执法部门都已建立相应的行政处罚裁量基准制度，行政处罚裁量基准制度也都基本得到了落实，行政处罚自由裁量空间得到了有效的压缩。2013年1月，重点清理了政府规章中设定的行政处罚，特别是有关罚款的规定不利于改善发展环境，制定罚没收入与行政事业性收费分成挂钩的内容和设定或者

变相设定行政强制措施、擅自设定行政强制执行权的内容，有的降低了处罚标准，有的压缩了行政处罚自由裁量的空间。

## （三）审判工作

### 1. 改革创新，坚持能动司法

制定《关于司法拍卖网络试拍规则》，规定网络拍卖的启动、拍卖机构的确定、拍卖的委托和实施等，确保网络拍卖规范有序，并进行首次网络司法拍卖。建立保险纠纷诉调对接机制，化解保险合同纠纷，降低消费者维权成本，减轻法院审判压力，拓宽解决保险消费者纠纷渠道。出台《关于为加快发展现代农业，增强农村发展活力提供司法保障和法律服务的意见》，要求各级法院开设立、审、执绿色通道，对农村土地承包、土地征用、房屋拆迁、工程招标投标、建设工程施工合同等案件加大调解、执行力度，服务“三农”，为农村面貌改造提升提供司法保障。制定《关于为“解放思想、改革开放、创新驱动、科学发展”提供司法保障和服务的指导意见》，要求各级法院完善工作机制，服务和保障对外开放、县域经济发展、创新驱动、经济结构升级，打造平安稳定的社会环境。强化案件流程节点管理，按立案时间均衡分案，将受理的案件随机分配；诉讼阶段随时监控案件审限，催办和督办接近审限或审限较长的未结案件，确保案件在法定审限期限内结案；作出判决后，及时核查案件，避免带错案件、文书。2013 年初开展农民工追索劳动报酬案件的集中执行活动，保护农民工合法权益。通过推行执行体制改革，推进执行指挥中心建设，整合社会各界力量，与公安、国土、住建、金融、税务、工商、证券等协助执行部门同省内 5 个金融机构建设“点对点”网络执行查控机制，提高执行效能，降低执行查控成本。实行量刑规范化改革，基本实现量刑程序和实体量刑的规范化。扩大简易程序的适用范围，开展小额速裁案件试点，缩短审理周期。

### 2. 接受监督，正确行使审判权

健全和完善外部监督机制，从社会各界聘请 55 名特邀监督员，对审判执行、司法作风等方面工作进行监督。邀请部分人大代表、政协委员走进法院，征求意见建议。实行院长接访制度、设立院长邮箱、设立公众开放日、落实人民陪审员制度、裁判文书上网、网络直播庭审、推行“阳光”审判、定期举办新闻发布会、开通24小时群众监督电话等，主动接受社会群众监督。

**3. 化解矛盾，维护稳定**

在实践中，发挥地方党委统揽全局，协调各方的优势，目前全省基本建成了以党委领导、政府支持、法院主导、司法行政部门密切配合的人民调解、行政调解和司法调解“三位一体”的大调解工作格局，调解组织、仲裁机构、行业协会共同发挥作用，化解矛盾纠纷。推广衡水法院商事案件结案“12345工作法”①，将司法调解的专业化与人民调解的大众化相结合。到目前为止，创立和推广了廊坊的“司法服务中心”模式，沧州的“人民调解室”模式，行唐的“三位一体”大调解平台模式，迁安的“法官包村、三级联调”模式，实现了诉与非诉调解机制的有机衔接和良性循环。并按照调解优先，调判结合的原则，推进司法调解，在庭前、庭中、庭后、审委会研究定案后的各个诉讼环节和一审、二审、再审各个诉讼阶段贯穿司法调解。

**4. 解决信访难题**

每季度通报各市法院越级信访量，追究信访处置不力的办案人和相关领导的责任。推行艺术办案，发挥能动司法，强化错案和瑕疵案件的责任追究，提高案件审判质量，在审判源头预防和减少涉诉信访。推进“立案信访窗口”规范化建设，为当事人提供“一站式”服务。制定《关于来访人员的分流与接待办法》，强化省法院立案信访大厅“理诉”功能，依托涉法涉诉联合接访服务中心，完善信访案件分流与处理机制，推进诉访分离，并运用评查听证、教育疏导、困难帮扶等多种方法多元解决信访问题。妥善化解涉诉信访纠纷，使涉诉信访总量有所下降。

① “1”是第一位，即所有案件调解结案是首选方式。“2”是两个结合，即采用对当事人分别调解和集中调解相结合、当面调解和通讯调解相结合。“3”是三个过程，即庭前调解、庭上调解、判前调解。“4”是四套人马主持调解，即一人调解、合议庭调解、全庭调解、主管院长调解。5是五个办法，即向当事人辨析法理，分析后果法；充分运用企业主管部门、行业主管部门、亲戚、朋友等外部资源，建立诉调对接机制法；亲情、友情情感弥合法；社会道德水准感悟法；宣讲相关法律规定法。

### 5. 加强审判管理

全省三级法院均设立统一归口的审判管理机构，建立健全案件流程管理体系、审判监督管理体系和案件质量评估体系，并加强审判流程管理的软、硬件建设，提升审判管理的规范化、科学化和信息化水平。加强日常管理，开展执法大检查、清理长期未结诉讼案件，开展发回重审、指令再审、改判等案件的评查以及庭审和裁判文书“两评查”等活动，提升案件审判质效。执行省法院《关于民事申请再审案件受理审查的工作规程（试行)》，落实与省检察院联合出台的《关于民事抗诉和检察建议工作的意见》，保障诉讼活动顺利进行。开展审判工作“五进”活动，进农村、进社区、进企业、进学校、进军营，充分回应人民群众的司法需求。推行节假日立案、网上立案、预约开庭、巡回审判等，方便当事人诉讼，优先立案、审理和执行有关抚育费、扶养费、赡养费、退休金、劳动报酬等事关民生的案件。开展“打凶除恶”专项整治，从重从快审理一批群众关切、社会关注的案件。开展打击环境污染刑事犯罪专项行动，推进全省大气污染综合整治工作。10 月，集中宣判“两抢一盗”刑事案件 89 件，判处死刑 2 人，判处无期徒刑 3 人，判处 6 个月至 19 年不等的有期徒刑 153 人。

## （四）检察工作

### 1. 维护社会和谐稳定，促进社会管理创新

开展“民生检务”，履行批捕起诉职能，查办发生在食品药品监管领域、工程建设领域、重大安全生产责任事故背后的渎职犯罪案件，查办渎职侵权犯罪案件的办案规模、办案质量均居全国前列；查办国家机关工作人员侵犯人权犯罪案件，重点查处利用行政权和司法权非法拘禁、刑讯逼供等犯罪；查办影响社会稳定和危害公共安全的刑事犯罪和严重暴力犯罪、黑恶势力犯罪和多发性侵财犯罪等危害群众安全的各类刑事犯罪；督促起诉涉及国有资产流失、有关单位怠于行使起诉权的案件，保护国有资产安全；与省环保厅、省公安厅联合印发《关于办理环境污染犯罪案件的若干规定（试行)》，严打破坏生态环境的刑事案件，截至 2013 年 10 月，共批准逮捕污染环境刑事犯罪案件 31 件 43 人，查办环境污染涉及的职务犯罪嫌疑人 29 人，其中贪污贿赂犯罪嫌疑人 16 人，渎职侵权犯罪嫌疑人 13 人。在第十五个举报宣传周开展主题为“完善

举报制度，加强举报人保护”活动，解答群众咨询，引导群众学法、守法，现场发动和受理群众举报。巡视检察171个监管场所，利用监控动态监督监管场所刑罚执行和监管活动，强化监管安全稳定，排查监管场所安全隐患，提升监管场所监督工作规范化管理水平和派驻检察室规范履职水平，确保监管场所在押人员非正常死亡等事件下降。制定《关于发挥检察职能为全省经济社会科学发展营造良好法治环境的指导意见》，开展为全省“四大攻坚战”营造良好法治环境专项行动，发挥打击、预防、监督、教育、保护等职能作用，为全省经济社会科学发展保驾护航。根据《最高人民检察院关于实行人民监督员制度的规定》和《河北省人民检察院人民监督员选任工作方案》，选任26人为人民监督员。通过召开座谈会，邀请人大、政协委员视察指导检察工作，设立“检察开放日”等活动，深化检务公开，拓展接受社会监督的途径和方式，及时研究办理人民监督员提出的意见、建议和提案。

**2. 查办和预防职务犯罪，推进惩防体系建设**

开展重大项目建设专项预防，截至2013年4月，对省内2265个重大项目进行立项预防。投资100亿元以上、10亿元~100亿元、10亿元以下项目的职务犯罪预防工作分别由省、市、县三级检察院负责，对投资达10亿元以上工程建设项目搭建检企联系工作平台，现场设立检察机关服务重点工程建设工作室；截至2013年8月，对634个国家投资的重点项目开展专项职务犯罪预防；2013年下半年，查办项目立项过程中发生的索贿受贿构成犯罪案件和失职渎职案件、查办严重破坏资源和环境的刑事犯罪、职务犯罪，以及为破坏生态环境的企业和个人充当保护伞、帮助破坏生态环境犯罪嫌疑人逃避处罚的犯罪等。加快警示教育基地建设和规范化管理，河北省沧州市华北油田公司反腐倡廉教育基地、保定市唐县人民检察院预防职务犯罪警示教育基地等5个警示教育基地获全国检察机关“百优”预防职务犯罪警示教育基地称号。目前，河北已有10个地级市和90%以上县（市、区）建立了由当地党委统一领导的职务犯罪预防工作领导小组，形成各级党委领导下的职务犯罪社会预防工作格局，并与工商、税务、金融、安全生产监管等12个系统、21个行业主管部门建立了预防职务犯罪工作联席会议制度，实现检察预防与社会预防的有机结合。成立河北省职务犯罪预防工作领导小组，加强相关领域职务犯罪预防工

作，同时推进廉政风险防控机制建设，制约和监督权力运行。落实高检院《关于行贿犯罪档案查询工作规定》要求，完善侦防一体化预防机制，以预防调查为先导，按照程序对参加政府采购和重大项目建设的投标单位或个人进行行贿犯罪档案查询，并与案件初查、立案侦查、犯罪分析、检察建议等相衔接。开展查办和预防涉农惠民领域职务犯罪专项工作，查办和预防影响农村社会稳定的征占地拆迁补偿、民政优抚等民生保障领域案件，以及退耕还林补贴、农机补贴等国家惠农补贴领域案件；全省 175 个基层检察院共组建了服务网络覆盖全河北的 711 支涉农检察工作队；截至 2013 年 7 月底，共立案侦查涉农职务犯罪案件 500 件 919 人，为国家挽回经济损失 655 万元。

**3. 监督诉讼活动，维护司法公正**

监督侦查机关纠正有案不立、有罪不究、以罚代刑、动用刑事手段插手经济纠纷等问题；纠正漏捕漏诉、错捕错诉、抗诉错判行为；纠正违法采取强制措施、使用侦查措施、侵犯当事人诉讼权利等问题；开展戒具使用等专项检察活动。加强民事诉讼和行政诉讼监督，办理民事行政申诉案件，提出抗诉或再审的检察建议；做好申诉人的服判息诉工作，建议并促成对决定不抗诉申诉案件的申诉人达成和解；开展督促、支持起诉工作，监督民事执行活动，防止当事人恶意串通、通过调解协议损害国家利益、社会公共利益。进行羁押必要性审查，截至目前，全省监所检察部门已成功办理羁押必要性审查案件 12 起，建议侦查、公诉部门变更为取保候审措施 10 人，建议法院裁定暂予监外执行 1 人、变更指定居所监视居住 1 人。监督减刑、假释、暂予监外执行等刑罚变更的提请、审理等环节，完善刑罚变更执行同步监督工作机制，重点监督职务犯罪、涉黑涉恶涉暴罪犯刑罚执行情况；开展保外就医专项检察活动，纠正一批不符合保外就医条件、骗取保外就医等问题；基本遏制明显的超期羁押问题，河北久押不决案件清理工作步入全国先进的行列。执行《人民检察院刑事诉讼规则（试行）》和《检察机关执法工作基本规范（2013 年版）》，严守权力边界，规范执法行为，转变执法方式，提高办案质量，确保正确依法行使检察权。加快信息交换与资源共享平台及服务体系建设，提高科技信息化应用能力，到 2013 年底基本能建成覆盖各级检察机关的检察信息化综合体系，并实现信息系统之间互联互通和资源共享。

## （五）公安工作

### 1. 继续推进社会管理创新

形成覆盖全省的微博群，拥有200多个微博和1100万微博粉丝。开展户政，出入境，交警在线答疑，听民声、话安全、送服务，打击食品犯罪，保卫餐桌安全等微访谈。开通“问民意 正警风”网上意见征集平台，征集意见和建议，为网民答疑解惑，接受网民监督。公安消防总队开通96119投诉举报热线电话，开展“服务经济社会发展，我为河北消防献一计”微博有奖征集民意、“微博微信听众进消防”、“‘V'join”的网络有奖知识竞赛等活动。各级公安机关办理的刑事、行政案件以及执法监督和考评工作按照“四个一律”规定统一在升级改造后的网上执法办案系统上运行办理。发布盗窃奥迪车案件高发预警提示、五类电信诈骗案件预警、向大学毕业生及家长发布非法招聘诈骗预警、发布网络诈骗典型案例和防范措施、发布大货车交通事故预警。2013年7月1日起实行3项便民利民出入境服务举措，出台七项措施简化落户手续，在2013年年底前流动人口在基本民生项目上基本与城市人口享有相同的待遇。与省教育厅联合下发《河北省公安厅河北省教育厅关于校车和接送学生车辆安全管理工作的通知》，逐车逐人签订安全行车责任状，加强对校车和接送学生车辆的安全管理。完成一体化消防业务信息系统的指挥调度网、综合集成等11个重点项目建设工作，公安部向全国推广河北省公安消防部门在信息化工作建设中的经验。全省所有乡镇（街道）、行政村（社区）组建志愿消防队伍。

### 2. 开展专项行动维护社会稳定

开展打击侵害公民个人信息违法犯罪专项行动，开展重点打击各类侵犯知识产权和制造伪劣商品犯罪的打假专项行动，开展“打盗抢、保民安”专项行动，开展“大排查、大教育、大整治”治理货车违法行为专项行动，开展污染环境、非法采矿、侵权盗版、制售假劣产品、组织强迫卖淫、开设赌场和聚众赌博等六类重点犯罪活动的“六打”专项行动，开展禁毒严打“净土行动”和为期百日的“扫毒害保平安”严打整治等专项行动，联合开展打击非法医疗广告专项行动，开展消防安全大排查大整治活动，开展打击食品犯罪保

卫餐桌安全专项行动，开展药品安全保卫战，开展净化网络环境专项行动，“双节”期间开展集中打击食品安全犯罪活动的“圆月行动”，开展打击“两抢一盗”百日攻坚行动，联合开展 2013 年“护校安园”行动，开展打击涉麻醉和精神药品违法犯罪行为专项行动，开展整治非机动车、行人、酒后驾驶机动车违法行为专项行动，开展“清车”行动，严打高速公路涉车犯罪，国庆节开展“燕赵风暴”消防安全专项行动，开展“设卡盘查、定点清查、重点抓捕”行动，多警种联合开展“夜查”专项行动，开展打黑除恶专项行动，与津鲁豫联合跨区域打击 9 个重点地区涉油违法犯罪，开展收缴枪支弹药、爆炸物品、管制器具统一行动，开展清剿危爆隐患活动，对营运车辆、危险品运输车辆和校车驾驶人开展道路交通安全大检查活动，开展对饶阳、肃宁、献县“三角地带”职业盗抢犯罪专项行动，开展消防安全隐患执法服务专项行动。

**3. 加强执法规范化建设**

从 2013 年 11 月 1 日起，停止使用“冀 O”号牌，启用新牌。制定《河北刑侦案审工作三年规划》，组建省、市、县三级公安机关案审机构，全程同步录音录像部分重大案件，2015 年所有刑事案件的讯问、现场勘查、重要证人询问等环节均进行全程同步录音录像。制定《群众举报涉爆涉枪涉刀违法犯罪的奖励标准》，对举报涉爆涉枪涉刀违法犯罪的群众进行奖励，截至 2013 年 9 月，共接到群众举报线索 849 条，查证属实 399 条，查破案件 361 起，已兑现奖金 60 余万元。出台加强和改进公安派出所建设意见，2013 年底前实现派出所警力不低于所属分、县（市）局总警力 40%，并规定不同城市派出所配备民警的标准；参照城市社区民警“专司”制度，推动警力下沉，推进每村一名包村民警、一名辅警、一支巡逻队、一套监控系统“四个一”防范机制建设，实行驻村民警专职化，将社会治安防控网络体系向乡村延伸，争取司法、法院等有关职能部门的配合，推动农村面貌改造提升。成立全国首支环境安全保卫总队——环境安全保卫总队环保警察队伍，与环保部门联合打击环境污染刑事犯罪，截至 2013 年 8 月底，共立污染环境类刑事案件 185 起，破案 122 起，抓获犯罪嫌疑人 183 人，刑事拘留 124 人，逮捕 42 人，其中，28 起案件已侦查终结，移送检察机关审查起诉。截至 10 月 12 日，衡水、承德、石家庄、保定等市组建了环境安全保卫支队。快速处理武邑县公安局出入境工作人员态度粗暴、刁难办证群众问题。与省检察院联合出台《关于办理环境污染犯罪案件的若干规定》，建立联合执法工作机制，实现行政执法与刑事司法有序衔接，公布6起污染环境典型案例。

## （六）司法行政工作

### 1. 法律服务工作

河北法律服务行业主要分布在市区，县域乡村一般仅有1~2家律师事务所，个别县甚至尚未建所，律师资源相对不足。因此，司法厅、省律师协会决定从2013年起，利用三年时间在全省开展律师事务所“一建一帮”活动，即在专业化、规范化、法制化三化建设的基础上，建品牌律师事务所提升水平，帮县域律师事务所夯实基础，充分发挥律师行业在法治河北建设中的积极作用。河北省法律服务业务领域以传统的诉讼业务为主，占70%，代表律师业务发展趋势的非诉讼业务比例仅占30%。全省能办理涉外法律服务的律师约60多人，百人以上的律师事务所3家，绝大部分律师事务所在30人以下。为方便律师的拓展业务、提高办案水平和日常学习，免费为全省广大律师开通北大法意网在线法意数据库账号8847个。

### 2. 国家司法考试和司法鉴定工作

2013年河北省共有17430人报名参加第十二次国家司法考试，报名人数比去年增加1218人，增长7.5%；报名人员中本科以上学历14272人，本科在读2727人。河北省共有司法鉴定机构234个，执业司法鉴定人2565人，河北省司法鉴定专家委员会司法鉴定专家74人。

## （七）知识产权工作

2013年，河北按照《关于贯彻国家知识产权战略纲要的实施意见》要求，继续实施知识产权战略，实现了专利申请量达到2万件以上、注册商标超过13.5万件，驰名商标超过90件等目标。

（1）在专利权保护上，举办项目对接活动、培训班、专利行政执法培训、专利纠纷案件处理等，开展“无假冒专利示范单位”专题执法保护、专利保险试点等工作。制定《2013年度专利申请资助办法》，根据不同专利类型给予企事业单位、机关、团体和户籍在河北省的发明人不同的资助额度。河北省知识产权局出台《关于进一步遏制和防范非正常专利申请的指导意见》。开展专利权质押贷款工作，组织银企对接，解决中小企业融资难题。

（2）在商标专用权保护上，开展执法检查，强化商标从印制、使用、许可等方面的监管。目前，河北省著名商标已达 126 个，加强与市场主体的联系，指导、规范商标使用和管理行为。

（3）在版权保护上，依法规范著作权作品生产、使用和交易，确保正版软件全覆盖，开展“扫黄打非”行动，认真巡查印刷复制企业和图书、软件、音像制品市场，实行“零障碍”服务协办制、服务承诺制、限时办结制、责任追究制等制度，压缩审批时限。

（4）在文化市场保护上，以环京津和京广、京沪铁路沿线为重点地区，以打击网络游戏、动漫、音乐，游艺娱乐等侵权行为为重点，开展文化市场管理交叉检查执法，加大查处非法文化产品力度，净化文化市场发展环境。

（5）在刑事保护上，各级公安机关与文化、新闻出版、工商等部门协作，将打击侵犯知识产权行为作为“打四黑、除四害”、“破案会战”行动的重点，开展包括侵权盗版在内的 6 类重点犯罪活动的“六打”专项行动，维护权益人的合法权益。

（6）全省各中级法院受理的知识产权民事案件数量明显增长，案件类型除包括专利、商标、著作权等传统知识产权外，也出现了社会公众关注度高的关于域名、网络传播权保护、专利权行使方式等多样化或与民事案件关联的疑难案件类型。推行知识产权裁判文书上网制度，增强知识产权司法保护的透明度；建立知识产权审判庭与立案庭共同审查立案和诉前禁令、诉前证据保全等申请制度。公布 5 个 2012 年河北法院审判知识产权案典型案例，发挥知识产权司法保护在促进自主创新方面的作用。

（7）基本建立河北省知识产权维权援助体系。按照省知识产权局《关于加快推进河北省知识产权维权援助体系建设的意见》，在石家庄、唐山、保定等 6 个设区市设立了首批 6 家知识产权维权援助分中心，在承德、张家口、秦皇岛等 5 个设区市和霸州等 8 个县（市、区）以及石家庄高新区设立了 14 家知识产权维权援助工作站。

## 二　2013 年法治河北建设存在的问题

**1. 人大工作面临的新形势和存在的问题**

人大立法工作的难度会愈来愈大，监督任务依然繁重。河北的地方性法规、规章在经济可持续发展、统筹兼顾各方面利益、加强环境保护、规范政府公共服务、保障和改善民生等方面关注不够；社会保障、社会福利、权益保障等方面的立法也相对滞后，急需修改；还有些领域的立法明显缺位。这些都要求河北在总结过去立法经验的基础上，适应形势变化的需要，围绕建设经济强省和谐河北大局，及时调整立法。在关系改革、发展、稳定全局的突出问题，关系人民群众切身利益的重大问题等方面按照监督法的规定，采取多种有效监督形式，充分发挥委员、代表作用，处理好相关关系，进一步增强监督实效。人大作为地方国家权力机关，在创造法治环境上也负有重要职责，更要牢固树立法治思维，提升人大工作水平，推进依法治省、法治河北建设，推动和促进河北科学发展、跨越发展；坚持用法治方式破除妨碍河北科学发展中的问题，用法治保障各类市场主体对公平透明环境的合理预期，把解决各种社会矛盾纳入法制化的轨道。

**2. 行政处罚裁量基准制度有待进一步完善**

目前，有 10 多个省政府执法部门尚未建立或未备案审查行政处罚裁量基准制度，也有的部门存在行政处罚裁量基准制度不合法、不合理、不全面、不清晰等问题，还有的部门没有严格落实执行行政裁量基准制度。不少执法部门在相关回避制度、说明理由、公开制度、重大裁量事项集体讨论制度、重大具体行政行为备案制度、执法责任制度、适时评估修订制度等七套配套制度的落实不够。监督行政处罚裁量权的机制还不健全，不能有效制约自由裁量权的各个环节，会为权力寻租留下空间。

**3. 继续维护公平正义，保障公民基本权利**

在法院工作实现由行政推动型向依法治理型转变的过程中，面对新形势，法院服务大局、保障发展的政治责任、社会责任和发展责任将更加重大，面临的挑战也将前所未有。在审判质效方面，尽管已经取得了进展，但个别关键指

标仍低于全国平均水平；在涉诉信访方面，与人民群众的期待还有一定差距，信访案件立案审查、启动再审、结案审核，监督制约等机制还不完善，与检察、公安等部门的沟通衔接机制，信访案件终结退出机制还不健全；在司法为民方面，依然存在影响司法公正、制约司法公信力、执行难等司法难题，一些便民措施还存在形式化问题，司法公开、司法民主的广度和深度还不够。另外，如何创造性地开展诉讼调解，实现调解制度终极目标，如何在涉诉信访救助资金方面争取政府更多的支持等都将是法院工作的重点。

**4. 检察工作存在的问题**

在侦查监督环节，存在的问题是：监督措施不得力，使监督的适时性大打折扣；监督缺乏强制力，难以保证实际效果；监督模式单一落后，难以及时发现并纠正违法现象。在诉讼监督环节，存在对二审期间因民事赔偿改变量刑的案件审查监督不力，未建立与高院关于死刑复核结果的通报机制，导致不能落实刑诉法以及刑诉规则的有关规定；跟踪、反馈、制约机制缺失，导致法律监督效果不理想等。在民事行政执法、司法监督上，存在案件流程管理和质量管理机制及内部监督制约机制不完善，抗诉机制不健全等。在刑罚执行监督上，存在久压不决案件清理、“两网一线”建设难度依然大等。在行政执法监督工作中，存在职权范围有限、监督手段薄弱等问题。信访工作量大幅上升，修改后的两大诉讼法强化了检察监督，导致检察机关信访量激增，2013年1至4月，全省检察机关受理各类信访案件同比上升368%，其中受理不服法院民事判决裁定申诉案312件，对涉检信访工作是一个巨大的挑战。

**5. 安全建设有待进一步强化**

当前黑恶犯罪侵害范围扩大、转换滋长方式、变化犯罪手段，处于活跃上升期；“两抢一盗”等多发性侵财案件呈现系列性、职业性、智能性、暴力性、高发性、破案率低特征，直接影响了人民群众的生活安全感；涉枪涉爆、电信诈骗、网络违法犯罪等有广泛社会影响的案件易发和日趋难破；区域性的职业犯罪远未达到根治的目标；食品安全犯罪、破坏环境犯罪影响人民群众的满意度。因此，要在整体打击格局、战斗力生成模式、侦查办案模式以及基础工作模式等四个方面推进刑侦工作转型，以刑侦工作转型改善治安秩序，改善发展环境，打造平安河北。

**6. 发展法律服务业压力增大**

法律服务业在河北经济社会发展大局中的占位和布局不高，没有发挥律师、公证等法律服务手段在社会管理、法治建设、经济发展中的前置预防性和低成本性的职能优势；也没有充分运用这些行之有效的管理方式和手段提前化解矛盾纠纷。法律服务业发展的层次不高，缺乏竞争优势，在非诉讼业务、涉外业务上没有形成在全国有影响力和竞争力的服务品牌。法律服务工作的相关法律政策尚未落实到位，经费、人员保障未到位，执业环境急需改善。另外，法律服务业还存在行业分割严重，主体多元，资源配置不科学等问题。

**7. 知识产权保护依然薄弱**

随着创新驱动发展战略的深入实施，在知识产权保护中需要重点解决的问题有：全社会知识产权保护意识薄弱，知识产权拥有量少，知识产权投入不足，相关政策体系亟待进一步优化，专利行政执法保护能力需进一步加强，知识产权侵权时有发生且维权难，知识产权维权援助公共服务能力不足，知识产权保护协调机制仍需完善，知识产权中介服务体系建设落后等。

## 三　2014 年法治河北建设展望

### （一）继续推进科学立法、民主立法

根据河北省委打好沿海地区率先发展、环京津地区加快发展、县域经济和县城做大做强、工业转型升级和环境治理等四大重点攻坚战的要求，更新立法理念，坚持立、改、废并重，坚持立法决策与中央、省委的重大决策部署同步协调。用法治思维和市场机制合理配置立法资源，统筹安排各项立法项目，加强改善“两个环境”和保障改善民生等重点领域的立法力度；充分协调不同群体之间的利益关系，维护弱势群体和执法相对人的合法权益，合理设定公民、法人和其他组织的权利、义务与国家机关的权力、责任，突出地方特色，增强立法的针对性、前瞻性和实效性，保证中央、省委决策的贯彻落实。用发展的思路和改革的办法对法规进行全面审视和梳理，尤其要重点清理涉及行政

许可、行政强制、行政处罚等方面的法规，从而推动政府减政放权、转变职能，激发市场主体的创造力，创造良好的发展环境、生态环境。

### （二）强力推进依法行政

进一步完善行政处罚裁量基准制度，修订涉及行政处罚的条款。将行政处罚裁量基准制度与政府信息公开制度相结合，通过一定的形式主动公开；将行政处罚裁量基准制度与年度案卷查评制度相结合，与行政执法评议考核和公务员考核制度相结合，加大对行政处罚裁量基准制度的落实。同时，整合政府法制的层级监督和专门监督的力量，建立协调联动监督机制，加大行政执法监督力度。在原有的基础上，进一步围绕行政审批、非行政审批和行政监管三类权力，简化审批手续，持续深化行政审批制度改革，减少中间环节，拓宽服务领域，全面清理、削减和下放，力争审批事项最少、审批效率最高。

### （三）强化司法保障职能

健全和完善司法公开、司法民主机制，解决影响司法公正、制约司法公信力的深层问题。健全完善立案公开、庭审公开、听证公开、执行公开、审务公开等制度，加强对诉讼、执行中止的监管，在立案、审判、执行等各个环节突出服务性、便民性，保障人民群众的知情权和参与权。继续推进裁判文书上网、庭审网络直播、法院开放日、特邀监督员制度，主动接受社会各界的监督。进一步深化案件质量评价，防止和纠正冤假错案，减少群众累诉。建立完善与检察、公安部门的沟通协调机制，完善信访案件立案审查、启动再审、结案审核等标准和规则，实现依法受理、依法纠错、依法赔偿，有效维护信访秩序，在保障涉诉信访救助资金、落实教育稳控责任等方面争取党委领导、政府更大的支持，解决涉诉信访突出问题。

### （四）落实检察改革措施，加强执法规范化

完善侦查监督体系，扩大监督范围，建立同步监督机制和备案核查制度，利用科技手段加强侦查监督，全程录音录像侦查机关办案人员讯问犯罪嫌疑人，杜绝发生刑讯逼供等侵害犯罪嫌疑人合法权益的违法行为。在诉讼监督方

面，加强对下级的案前、案中指导，完善案件质量评析通报制度，形成办理死刑案件的上下协调体系，建立有关死刑复核法律监督机制；通过建立内部考评机制，与公安、法院等部门建立相关的反馈、制约机制，确保法律监督取得实际效果。认真研究修改后的民诉法，更新监督理念，突出监督重点，发挥基层检察院在民行检察工作的作用，畅通群众申诉渠道。

加强与相关部门的沟通协调，落实新增监所检察职能，强化对刑罚执行和监管活动的法律监督力度，继续开展羁押必要性审查、指定居所监视居住执行监督、死刑执行临场监督等工作。

规范行政执法监督行为，发挥信息化在规范执法方面的作用，完善业务工作规则、执法办案流程、执法责任制，实现网上动态管理、实时监督和质量控制；推动执法办案与房管、银行、证券、水电等部门工作的联网查询、信息共享。推动执法办案从数量规模型向质量效果型转变，提升办案质量和水平。

### （五）深化警务工作机制改革

建立执法规范的全警化工作格局，实现对执法办案的持续优化的精细化和科技化管控；将系统定期自查、业务部门日常巡查、各地交叉抽查、信访投诉问题倒查和待办事项监督提醒相结合，破除法治建设部门化，实现监督方式多样化。在刑事司法方面，从破案主导向诉讼主导转变，建立诉讼主导侦查模式，把侦查办案的每一步都与法庭审查相联系。建立健全贯穿执法办案每个环节的五项机制，即执法问题预警通报机制、案件审核机制、执法质量考评机制、刑事案件统一管理机制和案件质量终身负责制。在外部，完善执法协作，深化警务公开，加强警民合作，争取常态化社会监督，让权力在阳光下运行。推进刑侦工作、边防工作转型发展，以刑侦工作转型改善发展环境，打造全国平安建设的河北示范区，切实提高人民群众的安全感。

2014 年重点整治“公路三乱”和车管业务中的车托、证托、考托问题；开展打击以电力、焦化、石化、制药、化工、食品、制革等主要污染工业源行业为重点的环境污染犯罪专项行动；加大对食品安全犯罪的惩处力度；改进服务态度、提高办事效率。

### （六）提升法律服务水平

应将法律服务业纳入河北省发展规划的总体布局中，编制好律师、司法鉴定、法律援助、人民调解、公证等专项规划，建立符合河北省情、适应河北经济社会发展和民主法制建设要求的“大服务”格局，实现在经济社会各个领域的广泛参与，形成法律服务参与到经济社会发展重大事项工作的长效机制。完善法律服务市场行政管理和行业自律“两个结合”的管理体制，加大政策扶持和保障力度，保障法律服务人员执业的权益和人身权利，加大公职律师试点制度，以此提升政府机关依法行政水平，推动法治政府建设。实施法律服务品牌建设，加强人才培养财政保障，推进法律服务专业化、规范化、标准化建设，推动业务转型升级，向省外、海外延伸，向中低端市场、县域基层市场辐射，不断提高法律服务的含金量。

### （七）进一步加大知识产权保护力度

加大知识产权司法保护力度，强化知识产权行政执法与刑事司法的衔接。一是完善知识产权案件的受理、审理、判决和执行程序，加快案件审理速度，降低权利人的时间成本。二是依法运用刑事审判措施，加大对知识产权犯罪等行为的惩处力度。三是妥善处理各类知识产权民事案件，建立多元化纠纷解决渠道，贯彻赔偿原则，依法加大侵权赔偿力度，降低权利人的维权成本。四是针对知识产权案件复杂、专业性强等特点，建立完善司法鉴定、专家证人、技术调查等诉讼制度，依法正确使用知识产权诉前临时措施。五是加强行政执法部门与刑事司法机关的协作配合，加大行政部门向刑事司法机关移送刑事案件和刑事、司法机关受理刑事案件的工作力度。六是加强行政执法部门与公安机关的联合执法，开展专业市场知识产权保护专项整治活动，规范市场竞争秩序；建立知识产权犯罪案件移送制度，促进涉嫌知识产权犯罪案件的现场移交，提高衔接效率。七是继续开展知识产权普法宣传和教育，开展知识产权执法维权行动，严厉打击和加大处罚反复侵权、集体侵权以及大规模盗版侵犯知识产权行为。

B.12

# 河北省行政审批制度改革的发展历程及改革路径

麻新平*

**摘　要：**

河北省行政审批制度改革走过了十多年的历程，取得了丰硕的成果和宝贵的经验，但在改革的过程中也遇到了很多困难，出现了一些问题，制约了行政审批制度改革的进程，如行政审批项目仍然较多，行政审批管理不规范等问题。如何通过制度创新，通过“简政放权”，提升各级政府的工作效率，激发市场、社会的内在活力，是行政审批制度改革急需解决的问题

**关键词：**

河北　行政审批　行政监管　非行政许可审批

行政审批制度改革是加快政府职能转变、深化行政体制改革的重要抓手和突破口，既是释放改革红利、增强经济社会发展内生动力的重要手段，也是建设廉洁政府、法治政府和服务型政府的重要途径。党的十八大报告明确要求深化行政审批制度改革，新一届政府也大力推进行审批制度改革，《国务院机构改革和职能转变方案》突出强调进一步向市场、社会和地方放权为重点，这些为河北省行政审批制度改革作出新定位，也对深化行政审批制度改革提出了新要求。

## 一　河北省行政审批制度改革的发展历程

我国行政审批制度改革工作启动于2001年，经过前六轮行政审批制度改

* 麻新平，河北省社会科学院法学研究所研究员，主要研究专业：经济法。

革，国务院各部门取消和调整的审批项目总数达到2497项，占原有审批项目的69.3%，取得了积极的成效。国务院作出全面推行行政审批制度改革部署以后，河北省认真贯彻国家各项决定，于2001年3月启动行政审批制度改革工作，首先在省、市两级政府及其部门推行，2003年起又推广到县（市、区）政府及其部门。十多年来，河北省先后进行了五轮审批项目清理和改革。

第一轮从2001年开始，到2003年，河北省就从50个有行政审批职能的部门清理出行政审批事项1738项，经审核论证，先后公布5批取消878项，下放111项，移交社会中介组织21项。2004年《行政许可法》颁布后，河北省在精简许可事项、简化许可程序、缩短许可时限等方面采取了很多措施，到2005年，行政许可项目为830项。

2008年7月，河北省进行第二轮行政审批制度改革，主要是进一步规范审批行为，提高审批效率，建立健全行政审批监督制约机制和责任追究制度，清理后省本级依法实施的行政许可项目为564项，下放设区市及县级实施的行政许可项目141项。

2009年7月，河北省又进行第三轮行政审批制度改革，主要是改进审批方式，简化审批环节，规范审批行为，提高审批效率，清理后省本级依法实施的行政许可项目473项，下放设区市、县级实施的行政许可项目36项，下放部分许可权的行政许可项目23项。

第四轮为2010年，清理后省本级依法实施的行政许可项目496项，其中，国家法律法规设定485项，省地方性法规设定11项。

第五轮为2013年，河北省认真落实《国务院机构改革和职能转变方案》的要求，进一步加大行政审批改革工作的力度，取得了新成效。据统计，截至2013年10月，河北省已分两批共衔接国家取消行政审批事项17项、接受下放32项；取消省级“三类”行政审批事项118项、下放57项。① 目前省本级保留行政许可项目为479项，是全国省级行政许可项目较少的省份之一。

① 镡立勇：《省政府机构改革和职能转变工作初见成效》，《河北经济日报》2013年10月24日，第2版。

## 二　河北省行政审批制度改革的成效

十多年来，河北省以转变政府职能为核心，作为推动政府职能转变、创造良好发展环境，提供优质公共服务、维护社会公平正义转变的重要推手，大力削减行政许可项目和清理行政审批事项，不断优化发展环境，行政效能显著提高。特别是近年来，随着经济快速发展、社会公共需求的不断扩大以及政府职能转变，行政审批制度改革力度也在逐步加大，在审批权限、范围、程序及制度创新等方面进行了一系列探索，取得了较好的成绩。截至2013年10月，河北省级取消和下放行政审批事项2000多项，削减率达到80%以上。市、县两级也取消、调整了大批审批项目。

### （一）建立和完善行政审批配套制度

#### 1. 建立了行政审批公开承诺制度

2006年河北省行政审批制度改革工作领导小组制发了《关于在全省各级政府及其部门推行行政审批公开承诺制度》，规定了对所实施的行政审批事项向社会公开承诺的内容及监督方式，确保监督达到实效，在全国率先推行“行政审批公开承诺制度”。

#### 2. 建立了行政审批监管制度

河北省政府办公厅制发了《关于建立健全行政许可有关配套制度意见》，规定了对行政许可项目建立受理、审查、听证、听取行政审批申请人、利害关系人意见，对被许可人的监督管理、上级行政机关对下级行政机关的监督检查及责任追究等7项一般制度和4项特别制度，保证行政许可项目的实施有章可循。

#### 3. 建立了行政审批长效机制

为了构建行政审批制度改革长效机制，河北省积极推进行政审批机制创新，省办公厅转发了省监察厅《关于加强行政审批制度改革长效机制建设的指导意见》，要求建立和完善经常性监督检查机制、新设定行政许可项目审查论证机制等一系列相关配套制度，为进一步深化行政审批制度改革提供了有力保障。

**4. 建立了行政审批责任追究制度**

为了保障和监督行政机关有效实施行政管理，河北省制定了《行政审批过错责任追究暂行办法》，对违反行政审批的行为种类、行政审批过错责任的种类、追究方式等内容予以明确规定，规范了政府职能部门的权限和履行职能的程序，使得政府部门及其工作人员依法行政的意识和能力有了明显提高。

### （二）大力取消和调整行政审批项目

行政许可项目是指行政机关根据公民、法人或者其他组织的申请，经依法审查，准予其从事特定活动的事项。河北省行政审批制度改革，经过十多年的发展，省本级先后公布取消和调整行政许可项目 12 批，超过 2000 项，削减率达到 80% 以上，各设区市对本级实施行政许可项目的削减率均超过 70%。行政审批项目的取消和调整，降低了市场准入门槛，进一步激发了企业和个人创业的积极性。同时，通过审批权向地方下放，调动地方管理的积极性。

另外，河北省还针对突出问题，分行业大力削减行政审批项目。2009 年，河北省在全国率先对房地产开发行政审批项目进行清理规范，房地产开发的行政审批、备案事项削减至 28 项，审批用章削减至 26 枚，审批时限缩短为 18 天，涉及房地产开发收费项目年减少收入 3.63 亿元。河北省还将行政审批制度改革的重点延伸到固定资产投资领域，经过审查清理，固定资产投资行政审批事项削减至 35 项，审批用章减少至 17 枚，极大地提高了固定资产投资项目的审批效率。2010 年，河北省又向环首都经济圈等特定区域下放涉及规划、土地等领域行政审批事项 100 多项。[①]

### （三）开展了规范非行政审批和行政监管试点工作

非行政许可审批属于政府的内部管理事项，不属于行政许可，但由于现阶段政府全面履行职能和有效实施管理的需要，国务院办公厅《关于保留部分非行政许可审批项目的通知》对 211 项非行政许可审批项目暂予保留。2010 年 2 月 10 日，河北省人民政府办公厅转发了省监察厅《关于进一步深化行政

① 杨利军：《环首都经济圈等特定区域“扩权”》，《河北青年报》2010 年 12 月 31 日，第 2 版。

审批制度改革的实施意见》，启动了开展非行政许可审批和行政监管事项清理规范试点工作，选取省商务厅、住房和城乡建设厅、人力资源和社会保障厅等3个省直部门开展试点工作，清理保留了非行政许可审批事项和行政监管事项100项。2012年河北省人民政府办公厅印发了《河北省全面清理省本级非行政许可审批事项实施方案的通知》，对省直部门的非行政许可审批事项进行全面清理，据统计，截至2013年6月底，河北省共取消非行政许可审批39项，行政监管事项33项。

## （四）加强政务服务中心建设

建立政务服务中心相对集中地进行行政审批，有利于规范行政审批权，提高行政审批的效率，增强行政审批的透明度，方便群众办事和监督。近年来，河北省各地相继建立了政务服务中心（或行政审批中心），把行使审批权的众多政府部门或其具体办事机构集中起来，采取“一站式”服务，实现了“一门受理、内部运转、统一收费，限时办结”。据统计，目前，河北省共有11个设区市、166个县（市、区）、15个开发区建立了政务服务中心，1927个乡镇（街道）、33649个村（社区）建立了便民服务站室，县级以上覆盖率达到96.7%，乡镇达到85%，村级达到68%；51个具有行政审批职能的省直部门全部建立了服务窗口，初步形成了省、市、县、乡、村五级联动的政务服务格局。[①]

## （五）大力推进网上审批和电子监察服务

河北省加快全省网上政务服务中心建设，积极推进省、市、县三级行政服务事项网上一体化办理和电子监察，逐步实现所有行政服务事项网上统一管理和“一站式”办理。[②]

### 1. 大力推进网上审批建设

据统计，全省已经有9个设区市、122个县（市、区）建立了网上审批系

---

① 《专项整治收费项目　规范政务服务中心建设》，《燕赵都市报》2013年10月24日，第5版。
② 赵梓斌：《河北已取消和调整行政许可项目615项》，人民网，2010年10月21日。

统。52 个县实现了市县互联互通，233 个乡（镇、街道办事处）实现了县乡互联互通。河北正在加快河北省网上政务服务中心建设，2013 年底省本级所有行政许可、非行政许可事项网上办理，2015 年底基本实现省、市、县三级网上一体化办理和电子监察全覆盖。

**2. 大力推进电子监察服务**

2008 年廊坊在全省率先启动行政审批电子监察系统，为审批业务和电子监察构建了全新网上工作模式，近几年，廊坊市采取分类推进、市县对接、强化监控等措施，加大行政审批电子监察网络建设力度，全面提升行政审批服务效能。保定市积极推行行政审批、电子监察、行政权力监控“三网并轨”电子政务建设，通过“三网并轨”，使依法行政更加规范，便民服务更加务实，监察效能更加明显。2011 年，衡水市被确定为全省网上审批和电子监察省市县一体化唯一试点单位，在全省率先实现省、市、县三级一体化的行政服务体系，公开办事流程，承诺办结时限，使公众无论在市、县任何政务服务中心都能提交申请，快捷方便。目前，7 个设区市、115 个县（市、区）建立了电子监察系统。河北省还设立了“河北效能网”。以“河北省网上审批系统”对全省行政许可项目审批进行实时监控，对违规行为及时进行预警纠错，实现监察手段和监察方式的转变。

## 二　河北省行政审批制度改革存在的主要问题

经过多年的探索，河北省在行政审批制度改革方面取得了积极成效，通过大力简政放权，使企业拥有更多的生产经营活动自主权，使改革红利真正释放给市场主体，推动了河北省经济加快转型升级。但是，在行政审批制度改革过程中，也逐渐暴露出许多问题，如行政审批项目仍然偏多、审批程序烦琐、审批标准不规范等，严重影响了行政审批制度改革的进一步深化，成为阻碍政府行政效率、产生腐败问题的主要根源。

### （一）行政审批项目仍然较多

尽管河北省行政审批项目已经大幅度减少，但从总体上来看，行政审批留存的项目仍然较多，且涉及面广、层次复杂，而且行政审批数量有反弹趋势，一些已经取消或调整的审批项目改头换面以备案制、审核制等方式出现，虽然形式上变了，但没有改变审批的实质；并且取消的项目多是监管风险高或不收费的项目，保留的项目多数是涉及经济事务的可收费项目。

## （二）非行政许可审批和行政监管有待进一步削减和规范

由于非行政许可审批不受《行政许可法》规范，现实中缺乏具体规范和有效监督，虽然经过大幅削减，河北省非行政许可仍大量存在，严重影响了行政审批改革整体成效。据统计，目前省本级非行政许可项目和各类备案、登记、确认等行政监管事项尚有 538 项；某市 2013 年公布的行政许可、非行政许可审批目录中，行政许可事项有 127 项，而非行政许可审批事项则多达 168 项，超过了行政审批的数量。因此，如何解决非行政许可审批问题，成为河北省政府职能转变中亟待解决的一个问题。导致非行政许可审批的原因主要是：

**1. 对非行政许可审批事项的认定标准不规范**

以《河北省 2013 年第一批决定取消和下放管理层级的行政许可、非行政许可审批和行政监管事项目录》规定为例，“公共体育设施拆除、改变功能、用途的同意”被认定为行政许可事项，而“对内河专业单位自用的专用航标的设置、拆除、位置移动和其他状况改变的同意”，情形虽与前者相同，却被认定为“非行政许可审批”事项。认定标准的不规范意味着本来应受《行政许可法》规范的许可行为存在着被认定为非行政许可审批而脱逃法律规制的可能性。

**2. 非行政许可审批的设定权不明确**

由于非行政许可审批不受《行政许可法》的约束，导致设定主体众多，除了法律、法规、国务院决定以及省政府规章等有行政许可设定权的规范性文件外，国务院各部委制定的规章、发布的行政规范性文件以及地方各级政府及其工作部门（包括内设机构）事实上都行使着非行政许可审批的设定权。上述规范性文件，到底应该保留哪些规范性文件的设定权，目前河北省缺少明确的规定。

## （三）行政审批程序不规范

### 1. 行政审批环节多

行政审批内部环节多。一些行政审批事项在受理部门审查签验后，需要再找领导审批签字才能到受理部门盖章领证，存在重复审批问题；行政审批层级环节多。有许多行政审批项目，在县、区基层部门办完之后，还要到市、省部门办理相关的审批手续，存在层层审批问题，如某县县级初审后，需要报上级审批的行政许可事项和非行政许可审批事项多达 187 项，一些项目的办理有的跑几趟，有的甚至跑十几趟都办不下来，审批效率非常低。

### 2. 缺乏科学完善的行政审批告知制度

行政审批缺乏有效的告知渠道，告知内容不详实，申请人对申请条件、时间、受理和审查的时间、审批标准和条件、审查结果、救济途径等一系列相关信息都不清楚，导致申请人来回跑很多次。

### 3. 行政审批依据不协调

一些行政审批事项的办理条件互为前置，如以非政府投资项目备案审批为例：发展改革部门办理项目备案，以工商部门出具企业营业执照为前置条件；工商部门办理营业执照，以环保部门出具的环境影响评价文件审批为前置条件；环保部门办理环境影响评价文件审批，以发展改革部门出具的项目备案为前置条件。这就形成了发展改革部门—工商部门—环保部门—发展改革部门互为前置条件的封闭循环，多个部门之间形成审批循环“死结”。像这样的前置条件，仅工商部门的企业注册方面就有 2000 多条。这些前置条件有些是法律法规规定的，省级无权修改，如果各部门依法办事，互为前置的审批怪圈就无法逾越。

### 4. 信息系统不能实现数据共享

虽然目前网上审批和电子监察的覆盖率在逐步升高，但是真正实现互联互通的比例并不高，各个审批机关的信息系统之间封闭不兼容，信息系统不能实现数据共享，电子政务信息不能实现有效整合，不能适应行政审批模式的变化，也不能适应公众对行政审批质量和效率要求。

5. 行政审批权相对集中的改革尚处在探索实验阶段

从各地政务服务中心的运行情况来看，不同程度地存在管理不完善、运行不顺畅、监督不到位等问题。各相关职能部门主动改革的欲望不强，等待观望，推一步走一步的情绪相当普遍，有些政务服务中心只是实现了审批部门的物理空间的集中，但并不是所有审批项目都进中心，一些“含金量高”、涉及收费的项目仍在体外循环；即使已经进了中心的项目，有些授权也不到位，那些能带来寻租空间、权力含金量高的业务，很多采取“站外审批”的方式，无法在中心完成审批，政务服务中心实际上沦为“文件收发室”，具体审批仍需要到各个部门去办理，审批的程序和时间不仅没有缩短，反而增加了麻烦；有些政务服务中心虽然获得了各个部门的充分授权，但有些审批专业化程度较高，政务服务中心需要与原来的部门进行衔接，两者的职权划分不明确，导致运行不畅等。

## （四）社会中介组织亟待培育和规范

1. 社会中介组织发育不完善

行政审批制度改革后，一些行政审批职能要下放给社会中介组织，但是由于我国市场经济发育不成熟，社会中介组织普遍发育不完善，一些从业人员缺乏专业素质，真正有能力“接权”的社会中介组织并不多。因此，应重视培育和提升社会中介组织的能力，以满足行政审批制度改革的承接需求。

2. 社会中介组织缺乏独立性

一些中介机构本身就是事业单位性质，是行政机构的下属单位，有些甚至是政府职能的延伸；一些中介机构与相关政府职能部门名义上已经脱钩实际上并未脱钩，有些脱钩不彻底或者明脱暗不脱，“官办性”很强，造成相关职能部门和社会中介组织不分，影响中介组织的独立性和公正性。

3. 社会中介组织运作不规范

一些行业垄断，服务质量不高，收费价格居高。

## （五）行政审批事后监管机制不完善

行政审批事项削减后，后续监管是不可缺少的重要一环。但目前存在的普

遍问题是重审批轻监管，重权力轻责任，以审代管的现象突出，取消后的事项成了管理上的“真空”，造成管理上的缺位。主要表现在：

**1. 重审批权力，轻审批责任和审批义务**

对审批行为缺乏严格的监督和有效制约，一旦出现违法、违纪审批等情况，不易追究审批部门和审批人员的责任。

**2. 重审批、轻监管**

对审批之后的执行情况缺乏必要的后续监管，往往是一批了事，只管在审批中收费，不管实际经营活动是否合法。

**3. 对行政审批的监督机制不完善**

其一，内部监督乏力，无论是部门内平级间的监督，还是上下级间的监督，行政机关对自身的监督都很难起到真正的制约作用。其二，外部监督虽然包括人大、司法、媒体等多种方式，但由于信息不对称、渠道不顺畅、公众意识淡薄等原因，导致监督滞后和功能弱化，很多监督形同虚设。

**4. 审批过错问责制度还不健全**

尽管出台了行政审批的责任追究制度，但由于缺乏可操作的程序，问责很难落实。

## 三　河北省深化行政审批制度改革的思路与路径选择

在深化行政审批制度改革方面，河北省应紧紧围绕政府职能转变这个中心，以更大力度，在更广范围、更深层次上加快职能转变，对行政审批体制机制进行创新，把该放的权坚决放开、放到位，把该管的事管住、管好，从而推动行政审批制度改革向更深更高层次发展。

### （一）加强行政审批的法治化建设

《行政许可法》明确规定，行政审批的设定权为法律、行政法规、国务院决定、地方性法规和省级政府规章，也就是说，行政审批应由省级政府规章以上的法律文件进行设定。但是河北省相当一部分行政审批权力是由行政规范性文件设定的，跟《行政许可法》规定不符。因此，对确有需要保留的行政审批项目应通过制定省级政府规章予以明确规定。另外，为了保障行政审批权的规范运用，建议把河北省现行的一系列配套制度上升为政府规章，提高其法律效力，实现行政审批制度的法制化和规范化。

### （二）继续清理、减少和调整行政审批项目

对目前保留实施的行政审批项目应加大清理力度，逐项进行清理审核。继续清理和精减行政审批项目，做到能减则减；最大限度扩大基层审批权限，做到能放则放；千方百计提高审批效率，做到能快则快。

**1. 依照法律规定清理行政许可项目**

根据《行政许可法》第21条规定，对行政法规设定有关经济事务的行政许可，通过《行政许可法》第13条能够解决的，报国务院批准后，可以在本省停止实施，对法律、行政法规设定的行政许可项目，在河北省确实没有实施必要的，报国务院批准暂停执行。

**2. 做好与国务院规定的衔接工作**

2013年5月15日，国务院办公厅下发了《国务院关于取消和下放一批行政审批项目等事项的决定》，取消和下放117项行政审批项目。其中，取消行政审批项目71项，下放管理层级行政审批项目20项。国务院各部门将按照“加快进度、科学评估、成熟一批推进一批”的要求，陆续取消、下放、调整一批行政审批项目。河北省应根据国务院及有关部门的工作部署，做好衔接工作，确保下放的职能权力移交、承接工作规范有序、平稳顺利。对规定应当取消的行政审批项目，坚决地予以取消，最大限度地减少行政审批项目；对下放省级实施的项目，要抓紧制定具体实施办法，做好项目和程序上的衔接，确保规范运行；下放设区市、县（市、区）实施的项目，要提出明确要求，防止乱作为。

根据国务院《关于严格控制新设行政许可的通知》的规定，今后5年国家将在投资项目、生产经营活动等审批类别上做大规模的削减和下放，河北省在国家取消和下放的基础上，仍有减少和下放的空间：在投资审批事项方面，除涉及其他设区市、需要省级统筹安排或需要总量控制的项目，以及需要实行

省级安全审查的外资项目外，可以一律下放设区市政府审批。对省级采取补助、贴息等方式扶持地方的点多、面广、量大、单项资金少的项目，省有关部门确定投资方向、原则和标准，具体由设区市政府安排；在生产经营活动审批事项方面，凡是市场机制能够有效调节、行业组织能够自律管理、行政机关采取事后监管能够解决的审批事项一律取消；凡是直接面向基层、量大面广或由设区市以下实施更方便有效的生产经营活动审批，一律下放到设区市或县；对各类机构及其活动的认定等非行政许可事项，以及资质资格许可事项，凡是省本级设定的，可以最大程度上取消和下放；除了涉及国家安全、公民生命财产安全等外，凡是省本级设定的工商登记前置审批事项一律取消；全部取消省本级设定的成立社会组织需先经业务主管单位审核同意的前置审批条件。

**3. 对河北省地方性法规设定的事项进行重点清理**

对市场机制能够有效调节，或可以采取事后监管和间接管理的，应改变管理方式；对设定背景发生变化的行政审批项目，应按照立法程序提请省人大取消或调整。

**4. 全面清理前置审批事项**

主要是下大力解决部门之间审批条件互为前置、擅自增加审批环节的问题。对于省级来说，应在前期省直部门上报和各市上报摸底情况基础上，对部门上报的前置审批事项认真梳理，对前置审批事项没有合法设定依据的，坚决予以取消，减少审批环节；对互为前置的审批事项，积极与所涉及的省直部门沟通协调，研究提出具体解决办法。对于市级来说，主要是清理工商登记前置审批项目，提出拟取消的前置审批项目和改为后置审批的项目以及加强监督管理的措施，提出修改相关法律、行政法规和国务院决定的建议。

### （三）加大清理非行政许可审批和行政监管项目的力度

**1. 严格控制非行政许可审批项目的范围**

目前河北省尚保留非行政许可审批事项和行政监管事项100项。应将非行政许可审批的范围严格控制在《行政许可法》第3条和国务院办公厅《关于保留部分非行政许可审批项目的通知》规定的范围之内，最大限度地减少对各类机构及其活动的认定等非行政审批。对非行政许可审批项目的清理工作，应在近两年各级自行开展清理的基础上，继续对省政府部门实施的非行政许可审批事项进行清理，对没有以法律、法规、规章和国务院规范性文件为依据的事项立即取消，对设定依据不符合要求的事项一律取消。省本级清理完成后，要向社会公布《省本级非行政许可审批事项目录》，督促指导各设区市结合本市实际，对照省本级非行政许可审批事项目录进行全面清理。

**2. 全面清理和规范行政监管事项**

行政监管事项涉及面广、数量庞大，有的已经成为变相审批，因此必须对其进行全面清理。为确保清理效果，要明确行政监管事项的界限和范围，严格把握标准，对国家有规定的依据国家规定；没有明确规定的注重实效，重点对影响市场机制发挥、监管成效不明显、企业和群众关注的领域和事项进行清理；对没有法律法规依据、没有按照法定程序设定的登记、年检、年审，监制、认定、审定等监管事项一律取消；对以强制备案、事前备案等名义实施行政审批的一律取消。在省本级清理完成后，组织市县同步开展清理工作。

## （四）规范和优化行政审批程序

优化和规范行政审批程序，就是通过对行政审批行为的步骤和方式的简化和规范，使政府审批行为公开化、有序化和效率化。对保留下来的行政审批事项，必须以“简化”、“公开”和“规范”为原则，制定严格规范的审批程序。当前，河北省应做好以下几方面的工作。

**1. 推进政务服务中心建设**

加强政务中心建设，凡与企业和人民群众密切相关的行政审批事项，均应纳入服务中心办理；建议在推进社区市、县政务服务中心建设的基础上，设立省政务服务中心，在省本级审批实行“一站式”服务，实现审批权、审批职能及审批人员的“三集中”，从而实现省直部门审批事项的全覆盖，形成上下贯通、统一协调、指导监控的行政审批运行机制。积极推进政务服务中心标准化建设。应通过立法和“三定”，明确政务服务中心的地位、职能设置、机构性质、管理模式、人员编制等事项，为省政务服务中心贯通全省并指导监督市县两级政务服务中心工作提供政策依据。

**2. 完善网上审批程序**

建立行政审批信息共享系统。推进省、市、县三级行政审批系统信息共享。在全省范围内，在推进网上审批的基础上，实现网络互联互通、信息共享，实现行政审批、政务公开、资源共享、咨询投诉、效能监察等职能的有机整合；对于非行政许可审批事项和行政监管事项进行清理，能够在网上办理的事项要全部实行网上办理；实现政务服务中心与网上审批中心的有效结合，满足人民群众不同的申办需要；加强电子监察工作的力量，全面监控省市县“三类”事项的办理情况，不断提高全省的行政效能，为优化发展环境提供有力保障。

**3. 完善行政审批告知制度**

对审批事项内容、审批依据、办事程序、申报材料、承诺时限、收费标准等，实行“一次告知”制度。

**4. 建立和完善听证制度**

对于涉及相对人重大权益或社会公共利益的行政审批事项，行政机关在作出审批或许可决定前应当组织听证。没有法律法规依据，任何行政机关都不得设定或变相设定行政审批事项，尤其不得以“红头文件”等形式，增加公民、企业和其他社会组织的责任和义务。

### （五）大力培育和规范管理社会中介组织

当前，应加强对社会中介组织的培育、管理和监督，使之能够规范地行使行政机关转出的职能，同时推动社会自治。

**1. 大力扶持和培育社会中介组织**

深化行政审批制度改革，将不设定行政审批的事项由社会和市场决定，需要社会中介组织必须有能力承担起这部分管理职能。由于登记门槛过高，我国社会中介组织发育严重滞后，社会组织在加强社会沟通、提供符合社会需求的公益服务等方面的作用远未发挥出来。应加强对社会中介组织在资金、人才、信息等方面的政策扶持，营造良好的生存和发展环境，扶持和培育其发展壮大。应放宽社会中介组织准入条件，鼓励和支持社会力量开办社会中介组织。除了特别规定、依法限制的特殊领域，社会中介组织的成立可直接向民政部门申请登记，实行备案制，改变“双重管理”格局；应把执业资格审查、资质认定、行规制定等行业管理职能逐步转由社会中介组织承担。

**2. 规范社会中介组织服务行为**

主要是对社会中介组织的内部组织制度以及运作方式加以规范，指导其有序地开展活动。当前，要对社会中介组织办理的行政审批、行政处罚、检验检测等项目进行全面清理、分类处理，防止将社会中介组织演变成违规事项的代办机构；公开服务时限和服务收费标准；建立科学规范的社会中介组织信用等级评定制度等。

**3. 加强对社会中介组织及其执业人员的监督管理**

建立健全责任追究制度，严肃查处违法违规行为，对存在严重违规问题的社会中介组织依法作出责令整改、停业整顿、取缔等处理，对负有责任的行政机关相关负责人予以问责。

### （六）加强行政审批的事后监管

大量减少行政审批事项后，政府管理不是完全放权，不管不问，也不是简单地把数量和比例作为衡量改革成功与否的标准。而是更应加强事中、事后监管，逐步建立起事后监管工作体系。

1. 对已设定的行政许可，要根据已公布实施的行政许可目录，加强跟踪评估和监督管理，对存在前清后设、变相审批或搞数字游戏等问题的，要督促其及时整改。

2. 向社会公开每一批取消和下放的审批事项，公开保留的审批事项和流程，还要公开监督和举报方式，加大对审批机关和审批人员违纪违法行为的投诉举报力度，畅通群众投诉举报渠道。

3. 加强对行政审批权力的约束和监督，强化审批者的责任，对违法审批、越权审批或者审批不当造成严重后果的，要依法追究其相关责任。

**参考文献**

应松年：《行政审批制度改革：反思与创新》，《人民论坛·学术前沿》2012 年第 5 期。

岳经纶：《行政审批制度改革宜从五方面推进》，《南方日报》2012 年 3 月 12 日。

陈雍：《深化行政审批制度改革　推进服务型政府建设》，《行政管理改革》2012 年第 8 期。

徐增辉：《改革开放以来中国行政审批制度改革的回顾与展望》，《经济体制改革》2008 年第 3 期。

廖扬丽：《政府的自我革命：中国行政审批制度改革研究》，法律出版社，2006。

B.13

# 2013年河北省人才发展报告

## ——借助四大攻坚战　强力推动人才发展

王建强　罗振洲*

**摘　要：**

经过近几年的发展，河北省人才总量稳步攀升，人才素质不断提高，人才密度不断增加，人才工作体制机制逐步健全，河北正由人力资源大省向人才资源强省迈进。全国形势的发展和全省正在实施的四大攻坚战，使得河北人才发展面临着快速发展的大好机遇，借助四大攻坚战之机，强力推动人才发展迈上新台阶是当前河北应该重点考虑的问题。为此，应该按照全力打造沿海地区率先发展的增长极的要求，着力打造沿海人才聚集区；按照大力培育环京津地区新的发展增长极的要求不断推进京津冀区域人才合作进程；按照搞好县城和发展县域经济的新要求推动县域人才队伍建设；按照推动工业转型升级和环境治理的要求打造一批创新型科技人才和节能环保人才。

**关键词：**

河北省　人才　四大攻坚战

河北省经济社会发展正处于由大转强、蓄势待发的新阶段，人才作为生产力中最活跃、最能动的生产要素，对于推动经济社会发展至关重要，解决好人才问题是解决经济社会发展问题的基础和前提。经过近几年的发展，河北省人

---

* 王建强，河北省社会科学院人力资源研究所副所长、研究员；罗振洲，河北省社会科学院人力资源研究所助理研究员。

才总量稳步攀升，人才素质不断提高，人才结构不断改善，人才工作体制机制逐步健全，河北正由人力资源大省向人才资源强省迈进。目前全省正在实施的四大攻坚战，使得人才发展面临着快速发展的大好机遇，我们应该乘势而上，顺势而为，借助四大攻坚战之机，强力推动人才发展迈上新台阶。

## 一 人才工作的主要成就

### （一）人才资源基本状况

#### 1. 人才总量

截至2012年底，全省人才资源总量达到5515999人，比2011年的5065699人增加450300人（见图1）。人才资源总量占全省人口总量的比重为7.57%，比2011年提高0.58个百分点。国有地方企事业单位各部门专业技术人才达1164205人，比2011年的1157712多6493人。从区域分布来看，截至2012年底，河北省11个设区市的人才总量数值按从高到低依次排序为：石家庄、邯郸、唐山、保定、沧州、邢台、廊坊、张家口、衡水、承德、秦皇岛，它们分别占全省人才总量的16.64%、14.95%、12.01%、11.95%、9.69%、8.50%、7.31%、5.08%、5.06%、5.00%、3.81%（见表1）。

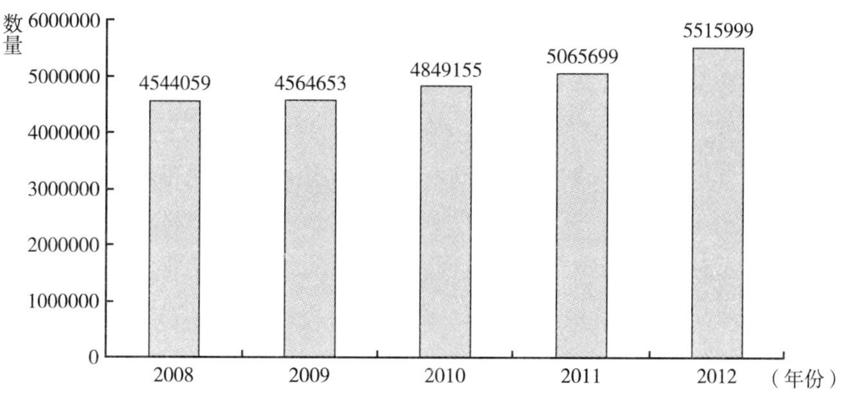


**图1 近5年河北省人才总量**

资料来源：2013年《河北经济年鉴》。

**表1　近5年河北省各设区市人才总量**

单位：人

| 设区市＼年份 | 2008 | 2009 | 2010 | 2011 | 2012 |
|---|---|---|---|---|---|
| 石家庄 | 771031 | 777212 | 822837 | 874724 | 917878 |
| 承　德 | 190192 | 206088 | 218933 | 235868 | 275792 |
| 张家口 | 235848 | 251240 | 275482 | 288493 | 280096 |
| 秦皇岛 | 191788 | 197076 | 204463 | 205196 | 210239 |
| 唐　山 | 594848 | 630952 | 667952 | 648720 | 662722 |
| 廊　坊 | 271993 | 296669 | 348624 | 356040 | 403182 |
| 保　定 | 527025 | 522819 | 549692 | 580951 | 659233 |
| 沧　州 | 464224 | 484441 | 498826 | 509230 | 534586 |
| 衡　水 | 227553 | 242089 | 258046 | 264669 | 278891 |
| 邢　台 | 356084 | 360111 | 365330 | 405244 | 468838 |
| 邯　郸 | 547284 | 596721 | 638970 | 696564 | 824542 |

资料来源：2013年《河北经济年鉴》。

**2. 人才密度**

2012年全省人才密度11.51%，比2011年的10.79%增长0.72个百分点（见图2）。从区域分布看，人才密度从高到低依次排序为：邯郸、廊坊、唐山、石家庄、承德、沧州、秦皇岛、张家口、邢台、衡水、保定（见表2）。

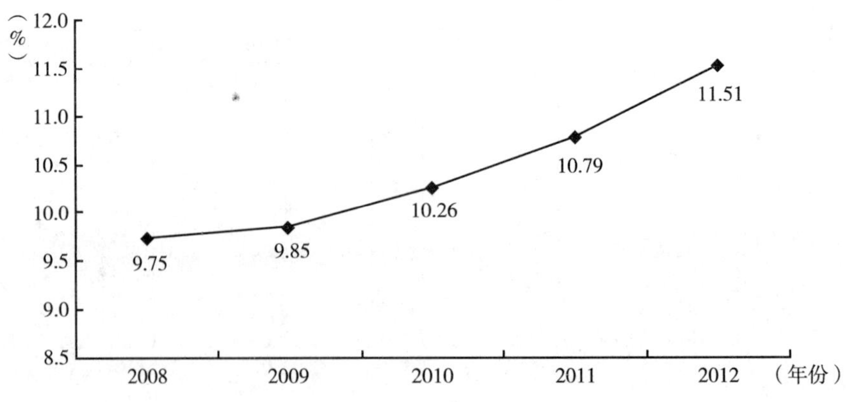


**图2　近5年河北省全省人才密度**

资料来源：2013年《河北经济年鉴》。

表 2　2012 年河北省各设区市人才密度

单位：%

| 设区市 | 石家庄 | 承德 | 张家口 | 秦皇岛 | 唐山 | 廊坊 | 保定 | 沧州 | 衡水 | 邢台 | 邯郸 |
|---|---|---|---|---|---|---|---|---|---|---|---|
| 人才密度指数 | 13.04 | 12.00 | 9.98 | 10.47 | 13.06 | 13.26 | 8.86 | 11.44 | 9.78 | 9.83 | 13.89 |

**3. 人才储备**

2012 年底，河北省普通高校 113 所，在校生为 1168800 人，比 2011 年增加 14859 人；中等职业学校在校生为 90.34 万人，各类技工学校在校生为 145272 人。在校研究生 35914 人，其中博士 2192 人，硕士 33722 人，本科 622629 人，专科 546167 人。大专以上文化程度人才 3957118 人，比 2011 年的 3884243 人增加 72875 人。

**4. 人才效能**

2012 年，全省每百万元 GDP 人才量（人才效能）为 2.076 人，与 2011 年的 2.066 人大体持平。从区域分布看，人才效能指数从低到高排序依次为：唐山 1.131、秦皇岛 1.845、沧州 1.901、石家庄 2.040、廊坊 2.247、张家口 2.271、承德 2.333、保定 2.423、邯郸 2.726、衡水 2.758、邢台 3.060。

## （二）人才工作主要进展

**1. 人才政策不断完善**

《河北省中长期人才发展规划纲要（2010～2020 年）》制定以来，全省围绕八大重点人才工程和重点人才工作，就高层次人才队伍建设、海外人才引进、京津冀区域合作、技能人才培养、各类人才选拔、人才体制创新等方面出台了一系列政策性文件，进一步完善了人才政策体系，为人才工作和人才队伍建设奠定了基础。

**2. 人才投入不断加大**

2012 年河北省研究与发展（R&D）经费支出为 230 亿元，比 2011 年增长 14.0%，占全省生产总值的 0.87%，同比提高 0.05 个百分点。全年专利申请量达 23241 件，授权量 15315 件，分别比 2011 年增长 32.1% 和 37.3%。截至 2012 年末全省 R&D 人员全时当量达 78532.5 人年，比 2011 年度增长 7.54%。

在争取项目国家立项、获得国家资金支持的基础上，2012 年河北省启动实施了重大科技成果转化专项，在新材料、生物技术与制药等领域立项支持了 25 个重大项目，总投资达到 35 亿元。省创业投资引导基金规模达到 3 亿元，发起设立了 8 只子基金，使总规模达到了 11.79 亿元。河北省重点实施的八大人才工程经费问题也得到了妥善解决。人才投入的加大，进一步调动了各类人才创造社会价值的积极性。

**3. 人才载体不断增加**

经过建设，河北省的人才载体又迈进了一大步。2012 年承德高新区入列国家级高新区，使河北省国家级高新区达到 5 家，居全国前列。另有石家庄和保定国家高新区入围科技部创新型特色园区。新建张家口东山、西山和唐山开平、曹妃甸 4 个省级高新区。建成了国家级高新技术产业化基地 20 个，其中新增唐山机器人和张家口新能源装备国家级高新技术产业化基地 2 个。2012 年又新增国家认定的高新技术企业 100 家，培育重点高新技术企业 37 家，全省规模以上高新技术企业达 2000 家。在节能环保、新一代信息技术等领域建设了 20 个工程技术研究中心，建立了 2 个省级重点实验室，使省级以上重点实验室和工程技术研究中心达 239 家，新建省产业技术研究院 4 家，建成省级以上科技企业孵化器 37 家，生产力促进中心 134 家，新建院士工作站 20 家，建设省级农业科技园区 36 个，增设了 10 个博士后科研流动站、5 个国家级高技能人才实训基地和 4 所国家级技能大师工作室等。

**4. 高层次人才规模不断扩大**

河北省历来注重对高层次人才培养和选拔，到 2013 年全省省级以上专家约 6332 人，其中，院士 15 人，全国杰出专业技术人才 4 人，对国家有突出贡献的专家 61 人，享受国务院政府特殊津贴专家 2243 人，国家四个一批人才 12 人，国家百千万人才工程国家级人选 34 人，百人计划 34 人，省管优秀专家 325 人，对省有突出贡献专家 1643 人，省优秀专业技术人才 60 人，省优秀留学回国人员 10 人，省社科优秀青年专家 96 人，省四个一批人才 80 人，省社科专家 50 人工程 89 人，省优秀出国培训专家 864 人，省“三三三人才工程”一层次人选 79 人，二层次人选 683 人。高层次人才的不断成长壮大为进一步推动河北经济社会发展注入了活力。

## 二　河北人才发展面临的新形势

### （一）从全国范围看，河北的人才发展面临着巨大的发展机遇

一是沿海区域规划的影响。《河北沿海地区发展规划》上升为国家战略，使河北沿海区域的发展在国家总体布局中的地位更加凸显，《河北省沿海地区总体规划》的出台，使《河北沿海地区发展规划》进一步细化，河北在全国中的地位更加明确，规划内容更加完善，更加具有可操作性，特别是在政策措施落实、重大项目安排、体制机制创新等方面备受支持。沿海规划的出台，将使河北的经济发展由一个内陆型的经济结构转向开放型的经济结构，将使更多的先进生产要素加速向这一区域集聚，更多的高层次人才将把目光投向这里，这对于河北加快各类人才向这一区域集聚，吸引各类人才智力推动这一区域又好又快发展提供了大好机遇。

二是首都经济圈规划的影响。首都经济圈是一个内含京津冀三地的、以北京为核心的经济圈。这是继长三角、珠三角后的又一区域合作发展典范，尽管这一经济圈规划仍在编制中，但其出台已是必然之势。在规划中河北九市都被纳入规划范围，几乎囊括了河北全境，特别是京津两市正在由虹吸效应转为辐射外溢效应，必将对河北的发展产生巨大的带动作用。这一带动作用主要表现在以下几个方面：其一，这个经济圈范围内超出一个行政辖区界限，且有首都这一全国行政中心，处于国家优化开发区域范畴，其影响力巨大。其二，这一经济圈涵盖河北秦、唐、沧和天津四个出海通道，在扩大对外开放和贸易，把北京建设成世界城市和金融中心等方面作用巨大，反过来北京的辐射效应会惠及河北；同时当河北的秦唐沧几个港口成为北京的出海通道后，会大大提升三大省市对外出口的水运能力，易使这些港口发展成为国际航运中心，而这对于河北是有利的；另外，北京首都新机场的建设还会使河北成为国际航运中心和人员往来的重要地区。其三，河北与北京、天津的旅游资源都很丰富，将这些旅游资源整合，使这一区域成为我国北方一大国际旅游中心地区，可以促进河北旅游业的发展，特别是河北沿海区域规划的滨海旅游业，需要天津滨海新区

的强力合作。其四，京津冀人口密集，在经济圈构成实施中，将会形成紧密型的交通网络，这将大幅缩短经济圈到全国各地的时间。以上这些对于河北借助经济圈之力、之势吸引国际、国内高端人才来冀创业都将有很大助推作用。

三是国家主体功能区规划的影响。中部崛起步伐加快，冀中南地区被列为国家重点开发区域，不包含在首都经济圈内的邢台、邯郸两市被纳入中原经济区国家战略。重点开发区域具有一定经济基础、资源环境承载能力较强、发展潜力较大、集聚人口和经济条件较好，可以重点进行工业化、城镇化开发，这将为河北省加快冀中南区域建设，推进城镇化、工业化发展带来重大战略机遇。同时中原经济区纳入国家层面的重点开发区域，标志着中原经济区建设已正式上升到国家战略层面，这有利于促进河北的邢台、邯郸两市的发展。冀中南地区的加速发展将既有利于这一区域借助中原经济区建设和国家重点区域开发建设之机与河南、山东、山西进行区域人才合作，也有利于这一区域吸引国内人才智力。

### （二）从本省范围看，河北的人才发展同样面临着巨大的发展机遇，当前主要是全省正在全力实施的四大攻坚战所带来的重大机遇

河北省委八届五次全会按照解放思想、改革开放、创新驱动、科学发展的要求做出了实施四大攻坚战的战略部署，这是针对河北目前存在的经济增长质量、资源利用效益、经济开放度、经济发展速度和干部群众收入较低以及环境治理压力较大而做出的科学决策，是当前和今后一段时期河北的中心工作。四大攻坚战的主要内容：一是全力打造沿海地区率先发展的增长极，二是大力培育环京津地区新的发展增长极，三是下大力量把县域经济和县城搞大搞强，四是下大决心推动工业转型升级和环境治理。四大攻坚战紧密联系、相互促进、覆盖全省，且非一蹴而就，需要长期坚持，为此推出重要举措：对于经济发展成绩突出，改变了地方面貌，人民群众得到了较大实惠的优秀干部要破格提拔；对作出特殊贡献、大家公认的特殊人才在退休年龄、级别等方面实行特殊政策，这是其在人才政策方面的直接重要体现。同时，四大攻坚战的提出，将可能使河北沿海区域、环京津区域和各县推出一批新的人才政策，如在上述区域建立人才特区、实行特殊优惠政策等，推动产业转型升级和开展环境治理过

程中传统产业的改造提升及大量战略性新兴产业的兴起，可能催升一批创新型科技人才和节能环保人才，并激发他们为实施四大攻坚战建功立业的积极性和创造性。

## 三 借助新形势强力推动河北人才工作向前迈进

### （一）按照全力打造沿海地区率先发展的增长极的要求，着力打造沿海人才聚集区

河北要实现由大转强的目标，必须把沿海地区开放开发作为突破口和支撑点，使沿海地区成为拉动全省经济的半壁江山。打造沿海发展增长极的着力点是大力发展临港产业，使曹妃甸区、渤海新区成为经济快速发展的“引擎”，在科学确定沿海区域功能定位的基础上，加快将曹妃甸区和渤海新区的港口培育成全国知名大港，努力形成布局合理、分工明确、优势互补的港群体系。同时要加大招商引资力度，引进央企、民企、外企，以促进临港产业不断加速聚集，进而带动港口、港区、港城一体化发展。实现沿海地区率先发展，不仅要有项目、资金、土地等生产要素的参与，更主要的是要做好人才工作，全力打造沿海人才聚集区。一是要对口培养大量与沿海临港产业相适应的各类人才。这些人才包括高校学生和各类高技能人才，培养人才的目的是满足沿海地区发展需要，特别是石油化工、装备制造、海洋工程、港口运营、电力能源、金属冶炼、交通运输等专业急需人才，使大量有用之才向沿海云集。二是在原有培养不能满足需要的前提下，大力引进各类技术人才和管理人才。直接引进各类人才可以省却培养人才的时长，拿来即用，省时省力。对于沿海区域而言，不仅要注重引进各类技术人才，更要注重引进优秀的管理人才，借助其先进的理念和管理才能来有效减少和避免沿海发展走弯路。在人才引进方面，要充分发挥企业等市场主体的主导作用，要解放思想，创新引进方式，既要“胆大”，敢于重金引才，又要心细，做到“引得来，留得住，用得上”，不能为引才而引才。引进央企、民企、外企落户沿海区域时要注重同时引进企业中的各类人才。三是在沿海区域建立若干“人才特区”。充分运用其“特”征，结合其

“特”点，给予其“特”惠，以吸引大批人才。四是加大改善沿海区域的软硬环境力度，畅通港口与北京、天津以及中西部大腹地的合作，全力抓好公路、铁路、港口、航空等交通网络以及城市基础设施建设，建设国内外联通、沿海腹地互动的现代物流服务体系，进一步完善体制机制，为各类人才加速聚集创造条件。

### （二）按照大力培育环京津地区新的发展增长极的要求不断推进京津冀区域人才合作进程

河北省处于内环京津的特殊区位，借助京津辐射外溢的重大机遇，快速培育河北经济发展新的增长极已成当务之急，为此河北省委五次全会提出了新的思路，就是要抓好一批重点卫星城和重点园区建设，造就京津城市功能疏解的新空间、要素移动的新基地，使之成为央企项目布局的首选地。要求环京津各市要全域规划，要对城市和园区进行科学布局。在重点卫星城建设上要选好立市产业，搞好生态环境，园区建设上要对环京津的各类产业园区进行整合，张家口、承德、保定、廊坊等环京津各市都要重点建设一两个吸纳首都科技成果转化、承接高端产业要素转移的基地。尤其强调在承接京津辐射中，要深入研究北京与河北省发展战略的结合点，要寻找双赢的共振点，在服务首都中实现自己的发展。培育环京津区域新的经济增长极，在承接京津产业转移和辐射外溢效应方面，在建造卫星城和搞好园区建设过程中，必须依托京津冀合作基础不断推进京津冀区域人才合作进程。从 2005 年京津冀三省市签署的《京津冀人才开发一体化合作协议书》到 2011 年的《京津冀区域人才合作框架协议书》，三省市人才合作已经到了全面发展阶段，如何在发展中寻找人才合作双赢的共振点，在合作中促进河北人才工作再上新台阶是当前应该重点考虑的一个问题。我们认为，推进人才合作进程可主要从以下几个方面着手：一是以锲而不舍的精神谋划三方合作的长效动力机制。目前虽然合作协议文件已经签署，联席会议制度已经建立，但实际效果并不理想，北京、天津两市积极性一直不高，河北为了与京津开展合作，建立了环京津人才创业园，在环首都 14 个县建立了人才家园，举办了“百家央企进河北”、“百家院校进河北”等一系列活动来推动三方合作，表现出很高的积极性，但京津两市仍然停留在理论层面，动静不大，天津甚至反应不足，为此，三方合作必须从高层抓起，只有不断提高三省市人才合作层次，才能从根本上推进人才合作进程。建议由省委人才协调工作小组牵头，由一个副省级干部专门负责与北京天津沟通协调，谋划三地人才的错位发展、政策的协调一致以及合作领域的进一步拓宽，特别是在利用京津智力为河北服务方面要多出点子，目前双赢的共振点就应该在引进京津智力方面，这是三方合作的最佳形式。同时，在政府层面，要继续构建务实优质的引进京津智力服务体系，在河北的人才工作机构设立专门引进京津智力、开展京津冀人才合作的专门承办机构和人员，开设服务窗口，提供全方位一站式优质服务，在人才跨三省市区域流动与合作中切实做好职称、就业、社保、退休等政策衔接工作。利用现有河北人才库和紧缺人才引进目录，向京津定期发布人才合作信息，以求得对方回应。利用在京津设立的人才工作站，与京津的政府、人才工作机构、河北籍高层次人才联谊会、企业、高校、科研院所、医院等保持广泛联系，大量获取人才供求信息、人才合作信息、科研成果信息，以谋取在更大更广领域的人才合作，同时不断宣传推介河北人才工作的“亮点”，以吸引京津人才的“眼球”，达到人才合作共赢的目的。

### （三）按照搞好县城和发展县域经济的新要求推动县域人才队伍建设

省委八届五次全会指出，发展县域经济，要在县城建设和产业园区的建设上取得新突破。同时强调，在发展县域经济时不仅要搞好县城建设，而且要与工业园区、民营经济、新农村建设、扶贫攻坚结合起来共同抓。在县城建设方面，要进行科学规划，要体现特色、突出产业、保护文脉，探索创新管理体制。在产业园区建设方面，每个县都要大手笔规划建设一个产业园区，作为促进企业集中、产业集群、资源集约的重要载体，在集聚中提升技术水平、形成品牌效应、带动区域整体实力跃升。在民营经济建设方面要把大力发展民营经济作为加快科学发展的一项基本战略。在新农村建设方面，要始终抓好“三农”工作，积极推动农业产业化、农业现代化，大力发展高效农业、优质农业、生态农业，提高农业的附加值和竞争力。从 2013 年开始，用三年时间实施农村面貌改造提升行动，分期分批全面改善农村的生活环境。在扶贫工作方面，把脱贫致富与全面小康结合起来抓，实现区域协调发展。为了适应加快发展县域经济新形势需要，在人才工作上要做到培育壮大县域人才队伍。为了与工业园区、民营经济、新农村建设扶贫攻坚相适应，要做到引导各类人才向工业园区集聚、加强民营经济人才队伍建设、全力支持农村实用人才扎根农村建设，配合基层建设年活动，做好党政领导干部带队下基层活动。大手笔建设的产业园区，不仅是企业集中、产业集群、资源集约的重要载体，更是人才创新创业的主要平台，人才向园区集聚就有了人才的可靠支撑，就能促进技术提升，带动产业升级，因而通过大量招揽人才入园就业创业是发展县域经济的重要保障。在加强民营经济人才队伍建设方面，要注重人才使用的规范性，要建章立制，保障民营企业人才队伍的稳定性和创造性，政府人才工作部门要全力支持民营企业发展，为民营企业人才队伍提供平等的公共服务，保证民企人才队伍的稳步发展。新农村建设需要大批农村实用人才，改变农村面貌、改善农村环境需要依靠农村实用人才的辛勤劳作，要实施农村人才开发，对农村实用人才不断进行培训教育，通过远程教育等现代化手段提高农村实用人才素质，不断提升其素质和能力，为农村建设提供保障；同时要继续实施“三支”活动，加大力度，保障新农村建设目标实现。扶贫方面，通过党政领导干部带队下乡扶贫工作，已经形成了一支专项扶贫人才队伍，他们带头为贫困地区的经济发展出谋划策，同时通过各种渠道为扶贫点争取资金技术和各类人才，取得了良好效果。实践证明，不断加强扶贫队伍的继续培训教育，充分调动其积极性和主动性是做好扶贫工作的重要保障，为此，从人才开发角度加强扶贫人才队伍建设，是使贫困区域实现小康的有效途径。

### （四）按照推动工业转型升级和环境治理的要求打造一批创新型科技人才和节能环保人才

省委八届五次全会把推动工业转型升级和环境治理作为河北发展的又一大攻坚战，要求发展必须建立在大幅度节能降耗、提高经济增长质量上，指出要使河北工业转型，必须坚持“有中生新”和“无中生有”两手抓、两手硬。坚持“有中生新”，就是要采取有效措施，改造提升传统产业，支持企业通过上新项目的方式进行转变，加快向高端、高质、高效迈进，强调要以重点突破带动和活跃全局。“无中生有”方面就是要大力发展战略性新兴产业，在原有战略性新兴产业的基础上，打造局部强势，使更多的新兴产业在河北落户。环境治理方面，要强化节能、降碳、减排，项目要做到低能耗、低排放，在汽车尾气、水环境污染治理方面要下大力气，大搞植树造林，最终实现天蓝、地绿、水清、沙白的目标。河北省作为资源型产业为主的省份，实现工业转型升级，实现“有中生新”和“无中生有”，就必须不断改造和提升传统产业和发展一批战略性新兴产业，要进行环境治理，实现蓝天碧水的美好愿望就必须转变现有发展方式，调整现有经济结构，将污染严重的生产企业和产业限定在合理的目标范围之内。推动工业转型升级并不只是说说就能做到的，它需要实实在在的条件支持，需要方方面面的配合，是一个综合性的系统工作，如资金满足、技术到位、人才支撑等，发展战略性新兴产业，也必须有产业基础和科技人才带动。在环境治理方面，节能减排可以通过关停一些污染性企业等行政手段来实现，但关停必然造成其他方面的影响，如就业、发展速度等，因此，用新技术改造提升一些传统能耗高、产能过剩、污染性大的产业的同时有利于对环境的治理，这是相辅相成的，这些方面都离不开人才、技术、资金等要素的支持，而人才同时作为技术资金等要素的掌控者，其作用更为关键，特别是那些引领科技发展的创新型科技人才更为重要。为此，必须打造一支具有世界战略眼光、能够顺应时代发展要求，尤其是要能够满足工业转型升级和为环境治理提供技术支持的创新型科技人才和节能环保人才。一是要按照新的要求，抓紧做好创新型科技人才和节能环保人才开发的整体谋划，根据河北发展需要，做好人才需求预测，从整体上保障人才供求平衡。二是制定出台创新型科技人才创业支持政策和节能环保人才培养引进政策，从制度上激发创新型科技人才创新活力，着力破解创新型科技人才创新中的体制机制障碍，不断加大支持力度，营造良好的人才创新环境，使其满足传统产业改造升级需要，充分利用创新型科技人才的能力大力发展战略性新兴产业，使战略性新兴产业成为河北后续主导产业。要加大节能环保人才的培养引进力度，在省内高校增设节能环保类专业，扩大招生数量，不断提高在职节能环保人才的能力，同时可根据专业需要适时引进节能环保类智力人才，以满足环境治理需要。三是努力为创新型科技人才创造良好的工作条件和工作平台。创新型科技人才的培养和有效发挥作用，良好的工作条件和创业平台非常重要，为此需要大力加强平台载体建设，为一流人才提供一流工作设备，配备得力助手，扩大其科研团队、组织的自主权，发挥其自主领衔作用，不断完善科研场所、科技资料、科技设施水准，打造高水平技术研发创新平台。四是加大创新型科技人才和节能环保人才开发投入。实现工业转型升级和环境治理，必须着眼于以上两类人才队伍建设，为此加大人才开发投入力度，保障资金支持到位是必不可少的一环。要健全以政府投入为导向、以产业和单位投入为主体的多元投入保障机制，省发改委、省工信厅、省环保厅、省财政厅、省人力资源和社会保障厅以及省委人才工作领导小组都要高度重视人才投入保障对产业转型升级的重要作用，鼓励、引导、支持、督导各传统产业、战略性新兴产业和各企业主体加大人才开发投入力度，协调各市场主体、金融机构和投融资机构向产业转型升级和发展战略性新兴产业中的人才开发投资，使各方形成合力，共同促进人才资源有效开发，满足河北发展转型和环境治理需求。

B.14

# 河北省战略性新兴产业人才需求预测研究

李建国　姜兴*

**摘　要：**

加快发展河北省战略性新兴产业必须加强人才队伍建设，建立坚实的人才基础和充分的人才保障，而要满足战略新兴产业的人才需求必须做好人才需求预测。报告在遵循一定方法的调研基础上，对河北省的人才需求进行了总体预测、分类预测和紧缺度预测，并根据河北目前的实际情况和预测内容提出了满足河北战略性新兴产业人才队伍建设的措施。

**关键词：**

河北省　人才　需求预测

战略性新兴产业是当今时代适应人类需求发展趋势，以科技重大突破和重要创新为先导，知识技术密集、资源消耗少，对经济社会发展具有战略意义的新兴产业。其中主要包括新一代信息技术、生物技术、新能源、新材料、节能环保、新能源汽车等产业。战略新兴产业具有巨大发展潜力和广阔发展前景，是引领带动当今及未来产业结构调整、新产业革命的主导力量。面对国际国内战略新兴产业发展的趋势和竞争形势，面对重大历史机遇和河北省自身发展的战略要求，必须加快推进河北省战略新兴产业的培育和发展。

加快发展壮大战略新兴产业，必须加强人才队伍建设，建立坚实的人才基

* 李建国，河北省社会科学院人力资源研究所所长、研究员；姜兴，河北省社会科学院人力资源研究所副研究员。

础和充分的人才保障。战略新兴产业是以高新技术发展为支撑和以科技创新为先导的知识技术密集型产业，它的发展需要与之相适应的各类人才的支撑，尤其是需要科技创新人才的引领和带动。当前，河北省战略新兴产业发展还存在着诸多制约，其中关键性、根本性的制约是人才尤其是科技创新人才的制约。虽然，河北省战略新兴产业人才队伍已得到较快发展，尤其是科技创新人才对河北省战略新兴产业发展起到了重要支撑和引领带动作用，但现有人才队伍无论在数量、质量、水平及类型和结构上，都还远远不能满足当前及未来产业发展的需要。特别是科技创新人才、新型技能人才、创业人才、复合型管理人才等非常紧缺，已成为亟待破解的瓶颈。人才需求特别是对紧缺人才的迫切需求能否得到满足将是决定未来河北省战略性新兴产业能否实现又好又快发展的重要一环。

要满足战略新兴产业的人才需求，建设数量足、质量高、结构优的产业人才队伍，建立起产业发展的强大人才支撑，解决好产业发展面临的突出的紧缺人才制约问题，打造产业发展的人才优势，充分发挥人才对产业发展的引领带动作用，必须做好人才需求预测，尤其是紧缺人才需求预测。因此，重点做好河北省战略新兴产业紧缺人才需求预测，是当前一项迫切的工作，对于指导促进紧缺人才培养、引进，超前做好紧缺人才储备，促进紧缺人才向战略新兴产业聚集，形成产业发展与竞争的人才优势，具有十分重要的作用和重大意义。

## 一　战略新兴产业紧缺人才需求预测的基本原则和主要依据

### （一）基本原则

#### 1. 以服务产业发展为宗旨

紧紧围绕战略新兴产业的发展壮大进行紧缺人才需求预测，将满足各产业各领域对不同类型、不同层次紧缺人才需求作为预测的出发点和落脚点，将更快更多地培养引进符合产业发展需要的紧缺人才作为预测的根本目的和任务。

**2. 客观真实，正确可靠**

从河北省实际出发，面向战略新兴产业发展实际需要，客观分析预测紧缺人才的需求情况及趋势。

**3. 把握重点，统筹兼顾**

以重点产业、重点领域紧缺人才需求为重点，全面系统分析预测战略新兴产业紧缺人才需求情况，统筹兼顾各产业、各领域、各类别、各层次紧缺人才需求预测。

**4. 着重当前，适度超前**

对紧缺人才需求的预测，做到既反映近两年产业紧缺人才需求情况，又能够表明未来产业发展中紧缺人才需求的基本趋势。

**5. 遵循规律，科学预测**

坚持科学的人才观，遵循科学的人才规律，采用科学的方法和手段，对河北省战略新兴产业紧缺人才需求状况及趋势做出科学的分析预测。力求预测的科学性，以科学性保证正确性和准确性。

**6. 定性分析预测与定量分析预测相结合**

既要对战略新兴产业及其主要领域紧缺人才需求情况做出定性分析预测，也要分产业、领域、类列、类型、层次、专业等对紧缺人才需求情况做出数量预测，并使两者相统一。

### （二）基本依据

**1. 以国家和河北省部署为依据**

以国家和河北省国民经济和社会发展“十二五”规划、培育重大战略新兴产业的“决定”和“实施意见”、战略新兴产业发展规划等的规划部署为主要依据，并以国家和河北省科技发展规划、教育发展规划、人才发展规划等为重要依据。

**2. 以方针政策为依据**

以国家和河北省已出台的关于战略新兴产业发展及相关政策性文件为预测重要依据。

**3. 以实际调研结果为依据**

在广泛深入调研和典型调研，全面掌握实际情况和数据的基础上进行预测。

**4. 以统计资料和数据为依据**

根据国家及河北省权威性统计资料和数据及课题组问卷调查统计数据，进行分析预测。

## 二　战略新兴产业紧缺人才需求预测的内容和方法

### （一）主要内容

预测内容涵盖7大战略新兴产业及其各个领域紧缺人才需求情况的分析预测，主要内容包括以下几个方面。

**1. 总体预测**

从总体上对七大战略性新兴产业及其主要领域发展趋势、人才需求趋势及紧缺人才需求情况做出预测，主要包括对科技人才、经营管理人才、技能人才三大类紧缺人才需求情况的总体预测。

**2. 分类预测**

即分产业、分领域、分类别地对紧缺人才需求做出预测。领域指各产业的细分领域。类别主要包括：紧缺人才的数量、类别、类型、岗位、层次、专业、学历、能力、资格、资历等。

**3. 紧缺度预测**

即分类别、类型、岗位、专业、学历、资历等对紧缺人才的需求程度做出预测。紧缺度从供给和需求两个方面，定性和定量两个方面，根据问卷统计调查情况，运用模型，按照评价指标，通过综合分析确定。

### （二）方法

**1. 实际调查方法**

一是问卷调查。向7个产业代表性企事业单位发放调查问卷。二是选择并对不同产业行业的代表性企业进行典型调查。三是实际访谈、召开座谈会。四

是专家咨询。

**2. 数量分析预测方法**

一是采取统计分析的方法对回收问卷进行统计分析。二是研究设计紧缺人才需求预测模型。三是总量与分量预测相结合。

**3. 综合分析方法**

对收集和调查掌握的丰富资料，结合相关产业规划、产业结构调整和产业升级规划，对紧缺需求人才需求情况进行全面系统分析和综合分析，得出较科学和符合实际的预测结论。

## 三　战略新兴产业发展及人才需求总体趋势

### （一）产业发展趋势

当今世界，为适应人类需求发展的趋势，新的科技革命正孕育而生，重大技术创新与突破催生出诸多新兴产业，同时带动传统产业改造升级和产业结构重大调整广泛深入展开，经济发展已进入新的产业革命时代，全球经济发展和竞争格局正在发生深刻变革。在这一历史进程中，对于新兴产业，尤其是新一代信息技术、生物技术、新能源、新材料、节能环保、新能源汽车等具有战略性的新兴产业，世界各主要国家都从战略高度，抢抓重大历史机遇，纷纷制定发展计划，采取强有力政策措施，大力推进。美国、日本、欧盟等发达国家，以 2008 年全球金融危机为转折点，凭借其科技创新实力和优势，采取前所未有的政策支持进军这些新兴产业领域，以图占据世界新兴产业发展的领先和主导地位，并将发展战略新兴产业作为摆脱金融危机和经济困境的战略举措。目前，在世界范围内，战略性新兴产业发展已盎然兴起，正处于快速上升阶段，呈现出蓬勃发展、方兴未艾之势。从未来看，其发展潜力空间巨大。

在我国，从中央到地方都对发展战略新兴产业给予了高度重视。2010 年国务院出台了《关于加快培育和发展战略性新兴产业的决定》，从指导思想、发展目标、主要任务、战略重点及主要政策措施等方面，对其做了总体部署；《中共中央关于制定国民经济和社会发展“十二五”规划的建议》提出了“十二五”时期我国战略新兴产业发展的总体要求；《“十二五”规划纲要》对其予以了规划部署。2012 年 5 月 30 日国务院讨论通过《“十二五”国家战略新兴产业发展规划》，对加快我国战略新兴产业发展做了具体规划部署。根据规划，到 2015 年，我国战略性新兴产业增加值占国内生产总值的比重将达到 8% 左右，到 2020 年，这一比重将达到 15% 左右，节能环保、新一代信息技术、生物、高端装备制造产业将成为国民经济的支柱产业，新能源、新材料、新能源汽车产业将成为国民经济的先导产业。2011 ~ 2015 年，战略性新兴产业增加值将实现 24. 1% 的年均增长速度，2016 ~ 2020 年增加值将实现 21. 3% 的年增长速度。据估算，2015 年战略性新兴产业增加值将达到 4. 3 万亿元，占工业增加值的 20% 左右，2020 年增加值将达到 11. 4 万亿元，占工业增加值的 40% 左右。各省市区，也都纷纷结合本地实际，出台实施意见，制定发展规划，做出部署，研制配套政策措施，强力推进战略新兴产业发展。未来时期，随着规划和政策措施的实施，我国战略新兴产业必将得到更好更快更大的发展。

从河北的实际看，资源加工型、高耗能产业比重大，转变发展方式、结构调整升级任务艰巨紧迫，经济社会持续发展面临巨大资源环境压力，培育发展战略性新兴产业十分急迫。“十一五”时期，在各级政府推动下，河北省战略新兴产业得到快速发展，在新能源、电子信息、生物、高端装备制造、新材料等战略性新兴产业重点领域实现了持续快速增长，形成了一批产业集群，对推动全省产业结构升级和发展方式转变发挥了重要作用。相关数据表明，河北省战略性新兴产业呈现强劲发展态势，在生物产业、新材料产业、节能环保、新能源汽车等领域，河北省布局建设的一大批重点项目，正在形成强大的竞争实力。全省新能源、电子信息、生物、高端装备制造、新材料这 5 个战略性新兴产业领域规模以上工业企业已达 1900 多家，其中产值超 10 亿元的 16 家，超 50 亿元的 8 家，超百亿元的 3 家。从具体产业来看，光伏产业综合实力排全国第二位，风电产业装机容量居全国第二位。电子信息产业在通信网络设备、平板显示、半导体照明、安防电子、医疗电子等方面形成了比较完整的产业链。生物产业在抗生素原料药和中间体、维生素、生物生化药物以及现代中药的产业规模、技术水平和创新能力等方面均居全国领先水平。为实现战略新兴产业更好更快发展，2011 年河北省政府制定了《关于加快培育和发展战略性

新兴产业的意见》等相关文件，对战略新兴产业进行了全面具体部署。同时河北省各地都从本地实际出发，加快部署和发展战略新兴产业，加大对战略性新兴产业的投入和政策支持。未来时期河北省战略新兴产业的发展具有广大空间、广阔前景，将呈现加速发展、向更好更大发展之势。

### （二）人才需求总体趋势

产业发展需要人才的支撑和保障，战略新兴产业是技术密集型的高端产业，尤其需要高端创新人才引领带动。目前，河北省虽具有一支规模较大的产业人才队伍，但其人才数量、素质、类型和结构，都还不适应产业发展的需要，整体支撑力、带动力不足，竞争力不强，不适应产业加快发展和国内国际竞争的要求，尤其是研发创新人才短缺，高端创新领军人才匮乏，高新技术产业化所需的专业技术、经营管理和技能人才、各类复合型人才、创业人才等都存在不足。从总体上看，目前河北省战略新兴产业既存在人才总量短缺，也存在人才结构性紧缺。这一状况严重制约着河北省战略新兴产业发展壮大。产业的加快发展必将带来更大更高人才需求。近几年，战略新兴产业人才的需求已普遍增多。目前，各产业都存在“人才饥渴症”，各类人才需求强烈、持续升温。从当前及未来几年看，在国际国内及省内都大力推动战略性新兴产业发展的大背景下，河北省各产业尤其是重点领域人才需求必然出现快速增长和不断扩大的趋势，各类人才需求都将有更大增长。一是人才需求总量持续增长，“十二五时期”，按照产业增长速度，预计人才需求总量年均增长在10%以上。据最新统计，目前战略新兴产业人才需求占到总人才需求的8.3%，预计到2015年将达到10%以上。二是各产业领域人才需求全面全线增加，人才需求量普遍增长，整个产业链人才需求都将呈现增长趋势。三是各类、各层次人才需求全面增长，相关专业人才需求不断增加。

## 四　战略新兴产业紧缺人才需求分析预测

### （一）紧缺人才需求领域分析预测

从国际国内战略新兴产业发展趋势及河北省战略新兴产业人才现状和供给

需求情况看，当前河北省战略新兴产业各领域普遍存在人才短缺问题，尤其是重点领域，这一问题更为突出，对紧缺人才的需求更为迫切，也相对较多。从新能源产业看，太阳能光伏发电、风力发电、智能电网、新能源四大产业领域，尤其是光伏电池及应用、风力发电装备和新能源汽车制造等领域，紧缺人才需求强度较高，所需紧缺人才较多较紧迫。从新一代信息技术产业看，通信网络设备、物联网、平板显示、半导体照明、软件与信息服务、云计算等领域，紧缺人才需求强度较高，所需紧缺人才较多较紧迫。从生物产业看，生物医药、生物育种、生物能源、生物制造等领域，紧缺人才需求强度较高，所需紧缺人才较多较紧迫。从高端装备制造业看，现代轨道交通装备、高端输变电装备、核电装备、通用航空、电子工业装备、医学工程装备、工业智能装备等领域，紧缺人才需求强度较高，所需紧缺人才较多较紧迫。从新材料产业看，新能源材料、电子信息材料、非晶材料、稀土功能材料、特种陶瓷等新型功能材料，高品质特殊钢、新型合金材料、工程塑料等先进结构材料，碳纤维、玄武岩纤维、芳纶、新型纺织材料、超高分子量聚乙烯纤维等高性能纤维及其复合材料等领域，紧缺人才需求强度较高，所需紧缺人才较多较紧迫。从节能环保产业看，高效电机、智能控制节电装置、高效输变电传输设备、高效电机、余热余压利用、节能监测等先进节能技术和产品，生物处理、环境监测、大气和水污染防治、清洁生产等环保技术和产品，再生资源回收和再制造利用技术，固体废弃物综合利用、建筑及生活废物的资源化利用等领域，紧缺人才需求强度较高，所需紧缺人才较多较紧迫。从海洋产业看，海洋生物技术、海洋医药、海水综合利用、海洋工业、海洋能源、海洋养殖、海洋运输、滨海旅游等领域，紧缺人才需求强度较高，所需紧缺人才较多较紧迫。

### （二）紧缺人才需求数量预测

通过综合分析预测，2013～2014 年河北省七大战略新兴产业紧缺人才需求总量为 93312 名。

从产业看，生物产业 6116 名，占紧缺人才需求总量的 6.55%；装备制造产业 3000 名，占紧缺人才需求总量的 3.22%；节能环保产业 12480 名，占紧缺人才需求总量的 13.37%；新材料产业 42000 名，占紧缺人才需求总量的

45.01%；新能源产业10936名，占紧缺人才需求总量的11.72%；海洋产业2700名，占紧缺人才需求总量的2.89%；信息产业16080名，占紧缺人才需求总量的17.23%。

从三类人才来看，科技类人才15719名，占紧缺人才需求总量的16.85%；管理类人才14179名，占紧缺人才需求总量的15.20%；技能类人才63414名，占紧缺人才需求总量的67.96%。

从学历看，各产业共紧缺博士1593名，占紧缺人才需求总量的1.71%；硕士11729名，占紧缺人才需求总量的12.57%；本科20477名，占紧缺人才需求总量的21.94%；本科以下59513名，占紧缺人才需求总量的63.78%。其中：管理类紧缺博士557名，占管理类紧缺人才需求总量的3.93%；硕士5053名，占管理类紧缺人才需求总量的35.64%；本科8455名，占管理类紧缺人才需求总量的59.63%；本科以下114名，占管理类紧缺人才需求总量的0.80%。科技类紧缺博士1036名，占科技类紧缺人才需求总量的6.59%；硕士6435名，占科技类紧缺人才需求总量的40.94%；本科6388名，占科技类紧缺人才需求总量的40.64%；本科以下1860名，占科技类紧缺人才需求总量的11.83%。技能类紧缺本科10289名，占技能类紧缺人才需求总量的16.23%；本科以下53125名，占技能类紧缺人才需求总量的83.77%。

从年龄看，管理类，28岁及以下需求人数为6942名，29~35岁需求人数为3711名，36~50岁需求人数为3438名。科技类，28岁及以下需求人数为4745名，29~35岁需求人数为6676名，36~50岁需求人数为3291名，不受年龄限制1007名。技能类，28岁及以下需求人数为43497名，29~35岁需求人数为13759名，36~50岁需求人数为4018名，不受年龄限制2140名。

从工作经历看，管理类，5年以上从业经验的需求人数为5813名，3~5年从业经验的需求人数为3738名，2~3年从业经验的需求人数为1986名，2年以下从业经验的需求人数为2642名。科技类，5年以上从业经验的需求人数为5644名，3~5年从业经验的需求人数为4218名，2~3年从业经验的需求人数为2899名，2年以下从业经验的需求人数为2958名。技能类，5年以上从业经验的需求人数为9637名，3~5年从业经验的需求人数为11347名，2~3年从业经验的需求人数为19499名，2年以下从业经验的需求人数为

22931 名。

紧缺人才需求数量，按三大类别排序，依次为：技能人才、技术人才、经营管理人才；按学历要求排序，依次为：本科以下、本科、硕士、博士。按年龄要求排序，依次为：29～35 岁、28 岁及以下、36～50 岁。按工作经历年限要求排序，依次为：5 年以上、3～5 年、2～3 年、2 年以下。

## （三）紧缺人才需求类别类型分析

### 1. 四种人才类别分析

从科技类人才看，各类科技人才总体短缺，各相关专业技术人才普遍短缺。一是具有产品或技术研发创新能力的研发人才和工程化开发人才，如研发工程师、设计工程师等相当紧缺。最缺的是国际、国内一流的工程技术人才，拥有达到国际水平或填补国内空白的高新技术原创成果的人才，某一领域掌握前沿技术、拥有自主知识产权的高端人才，能够突破共性关键技术制约、解决技术瓶颈，对提升产业链、促进产品结构调整升级起重大或关键作用的领军人才。二是适合产业发展需要从事科技成果转化及产业化的推广应用型和实用型专业技术人才，以及在产品生产制造及销售和技术服务等中从事科技工作的各类科技人才总体短缺，尤其是高级技术人才紧缺。三是科技创新与创业相结合的复合型人才，拥有技术、专利、成果或项目的人才特别是创办企业的人才最紧缺。

从经营管理类人才看，一是熟悉战略新兴产业技术与生产的经营管理人才普遍短缺，懂技术、善管理、会经营的各级各类复合型经营管理人才，尤其是中高级经营管理人才紧缺，高素质能力的高层经营管理人才更紧缺，开拓创新能力强、能带领企业做大做强的企业家人才稀缺。二是项目管理人才紧缺，如科技研发项目、产品研发项目、成果转化项目等项目管理人才紧俏。三是国际化经营管理人才非常紧缺。

从业务类、商务类人才看，一是复合型业务类商务类人才，包括营销类、财务类、资本运作类、商务类、广告策划类等人才较紧缺，具有产品专业知识、懂技术、善营销的营销业务人才等需求较大。二是国际业务类、商务商贸类人才紧缺。掌握国际知识具有一定外语水平，熟悉 WTO 规则和国际商务惯

例的复合型业务类、商务类国际化人才是“香饽饽”。国际市场营销人才、国际商务拓展人才、国际投资人才等需求迫切，专利保护、反倾销、权益保护等复合型外向型人才也非常紧缺。

从技能类人才看，一是高级技术工人等各类高技能人才紧缺，尤其是技术精湛、技能高超的技能人才十分紧缺。二是掌握新知识、新技能及熟悉新技术、新工艺、新流程、新设备的知识型、技术型技能人才紧缺，高新科技型技能人才更紧缺。三是复合型技能人才紧缺。四是学历＋职业能力的各类实用型人才，既有学历证书又有职业证书的技能人才受欢迎。据调查，各战略新兴产业发展都急需大量在生产、销售、服务一线的具有专业技术知识和实践经验、实践动手能力强、操作性强、适应性强的技能人才。

**2. 专业类别分析**

战略新兴产业涉及诸多学科、专业，属综合性的高科技产业。比较而言，以下专业人才较紧缺：一是密切相关专业、直接相关专业人才；二是新兴专业人才，以战略新兴产业及其细分行业为名称的新专业，如新能源、新材料等专业人才，适应战略新兴产业发展新成立的院系毕业生受欢迎；三是既有相关专业学历又有工作经历背景的人才。

**3. 能力特征类别分析**

从能级看，胜任科技、管理、技能等岗位工作，能力强、业务精的高级别高层次科技人才、经营管理人才、技能人才紧缺，特别是高端、领军人才紧缺。从能力类型看，一是创新能力强的创新型科技、经营管理和技能人才紧缺。二是各类复合型人才紧缺。如知识与技术技能复合的技能人才，技术与经营管理复合的科技人才或经营管理人才紧缺；既有技术又能创业和懂管理的人才非常紧缺，技术与管理双向兼通复合型项目管理人才非常紧缺；跨学科、跨专业复合型人才紧缺，专业业务优势突出、具备多方面知识能力、综合素质高的复合型人才紧缺；既有某方面专业知识和技术，又掌握信息技术的复合型人才紧缺；掌握外语、计算机应用能力强的专业技术人才，经营管理、业务类人才等紧缺。三是应用型人才紧缺。基础知识全面、工作实践能力强、适应性强的科技人才紧缺；具有丰富实践经验、操作能力并具有职业资格证书的实用型技能人才紧缺；具有丰富工作实践经历、经验和业绩突出的人才紧缺。

**4. 层次类别分析**

比较而言，高层次人才，高级职务和职称人才较紧缺，高级技术人才、高级专家、高级经营管理人才、高级技能人才较紧缺。

**5. 学历类别分析**

从需求量上看，首先本科学历专业技术人才需求量最大，其次中高职学历技能人才需求量较大。工程类硕、博士人才较紧缺，尤其博士、博士后人才紧缺。调查情况表明，用人单位对专业技术人才的学历要求一般在本科以上，对研发人才的学历要求一般在硕士以上。

### （四）紧缺人才需求紧缺度分析

人才紧缺度与供给和需求量密切相关，存在正负相关关系，需求较多或供给较少的人才较紧缺，需求多供给又少的人才最紧缺。同时，需求强度、紧迫度和人才自身的珍稀性也是决定人才紧缺度的重要因素。一般来说，层次、能级较高的人才、复合型人才需求强度、紧迫度高，具有珍稀性，因而紧缺度高。经综合分析，以下几类人才紧缺度较高，即技术和产品研发设计人才、应用型工程技术人才、复合型技能人才、复合型经营管理人才、复合型业务类专业人才。紧缺度最高的是科技创新领军人才、创业科技人才、创新型企业家、复合型中高级管理人才和项目管理人才、高技能人才和新型技能人才、复合型市场营销人才和业务类人才。根据对调研企业的 45 个专业岗位的人才紧缺综合指数值进行分析，紧缺度为极度紧缺的 9 个岗位中，技能类占 1/9，经营管理类占 2/9，科技研发类占 2/3。

## 五　对策建议

### （一）加强紧缺人才培养

**1. 构建紧缺人才培养体系**

在政府引导下，整合教育培训资源，通过政府、企业、高等院校、职业技

术学校、行业协会等共同努力，加快培养紧缺产业人才。面向产业和企业实际需求，构建起产业界和教育界衔接紧密，与产业发展相适应的多层次、多渠道、多形式的紧缺人才培养体系。

**2. 制定培养规划，实施培养工程**

立足当前，着眼未来，按照河北省战略新兴产业发展规划和实际需求，分产业制定紧缺人才培养规划。围绕重点产业及重点领域发展对紧缺人才的需求，分产业、分领域、分类组织实施紧缺人才培养工程，突出抓好高层次科技人才培养工程，高技能人才培养工程和高层次经营管理人才培养工程。

**3. 加强对紧缺产业人才培养**

一是充分发挥学校作用，扩大战略新兴产业紧缺人才培养规模，提高培养质量，超前培养，适当储备，使人才培养与需求相适应。二是大力发展与战略性新兴产业发展相适应的学科专业，加强相关学科专业建设。三是围绕培养战略性新兴产业所需要的各类型人才，深化人才培养模式改革，创新培养体制机制。四是鼓励支持联合办学培养紧缺人才。积极争取省外的重点高校在河北省设立分校，开办研究生院或与本省骨干企业联合办学、建立博士后工作站等培养产业发展急需的人才。五是推行产学研联合培养紧缺人才。支持学校与企业建立长期、稳定的合作关系，促进紧缺人才培养与企业需求紧密对接，鼓励企业学校合作并按照需要定向培养紧缺人才。

### （二）加大紧缺人才引进力度

在加快紧缺人才培养的同时，要大力引进紧缺人才。紧紧围绕紧缺人才需求，按照紧缺人才的特殊性，坚持“刚性引进”与“柔性引进”并举的方针，多方式、多途径引进紧缺人才。创新引才方式，加大引进工作力度，加大投入和政策措施支持。根据产业发展需要，制定专门的紧缺人才引进计划，重点引进在生产、科研、技术攻关活动中急需紧缺的高新技术专业人才、研发设计人才、各类领军人才、高技能人才和复合型经营管理人才等。着力引进一批能够突破关键技术、国内国际一流的高端科技人才。积极吸引海内外高层次人才创办高科技企业或从事开发性研究。完善紧缺人才柔性流动机制，加强紧缺人才智力的合作与交流。尽快制定《关于进一步加快产业引进紧缺人才工作的意

见》，对紧缺高层次人才实行更优惠政策，特事特办，特殊人才特殊政策，从工资报酬、住房、福利、职称、工作条件等多方面给予特殊优惠。

### （三）完善紧缺人才服务机制

充分发挥市场对促进产业紧缺人才引进、流动、聚集的作用，引导鼓励各类人才市场和服务机构为紧缺人才引进、流动等开展各种服务。隶属政府的公益性市场服务组织，要积极为各类紧缺人才和用人单位提供人事档案管理、人事代理、社会保障代办、人才培训、人才招聘引进等多方面服务，特别是要通过猎头业务，为企业引进高层次紧缺人才。加强政府宏观指导和职能部门的公共服务，增强服务意识，为紧缺人才培养、引进、流动、创新创业提供全方位服务和一条龙服务。有关部门要积极组织举办战略新兴产业紧缺人才供需对接洽谈会、招聘会，分产业、分类别举办招聘会，组织赴北京、上海及国外开展紧缺人才专场招聘会，帮助企业与国内外大型人才市场和服务机构建立高层次紧缺人才供求合作机制。建立产业紧缺人才需求征集统计体系和预测预报制度，定期编制发布紧缺人才需求目录。做好紧缺人才需求预测网络、基地、数据库、监测点、预测队伍、制度等建设，实现紧缺人才需求预测预报常态化、制度化、高效化。

### （四）优化紧缺人才发挥作用环境

对紧缺人才，各有关方面要在生活上关心、工作上支持、思想上关爱，积极帮助他们解决工作生活等方面遇到的问题，解除他们的后顾之忧，为他们创造优良的工作环境。用人单位要用好用活并留住紧缺人才，为紧缺人才提供发挥作用的平台、条件和事业发展舞台。完善有利于紧缺人才培养、引进、使用、激励的相关政策、法规和体制机制，努力创造有利于紧缺人才充分发挥作用、实现自我价值的社会环境和氛围。对在技术上有重大突破、产业发展上做出突出贡献的紧缺人才给予表彰，实行重奖。

B.15

# 河北省引进海外留学人才的方法和途径创新

王建强　王晓军*

**摘　要：**

海外留学人才是重要的人才资源，面对国际国内人才竞争的现实，河北省要想在激烈的人才大战中赢得主动，就必须坚定不移地引进海外留学人才，为了能够使引进海外留学人才取得成功，需要在以往引进留学人才的基础上进行引才方法和途径创新。

**关键词：**

河北省　海外留学　人才　创新

海外留学人才是重要的人才资源，他们在提高自主创新能力、建设创新型国家中的作用日益凸显，特别是那些在某一领域掌握国际先进科学技术、有较高自主创新能力的留学人才，更是成为国内外竞相争夺的主要目标。国家已经将引进高层次海外留学人才作为提高我国国际竞争力和科技创新水平的重要着力点和突破口，大力实施“千人计划”，加大了高层次留学人才特别是战略型顶尖人才的引进工作。面对国际人才竞争的现实，河北省要想在激烈的人才大战中赢得主动，就必须坚定不移地引进海外留学人才，为了能够使引进海外留学人才取得成功，需要进行引进人才的方法和途径创新。

---

* 王建强，河北省社会科学院人力资源研究所副所长、研究员；王晓军，河北省人力资源和社会保障厅专家与留学人员服务中心。

## 一 河北省引进海外留学人才具有重大战略意义

### （一）引进海外留学人才可以应对日趋激烈的国际竞争新形势

在国际社会中，人才的决定作用众所周知，其决定了一个国家的综合国力。人类的竞争发展阶段经过了体能、技能和智能三个环节。二战后，特别是20世纪70年代以来，智能型竞争成为人类竞争的主要形态。如果一个国家智力资源丰厚并能充分发挥其作用，这个国家就拥有竞争的主动权，就能赢得国际市场上的比较优势。这表明，人的智能已经成为竞争中的主要因素，而人的智能依附于人类自身，其实质就是指人才因素已经成为竞争中的关键因素。当今世界，经济全球化趋势不断发展，加之科学技术的突飞猛进，世界各国交往频繁。同时，以经济为基础、科技为先导的综合国力竞争也日益激烈，而综合国力的竞争从实质上说就是人才的竞争。发达国家凭借自己的经济和科技地位及优势，正采取一系列优惠政策抢夺世界各地的人才，一些国际大公司如摩托罗拉、爱立信等也主动出击，采取各种措施争夺人才。面对国际人才竞争的现实，河北省要想在激烈的人才竞争中赢得主动，就必须积极引进海外留学人才，把引进海外留学人才作为人才队伍建设的一个重要环节。

### （二）引进海外留学人才关乎河北全面建设小康社会的实现与否

2001～2020年是我国实现全面建设小康社会的重要战略机遇期，能否充分利用这一时期，推进经济社会快速发展，人才因素不容忽视。从世界范围看，各国为了加快发展，都提出了各自的人才开发战略，如美国的“培训21世纪美国人”计划、日本的“培养世界通用的21世纪日本人”目标等，这就对我国提出了严峻的挑战，要想全面建设小康社会目标实现、缩短与世界发达国家之间的差距，必须重视人才的关键作用，重视人才战略的实施，而引进海外留学人才则是实施人才强省战略的重要组成部分和主要途径之一。从河北自身的人才建设情况来看，其发展基础已经具备，人才的数量和规模在不断扩

权威 · 前沿 · 原创

SSAP

社会科学文献出版社

# 皮书系列

2014年

盘点年度资讯　预测时代前程

社会科学文献出版社 学术传播中心 编制

# 社长致辞

我们是图书出版者，更是人文社会科学内容资源供应商；

我们背靠中国社会科学院，面向中国与世界人文社会科学界，坚持为人文社会科学的繁荣与发展服务；

我们精心打造权威信息资源整合平台，坚持为中国经济与社会的繁荣与发展提供决策咨询服务；

我们以读者定位自身，立志让爱书人读到好书，让求知者获得知识；

我们精心编辑、设计每一本好书以形成品牌张力，以优秀的品牌形象服务读者，开拓市场；

我们始终坚持"创社科经典，出传世文献"的经营理念，坚持"权威、前沿、原创"的产品特色；

我们"以人为本"，提倡阳光下创业，员工与企业共享发展之成果；

我们立足于现实，认真对待我们的优势、劣势，我们更着眼于未来，以不断的学习与创新适应不断变化的世界，以不断的努力提升自己的实力；

我们愿与社会各界友好合作，共享人文社会科学发展之成果，共同推动中国学术出版乃至内容产业的繁荣与发展。

社会科学文献出版社社长

中国社会学会秘书长

谢寿光

2014年1月

“皮书”起源于十七、十八世纪的英国，主要指官方或社会组织正式发表的重要文件或报告，多以“白皮书”命名。在中国，“皮书”这一概念被社会广泛接受，并被成功运作、发展成为一种全新的出版形态，则源于中国社会科学院社会科学文献出版社。

皮书是对中国与世界发展状况和热点问题进行年度监测，以专家和学术的视角，针对某一领域或区域现状与发展态势展开分析和预测，具备权威性、前沿性、原创性、实证性、时效性等特点的连续性公开出版物，由一系列权威研究报告组成。皮书系列是社会科学文献出版社编辑出版的蓝皮书、绿皮书、黄皮书等的统称。

皮书系列的作者以中国社会科学院、著名高校、地方社会科学院的研究人员为主，多为国内一流研究机构的权威专家学者，他们的看法和观点代表了学界对中国与世界的现实和未来最高水平的解读与分析。

自 20 世纪 90 年代末推出以经济蓝皮书为开端的皮书系列以来，至今已出版皮书近 1000 余部，内容涵盖经济、社会、政法、文化传媒、行业、地方发展、国际形势等领域。皮书系列已成为社会科学文献出版社的著名图书品牌和中国社会科学院的知名学术品牌。

皮书系列在数字出版和国际出版方面成就斐然。皮书数据库被评为“2008~2009 年度数字出版知名品牌”；经济蓝皮书、社会蓝皮书等十几种皮书每年还由国外知名学术出版机构出版英文版、俄文版、韩文版和日文版，面向全球发行。

2011 年，皮书系列正式列入“十二五”国家重点出版规划项目，一年一度的皮书年会升格由中国社会科学院主办；2012 年，部分重点皮书列入中国社会科学院承担的国家哲学社会科学创新工程项目。

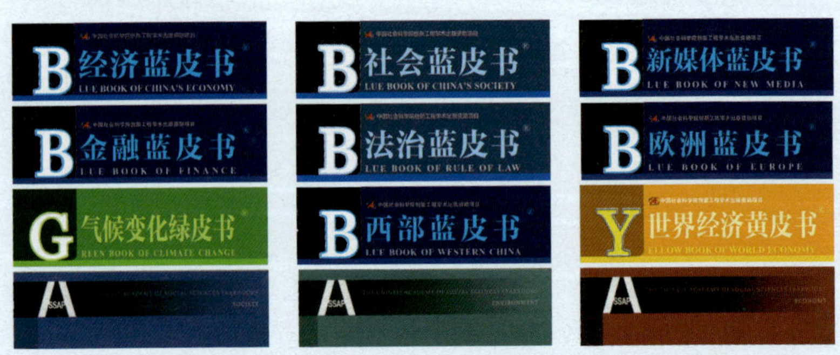

# 经 济 类

经济类皮书涵盖宏观经济、城市经济、大区域经济，
提供权威、前沿的分析与预测

## 经济蓝皮书

2014 年中国经济形势分析与预测（赠阅读卡）

李　扬 / 主编　　2013 年 12 月出版　　估价 :69.00 元

◆　本书课题为“总理基金项目”，由著名经济学家李扬领衔，联合数十家科研机构、国家部委和高等院校的专家共同撰写，对 2013 年中国宏观及微观经济形势，特别是全球金融危机及其对中国经济的影响进行了深入分析，并且提出了 2014 年经济走势的预测。

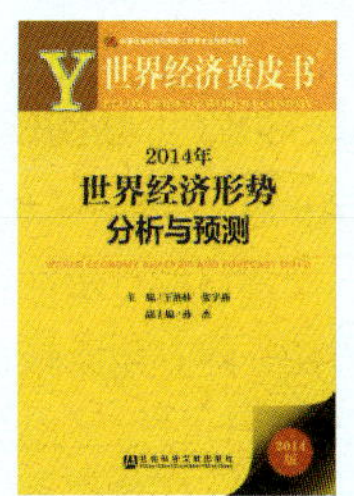

## 世界经济黄皮书

2014 年世界经济形势分析与预测（赠阅读卡）

王洛林　张宇燕 / 主编　　2014 年 1 月出版　　估价 :69.00 元

◆　2013 年的世界经济仍旧行进在坎坷复苏的道路上。发达经济体经济复苏继续巩固，美国和日本经济进入低速增长通道，欧元区结束衰退并呈复苏迹象。本书展望 2014 年世界经济，预计全球经济增长仍将维持在中低速的水平上。

## 工业化蓝皮书

中国工业化进程报告（2014）（赠阅读卡）

黄群慧　吕　铁　李晓华　等 / 著　2014 年 11 月出版　估价 :89.00 元

◆　中国的工业化是事关中华民族复兴的伟大事业，分析跟踪研究中国的工业化进程，无疑具有重大意义。科学评价与客观认识我国的工业化水平，对于我国明确自身发展中的优势和不足，对于经济结构的升级与转型，对于制定经济发展政策，从而提升我国的现代化水平具有重要作用。

## 金融蓝皮书

### 中国金融发展报告（2014）（赠阅读卡）

李　扬　王国刚 / 主编　2013 年 12 月出版　　定价 :69.00 元

◆　由中国社会科学院金融研究所组织编写的《中国金融发展报告（2014）》，概括和分析了 2013 年中国金融发展和运行中的各方面情况，研讨和评论了 2013 年发生的主要金融事件。本书由业内专家和青年精英联合编著，有利于读者了解掌握 2013 年中国的金融状况，把握 2014 年中国金融的走势。

## 城市竞争力蓝皮书

### 中国城市竞争力报告 No.12（赠阅读卡）

倪鹏飞 / 主编　　2014 年 5 月出版　　估价 :89.00 元

◆　本书由中国社会科学院城市与竞争力研究中心主任倪鹏飞主持编写，汇集了众多研究城市经济问题的专家学者关于城市竞争力研究的最新成果。本报告构建了一套科学的城市竞争力评价指标体系，采用第一手数据材料，对国内重点城市年度竞争力格局变化进行客观分析和综合比较、排名，对研究城市经济及城市竞争力极具参考价值。

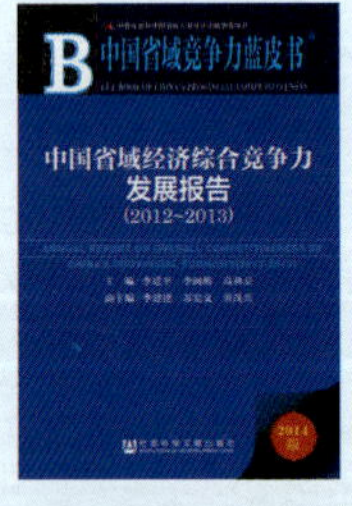

## 中国省域竞争力蓝皮书

### 中国省域经济综合竞争力发展报告（2012~2013）（赠阅读卡）

李建平　李闽榕　高燕京 / 主编　　2014 年 3 月出版　估价 :188.00 元

◆　本书充分运用数理分析、空间分析、规范分析与实证分析相结合、定性分析与定量分析相结合的方法，建立起比较科学完善、符合中国国情的省域经济综合竞争力指标评价体系及数学模型，对 2011~2012 年中国内地 31 个省、市、区的经济综合竞争力进行全面、深入、科学的总体评价与比较分析。

## 农村经济绿皮书

### 中国农村经济形势分析与预测 (2013~2014)（赠阅读卡）

中国社会科学院农村发展研究所　国家统计局农村社会经济调查司 / 著

2014 年 4 月出版　　估价 :59.00 元

◆　本书对 2013 年中国农业和农村经济运行情况进行了系统的分析和评价，对 2014 年中国农业和农村经济发展趋势进行了预测，并提出相应的政策建议，专题部分将围绕某个重大的理论和现实问题进行多维、深入、细致的分析和探讨。

## 西部蓝皮书

### 中国西部经济发展报告(2014)(赠阅读卡)

姚慧琴 徐璋勇/主编 2014年7月出版 估价:69.00元

◆ 本书由西北大学中国西部经济发展研究中心主编,汇集了源自西部本土以及国内研究西部问题的权威专家的第一手资料,对国家实施西部大开发战略进行年度动态跟踪,并对2014年西部经济、社会发展态势进行预测和展望。

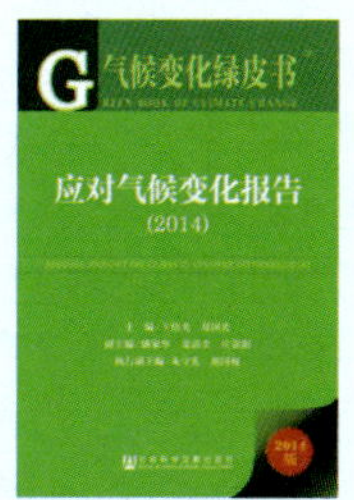


## 气候变化绿皮书

### 应对气候变化报告(2014)(赠阅读卡)

王伟光 郑国光/主编 2014年11月出版 估价:79.00元

◆ 本书由社科院城环所和国家气候中心共同组织编写,各篇报告的作者长期从事气候变化科学问题、社会经济影响,以及国际气候制度等领域的研究工作,密切跟踪国际谈判的进程,参与国家应对气候变化相关政策的咨询,有丰富的理论与实践经验。

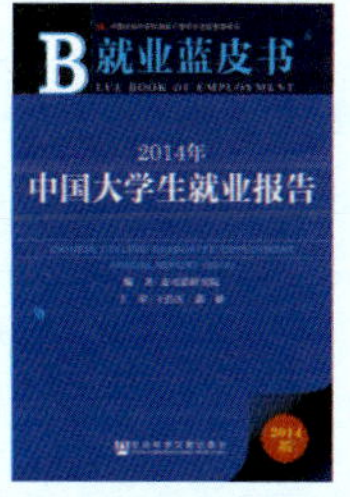


## 就业蓝皮书

### 2014年中国大学生就业报告(赠阅读卡)

麦可思研究院/编著 王伯庆 郭 娇/主审
2014年6月出版 估价:98.00元

◆ 本书是迄今为止关于中国应届大学毕业生就业、大学毕业生中期职业发展及高等教育人口流动情况的视野最为宽广、资料最为翔实、分类最为精细的实证调查和定量研究;为我国教育主管部门的教育决策提供了极有价值的参考。

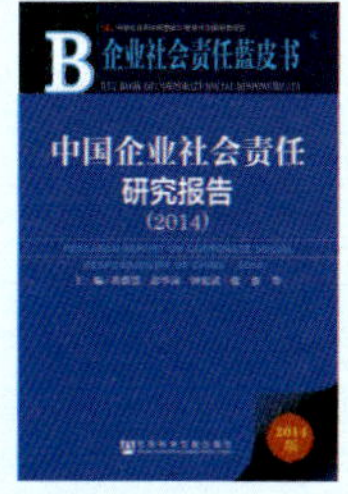


## 企业社会责任蓝皮书

### 中国企业社会责任研究报告(2014)(赠阅读卡)

黄群慧 彭华岗 钟宏武 张 蒽/编著
2014年 11月出版 估价:69.00元

◆ 本书系中国社会科学院经济学部企业社会责任研究中心组织编写的《企业社会责任蓝皮书》2014年分册。该书在对企业社会责任进行宏观总体研究的基础上,根据2013年企业社会责任及相关背景进行了创新研究,在全国企业中观层面对企业健全社会责任管理体系提供了弥足珍贵的丰富信息。

# 社会政法类

社会政法类皮书聚焦社会发展领域的热点、难点问题，提供权威、原创的资讯与视点

## 社会蓝皮书

**2014年中国社会形势分析与预测（赠阅读卡）**

李培林　陈光金　张　翼／主编　2013年12月出版　估价:69.00元

◆　本报告是中国社会科学院“社会形势分析与预测”课题组2014年度分析报告，由中国社会科学院社会学研究所组织研究机构专家、高校学者和政府研究人员撰写。对2013年中国社会发展的各个方面内容进行了权威解读，同时对2014年社会形势发展趋势进行了预测。

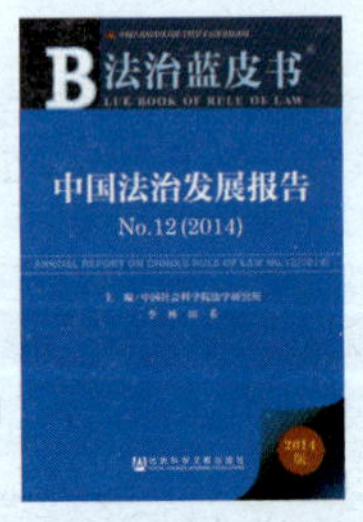

## 法治蓝皮书

**中国法治发展报告No.12（2014）（赠阅读卡）**

李　林　田　禾／主编　2014年2月出版　估价:98.00元

◆　本年度法治蓝皮书一如既往秉承关注中国法治发展进程中的焦点问题的特点，回顾总结了2013年度中国法治发展取得的成就和存在的不足，并对2014年中国法治发展形势进行了预测和展望。

## 民间组织蓝皮书

**中国民间组织报告（2014）（赠阅读卡）**

黄晓勇／主编　2014年8月出版　估价:69.00元

◆　本报告是中国社会科学院“民间组织与公共治理研究”课题组推出的第五本民间组织蓝皮书。基于国家权威统计数据、实地调研和广泛搜集的资料，本报告对2012年以来我国民间组织的发展现状、热点专题、改革趋势等问题进行了深入研究，并提出了相应的政策建议。

## 社会保障绿皮书

### 中国社会保障发展报告（2014）No.6（赠阅读卡）

王延中 / 主编　2014 年 9 月出版　估价 :69.00 元

◆　社会保障是调节收入分配的重要工具，随着社会保障制度的不断建立健全、社会保障覆盖面的不断扩大和社会保障资金的不断增加，社会保障在调节收入分配中的重要性不断提高。本书全面评述了 2013 年以来社会保障制度各个主要领域的发展情况。

## 环境绿皮书

### 中国环境发展报告（2014）（赠阅读卡）

刘鉴强 / 主编　2014 年 4 月出版　估价 :69.00 元

◆　本书由民间环保组织“自然之友”组织编写，由特别关注、生态保护、宜居城市、可持续消费以及政策与治理等版块构成，以公共利益的视角记录、审视和思考中国环境状况，呈现 2013 年中国环境与可持续发展领域的全局态势，用深刻的思考、科学的数据分析 2013 年的环境热点事件。

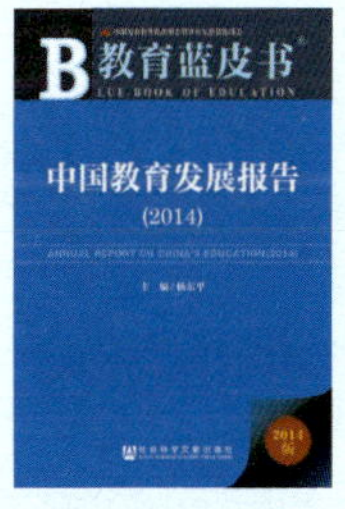

## 教育蓝皮书

### 中国教育发展报告（2014）（赠阅读卡）

杨东平 / 主编　2014 年 3 月出版　估价 :69.00 元

◆　本书站在教育前沿，突出教育中的问题，特别是对当前教育改革中出现的教育公平、高校教育结构调整、义务教育均衡发展等问题进行了深入分析，从教育的内在发展谈教育，又从外部条件来谈教育，具有重要的现实意义，对我国的教育体制的改革与发展具有一定的学术价值和参考意义。

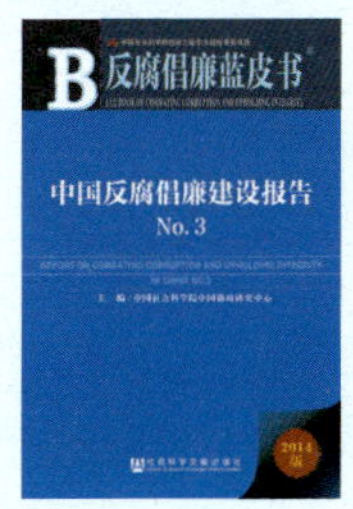

## 反腐倡廉蓝皮书

### 中国反腐倡廉建设报告 No.3（赠阅读卡）

中国社会科学院中国廉政研究中心 / 主编
2013 年 12 月出版　估价 :79.00 元

◆　本书抓住了若干社会热点和焦点问题，全面反映了新时期新阶段中国反腐倡廉面对的严峻局面，以及中国共产党反腐倡廉建设的新实践新成果。根据实地调研、问卷调查和舆情分析，梳理了当下社会普遍关注的与反腐败密切相关的热点问题。

# 行业报告类

行业报告类皮书立足重点行业、新兴行业领域，
提供及时、前瞻的数据与信息

## 房地产蓝皮书

### 中国房地产发展报告 No.11（赠阅读卡）

魏后凯　李景国 / 主编　　2014 年 4 月出版　　估价 :79.00 元

◆　本书由中国社会科学院城市发展与环境研究所组织编写，秉承客观公正、科学中立的原则，深度解析 2013 年中国房地产发展的形势和存在的主要矛盾，并预测 2014 年及未来 10 年或更长时间的房地产发展大势。观点精辟，数据翔实，对关注房地产市场的各阶层人士极具参考价值。

## 旅游绿皮书

### 2013~2014 年中国旅游发展分析与预测（赠阅读卡）

宋　瑞 / 主编　　2013 年 12 月出版　　定价 :69.00 元

◆　如何从全球的视野理性审视中国旅游，如何在世界旅游版图上客观定位中国，如何积极有效地推进中国旅游的世界化，如何制定中国实现世界旅游强国梦想的线路图？本年度开始，《旅游绿皮书》将围绕“世界与中国”这一主题进行系列研究，以期为推进中国旅游的长远发展提供科学参考和智力支持。

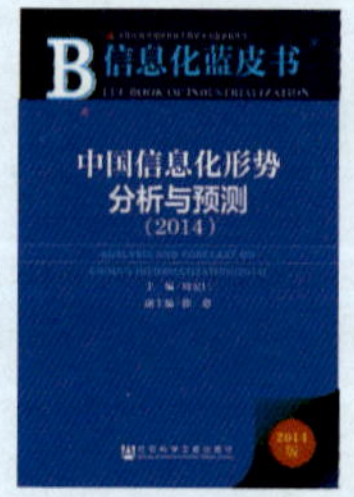

## 信息化蓝皮书

### 中国信息化形势分析与预测（2014）（赠阅读卡）

周宏仁 / 主编　　2014 年 7 月出版　　估价 :98.00 元

◆　本书在以中国信息化发展的分析和预测为重点的同时，反映了过去一年间中国信息化关注的重点和热点，视野宽阔，观点新颖，内容丰富，数据翔实，对中国信息化的发展有很强的指导性，可读性很强。

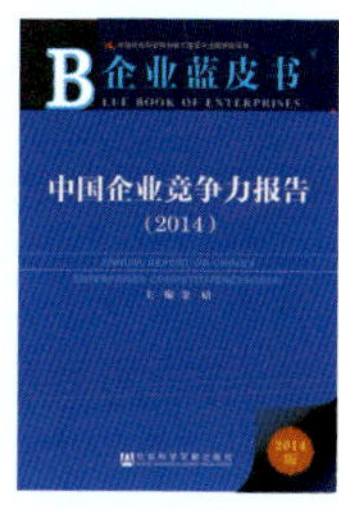

## 企业蓝皮书

**中国企业竞争力报告（2014）（赠阅读卡）**

金　碚 / 主编　　2014 年 11 月出版　　估价 :89.00 元

◆ 中国经济正处于新一轮的经济波动中，如何保持稳健的经营心态和经营方式并进一步求发展，对于企业保持并提升核心竞争力至关重要。本书利用上市公司的财务数据，研究上市公司竞争力变化的最新趋势，探索进一步提升中国企业国际竞争力的有效途径，这无论对实践工作者还是理论研究者都具有重大意义。

## 食品药品蓝皮书

**食品药品安全与监管政策研究报告（2014）（赠阅读卡）**

唐民皓 / 主编　　2014 年 7 月出版　　估价 :69.00 元

◆ 食品药品安全是当下社会关注的焦点问题之一，如何破解食品药品安全监管重点难点问题是需要以社会合力才能解决的系统工程。本书围绕安全热点问题、监管重点问题和政策焦点问题，注重于对食品药品公共政策和行政监管体制的探索和研究。

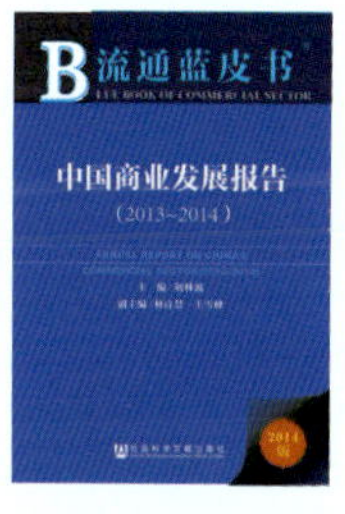

## 流通蓝皮书

**中国商业发展报告（2013~2014）（赠阅读卡）**

荆林波 / 主编　　2014 年 5 月出版　　估价 :89.00 元

◆ 《中国商业发展报告》是中国社会科学院财经战略研究院与香港利丰研究中心合作的成果，并且在 2010 年开始以中英文版同步在全球发行。蓝皮书从关注中国宏观经济出发，突出中国流通业的宏观背景反映了本年度中国流通业发展的状况。

## 住房绿皮书

**中国住房发展报告（2013~2014）（赠阅读卡）**

倪鹏飞 / 主编　　2013 年 12 月出版　　估价 :79.00 元

◆ 本报告从宏观背景、市场主体、市场体系、公共政策和年度主题五个方面，对中国住宅市场体系做了全面系统的分析、预测与评价，并给出了相关政策建议，并在评述 2012~2013 年住房及相关市场走势的基础上，预测了 2013~2014 年住房及相关市场的发展变化。

# 国别与地区类

国别与地区类皮书关注全球重点国家与地区，
提供全面、独特的解读与研究

## 亚太蓝皮书

**亚太地区发展报告（2014）（赠阅读卡）**

李向阳 / 主编　　2013 年 12 月出版　　定价 :69.00 元

◆　本书是由中国社会科学院亚太与全球战略研究院精心打造的又一品牌皮书，关注时下亚太地区局势发展动向里隐藏的中长趋势，剖析亚太地区政治与安全格局下的区域形势最新动向以及地区关系发展的热点问题，并对 2014 年亚太地区重大动态作出前瞻性的分析与预测。

## 日本蓝皮书

**日本研究报告（2014）（赠阅读卡）**

李　薇 / 主编　　2014 年 2 月出版　　估价 :69.00 元

◆　本书由中华日本学会、中国社会科学院日本研究所合作推出，是以中国社会科学院日本研究所的研究人员为主完成的研究成果。对 2013 年日本的政治、外交、经济、社会文化作了回顾、分析与展望，并收录了该年度日本大事记。

## 欧洲蓝皮书

**欧洲发展报告 (2013~2014)（赠阅读卡）**

周　弘 / 主编　　2014 年 3 月出版　　估价 :89.00 元

◆　本年度的欧洲发展报告，对欧洲经济、政治、社会、外交等面的形式进行了跟踪介绍与分析。力求反映作为一个整体的欧盟及 30 多个欧洲国家在 2013 年出现的各种变化。

## 拉美黄皮书

**拉丁美洲和加勒比发展报告（2013~2014）（赠阅读卡）**

吴白乙 / 主编　2014 年 4 月出版　估价 :89.00 元

◆　本书是中国社会科学院拉丁美洲研究所的第 13 份关于拉丁美洲和加勒比地区发展形势状况的年度报告。本书对 2013 年拉丁美洲和加勒比地区诸国的政治、经济、社会、外交等方面的发展情况做了系统介绍，对该地区相关国家的热点及焦点问题进行了总结和分析，并在此基础上对该地区各国 2014 年的发展前景做出预测。

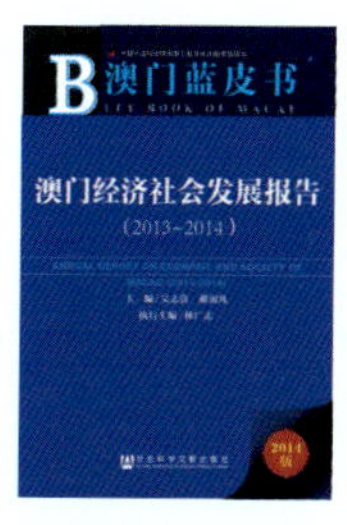

## 澳门蓝皮书

**澳门经济社会发展报告（2013~2014）（赠阅读卡）**

吴志良　郝雨凡 / 主编　2014 年 3 月出版　估价 :79.00 元

◆　本书集中反映 2013 年本澳各个领域的发展动态，总结评价近年澳门政治、经济、社会的总体变化，同时对 2014 年社会经济情况作初步预测。

## 日本经济蓝皮书

**日本经济与中日经贸关系研究报告（2014）（赠阅读卡）**

王洛林　张季风 / 主编　2014 年 5 月出版　估价 :79.00 元

◆　本书对当前日本经济以及中日经济合作的发展动态进行了多角度、全景式的深度分析。本报告回顾并展望了 2013~2014 年度日本宏观经济的运行状况。此外，本报告还收录了大量来自于日本政府权威机构的数据图表，具有极高的参考价值。

## 美国蓝皮书

**美国问题研究报告（2014）（赠阅读卡）**

黄　平　倪　峰 / 主编　2014 年 6 月出版　估价 :89.00 元

◆　本书是由中国社会科学院美国所主持完成的研究成果，它回顾了美国 2013 年的经济、政治形势与外交战略，对 2013 年以来美国内政外交发生的重大事件以及重要政策进行了较为全面的回顾和梳理。

# 地方发展类

地方发展类皮书关注大陆各省份、经济区域，
提供科学、多元的预判与咨政信息

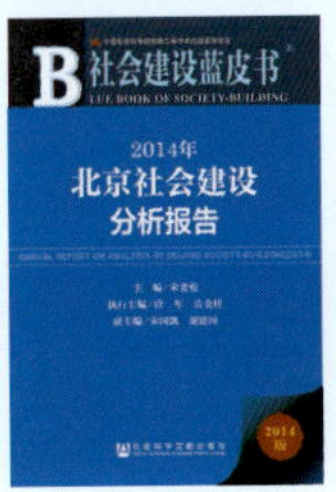

## 社会建设蓝皮书

**2014年北京社会建设分析报告（赠阅读卡）**

宋贵伦/主编　2014年4月出版　估价:69.00元

◆　本书依据社会学理论框架和分析方法，对北京市的人口、就业、分配、社会阶层以及城乡关系等社会学基本问题进行了广泛调研与分析，对广受社会关注的住房、教育、医疗、养老、交通等社会热点问题做了深刻了解与剖析，对日益显现的征地搬迁、外籍人口管理、群体性心理障碍等进行了有益探讨。

## 温州蓝皮书

**2014年温州经济社会形势分析与预测（赠阅读卡）**

潘忠强　王春光　金　浩/主编　2014年4月出版　估价：69.00元

◆　本书是由中共温州市委党校与中国社会科学院社会学研究所合作推出的第七本“温州经济社会形势分析与预测”年度报告，深入全面分析了2013年温州经济、社会、政治、文化发展的主要特点、经验、成效与不足，提出了相应的政策建议。

## 上海蓝皮书

**上海资源环境发展报告（2014）（赠阅读卡）**

周冯琦　汤庆合　王利民/著　2014年1月出版　估价：59.00元

◆　本书在上海所面临资源环境风险的来源、程度、成因、对策等方面作了些有益的探索，希望能对有关部门完善上海的资源环境风险防控工作提供一些有价值的参考，也让普通民众更全面地了解上海资源环境风险及其防控的图景。

## 广州蓝皮书

**2014 年中国广州社会形势分析与预测（赠阅读卡）**

易佐永　杨　秦　顾涧清 / 主编　　2014 年 5 月出版　　估价 :65.00 元

◆　本书由广州大学与广州市委宣传部、广州市人力资源和社会保障局联合主编，汇集了广州科研团体、高等院校和政府部门诸多社会问题研究专家、学者和实际部门工作者的最新研究成果，是关于广州社会运行情况和相关专题分析与预测的重要参考资料。

## 河南经济蓝皮书

**2014 年河南经济形势分析与预测（赠阅读卡）**

胡五岳 / 主编　2014 年 4 月出版　估价 :59.00 元

◆　本书由河南省统计局主持编纂。该分析与展望以 2013 年最新年度统计数据为基础，科学研判河南经济发展的脉络轨迹、分析年度运行态势；以客观翔实、权威资料为特征，突出科学性、前瞻性和可操作性，服务于科学决策和科学发展。

## 陕西蓝皮书

**陕西社会发展报告（2014）（赠阅读卡）**

任宗哲　石　英　江　波 / 主编　2014 年 1 月出版　估价 :65.00 元

◆　本书系统而全面地描述了陕西省 2013 年社会发展各个领域所取得的成就、存在的问题、面临的挑战及其应对思路，为更好地思考 2014 年陕西发展前景、政策指向和工作策略等方面提供了一个较为简洁清晰的参考蓝本。

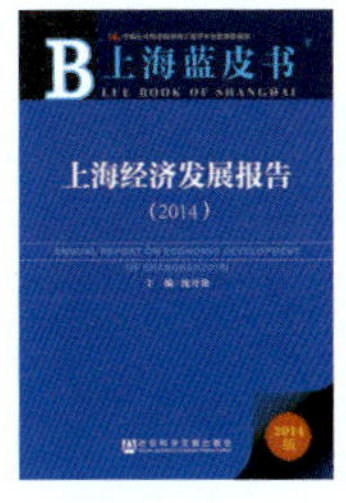

## 上海蓝皮书

**上海经济发展报告（2014）（赠阅读卡）**

沈开艳 / 主编　2014 年 1 月出版　估价 :69.00 元

◆　本书系上海社会科学院系列之一，报告对 2014 年上海经济增长与发展趋势的进行了预测，把握了上海经济发展的脉搏和学术研究的前沿。

## 广州蓝皮书

**广州经济发展报告（2014）（赠阅读卡）**

李江涛　刘江华 / 主编　　2014 年 6 月出版　估价 :65.00 元

◆　本书是由广州市社会科学院主持编写的“广州蓝皮书”系列之一，本报告对广州 2013 年宏观经济运行情况作了深入分析，对 2014 年宏观经济走势进行了合理预测，并在此基础上提出了相应的政策建议。

# 文化传媒类

文化传媒类皮书透视文化领域、文化产业，
探索文化大繁荣、大发展的路径

## 新媒体蓝皮书

**中国新媒体发展报告 No.4(2013)（赠阅读卡）**

唐绪军 / 主编　　2014 年 6 月出版　　估价 :69.00 元

◆　本书由中国社会科学院新闻与传播研究所和上海大学合作编写，在构建新媒体发展研究基本框架的基础上，全面梳理 2013 年中国新媒体发展现状，发表最前沿的网络媒体深度调查数据和研究成果，并对新媒体发展的未来趋势做出预测。

## 舆情蓝皮书

**中国社会舆情与危机管理报告（2014）（赠阅读卡）**

谢耘耕 / 主编　　2014 年 8 月出版　　估价 :85.00 元

◆　本书由上海交通大学舆情研究实验室和危机管理研究中心主编，已被列入教育部人文社会科学研究报告培育项目。本书以新媒体环境下的中国社会为立足点，对 2013 年中国社会舆情、分类舆情等进行了深入系统的研究，并预测了 2014 年社会舆情走势。

# 经济类

**产业蓝皮书**
中国产业竞争力报告（2014） No.4
著(编)者:张其仔　2014年5月出版 / 估价:79.00元

**长三角蓝皮书**
2014年率先基本实现现代化的长三角
著(编)者:刘志彪　2014年6月出版 / 估价:120.00元

**城市竞争力蓝皮书**
中国城市竞争力报告No.12
著(编)者:倪鹏飞　2014年5月出版 / 估价:89.00元

**城市蓝皮书**
中国城市发展报告No.7
著(编)者:潘家华 魏后凯　2014年7月出版 / 估价:69.00元

**城市群蓝皮书**
中国城市群发展指数报告(2014)
著(编)者:刘士林 刘新静　2014年10月出版 / 估价:59.00元

**城乡统筹蓝皮书**
中国城乡统筹发展报告（2014）
著(编)者:程志强、潘晨光　2014年3月出版 / 估价:59.00元

**城乡一体化蓝皮书**
中国城乡一体化发展报告（2014）
著(编)者:汝信 付崇兰　2014年8月出版 / 估价:59.00元

**城镇化蓝皮书**
中国城镇化健康发展报告（2014）
著(编)者:张占斌　2014年10月出版 / 估价:69.00元

**低碳发展蓝皮书**
中国低碳发展报告（2014）
著(编)者:齐晔　2014年7月出版 / 估价:69.00元

**低碳经济蓝皮书**
中国低碳经济发展报告（2014）
著(编)者:薛进军 赵忠秀　2014年5月出版 / 估价:79.00元

**东北蓝皮书**
中国东北地区发展报告（2014）
著(编)者:鲍振东 曹晓峰　2014年8月出版 / 估价:79.00元

**发展和改革蓝皮书**
中国经济发展和体制改革报告No.7
著(编)者:邹东涛　2014年7月出版 / 估价:79.00元

**工业化蓝皮书**
中国工业化进程报告（2014）
著(编)者: 黄群慧 吕铁 李晓华 等
2014年11月出版 / 估价:89.00元

**国际城市蓝皮书**
国际城市发展报告（2014）
著(编)者:屠启宇　2014年1月出版 / 估价:69.00元

**国家创新蓝皮书**
国家创新发展报告（2013~2014）
著(编)者:陈劲　2014年3月出版 / 估价:69.00元

**国家竞争力蓝皮书**
中国国家竞争力报告No.2
著(编)者:倪鹏飞　2014年10月出版 / 估价:98.00元

**宏观经济蓝皮书**
中国经济增长报告（2014）
著(编)者:张平 刘霞辉　2014年10月出版 / 估价:69.00元

**减贫蓝皮书**
中国减贫与社会发展报告
著(编)者:黄承伟　2014年7月出版 / 估价:69.00元

**金融蓝皮书**
中国金融发展报告（2014）
著(编)者:李扬 王国刚　2013年12月出版 / 定价:69.00元

**经济蓝皮书**
2014年中国经济形势分析与预测
著(编)者:李扬　2013年12月出版 / 估价:69.00元

**经济蓝皮书春季号**
中国经济前景分析——2014年春季报告
著(编)者:李扬　2014年4月出版 / 估价:59.00元

**经济信息绿皮书**
中国与世界经济发展报告（2014）
著(编)者:王长胜　2013年12月出版 / 定价:69.00元

**就业蓝皮书**
2014年中国大学生就业报告
著(编)者:麦可思研究院　2014年6月出版 / 估价:98.00元

**民营经济蓝皮书**
中国民营经济发展报告No.10（2013～2014）
著(编)者:黄孟复　2014年9月出版 / 估价:69.00元

**民营企业蓝皮书**
中国民营企业竞争力报告No.7（2014）
著(编)者:刘迎秋　2014年1月出版 / 估价:79.00元

**农村绿皮书**
中国农村经济形势分析与预测（2014）
著(编)者:中国社会科学院农村发展研究所
国家统计局农村社会经济调查司 著
2014年4月出版 / 估价:59.00元

**企业公民蓝皮书**
中国企业公民报告No.4
著(编)者:邹东涛　2014年7月出版 / 估价:69.00元

**企业社会责任蓝皮书**
中国企业社会责任研究报告（2014）
著(编)者:黄群慧 彭华岗 钟宏武 等
2014年11月出版 / 估价:59.00元

**气候变化绿皮书**
应对气候变化报告（2014）
著(编)者:王伟光 郑国光　2014年11月出版 / 估价:79.00元

**区域蓝皮书**
中国区域经济发展报告（2014）
著(编)者:梁昊光　2014年4月出版 / 估价:69.00元

**人口与劳动绿皮书**
中国人口与劳动问题报告No.15
著(编)者:蔡昉 2014年6月出版 / 估价:69.00元

**生态经济(建设)绿皮书**
中国经济(建设)发展报告(2013~2014)
著(编)者:黄浩涛 李周 2014年10月出版 / 估价:69.00元

**世界经济黄皮书**
2014年世界经济形势分析与预测
著(编)者:王洛林 张宇燕 2014年1月出版 / 估价:69.00元

**西北蓝皮书**
中国西北发展报告(2014)
著(编)者:张进海 陈冬红 段庆林 2014年1月出版 / 定价:65.00元

**西部蓝皮书**
中国西部发展报告(2014)
著(编)者:姚慧琴 徐璋勇 2014年7月出版 / 估价:69.00元

**新型城镇化蓝皮书**
新型城镇化发展报告(2014)
著(编)者:沈体雁 李伟 宋敏 2014年3月出版 / 估价:69.00元

**新兴经济体蓝皮书**
金砖国家发展报告(2014)
著(编)者:林跃勤 周文 2014年3月出版 / 估价:79.00元

**循环经济绿皮书**
中国循环经济发展报告(2013~2014)
著(编)者:齐建国 2014年12月出版 / 估价:69.00元

**中部竞争力蓝皮书**
中国中部经济社会竞争力报告(2014)
著(编)者:教育部人文社会科学重点研究基地
南昌大学中国中部经济社会发展研究中心
2014年7月出版 / 估价:59.00元

**中部蓝皮书**
中国中部地区发展报告(2014)
著(编)者:朱有志 2014年10月出版 / 估价:59.00元

**中国科技蓝皮书**
中国科技发展报告(2014)
著(编)者:陈劲 2014年4月出版 / 估价:69.00元

**中国省域竞争力蓝皮书**
中国省域经济综合竞争力发展报告(2012~2013)
著(编)者:李建平 李闽榕 高燕京 2014年3月出版 / 估价:188.00元

**中三角蓝皮书**
长江中游城市群发展报告(2013~2014)
著(编)者:秦尊文 2014年6月出版 / 估价:69.00元

**中小城市绿皮书**
中国中小城市发展报告(2014)
著(编)者:中国城市经济学会中小城市经济发展委员会
《中国中小城市发展报告》编纂委员会
2014年10月出版 / 估价:98.00元

**中原蓝皮书**
中原经济区发展报告(2014)
著(编)者:刘怀廉 2014年6月出版 / 估价:68.00元

# 社会政法类

**殡葬绿皮书**
中国殡葬事业发展报告(2014)
著(编)者:朱勇 副主编 李伯森 2014年3月出版 / 估价:59.00元

**城市创新蓝皮书**
中国城市创新报告(2014)
著(编)者:周天勇 旷建伟 2014年7月出版 / 估价:69.00元

**城市管理蓝皮书**
中国城市管理报告2014
著(编)者:谭维克 刘林 2014年7月出版 / 估价:98.00元

**城市生活质量蓝皮书**
中国城市生活质量指数报告(2014)
著(编)者:张平 2014年7月出版 / 估价:59.00元

**城市政府能力蓝皮书**
中国城市政府公共服务能力评估报告(2014)
著(编)者:何艳玲 2014年7月出版 / 估价:59.00元

**创新蓝皮书**
创新型国家建设报告(2014)
著(编)者:詹正茂 2014年7月出版 / 估价:69.00元

**慈善蓝皮书**
中国慈善发展报告(2014)
著(编)者:杨团 2014年6月出版 / 估价:69.00元

**法治蓝皮书**
中国法治发展报告No.12(2014)
著(编)者:李林 田禾 2014年2月出版 / 估价:98.00元

**反腐倡廉蓝皮书**
中国反腐倡廉建设报告No.3
著(编)者:李秋芳 2013年12月出版 / 估价:79.00元

**非传统安全蓝皮书**
中国非传统安全研究报告(2014)
著(编)者:余潇枫 2014年5月出版 / 估价:69.00元

**妇女发展蓝皮书**
福建省妇女发展报告（2014）
著(编)者:刘群英　　2014年10月出版 / 估价:58.00元

**妇女发展蓝皮书**
中国妇女发展报告No.5
著(编)者:王金玲 高小贤　　2014年5月出版 / 估价:65.00元

**妇女教育蓝皮书**
中国妇女教育发展报告No.3
著(编)者:张李玺　　2014年10月出版 / 估价:69.00元

**公共服务满意度蓝皮书**
中国城市公共服务评价报告（2014）
著(编)者:胡伟　　2014年11月出版 / 估价:69.00元

**公共服务蓝皮书**
中国城市基本公共服务力评价（2014）
著(编)者:侯惠勤 辛向阳 易定宏
2014年10月出版 / 估价:55.00元

**公民科学素质蓝皮书**
中国公民科学素质调查报告（2013~2014）
著(编)者:李群　许佳军　　2014年2月出版 / 估价:69.00元

**公益蓝皮书**
中国公益发展报告（2014）
著(编)者:朱健刚　　2014年5月出版 / 估价:78.00元

**国际人才蓝皮书**
中国海归创业发展报告（2014）No.2
著(编)者:王辉耀 路江涌　　2014年10月出版 / 估价:69.00元

**国际人才蓝皮书**
中国留学发展报告（2014） No.3
著(编)者:王辉耀　　2014年9月出版 / 估价:59.00元

**行政改革蓝皮书**
中国行政体制改革报告（2014）No.3
著(编)者:魏礼群　　2014年3月出版 / 估价:69.00元

**华侨华人蓝皮书**
华侨华人研究报告（2014）
著(编)者:丘进　　2014年5月出版 / 估价:128.00元

**环境竞争力绿皮书**
中国省域环境竞争力发展报告（2014）
著(编)者:李建平 李闽榕 王金南
2014年12月出版 / 估价:148.00元

**环境绿皮书**
中国环境发展报告（2014）
著(编)者:刘鉴强　　2014年4月出版 / 估价:69.00元

**基本公共服务蓝皮书**
中国省级政府基本公共服务发展报告（2014）
著(编)者:孙德超　　2014年1月出版 / 估价:69.00元

**基金会透明度蓝皮书**
中国基金会透明度发展研究报告（2014）
著(编)者:基金会中心网　　2014年7月出版 / 估价:79.00元

**教师蓝皮书**
中国中小学教师发展报告（2014）
著(编)者:曾晓东　　2014年4月出版 / 估价:59.00元

**教育蓝皮书**
中国教育发展报告（2014）
著(编)者:杨东平　　2014年3月出版 / 估价:69.00元

**科普蓝皮书**
中国科普基础设施发展报告（2014）
著(编)者:任福君　　2014年6月出版 / 估价:79.00元

**口腔健康蓝皮书**
中国口腔健康发展报告（2014）
著(编)者:胡德渝　　2014年12月出版 / 估价:59.00元

**老龄蓝皮书**
中国老龄事业发展报告（2014）
著(编)者:吴玉韶　　2014年2月出版 / 估价:59.00元

**连片特困区蓝皮书**
中国连片特困区发展报告（2014）
著(编)者:丁建军　冷志明　游俊　　2014年3月出版 / 估价:79.00元

**民间组织蓝皮书**
中国民间组织报告（2014）
著(编)者:黄晓勇　　2014年8月出版 / 估价:69.00元

**民族发展蓝皮书**
中国民族区域自治发展报告（2014）
著(编)者:郝时远　　2014年6月出版 / 估价:98.00元

**女性生活蓝皮书**
中国女性生活状况报告No.8（2014）
著(编)者:韩湘景　　2014年3月出版 / 估价:78.00元

**汽车社会蓝皮书**
中国汽车社会发展报告（2014）
著(编)者:王俊秀　　2014年1月出版 / 估价:59.00元

**青年蓝皮书**
中国青年发展报告（2014）No.2
著(编)者:廉思　　2014年6月出版 / 估价:59.00元

**全球环境竞争力绿皮书**
全球环境竞争力发展报告（2014）
著(编)者:李建平　李闽榕　王金南　　2014年11月出版 / 估价:69.00元

**青少年蓝皮书**
中国未成年人新媒体运用报告（2014）
著(编)者:李文革　沈杰　季为民　　2014年6月出版 / 估价:69.00元

**区域人才蓝皮书**
中国区域人才竞争力报告No.2
著(编)者:桂昭明 王辉耀 2014年6月出版 / 估价:69.00元

**人才蓝皮书**
中国人才发展报告(2014)
著(编)者:潘晨光 2014年10月出版 / 估价:79.00元

**人权蓝皮书**
中国人权事业发展报告No.4(2014)
著(编)者:李君如 2014年7月出版 / 估价:98.00元

**世界人才蓝皮书**
全球人才发展报告No.1
著(编)者:孙学玉 张冠梓 2013年12月出版 / 估价:69.00元

**社会保障绿皮书**
中国社会保障发展报告(2014)No.6
著(编)者:王延中 2014年4月出版 / 估价:69.00元

**社会工作蓝皮书**
中国社会工作发展报告(2013~2014)
著(编)者:王杰秀 邹文开 2014年8月出版 / 估价:59.00元

**社会管理蓝皮书**
中国社会管理创新报告No.3
著(编)者:连玉明 2014年9月出版 / 估价:79.00元

**社会蓝皮书**
2014年中国社会形势分析与预测
著(编)者:李培林 陈光金 张翼 2013年12月出版 / 估价:69.00元

**社会体制蓝皮书**
中国社会体制改革报告(2014)No.2
著(编)者:龚维斌 2014年5月出版 / 估价:59.00元

**社会心态蓝皮书**
2014年中国社会心态研究报告
著(编)者:王俊秀 杨宜音 2014年1月出版 / 估价:59.00元

**生态城市绿皮书**
中国生态城市建设发展报告(2014)
著(编)者:李景源 孙伟平 刘举科 2014年6月出版 / 估价:128.00元

**生态文明绿皮书**
中国省域生态文明建设评价报告(ECI 2014)
著(编)者:严耕 2014年9月出版 / 估价:98.00元

**世界创新竞争力黄皮书**
世界创新竞争力发展报告(2014)
著(编)者:李建平 李闽榕 赵新力 2014年11月出版 / 估价:128.00元

**水与发展蓝皮书**
中国水风险评估报告(2014)
著(编)者:苏杨 2014年9月出版 / 估价:69.00元

**危机管理蓝皮书**
中国危机管理报告(2014)
著(编)者:文学国 范正青 2014年8月出版 / 估价:79.00元

**小康蓝皮书**
中国全面建设小康社会监测报告(2014)
著(编)者:潘璠 2014年11月出版 / 估价:59.00元

**形象危机应对蓝皮书**
形象危机应对研究报告(2014)
著(编)者:唐钧 2014年9月出版 / 估价:118.00元

**政治参与蓝皮书**
中国政治参与报告(2014)
著(编)者:房宁 2014年7月出版 / 估价:58.00元

**政治发展蓝皮书**
中国政治发展报告(2014)
著(编)者:房宁 杨海蛟 2014年6月出版 / 估价:98.00元

**宗教蓝皮书**
中国宗教报告(2014)
著(编)者:金泽 邱永辉 2014年8月出版 / 估价:59.00元

**社会组织蓝皮书**
中国社会组织评估报告(2014)
著(编)者:徐家良 2014年3月出版 / 估价:69.00元

**政府绩效评估蓝皮书**
中国地方政府绩效评估报告(2014)
著(编)者:贠杰 2014年9月出版 / 估价:69.00元

# 行业报告类

**保健蓝皮书**
中国保健服务产业发展报告No.2
著(编)者:中国保健协会 中共中央党校
2014年7月出版 / 估价:198.00元

**保健蓝皮书**
中国保健食品产业发展报告No.2
著(编)者:中国保健协会
中国社会科学院食品药品产业发展与监管研究中心
2014年7月出版 / 估价:198.00元

**保健蓝皮书**
中国保健用品产业发展报告No.2
著(编)者:中国保健协会 2014年3月出版 / 估价:198.00元

**保险蓝皮书**
中国保险业竞争力报告(2014)
著(编)者:罗忠敏 2014年1月出版 / 估价:98.00元

**餐饮产业蓝皮书**
中国餐饮产业发展报告（2014）
著(编)者:中国烹饪协会 中国社会科学院财经战略研究院
2014年5月出版 / 估价:59.00元

**测绘地理信息蓝皮书**
中国地理信息产业发展报告（2014）
著(编)者:徐德明　2014年12月出版 / 估价:98.00元

**茶业蓝皮书**
中国茶产业发展报告 （2014）
著(编)者:李闽榕 杨江帆　2014年4月出版 / 估价:79.00元

**产权市场蓝皮书**
中国产权市场发展报告（2014）
著(编)者:曹和平　2014年1月出版 / 估价:69.00元

**产业安全蓝皮书**
中国出版与传媒安全报告（2014）
著(编)者:北京交通大学中国产业安全研究中心
2014年1月出版 / 估价:59.00元

**产业安全蓝皮书**
中国医疗产业安全报告（2014）
著(编)者:北京交通大学中国产业安全研究中心
2014年1月出版 / 估价:59.00元

**产业安全蓝皮书**
中国医疗产业安全报告（2014）
著(编)者:李孟刚　2014年7月出版 / 估价:69.00元

**产业安全蓝皮书**
中国文化产业安全蓝皮书(2013~2014)
著(编)者:高海涛　刘益　2014年3月出版 / 估价:69.00元

**产业安全蓝皮书**
中国出版传媒产业安全报告（2014）
著(编)者:孙万军　王玉海　2014年12月出版 / 估价:69.00元

**典当业蓝皮书**
中国典当行业发展报告（2013~2014）
著(编)者:黄育华 王力 张红地
2014年10月出版 / 估价:69.00元

**电子商务蓝皮书**
中国城市电子商务影响力报告（2014）
著(编)者:荆林波　2014年5月出版 / 估价:69.00元

**电子政务蓝皮书**
中国电子政务发展报告（2014）
著(编)者:洪毅 王长胜　2014年2月出版 / 估价:59.00元

**杜仲产业绿皮书**
中国杜仲橡胶资源与产业发展报告（2014）
著(编)者:杜红岩　胡文臻　俞瑞
2014年9月出版 / 估价:99.00元

**房地产蓝皮书**
中国房地产发展报告No.11
著(编)者:魏后凯 李景国　2014年4月出版 / 估价:79.00元

**服务外包蓝皮书**
中国服务外包产业发展报告（2014）
著(编)者:王晓红 李皓　2014年4月出版 / 估价:89.00元

**高端消费蓝皮书**
中国高端消费市场研究报告
著(编)者:依绍华　王雪峰　2013年12月出版 / 估价:69.00元

**会展经济蓝皮书**
中国会展经济发展报告（2014）
著(编)者:过聚荣　2014年9月出版 / 估价:65.00元

**会展蓝皮书**
中外会展业动态评估年度报告（2014）
著(编)者:张敏　2014年8月出版 / 估价:68.00元

**基金会绿皮书**
中国基金会发展独立研究报告（2014）
著(编)者:基金会中心网　2014年8月出版 / 估价:58.00元

**交通运输蓝皮书**
中国交通运输服务发展报告（2014）
著(编)者:林晓言　卜伟　武剑红
2014年10月出版 / 估价:69.00元

**金融监管蓝皮书**
中国金融监管报告（2014）
著(编)者:胡滨　2014年9月出版 / 估价:65.00元

**金融蓝皮书**
中国金融中心发展报告（2014）
著(编)者:中国社会科学院金融研究所
中国博士后特华科研工作站 王力 黄育华
2014年10月出版 / 估价:59.00元

**金融蓝皮书**
中国商业银行竞争力报告（2014）
著(编)者:王松奇　2014年5月出版 / 估价:79.00元

**金融蓝皮书**
中国金融发展报告（2014）
著(编)者:李扬 王国刚　2013年12月出版 / 估价:69.00元

**金融蓝皮书**
中国金融法治报告（2014）
著(编)者:胡滨 全先银　2014年3月出版 / 估价:65.00元

**金融蓝皮书**
中国金融产品与服务报告（2014）
著(编)者:殷剑峰　2014年6月出版 / 估价:59.00元

**金融信息服务蓝皮书**
金融信息服务业发展报告（2014）
著(编)者:鲁广锦　2014年11月出版 / 估价:69.00元

**抗衰老医学蓝皮书**
抗衰老医学发展报告（2014）
著(编)者:罗伯特·高德曼 罗纳德·科莱兹
尼尔·布什 朱敏 金大鹏 郭弋
2014年3月出版 / 估价:69.00元

**客车蓝皮书**
中国客车产业发展报告（2014）
著(编)者:姚蔚 2014年12月出版 / 估价:69.00元

**科学传播蓝皮书**
中国科学传播报告（2014）
著(编)者:詹正茂 2014年4月出版 / 估价:69.00元

**流通蓝皮书**
中国商业发展报告（2014）
著(编)者:荆林波 2014年5月出版 / 估价:89.00元

**旅游安全蓝皮书**
中国旅游安全报告（2014）
著(编)者:郑向敏 谢朝武 2014年6月出版 / 估价:79.00元

**旅游绿皮书**
2013~2014年中国旅游发展分析与预测
著(编)者:宋瑞 2013年12月出版 / 估价:69.00元

**旅游城市绿皮书**
世界旅游城市发展报告（2013~2014）
著(编)者:张辉 2014年1月出版 / 估价:69.00元

**贸易蓝皮书**
中国贸易发展报告（2014）
著(编)者:荆林波 2014年5月出版 / 估价:49.00元

**民营医院蓝皮书**
中国民营医院发展报告（2014）
著(编)者:朱幼棣 2014年10月出版 / 估价:69.00元

**闽商蓝皮书**
闽商发展报告（2014）
著(编)者:李闽榕 王日根 2014年12月出版 / 估价:69.00元

**能源蓝皮书**
中国能源发展报告（2014）
著(编)者:崔民选 王军生 陈义和
2014年10月出版 / 估价:59.00元

**农产品流通蓝皮书**
中国农产品流通产业发展报告（2014）
著(编)者:贾敬敦 王炳南 张玉玺 张鹏毅 陈丽华
2014年9月出版 / 估价:89.00元

**期货蓝皮书**
中国期货市场发展报告（2014）
著(编)者:荆林波 2014年6月出版 / 估价:98.00元

**企业蓝皮书**
中国企业竞争力报告（2014）
著(编)者:金碚 2014年11月出版 / 估价:89.00元

**汽车安全蓝皮书**
中国汽车安全发展报告（2014）
著(编)者:赵福全 孙小端 等 2014年1月出版 / 估价:69.00元

**汽车蓝皮书**
中国汽车产业发展报告（2014）
著(编)者:国务院发展研究中心产业经济研究部
中国汽车工程学会 大众汽车集团（中国）
2014年7月出版 / 估价:79.00元

**清洁能源蓝皮书**
国际清洁能源发展报告（2014）
著(编)者:国际清洁能源论坛（澳门）
2014年9月出版 / 估价:89.00元

**人力资源蓝皮书**
中国人力资源发展报告（2014）
著(编)者:吴江 2014年9月出版 / 估价:69.00元

**软件和信息服务业蓝皮书**
中国软件和信息服务业发展报告（2014）
著(编)者:洪京一 工业和信息化部电子科学技术情报研究所
2014年6月出版 / 估价:98.00元

**商会蓝皮书**
中国商会发展报告 No.4（2014）
著(编)者:黄孟复 2014年4月出版 / 估价:59.00元

**商品市场蓝皮书**
中国商品市场发展报告（2014）
著(编)者:荆林波 2014年7月出版 / 估价:59.00元

**上市公司蓝皮书**
中国上市公司非财务信息披露报告（2014）
著(编)者:钟宏武 张旺 张蒽 等
2014年12月出版 / 估价:59.00元

**食品药品蓝皮书**
食品药品安全与监管政策研究报告（2014）
著(编)者:唐民皓 2014年7月出版 / 估价:69.00元

**世界能源蓝皮书**
世界能源发展报告（2014）
著(编)者:黄晓勇 2014年9月出版 / 估价:99.00元

**私募市场蓝皮书**
中国私募股权市场发展报告（2014）
著(编)者:曹和平 2014年4月出版 / 估价:69.00元

**体育蓝皮书**
中国体育产业发展报告（2014）
著(编)者:阮伟 钟秉枢 2013年2月出版 / 估价:69.00元

**体育蓝皮书·公共体育服务**
中国公共体育服务发展报告（2014）
著(编)者:戴健　2014年12月出版 / 估价:69.00元

**投资蓝皮书**
中国投资发展报告（2014）
著(编)者:杨庆蔚　2014年4月出版 / 估价:79.00元

**投资蓝皮书**
中国企业海外投资发展报告（2013~2014）
著(编)者:陈文晖　薛誉华　2013年12月出版 / 估价:69.00元

**物联网蓝皮书**
中国物联网发展报告（2014）
著(编)者:龚六堂　2014年1月出版 / 估价:59.00元

**西部工业蓝皮书**
中国西部工业发展报告（2014）
著(编)者:方行明 刘方健 姜凌等
2014年9月出版 / 估价:69.00元

**西部金融蓝皮书**
中国西部金融发展报告（2014）
著(编)者:李忠民　2014年10月出版 / 估价:69.00元

**新能源汽车蓝皮书**
中国新能源汽车产业发展报告（2014）
著(编)者:中国汽车技术研究中心
日产（中国）投资有限公司
东风汽车有限公司
2014年9月出版 / 估价:69.00元

**信托蓝皮书**
中国信托业研究报告（2014）
著(编)者:中建投信托研究中心　中国建设建投研究院
2014年9月出版 / 估价:59.00元

**信托蓝皮书**
中国信托投资报告（2014）
著(编)者:杨金龙　刘屹　2014年7月出版 / 估价:69.00元

**信息化蓝皮书**
中国信息化形势分析与预测（2014）
著(编)者:周宏仁　2014年7月出版 / 估价:98.00元

**信用蓝皮书**
中国信用发展报告（2014）
著(编)者:章政 田侃　2014年4月出版 / 估价:69.00元

**休闲绿皮书**
2014年中国休闲发展报告
著(编)者:刘德谦　唐兵　宋瑞
2014年6月出版 / 估价:59.00元

**养老产业蓝皮书**
中国养老产业发展报告（2013~2014年）
著(编)者:张车伟　2014年1月出版 / 估价:69.00元

**移动互联网蓝皮书**
中国移动互联网发展报告（2014）
著(编)者:官建文　2014年5月出版 / 估价:79.00元

**医药蓝皮书**
中国药品市场报告（2014）
著(编)者:程锦锥 朱恒鹏　2014年12月出版 / 估价:79.00元

**中国林业竞争力蓝皮书**
中国省域林业竞争力发展报告No.2（2014）（上下册）
著(编)者:郑传芳 李闽榕 张春霞 张会儒
2014年8月出版 / 估价:139.00元

**中国农业竞争力蓝皮书**
中国省域农业竞争力发展报告No.2（2014）
著(编)者:郑传芳 宋洪远 李闽榕 张春霞
2014年7月出版 / 估价:128.00元

**中国信托市场蓝皮书**
中国信托业市场报告（2013~2014）
著(编)者:李旸　2014年10月出版 / 估价:69.00元

**中国总部经济蓝皮书**
中国总部经济发展报告（2014）
著(编)者:赵弘　2014年9月出版 / 估价:69.00元

**珠三角流通蓝皮书**
珠三角商圈发展研究报告（2014）
著(编)者:王先庆 林至颖　2014年8月出版 / 估价:69.00元

**住房绿皮书**
中国住房发展报告（2013~2014）
著(编)者:倪鹏飞　2013年12月出版 / 估价:79.00元

**资本市场蓝皮书**
中国场外交易市场发展报告（2014）
著(编)者:高峦　2014年3月出版 / 估价:79.00元

**资产管理蓝皮书**
中国信托业发展报告（2014）
著(编)者:智信资产管理研究院　2014年7月出版 / 估价:69.00元

**支付清算蓝皮书**
中国支付清算发展报告（2014）
著(编)者:杨涛　2014年4月出版 / 估价:45.00元

# 文化传媒类

**传媒蓝皮书**
中国传媒产业发展报告（2014）
著(编)者:崔保国　2014年4月出版 / 估价:79.00元

**传媒竞争力蓝皮书**
中国传媒国际竞争力研究报告（2014）
著(编)者:李本乾　2014年9月出版 / 估价:69.00元

**创意城市蓝皮书**
武汉市文化创意产业发展报告（2014）
著(编)者:张京成　黄永林　2014年10月出版 / 估价:69.00元

**电视蓝皮书**
中国电视产业发展报告（2014）
著(编)者:卢斌　2014年4月出版 / 估价:79.00元

**电影蓝皮书**
中国电影出版发展报告（2014）
著(编)者:卢斌　2014年4月出版 / 估价:79.00元

**动漫蓝皮书**
中国动漫产业发展报告（2014）
著(编)者:卢斌　郑玉明　牛兴侦　2014年4月出版 / 估价:79.00元

**广电蓝皮书**
中国广播电影电视发展报告（2014）
著(编)者:庞井君　杨明品　李岚
2014年6月出版 / 估价:88.00元

**广告主蓝皮书**
中国广告主营销传播趋势报告N0.8
著(编)者:中国传媒大学广告主研究所
中国广告主营销传播创新研究课题组
黄升民　杜国清　邵华冬等
2014年5月出版 / 估价:98.00元

**国际传播蓝皮书**
中国国际传播发展报告（2014）
著(编)者:胡正荣　李继东　姬德强
2014年1月出版 / 估价:69.00元

**纪录片蓝皮书**
中国纪录片发展报告（2014）
著(编)者:何苏六　2014年10月出版 / 估价:89.00元

**两岸文化蓝皮书**
两岸文化产业合作发展报告（2014）
著(编)者:胡惠林 肖夏勇　2014年6月出版 / 估价:59.00元

**媒介与女性蓝皮书**
中国媒介与女性发展报告（2014）
著(编)者:刘利群　2014年8月出版 / 估价:69.00元

**全球传媒蓝皮书**
全球传媒产业发展报告（2014）
著(编)者:胡正荣　2014年12月出版 / 估价:79.00元

**视听新媒体蓝皮书**
中国视听新媒体发展报告（2014）
著(编)者:庞井君　2014年6月出版 / 估价:148.00元

**文化创新蓝皮书**
中国文化创新报告（2014）No.5
著(编)者:于平　傅才武　2014年7月出版 / 估价:79.00元

**文化科技蓝皮书**
文化科技融合与创意城市发展报告（2014）
著(编)者:李凤亮　于平　2014年7月出版 / 估价:79.00元

**文化蓝皮书**
2014年中国文化产业发展报告
著(编)者:张晓明　胡惠林　章建刚
2014年3月出版 / 估价:69.00元

**文化蓝皮书**
中国文化产业供需协调增长测评报（2013）
著(编)者:高书生　王亚楠　2014年5月出版 / 估价:79.00元

**文化蓝皮书**
中国城镇文化消费需求景气评价报告（2014）
著(编)者:王亚南　张晓明　祁述裕
2014年5月出版 / 估价:79.00元

**文化蓝皮书**
中国公共文化服务发展报告（2014）
著(编)者:于群 李国新　2014年10月出版 / 估价:98.00元

**文化蓝皮书**
中国文化消费需求景气评价报告（2014）
著(编)者:王亚南　2014年5月出版 / 估价:79.00元

**文化蓝皮书**
中国乡村文化消费需求景气评价报告（2014）
著(编)者:王亚南　2014年5月出版 / 估价:79.00元

**文化蓝皮书**
中国中心城市文化消费需求景气评价报告（2014）
著(编)者:王亚南　2014年5月出版 / 估价:79.00元

**文化蓝皮书**
中国少数民族文化发展报告（2014）
著(编)者:武翠英 张晓明 张学进
2014年3月出版 / 估价:69.00元

**文化建设蓝皮书**
中国文化建设发展报告（2014）
著(编)者:江畅　孙伟平　2014年3月出版 / 估价:69.00元

**文化品牌蓝皮书**
中国文化品牌发展报告（2014）
著(编)者:欧阳友权　2014年5月出版 / 估价:75.00元

**文化软实力蓝皮书**
中国文化软实力研究报告（2014）
著(编)者:张国祚　2014年7月出版 / 估价:79.00元

**文化遗产蓝皮书**
中国文化遗产事业发展报告（2014）
著(编)者:刘世锦　2014年3月出版 / 估价:79.00元

**文学蓝皮书**
中国文情报告（2014）
著(编)者:白烨　2014年5月出版 / 估价:59.00元

**新媒体蓝皮书**
中国新媒体发展报告No.5（2014）
著(编)者:唐绪军　2014年6月出版 / 估价:69.00元

**移动互联网蓝皮书**
中国移动互联网发展报告（2014）
著(编)者:官建文　2014年4月出版 / 估价:79.00元

**游戏蓝皮书**
中国游戏产业发展报告（2014）
著(编)者:卢斌　2014年4月出版 / 估价:79.00元

**舆情蓝皮书**
中国社会舆情与危机管理报告（2014）
著(编)者:谢耘耕　2014年8月出版 / 估价:85.00元

**粤港澳台文化蓝皮书**
粤港澳台文化创意产业发展报告（2014）
著(编)者:丁未　2014年4月出版 / 估价:69.00元

## 地方发展类

**安徽蓝皮书**
安徽社会发展报告（2014）
著(编)者:程桦　2014年4月出版 / 估价:79.00元

**安徽社会建设蓝皮书**
安徽社会建设分析报告（2014）
著(编)者:黄家海　王开玉　蔡宪　2014年4月出版 / 估价:69.00元

**北京蓝皮书**
北京城乡发展报告（2014）
著(编)者:黄序　2014年4月出版 / 估价:59.00元

**北京蓝皮书**
北京公共服务发展报告（2014）
著(编)者:张耘　2014年3月出版 / 估价:65.00元

**北京蓝皮书**
北京经济发展报告（2014）
著(编)者:赵弘　2014年4月出版 / 估价:59.00元

**北京蓝皮书**
北京社会发展报告（2014）
著(编)者:缪青　2014年10月出版 / 估价:59.00元

**北京蓝皮书**
北京文化发展报告（2014）
著(编)者:李建盛　2014年5月出版 / 估价:69.00元

**北京蓝皮书**
中国社区发展报告（2014）
著(编)者:于燕燕　2014年8月出版 / 估价:59.00元

**北京蓝皮书**
北京公共服务发展报告（2014）
著(编)者:施昌奎　2014年8月出版 / 估价:59.00元

**北京旅游绿皮书**
北京旅游发展报告（2014）
著(编)者:鲁勇　2014年7月出版 / 估价:98.00元

**北京律师蓝皮书**
北京律师发展报告No.2（2014）
著(编)者:王隽　周塞军　2014年9月出版 / 估价:79.00元

**北京人才蓝皮书**
北京人才发展报告（2014）
著(编)者:于淼　2014年10月出版 / 估价:89.00元

**城乡一体化蓝皮书**
中国城乡一体化发展报告·北京卷（2014）
著(编)者:张宝秀　黄序　2014年6月出版 / 估价:59.00元

**创意城市蓝皮书**
北京文化创意产业发展报告（2014）
著(编)者:张京成　王国华　2014年10月出版 / 估价:69.00元

**创意城市蓝皮书**
青岛文化创意产业发展报告（2014）
著(编)者:马达　2014年5月出版 / 估价:69.00元

**创意城市蓝皮书**
无锡文化创意产业发展报告（2014）
著(编)者:庄若江　张鸣年　2014年8月出版 / 估价:75.00元

**服务业蓝皮书**
广东现代服务业发展报告（2014）
著(编)者:祁明 程晓　2014年1月出版 / 估价:69.00元

**甘肃蓝皮书**
甘肃舆情分析与预测（2014）
著(编)者:陈双梅 郝树声　2014年1月出版 / 估价:69.00元

**甘肃蓝皮书**
甘肃县域社会发展评价报告（2014）
著(编)者:魏胜文　2014年1月出版 / 估价:69.00元

**甘肃蓝皮书**
甘肃经济发展分析与预测（2014）
著(编)者:魏胜文　2014年1月出版 / 估价:69.00元

**甘肃蓝皮书**
甘肃社会发展分析与预测（2014）
著(编)者:安文华　2014年1月出版 / 估价:69.00元

**甘肃蓝皮书**
甘肃文化发展分析与预测（2014）
著(编)者:周小华　2014年1月出版 / 估价:69.00元

**广东蓝皮书**
广东省电子商务发展报告（2014）
著(编)者:黄建明 祁明　2014年11月出版 / 估价:69.00元

**广东蓝皮书**
广东社会工作发展报告（2014）
著(编)者:罗观翠　2013年12月出版 / 估价:69.00元

**广东外经贸蓝皮书**
广东对外经济贸易发展研究报告（2014）
著(编)者:陈万灵　2014年3月出版 / 估价:65.00元

**广西北部湾经济区蓝皮书**
广西北部湾经济区开放开发报告（2014）
著(编)者:广西北部湾经济区规划建设管理委员会办公室
广西社会科学院 广西北部湾发展研究院
2014年7月出版 / 估价:69.00元

**广州蓝皮书**
2014年中国广州经济形势分析与预测
著(编)者:庾建设 郭志勇 沈奎　2014年6月出版 / 估价:69.00元

**广州蓝皮书**
2014年中国广州社会形势分析与预测
著(编)者:易佐永 杨秦 顾涧清　2014年5月出版 / 估价:65.00元

**广州蓝皮书**
广州城市国际化发展报告（2014）
著(编)者:朱名宏　2014年9月出版 / 估价:59.00元

**广州蓝皮书**
广州创新型城市发展报告（2014）
著(编)者:李江涛　2014年8月出版 / 估价:59.00元

**广州蓝皮书**
广州经济发展报告（2014）
著(编)者:李江涛 刘江华　2014年6月出版 / 估价:65.00元

**广州蓝皮书**
广州农村发展报告（2014）
著(编)者:李江涛 汤锦华　2014年8月出版 / 估价:59.00元

**广州蓝皮书**
广州青年发展报告（2014）
著(编)者:魏国华 张强　2014年9月出版 / 估价:65.00元

**广州蓝皮书**
广州汽车产业发展报告（2014）
著(编)者:李江涛 杨再高　2014年10月出版 / 估价:69.00元

**广州蓝皮书**
广州商贸业发展报告（2014）
著(编)者:陈家成 王旭东 荀振英
2014年7月出版 / 估价:69.00元

**广州蓝皮书**
广州文化创意产业发展报告（2014）
著(编)者:甘新　2014年10月出版 / 估价:59.00元

**广州蓝皮书**
中国广州城市建设发展报告（2014）
著(编)者:董皞 冼伟雄 李俊夫
2014年8月出版 / 估价:69.00元

**广州蓝皮书**
中国广州科技与信息化发展报告（2014）
著(编)者:庾建设 谢学宁　2014年8月出版 / 估价:59.00元

**广州蓝皮书**
中国广州文化创意产业发展报告（2014）
著(编)者:甘新　2014年10月出版 / 估价:59.00元

**广州蓝皮书**
中国广州文化发展报告（2014）
著(编)者:徐俊忠 汤应武 陆志强
2014年8月出版 / 估价:69.00元

**贵州蓝皮书**
贵州法治发展报告（2014）
著(编)者:吴大华　2014年3月出版 / 估价:69.00元

**贵州蓝皮书**
贵州社会发展报告（2014）
著(编)者:王兴骥　2014年3月出版 / 估价:59.00元

**贵州蓝皮书**
贵州农村扶贫开发报告（2014）
著(编)者:王朝新 宋明　2014年3月出版 / 估价:69.00元

**贵州蓝皮书**
贵州文化产业发展报告（2014）
著(编)者:李建国　2014年3月出版 / 估价:69.00元

**海淀蓝皮书**
海淀区文化和科技融合发展报告（2014）
著(编)者:陈名杰 孟景伟　　2014年5月出版 / 估价:75.00元

**海峡经济区蓝皮书**
海峡经济区发展报告（2014）
著(编)者:李闽榕 王秉安 谢明辉（台湾）
2014年10月出版 / 估价:78.00元

**海峡西岸蓝皮书**
海峡西岸经济区发展报告（2014）
著(编)者:福建省人民政府发展研究中心
2014年9月出版 / 估价:85.00元

**杭州蓝皮书**
杭州市妇女发展报告（2014）
著(编)者:魏颖　揭爱花　　2014年2月出版 / 估价:69.00元

**河北蓝皮书**
河北省经济发展报告（2014）
著(编)者:马树强 张贵　　2013年12月出版 / 估价:69.00元

**河北蓝皮书**
河北经济社会发展报告（2014）
著(编)者:周文夫　　2013年12月出版 / 估价:69.00元

**河南经济蓝皮书**
2014年河南经济形势分析与预测
著(编)者:胡五岳　　2014年3月出版 / 估价:65.00元

**河南蓝皮书**
2014年河南社会形势分析与预测
著(编)者:刘道兴 牛苏林　　2014年1月出版 / 估价:59.00元

**河南蓝皮书**
河南城市发展报告（2014）
著(编)者:林宪斋 王建国　　2014年1月出版 / 估价:69.00元

**河南蓝皮书**
河南经济发展报告（2014）
著(编)者:喻新安　　2014年1月出版 / 估价:59.00元

**河南蓝皮书**
河南文化发展报告（2014）
著(编)者:谷建全 卫绍生　　2014年1月出版 / 估价:69.00元

**河南蓝皮书**
河南工业发展报告（2014）
著(编)者:龚绍东　　2014年1月出版 / 估价:59.00元

**黑龙江产业蓝皮书**
黑龙江产业发展报告（2014）
著(编)者:于渤　　2014年10月出版 / 估价:79.00元

**黑龙江蓝皮书**
黑龙江经济发展报告（2014）
著(编)者:曲伟　　2014年1月出版 / 估价:59.00元

**黑龙江蓝皮书**
黑龙江社会发展报告（2014）
著(编)者:艾书琴　　2014年1月出版 / 估价:69.00元

**湖南城市蓝皮书**
城市社会管理
著(编)者:罗海藩　　2014年10月出版 / 估价:59.00元

**湖南蓝皮书**
2014年湖南产业发展报告
著(编)者:梁志峰　　2014年5月出版 / 估价:89.00元

**湖南蓝皮书**
2014年湖南法治发展报告
著(编)者:梁志峰　　2014年5月出版 / 估价:79.00元

**湖南蓝皮书**
2014年湖南经济展望
著(编)者:梁志峰　　2014年5月出版 / 估价:79.00元

**湖南蓝皮书**
2014年湖南两型社会发展报告
著(编)者:梁志峰　　2014年5月出版 / 估价:79.00元

**湖南县域绿皮书**
湖南县域发展报告No.2
著(编)者:朱有志 袁准 周小毛　2014年7月出版 / 估价:69.00元

**沪港蓝皮书**
沪港发展报告（2014）
著(编)者:尤安山　　2014年9月出版 / 估价:89.00元

**吉林蓝皮书**
2014年吉林经济社会形势分析与预测
著(编)者:马克　　2014年1月出版 / 估价:69.00元

**江苏法治蓝皮书**
江苏法治发展报告No.3（2014）
著(编)者:李力 龚廷泰 严海良　　2014年8月出版 / 估价:88.00元

**京津冀蓝皮书**
京津冀区域一体化发展报告（2014）
著(编)者:文魁 祝尔娟　　2014年3月出版 / 估价:89.00元

**经济特区蓝皮书**
中国经济特区发展报告（2014）
著(编)者:陶一桃　　2014年3月出版 / 估价:89.00元

**辽宁蓝皮书**
2014年辽宁经济社会形势分析与预测
著(编)者:曹晓峰 张晶 张卓民　　2014年1月出版 / 估价:69.00元

**流通蓝皮书**
湖南省商贸流通产业发展报告No.2
著(编)者:柳思维　　2014年10月出版 / 估价:75.00元

**内蒙古蓝皮书**
内蒙古经济发展蓝皮书(2013~2014)
著(编)者:黄育华　2014年7月出版 / 估价:69.00元

**内蒙古蓝皮书**
内蒙古反腐倡廉建设报告No.1
著(编)者:张志华　无极　2013年12月出版 / 估价:69.00元

**浦东新区蓝皮书**
上海浦东经济发展报告（2014）
著(编)者:左学金　陆沪根　2014年1月出版 / 估价:59.00元

**侨乡蓝皮书**
中国侨乡发展报告（2014）
著(编)者:郑一省　2013年12月出版 / 估价:69.00元

**青海蓝皮书**
2014年青海经济社会形势分析与预测
著(编)者:赵宗福　2014年2月出版 / 估价:69.00元

**人口与健康蓝皮书**
深圳人口与健康发展报告（2014）
著(编)者:陆杰华　江捍平　2014年10月出版 / 估价:98.00元

**山西蓝皮书**
山西资源型经济转型发展报告（2014）
著(编)者:李志强　容和平　2014年3月出版 / 估价:79.00元

**陕西蓝皮书**
陕西经济发展报告（2014）
著(编)者:任宗哲　石英　裴成荣　2014年3月出版 / 估价:65.00元

**陕西蓝皮书**
陕西社会发展报告（2014）
著(编)者:任宗哲　石英　江波　2014年1月出版 / 估价:65.00元

**陕西蓝皮书**
陕西文化发展报告（2014）
著(编)者:任宗哲　石英　王长寿　2014年3月出版 / 估价:59.00元

**上海蓝皮书**
上海传媒发展报告（2014）
著(编)者:强荧　焦雨虹　2014年1月出版 / 估价:59.00元

**上海蓝皮书**
上海法治发展报告（2014）
著(编)者:潘世伟　叶青　2014年1月出版 / 估价:59.00元

**上海蓝皮书**
上海经济发展报告（2014）
著(编)者:沈开艳　2014年1月出版 / 估价:69.00元

**上海蓝皮书**
上海社会发展报告（2014）
著(编)者:卢汉龙　周海旺　2014年1月出版 / 估价:59.00元

**上海蓝皮书**
上海文化发展报告（2014）
著(编)者:蒯大申　2014年1月出版 / 估价:59.00元

**上海蓝皮书**
上海文学发展报告（2014）
著(编)者:陈圣来　2014年1月出版 / 估价:59.00元

**上海蓝皮书**
上海资源环境发展报告（2014）
著(编)者:周冯琦　汤庆合　王利民　2014年1月出版 / 估价:59.00元

**上海社会保障绿皮书**
上海社会保障改革与发展报告（2013~2014）
著(编)者:汪泓　2014年1月出版 / 估价:65.00元

**社会建设蓝皮书**
2014年北京社会建设分析报告
著(编)者:宋贵伦　2014年4月出版 / 估价:69.00元

**深圳蓝皮书**
深圳经济发展报告（2014）
著(编)者:吴忠　2014年6月出版 / 估价:69.00元

**深圳蓝皮书**
深圳劳动关系发展报告（2014）
著(编)者:汤庭芬　2014年6月出版 / 估价:69.00元

**深圳蓝皮书**
深圳社会发展报告（2014）
著(编)者:吴忠　余智晟　2014年7月出版 / 估价:69.00元

**四川蓝皮书**
四川文化产业发展报告（2014）
著(编)者:向宝云　2014年1月出版 / 估价:69.00元

**温州蓝皮书**
2014年温州经济社会形势分析与预测
著(编)者:潘忠强　王春光　金浩　2014年4月出版 / 估价:69.00元

**温州蓝皮书**
浙江温州金融综合改革试验区发展报告（2013~2014）
著(编)者:钱水土　王去非　李义超
2014年4月出版 / 估价:69.00元

**扬州蓝皮书**
扬州经济社会发展报告（2014）
著(编)者:张爱军　2014年1月出版 / 估价:78.00元

**义乌蓝皮书**
浙江义乌市国际贸易综合改革试验区发展报告（2013~2014）
著(编)者:马淑琴　刘文革　周松强
2014年4月出版 / 估价:69.00元

**云南蓝皮书**
中国面向西南开放重要桥头堡建设发展报告（2014）
著(编)者:刘绍怀　2014年12月出版 / 估价:69.00元

**长株潭城市群蓝皮书**
长株潭城市群发展报告（2014）
著(编)者:张萍　2014年10月出版 / 估价:69.00元

**郑州蓝皮书**
2014年郑州文化发展报告
著(编)者:王哲　2014年7月出版 / 估价:69.00元

**中国省会经济圈蓝皮书**
合肥经济圈经济社会发展报告No.4(2013~2014)
著(编)者:董昭礼　2014年4月出版 / 估价:79.00元

# 国别与地区类

**G20国家创新竞争力黄皮书**
二十国集团(G20)国家创新竞争力发展报告(2014)
著(编)者:李建平 李闽榕 赵新力
2014年9月出版 / 估价:118.00元

**澳门蓝皮书**
澳门经济社会发展报告(2013~2014)
著(编)者:吴志良 郝雨凡　2014年3月出版 / 估价:79.00元

**北部湾蓝皮书**
泛北部湾合作发展报告(2014)
著(编)者:吕余生　2014年7月出版 / 估价:79.00元

**大湄公河次区域蓝皮书**
大湄公河次区域合作发展报告(2014)
著(编)者:刘稚　2014年8月出版 / 估价:79.00元

**大洋洲蓝皮书**
大洋洲发展报告(2014)
著(编)者:魏明海 喻常森　2014年7月出版 / 估价:69.00元

**德国蓝皮书**
德国发展报告(2014)
著(编)者:李乐曾 郑春荣等　2014年5月出版 / 估价:69.00元

**东北亚黄皮书**
东北亚地区政治与安全报告(2014)
著(编)者:黄凤志 刘雪莲　2014年6月出版 / 估价:69.00元

**东盟黄皮书**
东盟发展报告(2014)
著(编)者:黄兴球 庄国土　2014年12月出版 / 估价:68.00元

**东南亚蓝皮书**
东南亚地区发展报告(2014)
著(编)者:王勤　2014年11月出版 / 估价:59.00元

**俄罗斯黄皮书**
俄罗斯发展报告(2014)
著(编)者:李永全　2014年7月出版 / 估价:79.00元

**非洲黄皮书**
非洲发展报告No.15(2014)
著(编)者:张宏明　2014年7月出版 / 估价:79.00元

**港澳珠三角蓝皮书**
粤港澳区域合作与发展报告(2014)
著(编)者:梁庆寅 陈广汉　2014年6月出版 / 估价:59.00元

**国际形势黄皮书**
全球政治与安全报告(2014)
著(编)者:李慎明 张宇燕　2014年1月出版 / 估价:69.00元

**韩国蓝皮书**
韩国发展报告(2014)
著(编)者:牛林杰 刘宝全　2014年6月出版 / 估价:69.00元

**加拿大蓝皮书**
加拿大国情研究报告(2014)
著(编)者:仲伟合　唐小松　2013年12月出版 / 估价:69.00元

**柬埔寨蓝皮书**
柬埔寨国情报告(2014)
著(编)者:毕世鸿　2014年6月出版 / 估价:79.00元

**拉美黄皮书**
拉丁美洲和加勒比发展报告(2014)
著(编)者:吴白乙　刘维广　2014年4月出版 / 估价:89.00元

**老挝蓝皮书**
老挝国情报告(2014)
著(编)者:卢光盛 方芸 吕星　2014年6月出版 / 估价:79.00元

**美国蓝皮书**
美国问题研究报告(2014)
著(编)者:黄平 倪峰　2014年5月出版 / 估价:79.00元

**缅甸蓝皮书**
缅甸国情报告(2014)
著(编)者:李晨阳　2014年4月出版 / 估价:79.00元

**欧亚大陆桥发展蓝皮书**
欧亚大陆桥发展报告(2014)
著(编)者:李忠民　2014年10月出版 / 估价:59.00元

**欧洲蓝皮书**
欧洲发展报告(2014)
著(编)者:周弘　2014年3月出版 / 估价:79.00元

**葡语国家蓝皮书**
巴西发展与中巴关系报告2014（中英文）
著(编)者:张曙光 David T. Ritchie
2014年8月出版 / 估价:69.00元

**日本经济蓝皮书**
日本经济与中日经贸关系发展报告（2014）
著(编)者:王洛林 张季风 2014年5月出版 / 估价:79.00元

**日本蓝皮书**
日本发展报告（2014）
著(编)者:李薇 2014年2月出版 / 估价:69.00元

**上海合作组织黄皮书**
上海合作组织发展报告（2014）
著(编)者:李进峰 吴宏伟 李伟 2014年9月出版 / 估价:98.00元

**世界创新竞争力黄皮书**
世界创新竞争力发展报告（2014）
著(编)者:李建平 2014年1月出版 / 估价:148.00元

**世界能源黄皮书**
世界能源分析与展望（2013~2014）
著(编)者:张宇燕 等 2014年1月出版 / 估价:69.00元

**世界社会主义黄皮书**
世界社会主义跟踪研究报告（2014）
著(编)者:李慎明 2014年5月出版 / 估价:189.00元

**泰国蓝皮书**
泰国国情报告（2014）
著(编)者:邹春萌 2014年6月出版 / 估价:79.00元

**亚太蓝皮书**
亚太地区发展报告（2014）
著(编)者:李向阳 2013年12月出版 / 估价:69.00元

**印度蓝皮书**
印度国情报告（2014）
著(编)者:吕昭义 2014年1月出版 / 估价:69.00元

**印度洋地区蓝皮书**
印度洋地区发展报告（2014）
著(编)者:汪戎 万广华 2014年6月出版 / 估价:79.00元

**越南蓝皮书**
越南国情报告（2014）
著(编)者:吕余生 2014年8月出版 / 估价:65.00元

**中东黄皮书**
中东发展报告No.15（2014）
著(编)者:杨光 2014年10月出版 / 估价:59.00元

**中欧关系蓝皮书**
中国与欧洲关系发展报告（2014）
著(编)者:周弘 2013年12月出版 / 估价:69.00元

**中亚黄皮书**
中亚国家发展报告（2014）
著(编)者:孙力 2014年9月出版 / 估价:79.00元

# 皮书大事记

☆　2012年12月，《中国社会科学院皮书资助规定（试行）》由中国社会科学院科研局正式颁布实施。

☆　2011年，部分重点皮书纳入院创新工程。

☆　2011年8月，2011年皮书年会在安徽合肥举行，这是皮书年会首次由中国社会科学院主办。

☆　2011年2月，“2011年全国皮书研讨会”在北京京西宾馆举行。王伟光院长（时任常务副院长）出席并讲话。本次会议标志着皮书及皮书研创出版从一个具体出版单位的出版产品和出版活动上升为由中国社会科学院牵头的国家哲学社会科学智库产品和创新活动。

☆　2010年9月，“2010年中国经济社会形势报告会暨第十一次全国皮书工作研讨会”在福建福州举行，高全立副院长参加会议并做学术报告。

☆　2010年9月，皮书学术委员会成立，由我院李扬副院长领衔，并由在各个学科领域有一定的学术影响力、了解皮书编创出版并持续关注皮书品牌的专家学者组成。皮书学术委员会的成立为进一步提高皮书这一品牌的学术质量、为学术界构建一个更大的学术出版与学术推广平台提供了专家支持。

☆　2009年8月，“2009年中国经济社会形势分析与预测暨第十次皮书工作研讨会”在辽宁丹东举行。李扬副院长参加本次会议，本次会议颁发了首届优秀皮书奖，我院多部皮书获奖。

社会科学文献出版社成立于1985年，是直属于中国社会科学院的人文社会科学专业学术出版机构。

成立以来，特别是1998年实施第二次创业以来，依托于中国社会科学院丰厚的学术出版和专家学者两大资源，坚持“创社科经典，出传世文献”的出版理念和“权威、前沿、原创”的产品定位，社科文献立足内涵式发展道路，从战略层面推动学术出版的五大能力建设，逐步走上了学术产品的系列化、规模化、数字化、国际化、市场化经营道路。

先后策划出版了著名的图书品牌和学术品牌“皮书”系列、“列国志”、“社科文献精品译库”、“中国史话”、“全球化译丛”、“气候变化与人类发展译丛”“近世中国”等一大批既有学术影响又有市场价值的系列图书。形成了较强的学术出版能力和资源整合能力，年发稿3.5亿字，年出版新书1200余种，承印发行中国社科院院属期刊近70种。

2012年，《社会科学文献出版社学术著作出版规范》修订完成。同年10月，社会科学文献出版社参加了由新闻出版总署召开加强学术著作出版规范座谈会，并代表50多家出版社发起实施学术著作出版规范的倡议。2013年，社会科学文献出版社参与新闻出版总署学术著作规范国家标准的起草工作。

依托于雄厚的出版资源整合能力，社会科学文献出版社长期以来一直致力于从内容资源和数字平台两个方面实现传统出版的再造，并先后推出了皮书数据库、列国志数据库、中国田野调查数据库等一系列数字产品。

在国内原创著作、国外名家经典著作大量出版，数字出版突飞猛进的同时，社会科学文献出版社在学术出版国际化方面也取得了不俗的成绩。先后与荷兰博睿等十余家国际出版机构合作面向海外推出了《经济蓝皮书》《社会蓝皮书》等十余种皮书的英文版、俄文版、日文版等。

此外，社会科学文献出版社积极与中央和地方各类媒体合作，联合大型书店、学术书店、机场书店、网络书店、图书馆，逐步构建起了强大的学术图书的内容传播力和社会影响力，学术图书的媒体曝光率居全国之首，图书馆藏率居于全国出版机构前十位。

作为已经开启第三次创业梦想的人文社会科学学术出版机构，社会科学文献出版社结合社会需求、自身的条件以及行业发展，提出了新的创业目标：精心打造人文社会科学成果推广平台，发展成为一家集图书、期刊、声像电子和数字出版物为一体，面向海内外高端读者和客户，具备独特竞争力的人文社会科学内容资源供应商和海内外知名的专业学术出版机构。

# 中国皮书网

发布皮书研创资讯，传播皮书精彩内容

引领皮书出版潮流，打造皮书服务平台

**栏目设置：**

- ☐ 资讯：皮书动态、皮书观点、皮书数据、 皮书报道、 皮书新书发布会、电子期刊
- ☐ 标准：皮书评价、皮书研究、皮书规范、皮书专家、编撰团队
- ☐ 服务：最新皮书、皮书书目、重点推荐、在线购书
- ☐ 链接：皮书数据库、皮书博客、皮书微博、出版社首页、在线书城
- ☐ 搜索：资讯、图书、研究动态
- ☐ 互动：皮书论坛

www.pishu.cn

中国皮书网依托皮书系列“权威、前沿、原创”的优质内容资源，通过文字、图片、音频、视频等多种元素，在皮书研创者、使用者之间搭建了一个成果展示、资源共享的互动平台。

自2005年12月正式上线以来，中国皮书网的IP访问量、PV浏览量与日俱增，受到海内外研究者、公务人员、商务人士以及专业读者的广泛关注。

2008年10月，中国皮书网获得“最具商业价值网站”称号。

2011年全国新闻出版网站年会上，中国皮书网被授予“2011最具商业价值网站”荣誉称号。

大，人才素质也在进一步提高。《河北经济年鉴 2013》统计显示，到 2012 年底，河北省人才总量已达到 551.60 万人，人才密度进一步提高，达到 11.51%，每万人口在校大学生人数达到 160 人。人才向重点区域聚集效果明显，人才体制机制创新迈出新步伐，人才优先战略体系稳步推进，人事制度改革成效显著，人才创新创业环境不断优化。但是，河北省的总体人才状况堪忧，如高层次创新型科技人才、高技能人才短缺，人才结构还不平衡，人才工作的体制、机制亟待创新，人才环境仍需优化，人才队伍建设还不能完全适应社会主义市场经济体制的新要求，这些人才方面的制约都对河北省全面建设小康社会产生相应的制约。除此之外，引进海外留学人才工作力度不大，对于利用海外人才所掌握的先进的经营管理理念和管理方法发展河北极为不利。为此，努力引进大批河北亟须的海外留学人才以适应河北省全面建设小康社会的要求是当务之急。

### （三）引进海外留学人才是河北省实现“科学发展”目标的必然选择

河北若想实现“科学发展”的宏伟目标，必须寻找一种新的发展模式，即人才优先发展模式，这是一种世界发达国家推行过且有成功经验的发展模式。这种模式以人才资源优先积累为前提，且在发达国家现代化建设中个带有普遍性规律。理论研究证明，人力资源的受教育年限每增加 1 年，人均 GDP 增长率可提高 0.14 ~0.2 个百分点。因此，加快河北人力资本集聚是河北加速发展和实现经济转型的正确途径，而引进海外留学人才则能加速这种集聚。

另外，河北省的经济社会发展成就，一方面因为国家政策好和科学技术的飞速发展，另一方面则因为河北本身的资源禀赋，从本质上讲，这种发展河北付出的代价是大量消耗自然资源和污染环境，这是一种不科学、后续无力的发展方式，抛弃这种方式是理智的，选择以人才优先发展为主导的发展方式则是明智的，这种发展方式以人才为先导，必然需要依靠人才来推动，没有大批高层次人才，这种发展方式只能是空想，而引进海外留学人才则是支持这种发展方式的重要途径。

### （四）引进海外留学人才是河北省在国内人才竞争中制胜的法宝

全国人才工作会议以后，国内许多省份力推新举，试图赢得人才竞争的主动权。实施人才强省（市）战略、加紧争夺各类人才特别是海外高留学人才已成为各省市提高区域综合竞争力的主要着力点。在如此激烈的人才竞争中，北京提出了建立“人才首都”的大目标；上海则提出要建立“国际性人才大都市”并加紧建设“人才高地”，吸纳海外人才；江苏提出要“实现从人才大省向人才强省的跨越”，也在积极引进海外人才，并制定了年引进3000名留学人员的目标；广东对人才除给予较高工资和重奖外，还推行技术入股政策，为引进海外人才赴法国马赛举行了引进海外高层次人才洽谈会；辽宁的“引才与引智品牌工程”颇为显眼；江西制定了《关于鼓励海外留学人员以多种形式为国服务的若干意见》和《江西省引进海外留学人才的意见》，大力支持引进海外留学人才；广西制定了“人才兴桂”战略并积极引进海外留学人才……在如此激烈的人才竞争面前，河北必须进行科学筹划，大量引进海外留学人才，才有可能在省际人才竞争中形成必要的人才优势。

## 二　河北省引进海外留学人才的现实要求与有利条件

### （一）河北省引进海外留学人才的现实要求

“十二五”以来，河北经济持续增长，尽管放缓了发展速度，但总体上仍保持了平稳较快发展，综合经济实力大幅提升。2012年全省生产总值完成26575亿元，同比增长9.6%，全部财政收入3479.3亿元。粮食生产实现九连增，农业综合生产能力不断提高，产业结构不断优化升级，基础设施不断完善，经济社会发展活力不断增强。今后一段时间是河北省全面建设小康社会、实现科学发展目标的黄金期。这一时期对河北省引进海外留学人才提出了现实要求。

一是节能减排任务艰巨，经济下行压力增加，破解改革的深层次问题亟待解决。全省生产总值增速下滑，二产增速同比明显回落，财政收入增速大幅减

缓，特别是节能减排目标的实现使许多大型企业集团出现经营困难，京津冀地区出现的雾霾天气使河北成为全国治理污染的中心地带，这也进一步增加了河北企业经营的困难，亏损企业和亏损行业有所增加。河北省的资源型产业较为发达，资源能源的依赖性较大，由于国家限制和过度利用，能源资源供给短缺已成为经济增长的瓶颈。节能减排任务艰巨，部分企业停产限产，从而减缓了经济增长速度，提高了经济增长的成本。资源环境的约束失控，将直接增加人才使用成本。二是经济下滑导致就业形势严峻，人才供需矛盾将长期存在，特别是高校毕业生和军转人员的就业压力加大。三是社会事业仍然薄弱，教育、科学、文化、卫生等社会事业发展不足，群众上学、看病、就医等突出问题仍有解决空间。社会事业的薄弱，导致社会矛盾增加，使人才的创业环境受到影响。四是政府自身建设仍需加强，政府公信力需要不断提高。转变政府职能还不到位，科学行政、民主行政、依法行政的水平仍需不断提高。一些部门大局意识、服务意识、责任意识、法制意识还不太强，形式主义、官僚主义、享乐主义和奢靡之风“四风”问题仍然比较突出，消极腐败现象在一些地方和单位仍然比较严重。以上问题的存在，原因较为复杂，而要解决这些问题仍然需要通过不断发展的方式，发展仍然是根本问题。在经济需要发展、环保任务艰巨的情况下，转变发展方式成为必然，这就要求不断改造提升传统产业，发展新兴环保产业，而这些都需要人才的大力支撑，引进外国留学人才作为人才建设中的重要一环成为必然。

### （二）河北省引进海外留学人才的有利条件

河北省尽管有上述如此之多的现实矛盾和问题，但是在引进海外留学人才方面也不乏许多积极有利条件。一是经济总量持续增长，河北沿海区域迅速崛起，首都经济圈已成为新的经济增长极，冀中南地区列入国家重点发展区域，河北省的区位优势正在加速转化为发展优势。从人才流动的规律看，经济增长区域往往是人才聚集区域，这一点已被深圳、浦东和滨海新区的实践所证明。因而，京津冀、环渤海、冀中南等区域必将形成新的人才聚集区，必将成为海外留学人才的创新基地。二是中央支持河北的一系列重大措施将直接影响河北的产业发展。经验表明，资本集中区域也是人才集中区域，资本集中区域引导人才的流向，海外留学人才不例外。三是河北正在进行的产业结构调整和转变发展方式，将催生出许多新的发展机遇。如在淘汰落后产能的同时，如果能够加大符合产业政策的重大项目建设力度，加快产业结构调整和发展方式转变，就能在新一轮发展中处于更高起点之上。在改造提升传统产业和发展战略性新兴产业时，高层次人才将成为产业转型和发展新兴产业的支撑。海外留学人才掌握先进的核心技术，可为产业结构调整和转变发展方式提供保障，而产业经济结构的调整也将对人才结构的调整产生重大影响，海外留学人才将占据人才结构中的重要一席之地。四是河北经过多年的快速发展，其整体经济已经具备一定的实力，这些为进一步引进海外高层次人才来冀创业奠定了坚实的基础。河北省的传统优势产业和基础设施建设明显加强，沿海的曹妃甸新区、沧州渤海新区和首都经济圈等新的经济增长极正在崛起，一批新的传统产业、服务业和战略性新兴产业项目将发挥效益，为经济增长提供大力支持。而且随着上述新的增长点的加速形成和一批重大重点项目的效益发挥，将对各类人才产生巨大的吸引力，特别是对海外留学人才的吸引力，也将不断激发各类人才特别是海外留学人才在河北创新创业的极大热情。五是通过深入开展党的群众路线教育实践活动，河北全省党员干部更加务实，政府作风进一步转变，推动科学发展的思想更加统一，推动经济发展的动力更加充足。这既是河北实现科学发展的坚实思想基础，也是吸引各类人才特别是海外留学人才来冀创业的精神需求。

引进海外留学人才的现实要求和有利条件为河北省引进海外留学人才的方法和途径创新提供了可行性，创造了必要条件。因此，我们一定要抓住这一有利条件，大力引进海外留学人才，从而把河北省巨大的人口压力转变成强大的人力资源优势，为推动经济社会科学发展提供强大的智力支撑和人才保障。

## 三　河北省引进海外留学人才的现状分析

### （一）河北引进外国留学人才的政策措施

留学回国人员是重要的人才资源，是创新人才的重要来源，为此，河北省站在引进海外留学人才高度，相继出台了一系列鼓励国外留学人员回国创业的

政策措施。10多年前，河北省政府就出台了《关于鼓励留学人员来河北工作和为河北服务暂行规定》，对于如何界定留学人员、引进留学人员的重点、留学人员来河北工作的方式、办理程序及有关待遇等问题作了详细规定。为了吸引留学回国人员来河北工作和为河北服务，河北省提高了“引进留学人员资助经费”金额，由2003年的每年80万元提高到了2005年以后的每年180万元。2006年，为了加强对引进留学人员工作的管理，出台了《河北省引进留学人员资助经费使用管理办法》，对资助经费的用途、分类、资助额度、申报审批程序、经费管理使用等进行了规范，提高了资助经费的使用效益。为了加强留学人员之间的相互联系，还成立了河北省“留学人员联谊会”，经常组织留学回国人员之间以及留学回国人员与院士之间进行相互交流。为了吸引留学人员来冀创业，建立了石家庄、廊坊燕郊、廊坊、沧州、唐山、秦皇岛、邯郸等几个留学人员创业园。引进留学人员取得了巨大的成效，仅2007年全省7个留学人员创业园就吸引留学人员入驻创办企业101家，总投资2亿多元，年产值11.9亿元，年利税7660万元，留学回国人员多达350人。在引进的留学人员中有5位被评为“全国留学回国人员先进个人”。另外，在河北省第一次全省人才工作会议后出台的《关于进一步加强人才工作的若干意见》对于人才的引进列专节规范，对引进留学人才和海外人才也作了规定，同时对于其他人才的引进方式方法、优惠条件等也都作了规定。如制定紧缺急需人才引进计划，完善相关配套措施，扩大和畅通引进人才绿色通道；事业单位引进具有硕士以上学位或具有高级专业技术职务任职资格的急需人才，可优先安置，满编或超编的，可采取特殊措施积极安置；对来河北工作的国内外知名专家，用人单位应给予一定数额的科研启动经费和安家补助费，同级财政给予适当支持；建立和完善对各类人才住房补贴制度；高校毕业生来河北择业，先落户后找工作，人事档案由其户口所在地政府部门所属人才服务机构办理，对没有就业的提供两年免费人事代理等。在人才柔性引进方面，贯彻“不求所有、但求所用”的方针，支持国内外各类优秀人才尤其是高层次人才来河北从事咨询、讲学、科研等活动，开展技术合作、技术入股或投资兴办企业。鼓励企事业单位以岗位聘用、项目聘用、任务聘用和人才租赁、在国（境）内外人才密集地设立研发机构等灵活方式，引进国内外人才和智力。在人才引进中的户籍和社会保障方面，出台了《关于河北省户籍管理制度改革的意见》、《关于进一步深化户籍管理制度改革的意见》，放宽了人才城镇落户条件，并就引进人才的教育、住房、社保、培训、补贴、计划生育等配套措施做了相应规定。这些人才引进政策虽然不只是针对海外留学人才，但海外留学人才作为人才中的重要组成部分，其引进、安置、资助等也适用这些政策。政策的出台为河北吸纳留学人才创造了宽松的社会环境，提供了相应的保障。

## （二）河北在引进海外留学人才方面存在的不足

### 1. 海外留学人才引进数量不足

近几年来，随着人才引进政策的逐渐放宽，尤其是户籍政策放宽以后，人才引进的范围逐步扩大，在一定程度上使河北的人才规模增加，但在人才质量上并未有多大效果，河北省亟须的高层次创新型、领军人才和创新团队、两院院士等数量不足，同样，留学回国人员引进数量也不足，在河北省引进的留学回国人员中，访问学者、在职进修培训人员占多数，而获得国外硕士、博士学位的人才数量不多，真正从国外引进到河北工作和创业的也不多，而更高层次的海外留学人才到河北的更是凤毛麟角。据 2007 年的统计，在引进的留学回国人员中，河北只有 2 人为“两院”院士，而吉林则有 17 人，差距明显，到现在为止，情况也未见好转，这一问题依然存在。

### 2. 引进海外留学人才方法单一

河北在引进人才方面历来缺乏主动性，大部分时间都是坐等人才上门，对人才实施“争、夺、抢、挖”的劲头不足。河北省目前很少走出国门在国外主动招聘人才，也很少在国外建立人才招聘工作站，加之国家对出国人员实施限制，出去的就更少了。这些情况与国内发达些的省市相比，差距不小。江苏每年组团到国外开展招聘，举行此类的大型活动，先后提供近 5000 个岗位，到北美、欧洲、澳洲招聘人才。浙江也到北美开展过多种形式的招聘活动，还分别在日本、韩国举办了“中国浙江国际人才交流会”。重庆方面曾组团到北美进行人才交流活动，又到俄罗斯举办“中国重庆莫斯科人才交流会”。天津到日本东京、大板等地组织用人单位和留学人员直接进行人才和项目洽谈，到美国纽约、旧金山招揽海外留学高级人才，到英德法等国举行招聘会、洽谈会

等，而河北举办此类活动则少之又少，其引进外国留学人才的效果不佳。究其原因，是市场主体对人才的渴求程度不高。河北的企业总体来说对引才重视不够，没有引才的积极性和主动性，没有引进创新人才的强烈愿望，创新活力不足。中小企业存在小富即满状况，在人才使用上随意性较大，海外优秀人才也不愿意来。

**3. 海外留学人才引进的产业基础还较薄弱**

人才受产业影响较大，人才引进方并不是为引进而引进，同样被引进的人才也不是为引进而引进，它较多地受产业发展影响，也就是说，人才被引进来以后有其事业发展空间。在我国这样一个大国，人才的流动遵循一定的规律，经济发达省份相对而言其产业经济发达，人才干事创业机会多，发挥作用空间大，所以他们会优先选择这些经济发达省份。河北的现有产业规模小，承载能力有限，虽然有几个大的沿海区域和首都经济圈增长极，但产业还没有形成大的规模，增长是在“预料”之中，还没有成形，这些使人才引聚受到较大制约。另外，从这几个区域内部看，其引才渠道、种类、方式方法差别不大，而产业结构、重点园区功能定位趋同，也导致人才引进对象、层次相当，使这几个区域本身之间在引才上存在竞争。作为高层次的海外留学人才，其回国创业首看创业空间和产业基础，河北在这方面的不足必然会失去一部分海外人才。从已经引进的海外人才看，其引入的主要动力如果不考虑产业基础，则是祖籍河北。而这一因素对吸引多数非河北籍人氏则很难适用，所以归根到底，产业发展仍是吸引海外人才的第一动力，加速发展自己才是吸引人才的关键。

**4. 海外留学人才引进投入过少**

河北对于院士、院士后备人才、留学回国人员应该说是有优惠政策的，但力度并不够大，体现较明显的是引才资金投入少。至今没有成立省级人才开发专项资金，八大重点人才工程有时不能保证资金到位，缺乏足够的人才引进资金，在引才谈判、引才前期花费方面投入不够，对于引进的海外留学人才虽然在工资待遇、扶持创业、资金配套、住房安家、医疗保险、家属安置、子女入学等方面落实了政策，但与其他发达省份相比则相形见绌，相比之下，海外留学人才更愿意选择那些发达省份。

**5. 海外留学人才引进组织化程度不高**

河北成立的留学回国人员联谊会对河北省引进这类人才和用好其智力提供了极大的便利，可以吸引大批海外人才。但联谊会只是其中一种组织形式，其他引才组织较少，河北对于海外留学人才引进大部分各自为战，组织化程度并不高，部门间的协同配合不足，由于省内本身存在竞争，因而全省缺乏一个资源共享、高效稳定、覆盖各行业的引智“广域网”，而这对于引进海外留学人才并不利。

## 四 河北引进海外留学人才的方法和途径创新

当前正是河北全面贯彻落实科学发展观，促进经济社会又好又快发展的关键时期，这一时期需要完成“科学发展”的主要任务，这就要求必须转变经济发展方式，从主要依靠增加物质资源消耗向依靠科技进步和劳动者素质提高转变；必须坚持改革开放，不断提高创新能力。而这一艰巨、刻不容缓的战略任务的实现，都必须建立在人才优先发展的基础上。实践证明，通过引进国外先进技术可以在较短时间内缩短与发达国家科技之间的差距，引进掌握先进生产技术的留学人才同样可以达到这一目的。目前，国家对引进高层次留学人才的工作和政策力度不断加大，营造了吸引留学人才的良好环境，如中科院的“百人计划”、教育部的“长江学者奖励计划”和“春晖计划”等，许多地区和单位也组织了面向海内外的杰出人才招聘计划，吸引了大批国外优秀留学人才充实到重要的科研、教学、生产经营和管理岗位；设立了海外高层次留学人才引进资金，对我国亟须发展的信息科学、生命科学、新材料、新能源、先进制造业、航空航天等行业，以及关系我国国计民生或有重要影响的行业引进的高层次人才给予重点资助；出台了《留学人员创业园管理办法》、《人事部与地方人民政府共建留学人员创业园的意见》等，取得了良好效果。尽管如此，与世界先进国家相比，还有很大的差距，主要是政策和体制机制上的差距，且这些差距仍有逐步扩大之势。

随着国内各省市对海外留学人才价值认知程度的日益加深，出台的政策优惠力度越来越大，方法和途径不断创新，引进的海外留学人才数量越

来越多，留学人员创业载体如留学人员创业园数量逐步增加，规模逐步扩大，这些从不同程度上增加了对国外留学人才的吸引力，对河北省开展此项工作带来巨大的挑战。若想使河北省在新一轮竞争中获得优势，在优惠政策和待遇不能再提高的条件下，必须对引进高层次留学人才的方法和途径进行创新。

### （一）在引进海外留学人才对象上，要实行重点突破

河北引进国内人才可以不再考虑重点，凡是对河北有利有用的人才都可引进，但对于海外留学人才必须抓住重点，实施重点突破，不能泛泛而引。一是海外留学人才受国内关注度高，优惠政策大，泛泛而引，可能形成人才与待遇的不对等，反而挫伤国内现有人才的积极性。二是引进海外留学人才手续要比引进国内人才复杂，如果引进用处不大，不如不引。当前我们认为，引进海外留学人才的重点对象应该是那些在国际上处于领先水平或先进水平的学术和技术带头人，或者是拥有发明、专利、专有技术并属国际领先水平或填补省内空白项目的人员，或者是那些熟悉国际规则的高级服务从业人员和国际融资者，还有那些拥有高新技术，能够运用所学改造提升河北传统产业者，抑或是河北的支柱产业、重大工程、战略性新兴产业等领域所亟须的高级专业技术人员和高级经营管理人员。充分结合河北产业发展状况引进人才，依托项目引进先进制造业和高新技术产业的高层次人才。重点引进一批钢铁、装备制造、石化、汽车、船舶制造等方面的产业顶尖级人才。这些人员引进来就能用得上，对河北的经济社会发展能起到推动作用。

### （二）对海外留学人才的引进要打破单一引进模式，实行团队引进和单一引进并举模式

在引进海外留学人才时，除了注重个体，还要注重团队，这一点和国内引进团队模式一致。要制定创新团队引进计划，引进河北省优先发展产业亟须的创新团队，引进那些对河北省产业发展有重大影响、能带来重大经济效益和社会效益的创新科研团队，重点引进在国外担任重大科技项目的创新团队。

### （三）在引进海外留学人才的手段上可实行多极化延伸

对于海外留学人才的引进，在手段上可实行引进多级延伸，不能只在国内坐等人才上门，而应发挥市场主体和人才管理部门的积极性和主动性，走出国门直接招聘海外留学人才，要在国外设立海外留学人员工作站和招才引智工作站，通过两站开展长期人才招聘和人才猎头；在国外各知名大学和科研机构设立海外留学人员来冀指导联络工作站；加强与国外留学生机构的联系，派驻专门人员到纽约等海外留学生服务机构获取留学生信息，掌握留学生动向，适时引进人才。

### （四）在海外留学人才引进程序上要尽可能地简化手续

借鉴我国发达省市的成功经验，逐步下放人才引进权限，全面实施人才引进备案制和人才工作证制度，简化海外留学人才引进手续，通过简化手续的方法与外省市争夺留学回国人才。逐步建立海外高校、科研机构、企业与国内用人单位联系的远程系统，不断提高海外留学人才引进效率；不断加强国际交流中心等海外留学人才中介机构建设，充分发挥政府人才市场的主渠道作用，与国内外人才中介机构进行合作，构建覆盖全省主导产业和新兴产业的高效快捷的海外留学人才引进渠道。

### （五）在海外留学人才引进上要加大资金投入力度

逐步加大对引进人才的优惠力度，这就需要政府部门不断加大引进海外留学人才资金投入力度，这些资金重点资助其创新就业，一部分用于安家补助、生活津贴、贡献奖励等。同时，依托重点产业、重点项目、重点学科和优势企业，充分调动用人单位的积极性，加大用人单位对人才引进的投入力度，引导人才向企业、向创业一线流动。设立启动资金、技术扶持资金、风险投资资金等政府扶持资金，充分利用社会投融资机构体系，建立起完善的资金支持体系用于支持海外留学人才的引进。

### （六）在海外留学人才引进组织上要加强协调

在河北省委人才工作领导小组指导下，进一步加强相关部门之间的工作协

同，特别是政府与用人主体之间的合作，逐步形成一个统一领导、分工协作的海外人才引进管理机制和组织体系。完善运行体系，加强部门间的协同配合，围绕河北省经济社会发展关键领域，充分依托社会各类人才中介组织、培训机构，做好海外留学人才引进工作。各级政府要根据本区域产业发展特点建立长期稳定的海外留学人才引进渠道，每年征集本地区项目引智需求，制定项目引智计划，定期向国外发布，大力组织和实施引智引才活动，加强对引进海外留学人才的成效评估，逐步建立完善针对性强、反应快速的引进海外留学人才网络体系，形成合力，共同做好海外留学人才引进工作。

B.16

# "善行河北"主题道德实践活动的推行方式与社会效果*

樊雅丽　王立源**

**摘　要：**

"善行河北"主题道德实践活动是全国首创，河北省通过宣传、通过品牌塑造、通过建立政府和社会关爱好人长效机制、通过激发群众的道德力量等推行方式开展"善行河北"主题道德实践活动。经过近两年道德实践活动的推行，取得了一定的社会效果。通过对实践活动和活动产生的社会效果进行调查与分析，对"善行河北"主题道德实践活动开展的广度、深度和具体社会成效有了一定的了解和把握。推进实践活动深入开展，对"善行河北"主题道德实践活动进行全方位拓展引领的领域和渠道，在制度保障上从社会舆论褒贬赏罚机制、道德回报机制及社会工作的参与机制等方面进行机制化建设。

**关键词：**

善行河北　推行方式　社会效果　机制建设

"善行河北"既是推进社会主义核心价值体系建设的有效载体，是形成良好道德风尚的重要举措，也是构建幸福河北、美丽河北、和谐河北的重要内容。"善行河北"主题道德实践活动是在经历道德滑坡的惨痛历史教训之后，

---

* 该成果是2013年度河北省社会科学院重大研究课题《"善行河北"的长效化、常态化和品牌塑造问题研究》的阶段性成果。

** 樊雅丽，河北省社科院社会发展研究所所副研究员、硕士，研究专业为伦理学；王立源，河北省社会科学院社会发展研究所助研、硕士，研究专业为社会发展。

由河北省党委和政府主导的动员全社会参与的“道德重建”活动。古人云，“治国之道，德威并用。德而不威，其国外削，威而不德，其民内溃”。“善行河北”的本质就是建设道德软实力，这是未来经济社会发展的根本优势。“善行河北”是全国首创，经过两年实践活动的推行，取得了一定的社会效果。本研究从社会学、社会管理学的角度对“善行河北”主题道德实践活动的推行方式和社会效果进行了调查与分析，为将“善行河北”深入可持续地推进下去，把道德建设、善行引导形成制度化、机制化、常态化和长效化。

## 一 “善行河北”主题道德实践活动的时代紧迫性

当前我们的社会正处在社会转型期，各种利益阶层都呈现巨大的社会差距，而旧道德已经瓦解、沦丧，适应新时代的道德还没有完全建立起来。因此当今时代道德出现真空状态，道德领域出现的问题也越来越多。当今社会物质极大丰富，人们的生活却并不快乐，幸福度也很低，心灵上没有依托。一系列食品安全问题出现以后，人们开始迷惘、浮躁，信仰缺失、价值迷失，社会信任极度降低，精神、道德迷茫。人们的价值观念日益混乱，个人主义、功利主义日益盛行；金钱、权力、地位成为一些人追求的价值目标；人与人之间缺乏基本的信任，对人麻木不仁，见死不救；更有大量的不讲诚信、唯利是图、制假贩假、坑蒙拐骗的行为给人们的生活带来严重的危害，善行善举在慢慢凋谢。这种看似简单却背景复杂的社会现象在拷问着支撑社会运转的伦理道德。道德问题日益增多，社会需要“善行河北”主题道德实践活动的持续开展。用“善”的理念教化人，用“善”的行为感染人，把“善”作为当前人们遵循的标准和信仰。要通过解决道德领域突出问题深入推进，在解决突出问题、发动群众参与和强化督导上下功夫，让群众看到实实在在的效果，树立道德建设的坚强决心，把“善行河北”深入推进下去，因此“善行河北”主题道德实践活动具有鲜明的时代紧迫性。

人们在不良的社会风气中显得无助与彷徨，在恶劣的道德传染中显示出精神上的空虚，行为上的迷茫。“善行河北”主题道德实践活动就是要告诉我们什么是对，什么是错，什么是善，什么是恶，为道德行为的选择提供一个可供参考的标杆。事实上，河北在孝道传承、诚信做事和互帮互助中有着深厚的文化基础，诚义燕赵、慷慨悲歌的精神世代传承。以道德模范为榜样，以良行善举为要求，“善行河北”主题道德实践活动理应成为提升河北文明程度的重要推动力。

## 二　“善行河北”主题道德实践活动的推行方式

### （一）通过宣传的推行方式开展“善行河北”道德主题实践活动

河北省在推进“善行河北”主题道德实践活动中，主要通过宣传的方式进行推行。在宣传的过程中以强大的社会舆论为推动力，大力加强“善行河北”的理论宣传、新闻宣传、社会宣传和文艺宣传，使道德的善行精神内化于人民群众的内心。河北各级各类传播媒体如河北日报、河北电视台、河北电台、长城网等，在许多主要版面和相关频道都开辟了“善行河北”的专栏、专题，并对准基层、对准普通大众的善行善举、对准人民群众的点滴小事，成为宣传“善行河北”的主体和内容。

河北省通过组织文艺工作者进行“善行河北”的艺术记录并颂扬人民群众的好人好事。以道德模范和身边好人为原型拍摄了9部电影，启动了“善行河北”近万场的道德模范电影展映工程。组织歌颂河北农大果树93（01）班优秀毕业生群体事迹的话剧《约定无期限》在河北省进行巡演，产生了强烈的社会反响，并获得了很好的社会效果。各地也纷纷利用群众喜闻乐见的形式，强化宣传引导善行的效果，唐山开展了一系列道德模范基层巡讲活动，秦皇岛创办了“善行讲习所”。无极县文明办协调县域内通信企业每周向手机用户发送一条“善行无极·爱无极限”的短信。[①]

在宣传的过程中河北省还通过拓展宣传的触角，在出租车、公交站点、公交车、活动广场、街头电子大屏幕等公共场合上反复播放道德模范和身边好人好事的典型事迹，在全社会营造浓厚的行善向善的社会氛围。

① 杨勇山主编《善曲高奏——“善行河北”优秀新闻作品选粹》，河北人民出版社，2013。

### （二）通过品牌塑造的推行方式推进"善行河北"主题道德实践活动

通过评选道德模范，道德好人等方式进行品牌塑造，推进"善行河北"主题道德实践活动。通过全民参与评选、媒体挖掘等方式，依靠传统媒体持续宣传，网络博客、微博等新兴媒体的广泛互动传播，河北省推出了5000多名"平民雷锋"、"身边好人"。在网络中还开通了全国首家省级道德建设专题门户网站"河北好人网"，点击率迅速突破294万亿次。"善行河北"官方微博开通以后，善行粉丝迅速突破了76万人。河北省每月还专门举办"月评河北雷锋"活动，引导人民群众广泛发掘、推荐、评选身边的好人好事，目前已经有469万余人次参与了网络投票，网页点击率也突破了4000万次。

"河北好人"是一块金字招牌，在河北沧州的青县，善行河北的理念更是深入人心。10年间青县就涌现出1300多名道德模范，青县通过村级道德评议会、乡县海选道德好人，使青县道德建设不断深入，不断树立真实感人的道德标杆，在全国形成了引人瞩目的道德建设的一种"青县现象"。曾经参加过青县思想道德建设经验座谈会的清华大学教授吴潜涛认为，坚持道德教育与社会管理的统一，既是改革开放以来我国道德教育理念创新的重要成果，也是在新的道德教育实践中不断增强其时效性的着力点和突破口①。

### （三）通过建立政府和社会关爱好人长效机制推进"善行河北"主题道德实践活动

在推行"善行河北"的道德实践活动中，河北建立起一套行之有效的长效机制，让好人不吃亏、有好报，使善行善举常态化并实现帮扶常态化。健全省、市、县三级志愿服务指导委员会，完善"巾帼"、"夕阳红"等各类社会志愿服务组织，并在各设区市专门成立了学雷锋志愿服务总队及下属

① 张近情、马国胜：《青县软实力："软管理"带来"硬效益"》，《河北日报》2012年10月8日，第12版。

的学雷锋志愿服务示范工作队，在城乡社区推行志愿服务站，推动各种形式的志愿服务，进一步实现“善行河北”活动的常态化。依托志愿者服务队伍，成立了以“为奉献者奉献、让好人有好报”为宗旨的“河北好人后援会”，社会各界人士纷纷加入。据统计，2012 年河北省注册志愿者人数超过 500 万人。

河北省还出台了《关于帮扶生活困难道德模范实施办法》，帮助有困难的道德模范解决一些实际问题。另外，河北省还特别加强了考核考评机制，把道德建设的实际工作与成果纳入到各级督查督办、领导班子的政绩考核，从制度上保障了道德建设落到实处。

### （四）通过激发群众的道德力量推进“善行河北”主题道德实践活动

“善行河北”主题道德实践活动在推进过程中满足人民群众的道德诉求，激发了人民群众的参与热情。河北号召并引导人民群众，从自己做起，从身边小事做起，在社会公共生活中做一个乐于助人的有益于社会的人，在家庭中做一个爱老敬老的人，在工作中做一个爱岗敬业的人。河北各行各业，从商贸、交通、旅游等服务行业，到食品等生产经营性行业，再到社会管理等行业，都体现了人民群众对个人品德、社会公德、职业道德、家庭美德的道德倾向。群众参与才会使道德建设找到根基，道德建设不是倡导者的独角戏，其主角是群众，只有群众才能创造出生动活泼的道德实践。

## 三　“善行河北”主题道德实践活动的社会效果分析

“善行河北”主题道德实践活动，在河北省开展近两年以来，人民群众究竟是如何看待这一活动的，该活动在人们社会生活中究竟产生了怎样的社会效果？为深入了解这一活动的社会效果，2013 年 9 月中旬，我们课题组通过问卷调查、深入访谈、实地调查、召开座谈会等方式方法，在石家庄、沧州、邯郸、保定等地进行了专题调研，在一定程度上对“善行河北”主题道德实践活动开展的广度、深度和具体社会成效情况进行了了解和把握。

## （一）调查对象的基本情况

在调查过程中，课题组发放问卷250份，有效问卷234份。“善行河北”主题道德实践活动是面向整个社会，涵盖所有群体，因此在调查中我们选取的调查对象尽量包容了所有职业行业，其中党政机关所占比例为10%，事业单位所占比例为18%，国有企业所占比例为21%，民营私企所占比例为16%，个体经营所占比例为11%，农民、学生、军人、无业人员等其他人员所占比例为24%；在居住地的调查上，居住在农村的调查对象有22%，居住在城市社区的调查对象有78%；调查对象在男女比例上分别是42.9%和57.1%，女性居多；在年龄上分布上以30~50岁中年人为主，所占比例为74.6%，具体年龄分布情况：18~30岁的占13.2%，31~40岁的占51.2%，41~50岁的占23.4%，51~60岁的占10.2%，60岁以上的占2%；在文化程度上，以大专、大学文化程度的居多，占59.5%，接受高中、中专、职高教育的占12.7%，初中及以下文化程度的占19.5%，硕士、博士以上文化程度的占8.3%（见表1）。

**表1　调查对象比例分布情况**

单位：%

<table>
<tr><th colspan="2">性别</th><th colspan="2">年龄</th><th colspan="2">居住地</th><th colspan="2">文化程度</th><th colspan="2">工作单位</th></tr>
<tr><td rowspan="3">男</td><td rowspan="3">42.9</td><td>18~30岁</td><td>13.2</td><td rowspan="3">农村</td><td rowspan="3">22</td><td>初中以下</td><td>19.5</td><td>党政机关</td><td>10</td></tr>
<tr><td rowspan="2">31~40岁</td><td rowspan="2">51.2</td><td rowspan="2">高中、中专、职高</td><td rowspan="2">12.7</td><td>事业单位</td><td>18</td></tr>
<tr><td>国企</td><td>21</td></tr>
<tr><td rowspan="3">女</td><td rowspan="3">57.1</td><td rowspan="2">41~50岁</td><td rowspan="2">23.4</td><td rowspan="3">城市</td><td rowspan="3">78</td><td rowspan="2">大专、大学文化</td><td rowspan="2">59.5</td><td>民企</td><td>16</td></tr>
<tr><td>个体</td><td>11</td></tr>
<tr><td>51~60岁</td><td>10.2</td><td>硕士、博士</td><td>8.3</td><td>其他</td><td>24</td></tr>
</table>

## （二）调查情况分析

### 1. 人们对于“善行河北”主题道德实践活动的认知情况比较普遍

在问及“您听说过‘善行河北’吗”，有88%的人选择了“听说过”，可见“善行河北”主题道德实践活动在河北省开展以来，人们对此还是普遍有所了解的。

在问及“您是通过什么途径知道‘善行河北’活动的”，有75.6%的人选择了网络，由此可见网络不仅在城乡居民社会生活中的作用越来越大，而且在“善行河北”活动开展过程中也发挥了其应有的作用。在河北省“善行河北”活动的开展过程中，网络在宣传好人好事，道德典型评选以及“善行河北”品牌塑造上的功效显著，因此在“善行河北”活动的深入推进中要继续更好地发挥网络的功能；有64%的人选择了通过电视节目知道了“善行河北”，电视在人们的日常生活中发挥着重要的功能与作用，电视更是一部分人群日常生活中非常重要的一个内容，因此通过电视媒体对“善行河北”进行宣传，对活动的开展起了极大的促进作用，特别是农村的调查对象，几乎都是通过电视媒体了解“善行河北”的；有58.1%的人选择了报纸，可见“善行河北”活动通过河北日报、河北青年报、燕赵都市报、燕赵晚报进行宣传的力度很大，人民群众通过报纸对“善行河北”活动的认识也相当普遍；有65.1%的人选择了通过看到广告牌、街边广告、公交或出租车等流动广告中的宣传了解了“善行河北”，因此在人们日常的交通过程中通过广告宣传的方式推进“善行河北”活动也是比较成功的；另外还有22.1%的人选择了通过单位或学校组织的相关活动知道了“善行河北”，因此“善行河北”活动进学校、进单位也产生了一定的社会效果；还有15.1%的人选择了通过与人聊天知道了“善行河北”，可见“善行河北”活动的开展对人们的生活是有着一定的社会效应的（见图1）。

总之，调查数据显示出“善行河北”实践活动在河北省的开展与推进有着一定的社会效果，大部分民众通过网络、电视、报纸、流动广告等各种方式对“善行河北”实践活动获取认识和了解，民众对该活动的认知情况也比较普遍。

**2. 人们对于“善行河北”主题道德实践活动对社会风气及个人品行的积极作用持基本肯定的态度**

在问及“您认为‘善行河北’活动对身边的社会风气改善作用如何”，40.5%的人认为作用很大，45.4%的人认为作用一般，只有14.1%的人认为没什么作用。在问及“您认为‘善行河北’活动对个人道德品行有没有起到引导和规范作用”，53.2%的人认为作用很大，40.5%的人认为作用一般，6.3%的人认为没有什么作用（见图2）。由此可见，大部分人认为“善行河北”实践活动对促进社会风气改善和个人道德品行的引导和规范还是发挥了一定的作用。只有极个别的人对该活动的作用持否定态度，在深入访谈过程

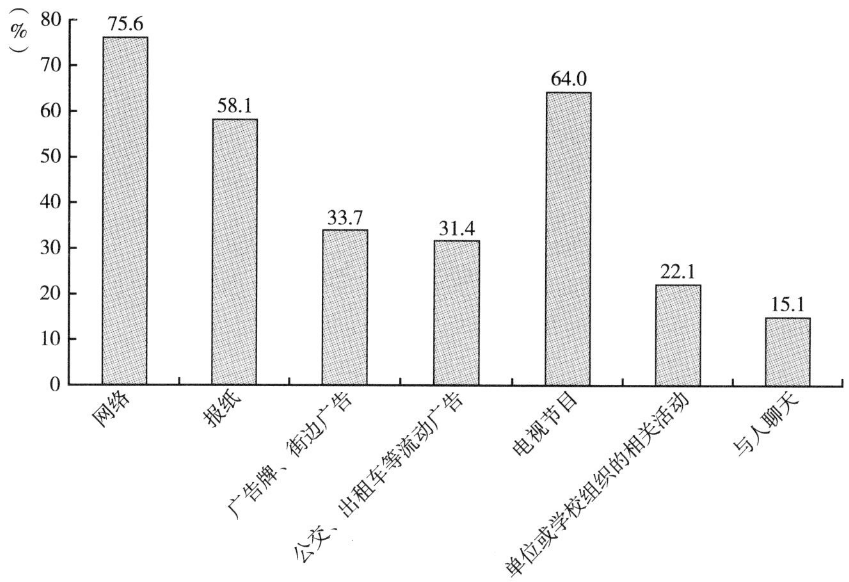


**图 1　了解“善行河北”活动的途径**

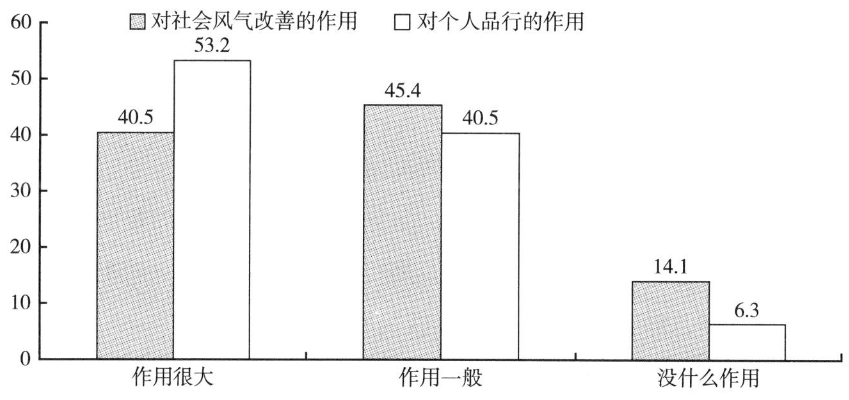


**图 2　“善行河北”活动对社会风气及个人品行的作用**

中，有人认为当前的“善行河北”实践活动缺少力度，单纯依靠说教宣传是很难起到推动作用的；也有人反映出对社会的悲观情绪，认为目前社会风气极其恶劣，官员的腐败案件层出不穷，败德的企业屡屡东窗事发，见危不扶、见死不救的事件频频曝光，互不信任、互相防范的人际关系，令人感到人情冷漠、世态炎凉。他们认为单纯依靠“善行河北”的宣传解决不了当前的道德问题，而那些道德模范典型也只是个别人，大多数人最关心的依然是自己的切身利益。当前社会确实存在着让人们对道德现状产生质疑的道德问题，但无论怎样高估问题的严重性，道德败坏的现象仍是部分社会现象，社会道德积极、进步、向善的主流地位依然是无可撼动的。从我们的调查数据中也可以看出，绝大部分人民群众对社会还是充满信心的，人们对良好人际关系和道德风尚是向往的，而且“善行河北”主题道德实践活动也确实取得了一定的社会效果，一大批道德模范典型的不断推出在社会上引起很大的反响和触动。

**3. 人们对当前社会状况持比较客观的认识**

在回答“你认为在河北社会冷漠现象如何”这一问题时，有32%的认为当前社会冷漠现象普遍存在，有59%的人认为偶尔会有，有8%的人认为很少有社会冷漠现象，只有1%的人认为我们的社会没有社会冷漠现象。由此可见，我们河北省社会冷漠现象的存在还是比较普遍的，“善行河北”实践活动的开展还是非常有必要的。

针对“你对当前的食品安全中的诚信状况有什么看法”这一问题，30.7%的人认为和以前差不多，55.6%的人认为不如从前，只有13.7%的人认为比以前放心多了。可以说，当前商业欺诈等现象屡禁不止，假冒伪劣产品层出不穷，食品安全问题尤为突出，毒奶粉、地沟油、瘦肉精等，让一些民众提出了“还能放心吃什么”的责问。这种情况，严重干扰了我们的经济秩序，严重影响人们的生活质量，也进一步影响了人们对诚信状况的评价。因此人们对“善行河北”主题道德实践活动寄予希望，要加大力度，要通过政府作出表率，要深入地开展下去（见图3）。

**4. 人们普遍持有参与“善行河北”主题道德实践活动的积极性**

在调查中，当问到“你有没有参加过‘善行河北’的相关活动”，有49%的人选择参加过，有51%的人选择没有参加过。针对“你是以何种方式参与‘善行河北’活动的”这一问题，在这近半数参加过活动的人当中，有33.3%的人是通过参加单位组织的相关活动，有3.1%的人是通过参加村庄或社区组织的相关活动，有21.9%的人是通过网络媒体支持道德典型，有4.2%的人是通过新闻媒体宣传好人好事，有19.8%的人是通过自己的道德行为感染身边人，有17.7%的人是通过严于律己。总之“善行河北”开展以来，人民

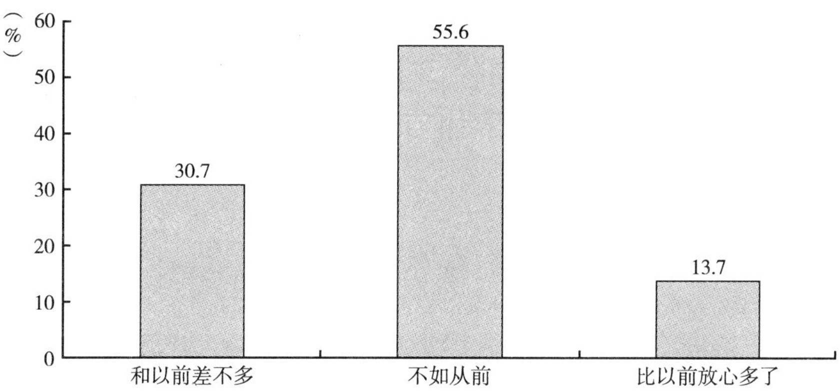


**图 3　对食品安全诚信状况的看法**

群众通过各种各样的方式积极地参与其中，在社会上引起了一定的社会效果。深入访谈也反映出在各行各业的工作岗位上，日常公共生活中群众都在积极地践行道德要求，因此可以说人们有着极大的参与热情，“善行河北”实践活动的深入推进要进一步激发出人民群众的道德能量，让更多的人参与其中，只有这样才能真正在全社会形成“互助、诚信、敬业、孝老”的文明之风。如图 4 所示：

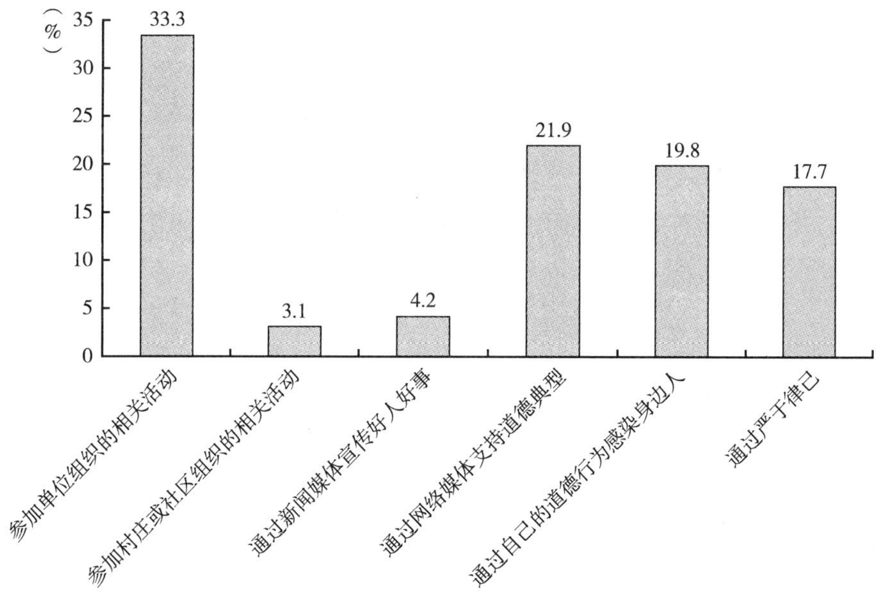


**图 4　参与“善行河北”活动的方式**

## 四 “善行河北”主题道德实践活动的制度化与机制化建设

“善行河北”的社会效果如何，关键在于能否持续推行下去，而常态化长效机制是使“善行河北”规范、稳定、健康可持续发展的制度保障。

### （一）推进“善行河北”主题道德实践活动深入开展的现实路径

从调查中我们得出，尽管实践活动已经取得一定的社会效果，但依然存在许多问题，需要我们深入地持续推进“善行河北”主题道德实践活动。推进“善行河北”道德实践活动，要特别关注“善”的价值观在人民大众的日常生活中生根、发芽、结果的发展历程和现实逻辑，通过全方位拓展引领的领域和渠道推进“善行河北”主题道德实践活动的深入开展。

**1. 用“善文化”引领多元文化，加大力度深入推进实践活动**

这是一项复杂的社会性系统工程，必须多层次、多路径地展开，只有全方位拓展引领，才能把最大限度地形成善行共识的要求落到实处。一方面，要把“善文化”融入教育、精神文明建设的全过程，为引领多元文化、达成共识创造更加有利的社会环境。要突出重点人群，以生力军带动和影响更多的人。要关注青春期的孩子们，可以利用讲座、动画片、讲故事等多种形式传播，引发出人性纯真善良的一面，多进行社会正方向的道德引导。也要加强网络建设，减少社会负面信息，多传播社会正能量。访谈中有人提出要发动各个单位、学校增加志愿者服务设施，让更多的人参与到“善行河北”的活动当中来。另一方面，还要进一步加大活动开展的力度。在调查中我们发现当前“善行河北”实践活动在农村开展得不够深入，大多数人都是从聊天或者电视节目及广告当中听说的，而不知道其实质内容是什么，因此还要全面、深入、持续地开展下去。在访谈中有人提出“善行河北”活动要持之以恒，要更多地从群众实际生活中发生的真人真事进行宣传，让每个人身边都能有一些典型，让模范离我们的生活更近，影响效果才会更明显。

**2. 创新方法，创新载体，让善的精神更具有时代感和感召力**

进一步通过加强主流媒体、网络、新闻出版、广播影视、文学艺术、社会科学、学校、社区等各类宣传阵地的建设，把"善行河北"道德实践活动的工作渗透到文化生产、传播、应用的各个方面、各个部位和各个环节。访谈中有人提出在善行善举的宣传表达形式上要有所改进，他们认为树立道德典型也许并不是最有效的途径，因为这些都是极端个例，与普通人的距离比较远，只有普通大众都普遍认可的才是人民真正需要的，所以建议宣传部门多做一些类似中央电视台关于"family"家的公益广告，使我们的宣传更具有亲和性和教育性，使我们普通民众更受启发。也有人提出既要从各社区入手，包括在居民楼道、电梯口等位置，张贴正能量宣传画及宣传语，更要设计新颖，深入人心，让人们在日常生活中到处可以感觉到积极向上的心理暗示。要通过各种宣传、引导弘扬优良的品德，重拾人们心中的"真善美"，在推动经济建设的同时，更多地促进精神文明的发展，真正实现国家富强，人民幸福安乐的局面。

## （二）"善行河北"主题道德实践活动长效推进的原则和关键性问题

"善行河北"活动的长效推进有着其自身内在的规律和特点，关系着每个人内在修养、文明素养及整个社会文明素质的提升，具有长期性，不可以急功近利；它关系着倡导诚信和善举的全民道德实践，不能有半点虚假和浮躁；它关系着鼓励全社会民众积极主动地进行参与、以正能量推进社会文明的创新，不能行政命令一刀切、追求单纯的社会参与率。因此，推进"善行河北"道德主题实践活动开展的长效机制建设首先需要体现出倡导性、长远性、自愿性等原则。同时还要特别注意以下三个关键性问题：一是注重教育。道德教育在道德建设中发挥着基础性的作用，将道德教育作为贯穿"善行河北"主题道德实践活动自始至终的内容；二是倡导方式。倡导是活动的主导方与参与主体在平等关系基础上的互动方式，能有效发挥双方的主动性和积极性；三是要避免奖励方式物质化倾向。道德实践是个人追求高尚精神生活和个人修养的内在需要，对道德行为的奖励，更多的是给予荣誉上的鼓励，而不是过分强调物质奖励。当然，解决他们实际生活的困难还是非常必要的。

### （三）“善行河北”主题道德实践活动长效推进的制度化建设

制度是人类社会正常运行最基本的规则，良好的制度可以有效地维护正义、公平的社会秩序。制度建设是“善行河北”的根本保障，社会必须建立道德的制度保障机制。因此要把“善行河北”通过一定程序固化为制度，并依靠制度和机制来促进“善行河北”深入持续地开展下去。推进“善行河北”主题道德实践活动需要比较规范、稳定、配套的制度体系，实现“善行河北”主题道德实践活动的常态化、长效化需要制度作保障，如法律政策的保障制度、奖惩制度、考核制度、群众参与制度、志愿者服务制度等。“善行”不单单是忘我的奉献行为，更多体现在日常的行为当中。

**1. 建立管理制度**

合理的道德原则与规范、规范行事的人、维系道德的社会制约因素以及良好的社会环境是道德行为的发生需要具备的几个要素。民众良好的道德素养不单纯是道德教育的问题，更是一个维系道德管理的建设问题，因为客观环境会迫使人不得不去做不道德的行为，比如，公交车运力不足以及管理混乱，会使乘客拥挤上车而没有办法和能力去自律和行善。因此，我们要通过发挥政府的管理职能，通过经济的、行政的手段和法规，建立相关的管理制度，为善行创建良好的制度环境。把“道德建设”纳入城市的社会管理系统，在提升城市文明形象的建设工程中融入道德规范的理念。

**2. “善行河北”的保障制度**

良好的制度规范会鼓励人们自觉地“从善”，不好的制度规范则会抑制“从善”的行为。我们要通过对腐败行为的防治、对垄断行业的规制、对弱势人群的关怀等制度安排，完善法律保障，实现制度的公平与正义，让道德自律者能够享受应有的权益保障。一方面要从政府自身做起，公务人员做好道德自律，发挥干部对制度规范的模范遵守带动作用，这对净化道德环境、促进道德建设起到了重要的支撑作用。另一方面在行业规则、村规民约等公民日常行为规范中纳入道德自律的要求，把道德自律与制度保障进行有机结合。倡导道德典型模范的表彰制度，形成良好的社会道德风尚。只有持之以恒地激发出人民群众内心深处的道德情感，才能影响和提升整个社会的道德水准和文明程度。

## （四）"善行河北"的机制化建设

机制建设就是要把深入持久推进"善行河北"主题道德实践活动的重点放在建立引导人向善的社会机制上。机制建设也是多方面的，包括监督机制、考核机制、群众参与机制、联动机制等。本研究主要从社会舆论褒贬赏罚机制、道德回报机制及社会工作的参与机制三个方面进行机制化建设。

### 1. 社会舆论褒贬赏罚机制

社会舆论的褒贬是道德制度建设的重要机制。通过道德评价而形成的善恶是非等社会舆论，是维护抑恶扬善的强大力量，因此，我们要建立并不断完善道德的导向机制、针砭机制和公示机制。在社会价值观念多元化的今天，政府、媒体、具有社会责任感的公共知识分子等社会组织或个人，要对社会中现实存在着的混乱的是非观念给予澄清，引导公众树立正确的道德价值观；对典型或重大的善行善举或恶劣的丑恶行径，发挥电视、报刊、网络、广播等媒体的优势，形成广泛的讨论，针砭恶劣的丑恶行径并彰显善行善举；建立道德公示机制，使民众时刻注重自身的品行，不断形成社会责任意识，特别是在社区，发挥熟人社会的舆论监督优势及中国人特有的"面子"心理，激发民众的荣誉感和耻辱感来抑恶扬善。

### 2. 道德回报机制

道德回报机制的形成深层次原因在于"德福一致"机制的缺失。完善道德回报机制，通过道德回报，给行善行之人物质或精神的奖赏来补偿其因善行而遭受的损失，给行恶者以惩罚来减少其不道德行为带来的利益。

经济学中有一句话，即"劣币驱逐良币"，如果一个社会中真正做出奉献的人，得不到社会应有的道德认可，而不作为甚至不讲道德的人，却享受贡献，就必然会形成道德评价与道德赏罚的不公正，从而形成道德上的二律背反，即奉献与补偿、德行与幸福的背反。在我们的现实生活中，德、福背离的现象如"老实人吃亏"等时有发生，结果社会的道德水平日渐下降。

因此，从维护社会公正、公平的角度出发，必须建设起德、福相互统一的良好的社会道德环境。道德回报是实现社会公正、公平的有效方式方法。道德回报机制的建立，促进赏善罚恶，使德行者获得补偿和奖励，使违反道德的行为受到惩罚。赏罚机制让人民群众感受到德行具有现实意义，而恶行既是可耻的，也导致实际利益的损失。通过建立完善道德回报机制，保障道德回报的实现，减少行善的后顾之忧，从而优化老实人不吃亏、好人有好报的社会道德环境。

**3. “社会工作”的参与机制**

“善行河北”的理念和传递的正能量一直在影响着社会的价值观和舆论氛围。从社会工作角度来说，如果加入社会工作的专业理念和方法，会更有力地促进“善行河北”的常态化和长效化。社会工作的核心理念是助人自助，即帮助别人的同时自己也得到了成长，和他人一起传递正能量。社会工作方法中有挖掘弱势群体的潜能，培养其生活技能，使其更好地融入社会；整合社会资源，为弱势群体协调其周围的人际关系，使其生活得更有价值和尊严。通过社区社会工作的介入，组织社区成员参与，共同解决社区问题，改善人们的社会环境和生活质量，形成社区归属感，强化社区参与及影响决策的能力，发挥其潜能。

第一，社区作为城市的基层组织在深深地影响着社区居民的生活，可以通过借助社会工作的理念、方法与“善行河北”的平台，深入开展关爱社区的行动，评估社区的需求，解决社区的问题，培养社区居民自助、互助与自决的精神，增加居民的社区幸福感与归属感。第二，社区可以根据评估不同群体的实际需要，开展“善行河北”的相关活动、实施帮助措施。通过深入社区的评估和开展的活动，来营造社区互助、关爱的氛围，搭建平台，为弱势群体整合社会资源。如，针对失业人员，搭建培训平台，通过培训实用性强、有一定社会需求的技能，帮助失业人员就业而更好地融入社会；针对亲子关系，定期举行改善亲子关系的讲座，指导家长如何更好地与孩子沟通、交流；等等。第三，为社区的弱势群体争取和整合社会资源，深入挖掘社区的优势，提升居民的社会意识，主动参与社区事务，关爱身边的弱势群体。“善行河北”的理念可以通过社区去提升社区居民互助、合作、自决的精神，建立社区的紧急支援网络，以帮助社区的弱势群体。第四，社会工作者在社区培养、培育志愿者服务队伍，逐步建立社区支援服务长效化机制。借鉴深圳志愿服务为义工配发电子义工证的经验，进一步提高志愿者志愿服务的积极性、规范性和专业性。

B.17

# 彩民过度购彩的社会影响分析与对策研究

侯建华*

**摘　要：**

本研究从彩票、彩民及过度购彩的相关概念和理论出发，采用文献资料法、观察法、问卷法、访谈法等研究方法，对过度购彩的社会影响进行了深入分析，通过小型问卷调查对石家庄市彩民的基本特征和消费行为特点进行了分析，在此基础上，对彩民过度购彩的行为表现和成因进行了重点探讨，并据此提出了加强彩票监管、改善彩民结构、设置彩民服务机构、树立健康的彩票消费文化、对彩民群体实行动态监测等防范彩民过度购彩的措施。

**关键词：**

彩票　过度购彩　彩民结构　投机心理

彩票是一种被世界各国所广泛采用的为社会公益事业筹集资金的有效方式。借鉴国外的经验，经国务院批准，我国分别于1987年和1994年开始发行福利彩票和体育彩票。20多年来，彩票的销售额逐年攀升，彩票事业也由小到大，发展迅速。仅中国福利彩票1987~2012年就累计销售7876亿元，筹集公益金2530亿元[①]。彩票已经成为我国筹集社会资金发展社会福利和体育事

---

* 侯建华，河北省社会科学院社会发展研究所副研究员，主要研究方向为社会政策、社会问题研究。

① 《2012年中国福利彩票销量首次突破1500亿元》，http://www.zhcw.com/xinwen/hangyeshuju/2468810.shtml。

业的重要渠道，不仅如此，彩票业的快速发展，还为社会提供了大量就业岗位，为政府增加了税收，带动了信息技术、新闻出版、印刷、广告等相关产业的发展，取得了巨大的社会效益，也对经济、社会、文化发展产生了深刻的影响。经过20多年的发展壮大，彩民已经成为一个巨大的群体，其中又有相当比例的彩民存在着过度购彩行为，产生了一些消极的社会影响，亟须对其加以研究和引导。

## 一　彩票、彩民和过度购彩

### （一）彩票

彩票，也被称作奖券，英文称之为“a lottery ticket”。《辞海》（1999年版）把彩票解释为：“俗称‘白鸽票’。以抽签给奖方式进行筹款或敛财所发行的凭证……”《现代汉语词典》把彩票解释为：“彩票，奖券的通称。”对奖券的解释为：“奖券，一种证券，上面编有号码，按票面价格出售。开奖后，持有中奖号码奖券的，可按规定领奖。”2009年7月1日实行的《彩票管理条例》对彩票做出了明确规定：彩票，是指国家为筹集社会公益资金，促进社会公益事业发展而特许发行、依法销售，自然人自愿购买，并按照特定规则获得中奖机会的凭证。彩票不返还本金、不计付利息。我国经国务院批准发行的彩票有福利彩票和体育彩票两种。彩票按特征可以分为传统型、乐透型、数字型、透透型4种彩票类型。

### （二）彩民

“彩民”这一词语最早出现在20世纪90年代，是民间模仿“股民”形成的对买彩票购买者的称呼，后来逐步被彩票机构以及一些媒体所使用。2005年出版的第五版《现代汉语词典》收入了“彩民”这个词，把“彩民”解释为“买彩票或奖券的人（多指经常购买的）①”。这代表“彩民”

① 中国社会科学院语言研究所词典编辑室编《现代汉语词典》（第五版），商务印书馆，2005。

这个词语得到了官方的承认，彩民也得到了社会的认可。据不完全统计，目前全国彩民人数超过 2 亿人。我国彩票发行 20 多年来，彩民通过购买彩票为国家筹集了大量的公益金，为我国社会福利和公益事业、体育事业发展做出了巨大贡献。“2008 中国慈善排行榜”中，中国彩民被授予“慈善特别大奖”。

### （三）过度购彩

随着近年彩票业的蓬勃发展，彩票玩法不断推陈出新，彩民数量也越来越多，在这个过程中，媒体上不断出现通过抢劫钱财、挪用盗窃公款等违法犯罪行为来谋取购彩资金的事件，在社会上引起强烈的反响，一些学者开始关注彩民的彩票消费行为，但对彩民过度购彩行为的研究还不多，目前也没有一个统一的标准来界定何为过度购彩。本研究认为，过度购彩行为不仅表现为购彩投注金额超出自己的经济承受能力，也表现为购彩“成瘾”，心理上对彩票形成依赖，彩票过多地占用了工作和休闲时间，影响到本人及其家庭的正常生活，甚至为购买彩票而进行违法犯罪行为，对个人、家庭、社会造成严重影响。基于此认识，本研究将过度购彩行为界定为对彩民本人或社会关系以及社会产生不良影响的购彩行为。

## 二　彩民过度购彩行为的社会影响

### （一）过度购彩行为会危害个人的心理、生理健康

大多数彩民都是抱着娱乐的心态购买彩票，但还是有一部分彩民随着购彩时间、频率的增加，会产生一种病态的心理。许多有过度购彩行为的人会坚持每期买彩票，偶尔因为某些原因没买就会产生焦虑的情绪，觉得自己错过了大奖，处在不断的自责之中。过度购彩的彩民往往会投入大量的时间、精力来研究彩票，总感觉大奖在眼前，产生一种类似于“赌博”的成瘾性，在自己的投入没有得到回报时，会越投越多，陷入恶性循环，难以自拔，不仅严重损害自己的心理健康，还会产生失眠等生理健康问题。

### （二）过度购彩行为会危害个人的家庭和社会关系

彩民一旦形成了过度购彩行为，必然会整天沉溺于彩票上，无心家务和工作，听不进家庭成员的劝告，甚至会和父母、配偶、子女等家庭成员产生冲突，影响家庭和谐。还有彩民为买彩票而向周围亲友、同事借钱，因无力偿还而严重影响自己的家庭关系和社会关系，给自己或家庭的声誉、财富、生活水平、职业等带来严重的负面影响。因过度购彩而导致的夫妻离婚、因研究彩票无心工作而导致的被解雇等现象也时有发生。可见，过度购彩行为已经严重危害到了个人的家庭和社会关系。

### （三）过度购彩行为极易引发违法犯罪行为

过度购彩行为不仅会给个人和家庭产生伤害，甚至会让人走上违法犯罪的道路，从而引发极大的社会危害。2006 年，成都一位男子为了要 212 块钱来购买彩票，将其母亲和兄嫂残忍地杀害了，他在被逮捕的时候还坚信他买的彩票能够中大奖。2007 年，邯郸的任晓峰、马向景为了购买彩票，利用职务便利，多次从河北邯郸农行金库盗取现金共计人民币 5095.605 万元，将其中的 4535 万余元用来购买彩票，投注金额从 5 万到几十万、几百万甚至 1400 多万，完全是一种病态的购彩行为。山东寿光的刘某为了实现自己“一夜暴富”的梦想，想到了通过非法集资来筹集购彩资金的主意，他非法集资的 3 亿多元人民币中有 1 亿余元被用来购买了彩票，他每次购彩的金额均在百万以上。此类犯罪行为已经不是针对个体的犯罪行为，涉及的人数众多，易引发群体性事件，已经成为了社会不稳定的一个诱发因素。

### （四）彩民过度购彩现象会对社会价值观造成错误的导向

由于彩票业的逐渐发展，彩民群体甚至社会公众对彩票业的看法，比从前更加开放。国内外的相关调查表明，越来越多的人开始接受博彩行为，他们不像以往一样把博彩看成是一种赌博行为，不再谈“赌”色变，有相当多的人认为博彩甚至赌博是可以接受的行为。这一点是很令人担忧的，它既会对青少年的价值观造成不良的影响，也会在一定程度上助长私彩的发展。彩票业的发展速度不断加快，如果政府和社会没有为此做出相关的应对措施，那将会对整个社会的价值观形成错误的导向。

### （五）彩民过度购彩不利于形成良好的社会文化氛围

现代彩票既是政府募集社会闲散资金弥补社会公益事业发展资金不足的一种手段，同时也为公众提供了一个休闲娱乐的游戏，但由于人们对彩票的认识还存在某些认知上的偏差，再加上彩票销售机构各种唯利是图的营销手段，使彩票的投资价值取向被无限地放大了，致使很多人把彩票当作摆脱自己原有生活境遇，“一夜暴富”的一种手段。从社会文化的视角来看，这会在彩民中形成一种投机性的购彩心态，形成不健康的购彩行为，既不利于形成良好的社会彩票文化氛围，也会影响彩票业的健康发展。

## 三　彩民过度购彩行为研究

为了对彩民的过度购彩行为有一个直观的认识，我们在石家庄市设计了一个小型调查，试图了解彩民购彩的一些消费行为特征，进而找出过度购彩行为的成因和行为特点，为最终研究治理过度购彩问题提供一些依据。我们在石家庄市桥西区、桥东区、新华区选择了 10 个彩票投注站，对彩民随机进行了问卷调查，并对部分彩民进行了访谈。本次调查共发放调查问卷 300 份，回收有效问卷 296 份，问卷有效率 98.7%。

### （一）彩民的基本状况和消费行为特征

#### 1. 彩民的性别分布

如图 1 所示，在被调查的彩民中，男性占被调查者的 77%，女性占被调查者的 23%，男女彩民的比例为 3.3∶1。调查结果显示：石家庄市彩民男性多于女性。这主要是受男女性格特点的影响，跟女性相比，男性的竞争性更强，更倾向于接受挑战、追求刺激，男性的博彩意识、风险意识普遍比女性要强。另外，大多数男性与女性相比，收入更加稳定，决策权更为自主。我国传统的“男主外，女主内”的行为模式，使得女性的消费自主决策权大多集中在家庭生活消费品的购买行为上，而在理财、投资、博彩等风险性活动大多由男性决策。

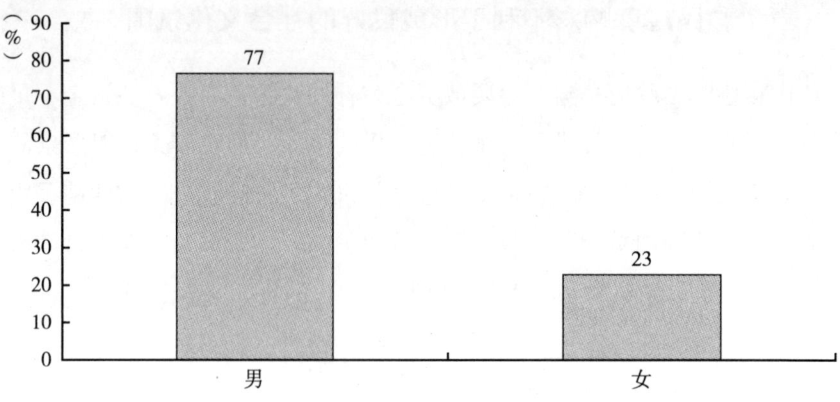


**图1　彩民的性别分布**

**2. 彩民的年龄分布**

调查结果表明，彩民的年龄主要集中在20～50岁，占总调查人数的81.1%，这说明彩民的年龄结构以中青年群体为主，具有年轻化的特点。如图2所示，彩民中20岁以下的所占比例为6.8%，20～29岁、30～39岁、40～49岁所占比例分别为25.7%、23.6%和31.8%，而50岁以上的彩民所占比例为12.2%，彩民在年龄上呈现出一种中间大两头小的橄榄型结构。分析其原因，主要是由于中青年群体不仅收入比较稳定，购买力较强，而且消费态度也较自由、随意，生活方式大众化，乐于接受新鲜事物，容易受到媒体宣传及周围人群的影响。而20岁以下的年轻人，大多处在上学或求职阶段，没有大量的时间、精力和金钱来购买彩票。而老年人则不同，他们的消费态度较为保守，不喜欢冒险、投机，对新事物容易持怀疑态度，对彩票的认同程度也较低。

**3. 彩民的文化程度分布**

从图3可以看出，被调查的彩民中，中学以下文化程度的群体所占比例只有6.1%，中学文化程度的群体所占比例为33.1%，中专和大专文化程度的群体所占比例为35.8%，大学本科以上的群体所占比例为25.8%。可以看出，石家庄彩民群体的文化程度还是比较高的，中专以上文化程度的彩民所占比例

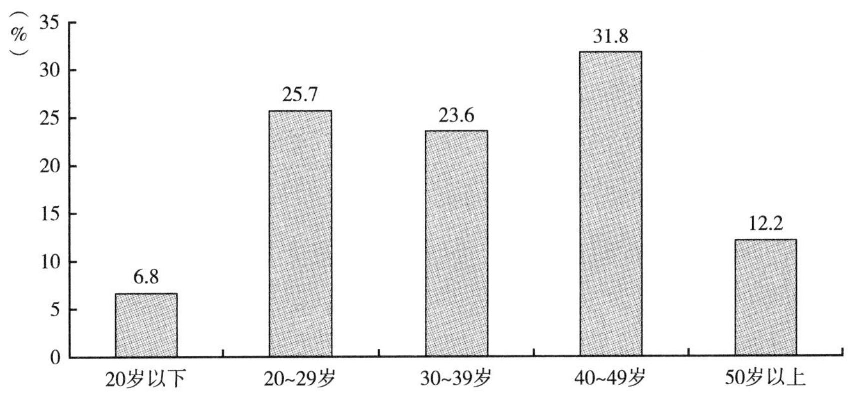


**图 2　彩民的年龄分布**

已经达到了61.6%。因为本次调查在石家庄市区进行，因此本科以上文化程度的被调查者基数也相对较大，但不可否认的是目前彩民的文化程度正在逐步提升。

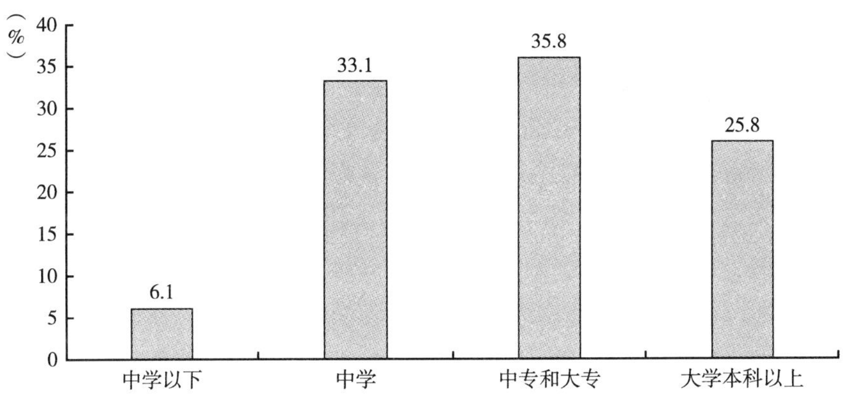


**图 3　彩民的文化程度分布**

**4. 彩民的职业分布**

调查结果表明，个体经营者、工人、普通打工族、公司职员是彩票的主要购买群体，所占比例分别为21.6%、17.6%、14.2%和13.5%（见图4），这4个群体占被调查者的66.9%。从彩民的职业分布上可以看出，多数彩民的职业都是比较缺乏保障或是工作比较辛苦的，社会压力和经济压力比较大，他们比较容易抱着通过彩票来改变命运、改善生活条件的想法来购买彩票。

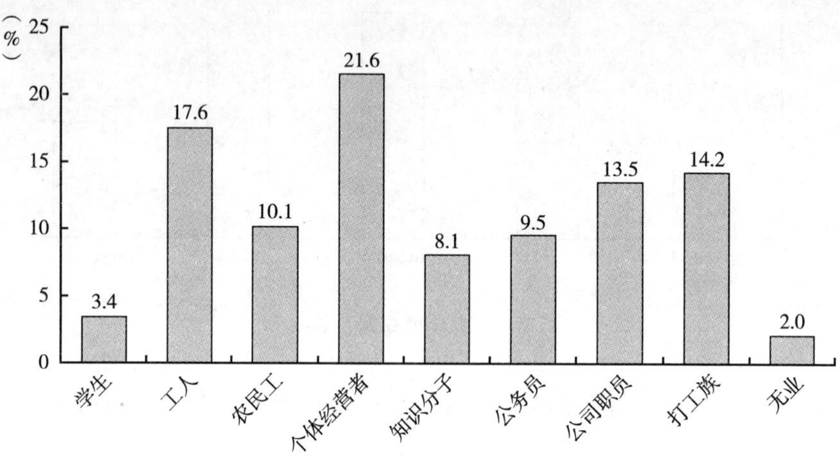


**图 4　彩民职业分布**

**5. 彩民的经济收入**

西方经济学家认为，购买彩票的人主要是社会中那些经济收入不高的人群。我们在调查中以月收入作为考察彩民经济收入的指标，从图 5 可以看出，月收入在 2500 元以下的中低收入人群构成了彩民的主体，比例高达 77%。而月收入在 2500 元以上的各组，出现了随收入增加购买彩票人数下降的趋势。

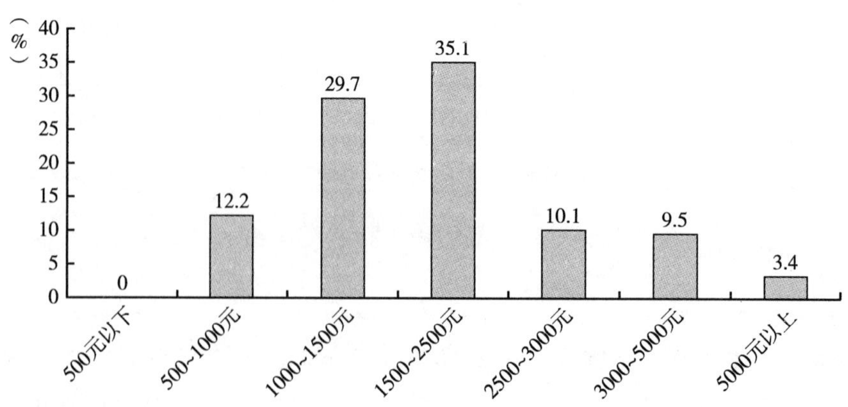


**图 5　彩民的月收入分布**

这一趋势和其他消费品的情况背道而驰。这说明中低收入者购买彩票的主要目的是希望从中获取投资收益，以改变自己的生活环境。

**6. 彩民的购彩年限**

从彩民的购彩年限来看，彩民中有 3 年以上购彩年限的人数是比较多的，达到了 41.9%，其中，7.4% 的彩民购彩年限长达 10 年以上，彩票的社会影响由此可见一斑。具有 3 年以下购彩年限的彩民有 58.1%，也就是说，近六成彩民的“彩龄”还是比较短的。

**7. 彩民购买彩票的动机**

美国心理学家马斯洛认为，人的行为是由其动机驱使的。动机是指刺激和促发行为反应并为这种反应指明具体方向的内在力量，动机就是行为的原因。如图 6 所示，彩民购买彩票的动机主要是出于低成本、高回报的预期。石家庄彩民购买彩票的动机占前三位的分别是中大奖、娱乐休闲以及支持中国慈善和公益事业，其比例分别为 72.7%、54.9% 和 45.3%。这说明中大奖仍然是人们购买彩票的主要原因，彩民购彩多是抱着搏一搏的心态，希望能够通过彩票实现“一夜暴富”，这正是彩票的魅力所在。政府应当引导彩民正确地看待中大奖的几率，避免因期望过高而沉溺于其中。当然，大部分彩民纯属娱乐性的

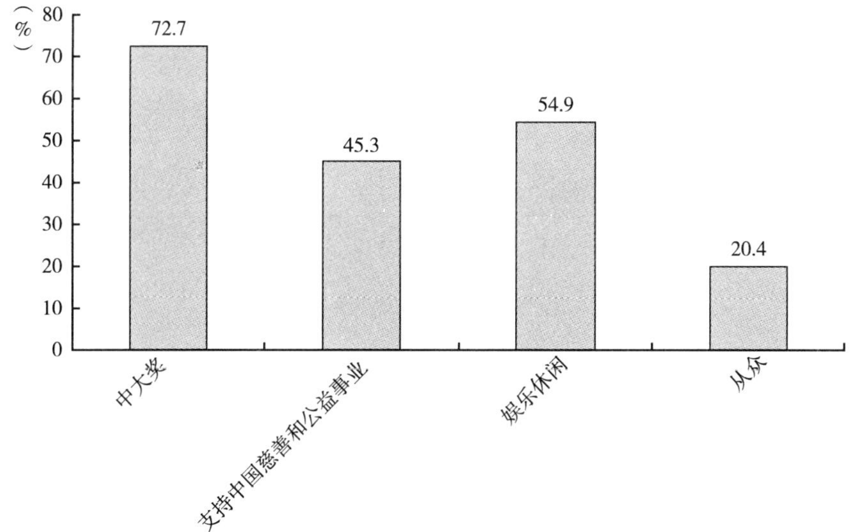


**图 6　彩民的购彩动机**

小赌一把，中奖了固然好，没中奖的话也能坦然接受，这也是彩票娱乐属性的表现。彩票的本质是一种游戏，不过由于其中掺入了竞争和投机的因素，更增加了这种游戏的特殊魅力。闲时买几注彩票，中奖了当然好，不中奖就当为福利事业和体育事业做贡献、献爱心了，支持中国慈善和公益事业的发展也是彩民购买彩票的动机之一。

**8. 彩民的购彩金额**

彩民购彩以小金额投注为主，大部分彩民每期投注金额都在 50 元以下。统计数据显示（见图 7），每期购彩投注金额在 10 元以下的彩民有 84 人，占被调查者的28.4%；每期购彩投注金额在 10～20 元的彩民有 110 人，占被调查者的 37.2%；每期购彩投注金额在 20～50 元的彩民有 52 人，占被调查者的 17.6%；每期购彩投注金额在 50～100 元的彩民有 34 人，占被调查者的 11.5%；而每期购彩投注金额在 100 元以上的彩民有 16 人，占被调查者的 5.4%。

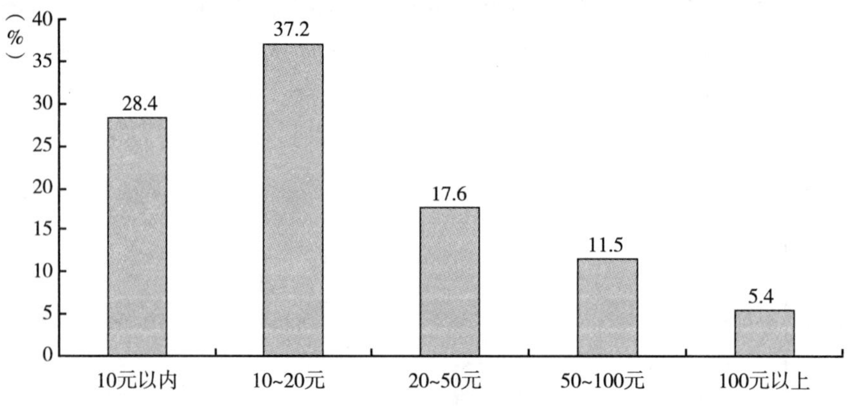


**图 7　彩民每期投注金额**

**9. 彩民购彩频率**

购彩频率也是反映彩民对彩票参与程度的一个重要指标，从图 8 我们可以看出，彩民购买频率大部分在每月 8 次以下，所占比例为 71.6%。随着购彩频率的升高，购彩人数呈递减趋势。值得注意的是，本次调查中购彩频率在每月 17 次以上的人有 10 个，所占比例为 3.4%，这部分人基本上每周都要购买

4 次以上，甚至有人每天都要购买彩票，所占比例虽然不高，但却有过度购彩倾向，值得关注。

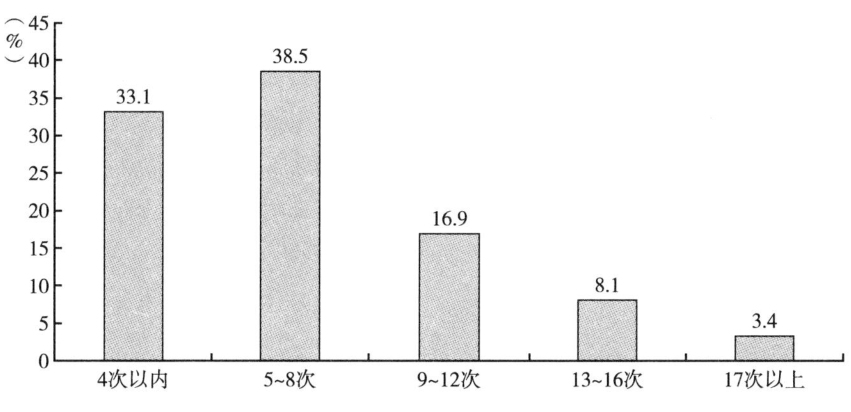


**图 8　彩民每月购彩频率**

## （二）过度购彩的行为表现及成因分析

### 1. 彩民过度购彩的行为表现

目前国内尚没有形成一套成熟的界定彩民过度购彩的标准，国外由于开展相关研究较早，已经形成了一些甄别问题博彩和病态博彩的量表，但由于文化差异、国情不同等原因很难拿来直接使用，所以，我们采用了观察法、访谈法等研究方法，试图描述出存在过度购彩倾向彩民的一些行为表现特征。

（1）投入金额偏高。通过对投注站销售人员的访谈，我们发现，一些销售业绩较好的投注站都拥有他们所谓的“大户”。这些大户往往每次投注都有固定支出金额，而且金额较高。工农路一家投注站老板谈到，他的投注站有十来个“大户”，每月投注金额在 1000 元以上，有时候一个人研究出认为有较高中奖几率的号码后，会邀请别人合买，一起进行大额投注，往往一次性投入几千元甚或上万元。对这些彩民来说，购买彩票已经不是一种休闲娱乐，而是一种投资了，这极有可能会引发一系列的社会问题。前面我们也提到，在调查中发现有 5.4% 的人每次投注金额都在 100 元以上。通过对彩票玩法的进一步了解，我们知道某些彩票是可以通过加倍的方法来投注的，中奖后奖金也会相应的加倍，很多彩民正是看准了这一点而以倍投的方式博取高额奖金，这也恰恰反映出过度购彩彩民的“一夜暴富”心理。

（2）购买彩票频率高。大多数彩民刚开始购买彩票时往往购彩频率和购彩花费都不高，有人因为偶尔中了次小奖，高兴之余就开始不知不觉地加大投注额。在访谈中，我们就遇到了一位这样的彩民，他刚开始接触彩票时，只是偶尔买上 3 注 5 注娱乐一下，因为一次购买了 3 注双色球中了 200 元，开始一发不可收拾，现在基本上每天都要购买彩票，一天不买，就会觉得自己错过了中奖机会，懊悔上好几天。大部分有过度购彩倾向的彩民在长期购买彩票的过程中，逐步养成了相对固定的购彩站点、时间、投入金额和购买频率等消费习惯。过度购彩的彩民相对普通彩民来说购彩频率较高。

（3）花在彩票上的时间较长，影响生活和工作。访谈中我们遇到了一位彩民，他在一个菜市场开了一家杂货店，除了中午和傍晚市场人多的时候和妻子一起看店外，其余时间都泡在彩票投注站，不是对照趋势图研究号码，就是和其他彩民讨论彩票问题，每天在投注站的时间高达 5～6 小时。妻子因为他整天泡彩票站经常和他吵架，但他总是吵完好不了两天就又泡到投注站了，用他自己的话说是一天不去彩票站就心痒难忍。像这样的彩民，每个投注站都有那么几位。在对彩票投注站的调查中，我们发现，有一些彩民没有固定工作甚至是置自己的工作于不顾，整天泡在投注站研究开奖号码走势图、预测彩票号码，俨然把研究彩票当成了自己的本职工作。在调查中，我们发现每个彩票投注站总有几个人或站或坐，在中奖号码走势图前指指点点，写写画画，有的彩民甚至能一研究就是几个小时。这些彩民一定意义上已经成为了一种“专职彩民”，把时间和精力过分投入到了彩票中，有的已经到了难以自拔、严重影响工作或家庭生活的程度。大量有形的金钱投入和无形的时间、精力投入，在得不到很好的收益时，不仅很容易使彩民购彩时出现焦躁的情绪，也会加大他们与家庭和社会的隔膜，造成过度购彩问题的产生。

（4）购买彩票的年限较长。我国从 1987 年正式发行彩票以来，已有 25 年的时间。随着销量的逐年增加，造就了大量忠实的彩民，有很多彩民的彩龄

和彩票发行的时间相当，彩票不断发展的过程，同时也是彩民队伍不断壮大的过程。最终揽获大奖是这些彩民对彩票热情不减的主要吸引力，但毕竟中彩票大奖的概率是极低的，数年的投入得不到回报，产生焦躁的情绪也是必然的，在调查中就有彩民抱怨玩彩票多年也中不了一个像样的奖，投入越来越多，又期待着有朝一日中得大奖不但收回成本还能获利不菲，这让很多人陷入了屡买屡不中，屡不中屡买的恶性循环，也正是大部分有过度购彩问题的彩民都是老彩民的原因。

**2. 彩民过度购彩的成因分析**

（1）“中大奖”的购买动机造成彩民过度购彩。在我们的调查中，彩民的购彩动机排在第一位的就是“中大奖”，所占比例高达72.7%，这种彩民的消费动机与彩票的发行初衷是不一致的。彩票发行初衷是一种益智类的游戏，是为国家募集社会公益资金的一个工具，发行彩票的过程同时也是培养人们的慈善意识，引导人们投身于社会慈善和公益事业的过程，而彩票的“以小搏大”也不失为一种调节人们紧张工作生活的休闲娱乐活动。而现在彩民购买彩票的动机，已经与慈善渐行渐远。这种“中大奖”的不良购买动机成为影响彩民购彩行为和心理，导致过度购彩的内在动因。有了“中大奖”的购彩动机，彩民的购彩金额和购彩频率都会自觉不自觉地增加，前期的投入越多，中不了奖而导致的需要得不到满足的可能性越大，很容易引起心理上的焦虑和情绪上的失常，造成对彩民自身、家庭和社会的危害。

（2）对彩票的认知偏差造成彩民过度购彩。随着彩票发行数量的增大，玩法也越来越多样化，吸引了大量彩民投身其中，彩票的销售量和彩民的数量更是逐年增加，但这并不表明彩民对彩票有着正确的认识，很多人只把彩票当作“不劳而获”的一种工具。彩民对彩票的本质缺乏正确的认知，而这种认知偏差将会对过度购彩行为的产生有直接的影响。公益性本是彩票的本质属性，但彩民对彩票公益性的认识并不全面，大多数人只把彩票当作娱乐或中奖的游戏，而忽视了其公益性，这种认知偏差使得部分彩民把购买彩票当作一种投资或投机行为。另外，彩民对彩票中奖概率的认知也存在偏差。彩民由于对彩票本身及中奖概率等问题认识不清，导致盲目自信中大奖这种小概率事件会发生在自己身上，对于购买彩票过分地投入，随着投入的不断增加，在屡买不中时产生焦躁情绪，甚或暴力行为，不仅对彩民自己的心理健康不利，同时也会对其工作和家庭生活产生影响。

（3）彩票玩法不良导致彩民过度购彩。通过调查我们发现，彩民选择彩票的玩法主要集中在双色球等乐透型彩票上，这类彩票头奖金额高，中奖等级也多。在投机心理的作用下，对于彩票种类的选择上也倾向于中奖金额高的，对于中奖金额较低的即开型刮刮乐等关注度则不高。从过度购彩彩民对彩票玩法的偏爱程度上来看，也基本上能反映出彩民在彩票购买过程中“唯利是图”的心理，购买彩票已经失去了休闲娱乐的意义，大多是冲着大奖而去的。彩票应该提倡公益性，提倡人们利用小额零散资金在购买彩票的过程中得到休闲和消遣，但现在彩票的玩法大多是乐透型、数字型等产品，即开型品种则较少，彩票的玩法设计本身也容易给彩民造成一种投机的心理暗示，是造成彩民过度购彩问题的成因之一。在玩法设计上，乐透型彩票的最高奖金是500万，还有奖池累计奖金，投注越多中奖金额越大，还可以通过倍投获得更高的奖金，我国就曾出现过因倍投而产生了亿元大奖。投入的越多，中的奖金越高，这是过度购彩彩民普遍的心理，彩票的玩法设计也和彩民在彩票上投入越来越多有着密切的关系。

（4）对大奖的炒作和片面宣传导致彩民过度购彩。目前我国的彩票有福利彩票和体育彩票两大系列，福利彩票是为了募集社会事业公益金，体育彩票是为了募集体育事业公益金，二者为了募集到更多的公益金，无形之中形成了竞争的态势，两个系列的彩票对市场和彩民的争夺也表现得越来越强烈，受此影响，彩民逐渐开始在奖金额度、返奖率、中奖概率等指标上权衡二者的利益关系。近几年，彩票的宣传大战过多地集中在高额奖金上，媒体对大奖的炒作和一些彩票网站的片面宣传，对彩民造成的负面影响也越来越大。可以说彩民“中大奖”的动机某种程度上就是宣传惹的“祸”。在很多投注站我们可以看到墙上醒目位置挂着“本期奖池资金＊＊亿元”、“二元改变自己的命运”等宣传标语，刺激彩民购彩。从前文的彩民经济收入上我们知道，大部分彩民是中低收入者，他们生活压力较大又急于改变自己的生活境遇，买彩票中大奖的宣传在一定程度上催生出了他们“一夜暴富”的心理。这种失衡的心态，极易导致彩民出现过度购彩行为。

## 四　彩民过度购彩的防范对策

彩民过度购彩的问题并非是我国所特有的，而是一个世界性的问题。很多国家已经有了值得我们借鉴的关于问题博彩、病态博彩的研究和防范的方法及措施。根据以上分析，针对导致彩民过度购彩的多重因素，结合河北省彩民的特点，提出下列预防对策，帮助彩民树立正确的购彩观念，预防和减少过度购彩行为的发生。

**1. 加强对彩票的监管**

彩票行业本身具有一定的特殊性，需要通过有效的监管来保障它健康地可持续发展。从防范彩民过度购彩的角度来分析，可从两个方面来加强对彩票行业的监管：一是要强化对彩票市场的监督与管理，打击非法彩票网站。由于互联网越来越发达，许多彩民喜欢在网上购买彩票，大多数彩票网站都会提供彩票分析图，甚至有的网站还会出售所谓的专家预测号码，这类网站很容易让彩民深陷其中，严重的会导致彩民产生心理问题、过度购彩，造成经济和精神上的双重损失。监管部门应将互联网作为一个重点的监督管理对象，对网络售彩进行严格规范。二是要加强对彩票投注站的监督管理，对网点的售彩行为进行严格规范。对彩票销售人员的培训要不断强化，彩民非正常购彩的行为一旦发生，彩票投注站有责任对此进行记录并第一时间向彩票管理中心报告。对彩票的宣传和销售应该理性，不应有任何的夸大或虚假宣传，以免误导彩民。彩票管理中心和投注站不应该片面追求销售额，要兼顾彩票的公益性，预防彩民过度购彩是每个投注站的责任，必须严格执行“彩票销售限额”的管理要求，防止彩民巨额资金购买彩票的行为发生。因此从这个角度而言，要不断加大对彩票行业的监管力度，从对彩票市场各个环节的监管上体现彩票行业的健康形象。

**2. 改善彩民结构**

要为社会公益事业和公共体育事业募集更多的公益金，就要不断地提高彩票的销售额，而彩票销售额的提高不应是靠提高个人的购买量来实现的，而是要吸引更多的人加入到购彩行列，进一步扩大彩民的规模，改变现在以中低收入人群、中青年、男性为主的彩民结构。彩票管理中心要改进原有的产品，增加新的品种和设计，推陈出新，从而进一步巩固已有彩民的忠诚度，引导彩票事业健康发展。更需要针对其他高收入人群、女性及老年群体等缺失人群的心理和行为特征，采取措施拓展彩民群体的覆盖范围，吸引更多的人群参与健康购彩。如针对高收入人群可以彩票的公益性来提高他们的关注度，在他们能够接触到的咖啡馆、高档小区、知名网站论坛加大宣传力度，促使中高收入群体积极参与。规范彩票发行的运作及彩票销售网点的店面经营，加大彩票的娱乐性，吸引老年人群体的积极参与。开辟更为便捷的销售渠道，将彩票销售方式由传统店面销售发展为集店面销售、电话销售、网络销售、自动售卖机销售等为一体的销售体系，使更多的人能够便捷地参与彩票消费。

**3. 设立专门的彩民服务机构**

部分彩民为了暴富、寻求刺激或者逃避现实而出现的过度购彩行为就是一种类似吸毒、酗酒一样的成瘾性行为。彩票只是一种益智休闲的游戏而已，不应该把它当作发家致富的捷径，如果一味地沉溺于购买彩票能中大奖的幻想中，会使人越陷越深，久而久之自然会引发一系列问题。不少彩民就是因为持续购彩不中，导致心情焦虑、烦躁、沮丧、抑郁，不仅影响了彩民的学习、工作，造成家庭悲剧，如果因此而违法犯罪更是影响了社会的稳定。将彩票作为一种赌注去投资，并不是政府彩票发行的原始初衷，而真正的目的是为了筹集资金发展社会公益事业，促进社会和谐发展。因此，中国的彩票业应该迅速建立“社会责任”意识，政府、彩票发行机构及媒体等，有责任教育和引导公众正确消费，形成良性的购彩心态，采取措施预防过度购彩行为的产生，对已经出现过度购彩的彩民给予一定的救助。彩票发行和管理机构，必须对彩民服务机构的建设和管理予以高度重视，按照彩民的比例对彩民服务机构的数量进行配置，不断强化对彩民正确购彩观念的宣传、引导和教育，加强对彩民权力利益的保护。同时还要向社会重点宣传过度购彩的行为表现、特征以及预防常识，让民众能够了解和判断过度购彩行为，帮助过度购彩彩民认识问题，防患于未然。还可以通过心理咨询、治疗服务等方式，使已经出现过度购彩行为的彩民得到及时的帮助，避免造成严重的社会问题和治安问题。

**4. 树立健康的彩票消费文化**

各类信息传播媒体对彩票的宣传往往都与中大奖和奖金金额密切联系，把大奖作为吸引民众眼球的重要砝码，而且很多彩票的销售点也都以中大奖作为宣传卖点，对形成彩民购彩的不良心理有着潜移默化的重要影响，需要健康的彩票消费文化来引导彩民的消费行为。首先，要引导彩民正确认识彩票的内涵。在各种宣传当中，要鲜明地突出彩票发行的目的是为了筹集公益金来发展社会事业，这是取之于民、用之于民的有益于社会的行为，要明确彩民购买彩票是在为社会事业贡献自己的一份力量。购买彩票是一种慈善行为，不是投资，绝不能抱着赌博、不劳而获的心理去买彩票。其次，要转变彩票宣传方式方法。促进管理部门和媒体转变并优化宣传的方式方法，着重宣传彩票的公益性，而不是一味地向民众宣传中奖金额，要不断增加人们对社会公益事业的认同感，引导彩民购彩动机的优化，提高彩民的社会责任感，这也是彩票事业健康持续发展的根本道路。再次，利用丰富的中华民族文化资源。把节日、历史、地理等各种文化知识与彩票发行结合起来，还可以把国家政治生活中具有重大意义的事件与彩票发行结合起来。在彩票背面印制唐诗、宋词等中国传统文化知识，倡导社会形成浓厚的彩票收藏文化，通过彩票欣赏和学习传统文化知识，弥补没有中奖的失望心情，从而减少其投机的购彩心态。

**5. 加强彩民消费行为研究，对彩民群体实行动态监测**

2013 年，北京师范大学进行了一项“中国彩民行为网络调查”，其结果表明，我国彩民规模已经达到两亿多人，其中问题彩民约有 700 万，重度问题彩民超过 43 万人。面对日益增多的彩民数量，十分有必要加强对彩民消费行为的相关研究。国外对问题博彩、病态博彩已经进行了相当长时间的研究，对问题彩民的甄别已经形成了一些诸如 DSM、SOGS 等成熟的量表，但我国由于彩票业起步较晚，还缺乏相关研究，目前，我们还没有一个统一、科学、严谨的标准来甄别过度购彩彩民，这就很难从根本上解决彩民过度购彩问题。如果有一个彩民过度购彩的标准，彩民自己、家人或相关机构根据参照体系就能做出相关判断，对有过度购彩倾向的彩民进行及时的引导。现阶段，可以探索建立彩民资料库和彩票站点监控体系，将彩民群体纳入动态监测范围。建立彩民购彩实名档案，了解彩民家庭收入、购彩金额、购彩动机等，动态关注彩民群体购彩情况。对彩票投注站的销售量、销售种类等指标进行实时监控，发现销量异常增大，应及时跟进调查并阻止过度购彩行为。

## 参考文献

《2012 年中国福利彩票销量首次突破 1500 亿元》，http：//www. zhcw. com/xinwen/hangyeshuju/2468810. shtml。

皮智文：《武汉市体育彩票彩民消费行为及其营销策略研究》，硕士学位论文，武汉体育学院，2009。

王艳耘：《体育彩票消费中的病态赌博问题研究》，硕士学位论文，大连理工大学，2006。

邱兆祥、史明坤：《彩票交易的行为经济学分析》，《经济与管理研究》2009 年第 1 期。

金世斌：《彩票消费的行为经济学解释》，《体育与科学》2009 年第 1 期。

叶林娟：《上海市体育彩票消费中问题博彩行为及其心理机制研究》，硕士学位论文，华东师范大学，2010。

B.18

# 河北省生态环境现状及未来工作重点

冯海波　赵 娜　万宝春*

**摘　要：**

本篇报告总结了河北省生态环境总体现状，对比现状、目标与发展趋势，分析河北省生态环境领域目前存在的主要问题，并对成因进行剖析，根据国家及河北省委、省政府对环境保护工作的部署，针对问题，提出了未来工作的重点。河北省目前主要存在总量减排面临新挑战、大气污染治理难度增加、水环境形势依然严峻、农村层面环境管理薄弱、新的环境问题不断出现等5个方面问题，2013年及今后一段时间，应在省委、省政府的工作部署下，将大气、水污染防治和农村环境综合整治三项工作作为重中之重，解决重点和热点问题，辐射带动生态环境质量的全面改善。

**关键词：**

河北省　生态环境现状　未来工作重点

党的十八大把生态文明建设纳入中国特色社会主义事业五位一体总体布局，从政府层面已经把环境保护工作提到了前所未有的战略高度。2013年初我国出现大范围、长时间的重度雾霾天气，覆盖范围近270万平方公里，影响人口约6亿，“雾霾”、“PM2.5”成为家喻户晓的名词，环境问题成为老百姓生活中的首位谈资，环境问题已经贯穿到经济社会的各个层面，成为高度关注

* 冯海波，河北省环境科学研究院院长、正高级工程师；赵娜，河北省环境科学研究院工程师；万宝春，河北省环境科学研究院规划所所长、高级工程师。

的热点。本篇报告从政府及百姓生活关注的问题出发，阐述河北省生态环境现状，并分析存在的主要问题，有针对性地提出了重点工作建议。

## 一　河北省生态环境总体形势及主要环保工作

### （一）主要污染物减排工作顺利推进

2012 年环境保护部下达给河北省的减排目标是化学需氧量、氨氮、二氧化硫、氮氧化物分别比 2011 年削减 2.2%、3.1%、3.2%、1.5%。经环保部核定，2012 年全省化学需氧量、氨氮、二氧化硫、氮氧化物实现削减比例为 2.86%、3.13%、5.01%、2.19%，分别完成了年度减排任务的 130%、101%、156%、146%，超额完成减排任务，实现了氮氧化物排放量的由增转减，取得"十二五"以来减排工作的最好成绩。

2013 年，全省主要污染物总量削减目标是化学需氧量、氨氮、二氧化硫、氮氧化物排放量分别比 2012 年削减 2.5%、3.2%、4.2% 和 5.7%。为确保本年度减排目标的完成，河北省在全面分解目标并与各设区市和县（市、区），逐级签订责任状的基础上，针对农业减排这一难点，印发了《2013 年度畜禽养殖减排计划》，进一步明确了农业面源治理的具体工作、责任主体和落实部门。同时进一步加大了减排项目和淘汰落后产能等传统减排途径的力度，截至 2013 年上半年，全省共完成水减排项目 836 个、大气减排项目 552 个；淘汰炼铁 80 万吨（完成年度任务 100%）、炼钢 23.1 万吨（完成年度任务 115.5%）、焦炭 40 万吨（完成年度任务 100%）、水泥 518 万吨（完成年度任务 79.7%）、平板玻璃 900 万重量箱（完成年度任务 69.2%）、造纸 22.4 万吨（完成年度任务 26.4%）、制革 89 万标张（完成年度任务 44.5%）、酒精 1 万吨（完成年度任务 23.3%）。

### （二）大气污染治理面临新的形势

2012 年，采用环境空气质量旧标准（GB3095—1996）进行评价，全省空气质量总体良好，11 个设区市可吸入颗粒物、二氧化硫、二氧化氮年均浓度值达到国家环境空气质量二级标准。环境空气质量新标准（GB3095—2012）增加了细颗粒物（PM2.5）的浓度限值，并收紧了二氧化氮和PM10标准限值，因此采用新标准进行评价，2012年全省可吸入颗粒物浓度只有秦皇岛、承德、张家口3个设区市达标，二氧化硫年均浓度11个设区市达标（新旧标准值相同），二氧化氮年均浓度11个设区市达标。2013年1～7月（共计212天），全省11个设区市达标天数平均为71天，占33.4%；超标天数平均为141天，占66.6%，达标天数超过50%的仅有张家口、承德和秦皇岛3个市。而同期，全国74个重点城市达标天数比率为57.1%，河北省达标水平低于全国重点城市平均水平。

全省城市环境空气呈现以颗粒物为主，臭氧随气温升高快速加重的复合型大气污染特征。2013年1～7月，PM2.5平均浓度范围为42～158μg/m³，PM10的平均浓度范围为94～311μg/m³，两种污染物各市平均值均不达标，这也是河北省城市环境空气质量超标的主要原因。

## （三）水环境质量持续改善

2012年，全省地表水状况有所好转，七大水系水质总体为中度污染，七大水系Ⅲ类和好于Ⅲ类水质的断面比例达48.5%，比2011年上升3.3个百分点；劣Ⅴ类水质比例为29.2%，比2011年上升2.2个百分点。与2011年相比，全省七大水系两大主要污染物氨氮、化学需氧量浓度年均值分别下降了17.3%和16.1%。全省14座水库水质均达到了Ⅱ类水质标准，衡水湖水质为Ⅲ类，白洋淀水质劣Ⅴ类。

2013年，河北省针对水环境质量改善的传统（饮用水）和新兴（地下水）两个重点，积极开展工作，以力促水环境质量的持续改善。2013年，河北省在完善水源地常规管理的基础上，进一步加强了风险管理工作，针对南水北调、引滦入津、密云及官厅水库上游和全省88个集中式饮用水水源地，全面排查环境安全隐患，认真组织开展环境风险评估工作，落实风险预警和完善风险防控措施，按照部署开展了河流型水源地专项执法检查，进一步消除污染隐患，保障了饮用水水源地环境安全。地下水污染治理方面从构建体系逐步深入到具体的防治工作，2013年河北省印发了《河北省地下水污染防治工作实

施方案（2013～2020年）》，主要是加大地下水污染状况调查和监管力度，健全法规标准，完善政策措施，逐步建成地下水污染防治体系。目前正在加快制定《河北省地下水污染防治行动方案（2013～2020年）》，针对华北平原地下水重金属、有机污染、三氮等突出问题，对全省地下水污染防治工作具体部署。

### （四）农村环境整治初见成效

2012年，河北省实施了81个片区的环境整治项目，实施"示范"项目的村庄脏、乱、差的环境面貌大部分得到明显改观，不少经济、环保基础条件较好的村镇，开展环境整治的同时进行生态建设，全省"示范"工作呈现良好开局。同时生态工作稳步推进，新建4个省级自然保护区，3处省级自然保护区晋升为国家级自然保护区，组织完成了4处省级自然保护区范围和功能区调整报审工作，开展了全省生态环境10年变化调查评估和全省自然保护区基础调查工作，完善了河北省自然保护区管理档案，建立了自然保护区综合管理数据库，为全省生态管理工作打下了坚实基础。

2013年，河北省委省政府以冀发〔2013〕10号文，印发了《关于实施农村面貌改造提升行动的意见》，要求用3年时间对全省近5万个行政村配套改造、整体提升，并要求省直相关厅（局）及县（市）级政府分解落实任务，保证农民生活质量、生产质量的大幅度提高。全面落实《河北省农村环境连片整治示范工作方案》，深入推进全省农村环境连片整治"示范"项目，直接受益人口超过110万人，环境整治"示范"成效在逐步显现。同时，生态示范创建活动深入开展，全省已批建各级别、各类型自然保护区达45处。

### （五）环境安全得到一定保障

2012年，全省辐射环境常规监测表明，全省天然放射性监测值无显著升高，维持本底水平，辐射环境质量总体上保持稳定，满足国家相关电磁辐射环境保护规定。

2013年上半年，全省从广度和深度两大纬度拓展了环境安全管理工作。监管对象扩展包括化学品、重金属、辐射源等，对其进行严格要求，严密防控。深度上对全省停止使用的 18 枚医用 I 类放射源全部签订送贮协议，部署开展了以针对放射源“不丢失、不被盗、不误照、不泄漏”为主要内容的放射源安全执法检查，及时有效地防范了环境风险。2013 年以来，先后妥善应对处置了邯郸市岳城水库上游苯胺泄露污染，漳卫河三省跨界断面镉超标，天津市、沧州市沧浪渠跨界污染等一批突发环境事件。

## 二　河北省主要环境问题及成因分析

河北省环京津、沿渤海，工业化、城镇化正快速发展，特殊的地理区位决定了环境保护的敏感性，特定的发展阶段预示了环境保护面临的压力。近年来，河北省委省政府高度重视环境保护工作，2012 年提出了《关于着力改善生态环境的实施意见》。省委八届五次全会提出通过实施四大攻坚战破解河北经济社会发展“五低一大”的难题。其中“四大攻坚战”分别是全力打造沿海地区率先发展的增长极、大力培育环京津地区新的发展增长极、下大力量把县域经济和县城搞大搞强、下大决心推动工业转型升级和环境治理；“五低一大”分别是经济增长质量低、资源利用效益低、经济开放度比较低、经济发展速度低、干部群众收入低、环境治理压力大。上述政策大力推动了全省环境保护工作。但与此同时，必须清醒地看到，全省的环境保护工作历史欠账较多，且随着经济社会发展的资源环境约束日趋强化，环境污染呈现复合型、压缩型、耦合型的特点，环境形势比较严峻。

### （一）排放基数大，减排要求严，总量减排工作面临新的挑战

2010 年，河北省化学需氧量、氨氮、二氧化硫、氮氧化物 4 项主要污染物排放量分别占全国排放总量的 5.57%、4.39%、6.34%、7.53%，河北省的排放基数较大。“十二五”期间，全国 4 项主要污染物削减比例要求为 8%、10%、8%、10%，环保部与河北省签订的主要污染物总量减排责任书中明确要求全省 4 项主要污染物削减比例分别为 9.8%、12.7%、12.7%、13.9%，严于全国的平均削减水平。排放基数大，削减要求更加严，且扩充了减排对象，对比现状及要求，对于河北省这样一个产业结构偏重的省份来说，无疑是

一个新的挑战。

根据统计数据分析，在推进 4 项污染物减排工作过程中分别存在不同问题。河北省 COD 减排主要问题在于畜禽养殖政策、技术尚需完善，畜禽养殖业减排需要在摸索中推进，存在相应的难度和风险。污水处理厂污泥处理处置不规范，进而影响削减量的核定；二氧化硫减排的主要问题是钢铁产能有了一定的释放，造成新增量较大，且该行业脱硫设施运行状况较差，进而在新增量和削减量两个方面对减排进度造成一定影响；氨氮减排的主要问题是畜禽养殖业氨氮减排力度较小，深究原因在于减排治理项目少、治理工程规模小、减排核算手段与减排措施都尚欠明确；氮氧化物减排的主要问题是河北省汽车保有量仍在高速增长，老旧机动车淘汰量很小，全省机动车氮氧化物减排任务艰巨，机动车氮氧化物很难同工业氮氧化物减排同步。

### （二）产业结构偏重，能源结构单一，质量标准提高，大气污染治理难度加大

全省产业体系主要建立在资源型工业的基础上，钢铁、石化、建材三大资源型产业增加值在工业增加值中的占比一直在50%左右，这种产业结构的转变需要一个过程，因此经济的高速增长仍主要依靠高投入、高能耗来拉动，环境污染问题将会在较长时间内继续存在。河北能源生产和消费结构中煤炭一直占据绝对主导地位，2012 年全省能源消费总量 3.02 亿吨标煤，居全国第二位，其中煤炭消费 2.71 亿吨标煤，占能源消费总量的 89.6%，约高于全国平均水平 20 个百分点。这种产业结构及能源结构，将导致以细颗粒物（PM2.5）为特征的区域复合型大气污染日益突出。另外，环境空气质量新标准增加了 PM2.5 等监测因子，加严了 PM10、二氧化氮等浓度限值，导致全省的大气污染治理难度加大。

### （三）资源环境承载力严重透支，水环境质量全面改善仍是一个长期的过程

2012 年全省七大水系水质总体为中度污染，有 29.2% 的断面为劣Ⅴ类水质。河北省多年平均降水量 532 毫米，平原地区河流基本没有天然径流，稀释

自净能力差，生态环境非常脆弱，即使企业和污水处理厂实现了达标排放，污染物入河总量仍远超出河流承载能力，河流实现环境功能比较困难。此外，粗放的发展方式耗水及排污量较大，加之“十二五”期间将延续工业化、城镇化步伐，同时给水环境带来新的压力，目前城市内依靠大量人工设施维持的环城水系缺乏水源补给，污水收集、处理等配套设施跟不上经济社会发展速度，导致水污染问题比较突出。综上，河北省水资源短缺与水污染问题协同存在，导致水环境质量全面改善还需要较长时间。

### （四）农村环境管理薄弱，生态领域问题比较严峻，环境保护能力亟须提升

2012 年河北省农用化肥施用量（折纯）、农药使用量、地膜使用量分别为 329. 33 万吨、8. 48 万吨、6. 8 万吨，且比上年有所增加，大量不合理地使用农药、化肥、农膜等农业投入品，一定程度污染了土壤环境，破坏了土壤结构，使得土壤质量下降。加之河北省水资源匮乏，部分地区使用污水灌溉农田，加剧了土壤污染。农村地区的一些乡镇企业本身污染治理措施欠缺、环境管理不规范，加之城市工业污染向农村转移，使得工业污染贡献占农村整体污染贡献的份额有所提升。农村环境问题呈现点源、面源污染共存，生活、工业污染叠加的特征。

河北省近 10 年自然保护区面积尽管增加了一倍，但占国土面积的比例仍然低于全国平均水平。另外，在农村或沿海地区大量掠夺式的采石开矿、挖河取沙、毁田取土、陡坡垦殖、围湖（海）造田、毁林开荒等行为，使很多生态系统功能遭到严重损害。

### （五）危险废物污染日益凸显，新的环境问题不断出现

近年来，危险化学品，持久性有机污染物及汞、铬、镉、铅和类金属砷等重金属污染问题日益凸显，如果做定性源头解析，污染现象已经从常规污染物贡献逐渐过渡到常规污染物与特殊污染物共存的阶段，污染威胁增加，解决问题的难度增大。据初步调查，目前全省产废企业危险废物产生量达 66. 4 万吨，而处置企业处置能力仅为 53. 26 万吨，部分危险废物尤其是历年堆存的废物产

生的废气、渗滤液、淋溶水，已逐步成为空气、土壤、地表水和地下水的重要污染源。

## 三　未来工作重点

针对河北省环境领域目前存在的问题，结合环保部的总体部署，河北省环境领域未来工作的重点应是解决总量减排新挑战、大气污染治理难度增加、水环境形势依然严峻、农村层面环境管理薄弱、新的环境问题不断出现等五大类问题。

2013 年省委、省政府，印发《关于实施环境治理攻坚行动的意见》（冀发［2013］22 号），决定全省环境保护工作实施“大气污染防治、水污染防治、农村环境整治”三大环境治理攻坚行动，大幅提升全省生态环境质量，加快产业结构调整和发展方式转变，推进生态文明建设。继而，省委、省政府印发了《河北省大气污染防治行动计划实施方案》（冀发［2013］23 号），既是河北省环境治理攻坚行动的深化、细化，也是京津冀及周边地区大气污染防治行动计划实施细则在河北落地的载体。《方案》中提出了突出抓好重点城市、重点行业、重点企业的污染治理，形成大气污染防治新机制，到 2017 年全省环境空气质量总体改善，重污染天气大幅度减少。上述举措，既是解决水、气、农村等具体领域环境问题的利剑，也应是河北省环境领域未来工作的重中之重。

### （一）大气污染防治

针对全省城市环境空气以颗粒物为主，臭氧随气温升高快速加重的复合型大气污染的特征，围绕贯彻落实《河北省大气污染防治行动计划实施方案》，明确了大气污染防治领域的工作目标和重点。

**1. 工作目标**

坚持经济发展与环境保护相协调、全面整治与重点突破相结合、属地管理与区域协作相一致、总量减排与质量改善相同步，深入开展大气污染综合治理，着力解决以 PM2.5 为重点的大气污染问题。到 2017 年，全省环境空气质

量明显好转，重污染天气大幅度减少。力争再利用五年时间，基本消除重污染天气，全省环境空气质量全面改善，让人民群众呼吸上新鲜空气。针对目标要求，分别对 PM2.5 浓度下降，煤炭消费量削减，提前完成落后产能淘汰任务，二氧化硫、氮氧化物、颗粒物、挥发性有机物大幅削减，黄标车限行，油气回收治理，供应达标汽油、柴油，住宅节能改造等 8 个具体方面进行量化要求。

**2. 工作重点**

大气污染防治工作主要从源头控制、过程治理及监测预警保障 3 个环节同时开展，环环相扣，形成合力。排放大气污染物追溯到源头即是能源利用和能源结构问题，因此源头控制的主要工作是调整能源结构，强化清洁能源供应。通过开展控制煤炭消费总量、禁止新建项目配套建设自备燃煤电站、大力发展清洁能源、推进煤炭清洁利用、划定实施城市高污染燃料禁燃区、削减农村炊事、采暖和设施用煤、提高能源使用效率、大力发展绿色建筑等工作，从源头上逐步降低能源结构问题导致的污染问题。

过程治理针对不同的污染源有不同的工作重点。首先，工业企业类点源污染控制。一是严格节能环保准入。通过开展强化节能环保指标约束、重点城市实施特别排放限值、优化城市空间格局、推进重污染企业搬迁改造和企业技术改造等工作，从源头优化产业空间布局。二是加快淘汰落后产能。通过严控“两高”行业新增产能、加快淘汰落后产能、压缩过剩产能和加强小型企业环境综合整治等推动产业转型升级。三是加快技术创新改造。通过科技研发推广、全面推进清洁生产、大力发展循环经济、加快发展节能环保产业等，增强企业在污染防治方面的创新能力。四是抓准重点行业。通过全面整治燃煤小锅炉，实施“双三十”治理，加快重点行业脱硫脱硝高效除尘改造，油气站和有机化工、医药、表面涂装、塑料制品、包装印刷等重点行业挥发性有机物污染治理，实施多种大气污染物综合减排。其次，面源污染控制。通过开展强化施工工地扬尘环境监管、严厉整治矿山扬尘、严控餐饮行业排污、禁止秸秆焚烧、加强农村面源污染治理、扩大绿化面积等工作，主要严格控制面源的扬尘污染。最后，移动线源污染控制。通过开展加强城市交通管理、提升燃油品质、控制城市机动车保有量、加快淘汰黄标车、加强机动车环保管理和大力推广使用新能源汽车等工作，主要降低机动车带来的氮氧化物污染。

监测预警应急体系是大气污染防治工作的保障，通过开展建立健全监测预警体系、制定完善环境应急预案、及时采取应急措施一系列工作，提升大气污染防治工作的管理水平，做好保障。同时以妥善应对重污染天气为目标，研究制定应对工作方案，形成完整的目标责任体系；抓紧编制重污染天气应急预案，针对不同级别明确相应措施，并加强应急准备和演练，确保各环节有序衔接；加强信息研判工作，加强对主要污染源及污染过程的趋势研判，以保障有针对性地制定应对措施，确保科学有效。

## （二）水污染防治

根据《全国城市集中式饮用水水源地环境保护规划（2008～2020）》、《全国地下水污染防治规划《2011～2020）》、《重点流域水污染防治“十二五”防治规划》、《华北平原地下水污染防治工作方案》等要求，为贯彻落实《河北省环境治理攻坚行动方案》，明确了水污染防治领域的工作目标和重点。

**1. 工作目标**

根据不同类型水体，全面做出目标要求。饮用水源得到有效保护，地表水环境质量全面提升，地下水污染急剧恶化的趋势得到有效控制，近岸海域水环境质量达到功能区要求。针对目标，分别对主要污染物排放浓度下降、总量削减，地表水国控、省控断面劣Ⅴ类水质比例减少，主要河流、湖泊水功能区达标率提升、城市集中式饮用水水源地达标率稳定、近岸海域水质达到功能区划等6个方面有量化要求。

**2. 工作重点**

针对地下水、地表水、饮用水、近岸海域（湖库、淀区）等不同形态、功能的水体确定了不同的工作重点。

（1）地下水体，主要从污染源头控制、污染途径控制及地下水监督管理系统三个方面开展工作。通过开展防治重金属、有机污染物、三氮等重点污染源，加强对采矿、造纸等耗水大户的节水改造等污染源头控制工作及打击偷排工作，禁止利用不符合标准的沟渠储存、输送污水等污染途径控制工作，并及时开展划分地下水管理不同区域，建立地下水质量及污染源监测网络，实施地下水开采总量和地下水水位“双控制”，建立地下水监管体系等工作，严格保护地下水，确保子孙生存空间。

（2）重点河流和输水沿线采取以点带面的工作方式逐步推进，最终全面改善水环境质量。“点”主要是那些亟须治理且治理成效明显、能够有一定带动作用的河流单元或者整条河流。根据《河北省海河流域水污染防治规划（2011～2015年）》，重点治理的单元是上述规划中确定的34个控制单元，重点工作是根据不同单元落实治理任务和措施，保障目标实现。重点治理的河流根据《河北省生态环境保护“十二五”规划》中对水环境质量改善的要求，由各设区市根据自身情况确定，通过综合采取控源、治理、修复、风险防范等措施提前于《规划》要求的时间节点完成治理要求。“面”是全省河流的全面改善，工作中需要兼顾新的治理领域以保障治理类型全面，推广典型治理方法以保障可普遍应用到全河流，切实全面改善水环境质量。根据上述原则主要开展两项工作：一是在防治重点河流的基础上，加强对输水沿线的保护，科学划分南水北调和引黄工程输水沿线保护区，沿线县（市）分别制定水质安全环境管理方案和突发环境事件应急预案，以保障水质安全；二是进一步推广、深化生态补偿机制。开展滦河水质调查，积极推进滦河生态补偿机制。研究制定更严格的跨界断面考核和主要河流生态补偿管理办法，2017年目标考核水质标准修改为按水功能区达标考核。

（3）饮用水源地主要开展划分及管理两项工作。在完成城镇集中式饮用水水源地划分工作的基础上，向下进一步延伸到乡镇，并要求2013年底前全面完成。管理工作主要是加强水源地监测、评估、应急能力建设。提升水源地水质全指标分析和有毒、有害污染物监测分析能力，加强保护区专项检查，建立饮用水源环境基础调查评估和信息公开制度，制定实施各级水源地应急预案，定期开展水源地风险评估工作，完善饮用水水源地预警应急体系。

（4）近岸海域（湖、淀）采取击破重点的工作方式，以比较敏感或者污染较重，改善要求击破的点为主。主要开展北戴河近岸海域、白洋淀及衡水湖的污染防治工作。近岸海域针对环境质量及污染源头两个层面建立相应的监测、监察、应急体系。所有国控重点污染源编制环境执法现场检查操作规范，制定实施定期环境监察计划。加强白洋淀、衡水湖内源、外源治理并积极开展生态修复工作。

### （三）农村环境综合整治

根据省委省政府《关于实施农村面貌改造提升行动的意见》及河北省环保厅《河北省环境保护厅推进全省农村面貌改造提升行动工作方案》，确定农村环境综合整治工作是通过以点带面，示范引领逐步展开，最终全面改善和提升农村人居和生态环境质量。

**1. 工作目标**

到2013年底河北省所有村庄都达到“四清、净化”目标，8000个村庄完成环境改造提升任务；2014年扩点扩面，再完成15000个村庄的环境改造提升任务，2015年全面提升，省内近50000个行政村庄的环境整治和改造提升具有明显成效。

**2. 工作重点**

第一，“四清”工作是清垃圾、清杂物、清残垣断壁、清庭院。其中清垃圾主要是全面与重点相结合，重点是村街路口巷弄、田间林地路旁、农贸市场、学校企业、旅游景区等垃圾产量较大地段及河渠沟塘沿岸、村民饮用水水源周边等敏感地段，必须进行全面、彻底、限期清理。与清理工作双管齐下，推进垃圾集运、处理设施建设工作，因地制宜地建设无机垃圾填埋处理、有机垃圾堆肥处理等设施和场地。第二，“净化”工作是达到村庄环境卫生目标要求，并推进建立农村环境卫生长效管理机制，巩固提升“四清”成果，实现环境整治经常化、制度化。第三，农村生活污水处理工作是采用卫生厕所改造、沼气净化、人工湿地、太阳能微动力污水集中处理等适宜技术，对村庄生活污水进行集中有效处理。第四，农村污染治理工作是采取有效措施，防止工业污染向农村地区转移；研究制定农村环境治理实用技术指南及河北省农村生活污水处理排放标准，以指南和标准为标尺，集中整治乡村污染企业。第五，农村环境连片整治示范是根据全省农村环境连片整治示范工作方案（2012～2014年）目标任务的要求，编制农村区域性路网、管网、林网、河网、垃圾污水网一体化建设规划，带动一批村镇创建国家级或省级生态乡镇、环境优美城镇和生态村。

# 案　例　篇

Reports of Case Studies

## B.19 加速产业转型升级　打造高端产业基地

### ——以保定市为例

李会霞*

**摘　要：**

长期以来，保定一直存在传统产业效益低、技术含量低、产品档次低等问题，面对国际市场需求结构调整、国内市场消费不断升级等新形势，加速产业转型升级打造高端产业基地已经成为当前保定面临的重大战略任务，同时，也是保定转变自身经济发展方式，提升产业能级、优化产业结构的必然选择。本研究针对新时期保定面临的新形势，系统、全面地研究了如何建立一个以先进制造业为支撑，现代高效农业、现代服务业为基

* 李会霞，河北省社会科学院经济研究所助理研究员，主要从事区域经济和产业经济等方面的研究。

础和保障的高端化现代产业体系的战略构想，并提出相关对策建议。

**关键词：**

产业转型升级　高端化现代产业体系

产业是一个地区的骨骼，是构建区域战略优势的关键。近年来，面对国际需求结构调整、国内消费升级变化和科技进步的新趋势，保定经济实力和总体排位持续后移，发展差距不断加大。进一步加快产业转型升级，推进产业链和价值链向高端转移，对于提升保定经济实力和竞争力，实现率先发展具有十分重要的价值和意义。

针对目前保定各产业发展普遍存在装备技术水平落后、自主创新能力薄弱、缺乏骨干龙头企业和高端优势产品支撑等现状，其产业转型升级和高端化并不能仅仅局限于单一产业，而应该以技术创新为动力，以提升三大产业综合竞争力为目标，通过构建以先进制造业为支撑，以现代高效农业、现代服务业为基础和保障，结构优化、技术先进的高端化现代产业体系，最终实现全市经济转型升级和综合实力、竞争力的全面提升。

## 一　保定加速产业升级打造高端产业基地的战略构想

### （一）提高高端制造能力，建设高水平现代制造业基地

以智能制造、低碳制造和服务型制造为方向，以基地和项目建设为载体，以做大提升骨干支柱产业、培育壮大战略新兴产业、改造升级传统优势产业为抓手，努力提高制造业自主创新能力和国际竞争力，提升自主品牌价值，全面推进制造业高端化发展，加快建成绿色低碳、技术先导、附加值高、带动力强的高端制造业基地。

#### 1. 做大提升骨干支柱产业

继续用好先发优势，提高产业科技含量和附加值，按照创新引领、龙头带

动、完善链条、聚集发展的思路，全力支持新能源及能源设备制造业、汽车及零部件制造业等产业做大做强，全面推进产业高端化发展，提升产业层次和核心竞争力，尽快将新能源及能源设备和汽车及零部件制造业分别打造成销售收入超千亿、占 GDP 比重 10% 以上的骨干支柱产业。

（1）新能源及能源设备制造业。着眼占领未来产业发展制高点，充分发挥起步早、产业体系完整的优势，以英利集团、天威集团、国电联合动力公司、惠腾公司、光为公司为龙头，积极开展重大、前沿科技项目研究，鼓励企业围绕太阳能光伏发电、风力发电、输变电、储电、节电等领域关键技术，通过自主研发和引进、吸收等，掌握一批自主知识产权技术和专有核心技术。尽快建成集研发、生产、经营于一体，国际一流的国家级新能源及能源设备制造业创新和产业化基地，全力打造“中国电谷”。

（2）汽车及零部件制造业。以长城集团、河北长安公司、风帆集团为龙头，以基地和园区为依托，充分发挥自主品牌优势，积极寻求与国内外大型汽车企业集团合作，做大整车规模，加快整车研发和自主品牌建设，以“高、精、专”为方向，不断完善零部件配套体系建设，全力打造“华北轻型汽车城”和“河北长安汽车城”，力争尽早将保定建成国际知名、国内一流，配套体系完善、产业集中度高、核心竞争力强的“中国汽车城”。

**2. 培育壮大战略新兴产业**

紧盯国内外产业发展新趋势，坚持高端引领，强化人才支撑，全力推动电子信息、新材料、节能环保等战略性新兴产业做大做强，加快关键技术创新和成果转化，重点开发一批具有竞争优势的高端产品，形成保定经济新的支柱产业和重要增长点。

（1）电子信息产业。以中石油、航天科工集团等大型企业和科研院所为依托，立足市场、重点突破，坚持将规模做大与产业做强并重。建立以企业为主体，以市场为导向的科技创新体系，进一步加大研发投入，实现自主创新，促进产业发展。加快航空、航天电子技术的军转民应用，大力推进石油勘探仪器、地震检测系统、电网智能化装备、数字影视、汽车电子、网络信息综合服务等产品的开发和生产，积极发展电子商务、电子政务、信息增值等高技术服务，快速壮大产业规模，提高产业综合竞争能力。

（2）新材料工业。以国民经济和社会发展需求为目标，以提高自主创新能力为核心，以非晶微晶材料、特种功能材料、纳米金属材料、高温结构材料、新型建筑节能材料、复合新型材料为发展重点，通过产学研用相结合，大力推进科技含量高、市场前景广、带动作用强的新材料产业化、规模化发展。牢固树立绿色、低碳发展理念，促进新材料可再生循环，鼓励新材料技术与传统材料工业融合，改变高消耗、高排放、难循环的传统材料工业发展模式，为材料工业的转型升级提供支撑和保障。

（3）节能环保工业。以企业为主体，以推动技术创新和成果转化应用为主线，以提高技术装备、和服务水平为重点，进一步完善机制，加大投入，全面加快节能环保产业发展。重点推进 LED 照明设备、节能电机、光伏建筑一体化、节能环保燃气灶等节能产品的生产，推进垃圾发电、独体废弃物综合利用、可降解再生资源产品的开发和产业化，扩大节能环保设备的生产规模，尽快将节能环保产业打造成为新兴支柱产业和新一轮经济发展的增长点。

**3. 改造升级传统优势产业**

以调高、调优、调强为取向，加快推进建筑材料、纺织服装箱包、食品饮料、化工医药、金属冶炼加工等 5 大传统优势产业转型升级，进一步调整结构，做大龙头，培育品牌，尽快将 5 大传统优势产业分别打造成销售收入 500 亿元以上的主导产业，其骨干企业关键装备达到国内领先水平，全面提高产业整体实力和竞争力。

（1）建筑材料业。充分依托太行山建材资源，加快推进传统建材产业技术改造和升级步伐，加快提升产品档次和水平，大力发展循环经济，推进清洁生产，着力发展集安全、环保、节能于一体的新型建材，促进建材产业向绿色功能产业转变，全面建设“西部绿色建材产业带”和“环京津新型建材产业带”。

（2）纺织服装箱包业。充分发挥纺织服装箱包业的传统特色优势，以转变发展方式为主线，以科技创新和品牌发展为核心，以发展品牌纺织服装箱包与高附加值产品为主攻方向，加快产业整合和升级步伐，推进先进技术和设备应用，淘汰落后产能，提升产品水平和档次，培育新的增长点。加快推动高蠡纺织、容城服装、白沟箱包三大产业聚集区建设，全面增强市场竞争优势。

（3）食品饮料业。依托农产品资源优势，瞄准京津两大市场，坚持以技术创新为动力、加快科技投入，增强自主创新能力，推动行业技术进步，提高产品技术含量和附加值，重点发展乳制品、饮料酒、粮油加工、肉禽加工、方便食品、调味品、果蔬加工、烟草等八大食品产业链，全面实施名牌战略，提高市场竞争力，抓好重点龙头企业和产业集群建设，打造环京津、保南、保西三个食品加工产业带。

（4）化工医药业。进一步树立循环经济的理念，加快技术改造和自主创新，以感光材料及相关产品的技术创新、煤化工下游产品开发、现代中药和中药饮片的研发生产等领域为重点，积极谋划和建设一批大规模、高水平、高起点的化工、医药项目，培育和打造一批具有核心竞争力的大企业、大集团，走出一条科技含量高、经济效益好、资源消耗低、环境污染少、地域经济优势得到充分发挥的新路子。

（5）金属冶炼加工业。以加快转变金属冶炼加工业发展方式为主线，以科技进步为支撑，以推进节能减排、技术改造为重点，以市场为导向，充分发挥自身资源优势和产业优势，按照国家产业政策取向，积极推进企业整合、科技创新和技术改造，大力发展精深加工产品，全面增强有色金属工业核心竞争力和可持续发展能力，尽快实现金属冶炼加工业由大到强的转变。

**4. 着力实施五大优强战略，全面提升产业实力和水平**

（1）“品牌培育”战略。推进区域、企业品牌建设，丰富以商标为载体的品牌内涵，促进创新成果与自主品牌相结合，创建一批在国内外有较高知名度和美誉度的商标和品牌，提高产品附加值。全市每年力争创建中国名牌产品1～2项、省名牌产品20项以上、省优质产品15项以上；争创1～2项中国驰名商标，认定20项省著名商标。

（2）“抓大联小”战略。通过实施“抓大”策略，积极培育大企业、大集团，全力实施“龙头工程”，进一步加大对行业优势企业，特别是对于推动力强、带动力大的高成长性优势企业，给予全方位政策倾斜和要素保障，以长城集团、英利集团为代表，加快培育一批主业突出、经营业绩好、竞争能力强、产业带动明显且具有一定知名度的大企业、大集团，力争用5年时间，重点打造2个销售收入1000亿元以上，11个销售收入超100亿乃至超200亿元的大型企业集团，发挥骨干带动作用和核心示范作用。通过实施“联小”策略，积极扶持中小企业发展，全力实施“造林工程”，加快完善中小企业服务体系，按照产业供应链要求，加快培育一批具有独立知识产权的示范企业，建立龙头企业、中小企业相互协作的战略联盟，共同推动产业优强发展。

（3）“项目支撑”战略。积极谋划和建设一批规模型、财源型、低碳型重大支撑项目和能够形成产业集群的战略拖动性项目，全面增强产业实力和发展后劲，力争每年开工 100 亿元以上重大产业项目 1 项以上，每年开工总投资 50 亿元以上重大产业项目 5 项以上。

（4）“产业集聚”战略。积极引导各类产业集聚发展，加快建成一批产业结构合理、聚集效应明显、市场影响力大、产业配套能力和创新活力强的特色产业园区和工业聚集区，打造经济发展的战略增长极。重点建设高新技术产业开发区，涿州新兴产业示范园区，大王店产业园区、定州唐河循环经济产业园区 4 个千亿级产业集聚区和高碑店经济技术开发区等 6 个五百亿元以上产业聚集区、6 个百亿元以上产业聚集区，全面提升产业的整体竞争实力和水平。

（5）“信息融合”战略。着力促进工业化与信息化深度融合，加快产品研发设计、生产过程控制、市场营销、企业管理、售后服务、节能减排等环节的信息技术改造，积极开展两化融合试点示范。继续深化电子商务应用，积极搭建中小企业信息化服务平台，推动中小企业利用电子商务开拓国际市场。着力实施一批制造业信息化示范工程，加快“保定制造”向“保定智造”转变。

### （二）加快服务业提速发展，构筑现代服务业高地

把加速发展服务业作为推进产业结构优化升级的重要支撑，深入实施服务业加速计划，以现代物流、休闲旅游、商贸服务、金融保险和新兴服务业为重点，加快推进各行业信息化、国际化、产业化、市场化进程，进一步扩大规模，提升档次，优化服务，拓宽领域，实现服务业的突破性发展，树立“保定服务”的崭新形象。

**1. 加快发展现代物流业**

把现代物流业作为全市经济发展的战略性新兴产业，积极扶持、加快发

展。支持一体化、综合性、全功能的大型物流基地和物流园区建设，以市区南部、涿州、涞水、涞源、高碑店、白沟新城、定州为重点，建设一批面向京津服务区域发展的现代物流基地；围绕汽车及零部件制造、新能源和能源设备等主导产业发展，高阳纺织、安国制药、定州和高碑店等主要农副产品生产基地，谋划建设一批产业基地型、商贸集散型、外向服务型物流园区。充分发挥涿州、涞水、高碑店三地临近北京、交通便利的优势，分别打造集货物流通加工、集散配送等功能为一体的枢纽型、城市配送型物流基地，以及面向首都、辐射周边的蔬菜、食品物流集散基地。加快保定陆运口岸、保税物流内陆港区、海关、出口加工区等设施建设，谋划建设一批外向服务型物流园区。推动物流企业与生产、商贸企业互动发展，促进供应链各环节有机结合。[①] 发展多式联运、集装箱、特种货物运输、重点物资散装运输等现代运输方式。[②] 壮大物流企业规模，提升企业自主创新能力和技术装备、管理水平，全面增强物流企业的核心竞争力和可持续发展能力，全面构建以保定市为枢纽，衔接京津冀与环渤海，辐射我国中西部地区的重要内陆型物流枢纽。

**2. 大力提升旅游业**

积极整合区域优势旅游文化资源，借助“中国历史文化名城”、“中国优秀旅游城市”两大品牌，全面实施旅游业提升计划。实施“文化名城、山水保定”品牌创建工程，支持旅游基础设施建设。强化旅游品牌营销推介，延伸旅游产业链条，提高旅游资源利用效率和管理配套服务水平。积极拓展旅游新兴业态，着力开发温泉度假、生态养生、特色运动、低碳旅游、自驾车营地等高端产品。加快市区直隶总督署、古莲花池等古城文化资源修缮和保护工作，恢复古城水景体系，提升京石、环京津、环省会三条休闲游憩带，做强五大旅游产业聚集区，打造九条精品线路，构建“一城三带五区，九条精品线路”的旅游格局，实现旅游开发与文化提升相促进，产业增效与传承文明相结合，打造区域文化旅游产业发展高地。

---

① 倪艳：《区域物流业发展的问题与对策——以湖北物流产业以例》，《物流工程与管理》2009年第11期。

② 交通部：《交通运输部关于印发〈关于进一步促进公路水路交通运输业平稳较快发展的指导意见〉的通知》，《交通财会》2009年第6期。

**3. 改造提升商贸服务业**

着力构建市区重点商圈建设。加快万博广场、华创国际广场、中国电谷广场等大型商贸设施建设；推进世纪财富广场项目建设，建成功能齐全的综合性商业中心；以中银大厦、时代商厦、新天地百货等为重点，打造我市超大型商业区。推动社区商贸服务业发展。大力发展以服务社区居民为中心的社区商业服务中心和连锁便利店，推进社区商业网点的连锁网络建设。[①] 推动各类专业市场建设。加快传统专业市场升级改造，强化市场管理和产品升级，不断提升服务功能和流通能力；充分依托各地特色产业和资源优势，加快培育一批新型特色专业市场；鼓励有条件的专业市场拓展国际发展空间、发展口岸贸易，培育外向型市场。

**4. 加快发展金融保险业**

加快金融要素市场建设，努力拓展科技金融、产业金融、农村金融等服务，完善金融与产业的对接机制。积极发展农村金融小额贷款业务，支持企业直接融资、上市，加大债券发行力度。推进传统金融和现代金融共同发展，健全金融服务链，设立银行、保险、预付费消费、社会信用和第三方服务外包等金融机构和非金融机构，健全服务体系，增强服务能力。

**5. 积极培育新兴服务业**

积极拓宽服务业领域，支持市场潜力大、产业基础好的会展、服务外包、社区服务等新兴服务业发展，培育形成新的经济增长点。会展业，选择白沟箱包节、安国中药材交易会等有一定知名度和特色的展会，聘请专业机构，进行整体策划、整体包装和整体推介，全面提升会展业的档次和水平，逐步打造标志性、常态化、国际知名的品牌展会。服务外包业，以抢占高端服务外包市场为方向，以软件研发外包、客服中心、IC 设计、动漫游戏等领域为重点，充分发挥环京津区位优势，主动承接京津服务外包转移，培育一批具有自主知识产权、高增值服务能力的服务外包企业，全面提升服务外包产业的规模、层次、能级和竞争力，促进服务外包业加快发展。社区服务业，以专业化、社会化、产业化为方向，大力发展养老托幼、家政陪护、维修保安等便民服

---

① 袁国华、李顺明：《广西灵川：打造西部经济百强县》，《中国财政》2012 年第 6 期。

务，加快城乡社区综合服务设施建设，鼓励各类经济组织和个人兴办社区服务企业。

### （三）全面提升农业发展水平，构建现代高效农业产业体系

加快转变农业发展方式，努力提高农业现代化水平，优化农业内部结构，全面增强农业综合生产能力、抗风险能力和市场竞争能力，大力发展都市农业、设施农业、休闲农业等现代高效农业，全力构建高效、优质、安全的现代农业产业体系。

**1. 加快推进农业结构优化升级，提高农业整体效益**

（1）大力推进粮食高产增效。按照“稳面积、攻单产、增总产”的思路，以定兴、清苑、徐水等13个县（市）粮食生产核心区建设为重点，以高产创建和吨粮田创建为抓手，加快优良品种、适用技术和先进农机具的集成和普及推广，努力提高单产、质量和效益，改善粮食种植生产条件，实现粮食生产能力新跨越。

（2）积极发展现代都市农业。充分依托保定地处首都经济圈的区位优势，全面拓展农产品保障、生态保护、休闲观光、文化传承等农业多种功能，大力发展设施农业、休闲农业等现代都市高效农业。① 按照建网络、创品牌、供京津、进超市的总体要求，立足京津中高端市场，加快推进生产向规模化、设施化转变，产品向特色、高档转变，销售向品牌、高端转变，重点支持品种优良、特色明显、附加值高的优势农产品，建设一批高标准、上规模的优质农产品生产基地。加快蔬菜生产基地建设。以保北优型温室、保南大棚设施、西部山前拱棚蔬菜基地建设为重点，积极推进设施蔬菜集中发展，进一步加快涿州、定兴环京津优质精特菜生产基地、徐水温室西红柿生产基地、定州优质蔬菜生产基地、望都优质辣椒生产基地、博野蔬菜加工出口创汇生产基地等十大优势特色蔬菜基地建设，扩大精特菜种植规模，主攻京津高端市场，全力打造京津冀区域内生产规模化、品种多样化、质量标准化绿色蔬菜核心区。提升畜牧业在农业中的主导地位。加快养殖业标准化示范区建设，实

① 顾晓君：《都市农业多功能发展研究》，博士学位论文，中国农业科学院，2007。

施饲草饲料产业化工程和标准化规模养殖工程，全面提升畜牧业在农业中的主导地位。加快促进优势果品生产向区域化、规模化方向发展，重点建设苹果、桃、磨盘柿、优质梨、大枣、核桃、杏扁和城郊观光休闲果品等八大特色果品生产基地。

**2. 全面提高农业产业化、规模化经营水平，推动农产品生产优质化和布局区域化**

（1）推进农业产业化经营跨越式发展。制定扶持农业产业化龙头企业发展政策，推进农业产业化经营跨越发展，重点围绕优质粮油、肉类、乳制品、果品和蔬菜 5 大优势农产品生产加工，培育和扶持一批产业关联度大、市场竞争力强、辐射带动面广的农业龙头企业，建设一批有特色、有规模的农产品加工基地，发展壮大农产品精深加工业。建设一批以农产品生产基地为依托，以农产品加工企业为龙头，上下游配套、规模效益显著的农业产业化集群。

（2）鼓励多种形式的适度规模经营。在稳定完善农村基本经营制度和土地承包关系的基础上，积极鼓励和支持承包土地向专业大户、家庭农场、农民合作社流转，大力推进多元化、多层次、多形式的农民合作社发展，全面提升全市农业生产经营规范化管理水平、市场竞争能力和抵御风险的能力。

（3）加强农产品品牌培育。坚持品牌兴农战略，实施“一村一品”、“一乡一品”富民计划，充分发挥本土优势，着力挖掘和培育一批凸显区域特色的农产品商标品牌，支持企业申报无公害产品、绿色食品、有机食品，鼓励注册农产品证明商标和原产地标识，做好注册商标、质量标准、自主专利和自主实施产权申报和认证工作，指导农产品生产者根据各类农产品特点，对上市农产品进行包装上市，创建品牌，提升档次，增加附加值。

**3. 深入实施科技兴农战略，加快推进农业发展方式转变**

（1）建立现代农业科技支撑体系。进一步加大先进适用技术在农业生产过程中的推广力度，大力推进生物技术、信息技术在农业领域的应用，重点普及专用优质育种、复合高效生物肥料和农药、动物重大疫病防治等先进农业技术；加快引进和培养农业科技人才，鼓励和引导农业科技人员面向生产一线，加强基层农技服务体系建设，开展多层次、多渠道、多形式的试验示范基地建设、基层农技人员和农民培训、科技咨询与服务等，及时发现和解决生产中的

技术难题，为现代农业发展提供技术支撑。

（2）提高农业装备水平。大力提高农业装备水平和农机作业水平，努力实现粮食作物生产全过程机械化，加大经济作物、牧业、林果业、设施农业机械化技术推广范围，不断提高农业机械化程度，改革传统耕作方式，降低作业成本，增加农民收入。

**4. 大力加强现代农产品市场建设，积极拓宽农产品流通渠道**

瞄准京津市场，切实减少流通环节，组织指导大型连锁企业、批发市场等与农产品生产大户、合作社等建立产销合作关系，建设农产品加工配送中心以及产地、销地批发市场。加快市场信息化建设，发展农产品电子商务等现代交易方式，逐步健全各级信息服务体系，为农民提供市场信息、购销对接等服务。发展新型流通业态，推进订单生产和“农超对接”，落实鲜活农产品运输“绿色通道”政策，降低农产品流通成本。①

## 二　推进保定产业升级打造高端产业基地的对策建议

### （一）加大政府引导和扶持力度

进一步制订和完善促进产业高端发展的扶持政策，搞好各类政策的细化、延伸与创新，尽快形成有利于产业高端发展的政策体系，在项目审批、税收减免、用地指标、协调服务等方面给予高端企业和优质项目全面支持与政策优惠。增强财政资金的引领和导向作用，建立保定高端产业发展专项基金，集中支持重大产业链配套、重大技术改造等重点项目，加大对企业技术改造、自主研发、引进先进技术设备的支持力度，为产业高端化提供有利的发展环境。

### （二）加快创新研发平台建设

进一步加强政府引导，充分发挥市场机制作用，紧紧围绕科技成果的引

① 国务院：《国务院关于印发全国现代农业发展规划（2011～2015年）的通知》，《农村工作通讯》2012年第4期。

进、消化、吸收和再创新，吸引全社会的人才、技术和资本，加快推进各类创新平台建设。鼓励有一定创新实力的龙头骨干企业，联合国内著名高校、科研院所，围绕新能源、汽车及零部件、电子信息、节能环保等主导产业和关键领域建设一批新型产业技术研发机构，组织实施一批重大科技专项，力争掌握一批核心技术，形成一批拥有自主知识产权的创新成果，通过关键技术的研发和创新，不断提升企业和产业的核心竞争力，构建产业高端发展、抢占技术制高点的核心支撑体系。

### （三）加强各类人才队伍建设

一直以来，高素质人才缺乏，始终是影响保定产业转型升级、高端产业引入的瓶颈问题。因此，保定应重点围绕产业高端发展的需要，积极面向国际、国内两类人才市场，加大力度引进各类专门人才和急需人才。切实制定吸引人才尤其是高端人才的相关政策，提供良好的软硬条件，改善用人、留人环境。同时围绕重点产业发展，通过政府推动与国内外知名机构、院所合作等方式，建设高端产业培训基地，选拔和培养一批产业高端发展对口的高级技术人才和管理人才，为保定产业转型升级和高端发展提供强有力的人才保障和智力支持。

### （四）建立多元化的投融资体系

产业转型升级必然伴随着资金的大量投入，当前，保定多数产业是靠财政支持以及企业从自身利润中抽出一定比例投入到科技创新和技术升级。但涉及大的产业整体升级仅仅靠企业自身投入和政府财政支持显然难以支撑，因此，积极探索和建立多渠道的投融资机制，对于产业转型和高端发展至关重要。一是争取银行、信托等金融机构的资金支持，建立政府与金融机构沟通协调机制，主动向金融机构推荐高端优势项目，搭建金融机构与重点产业、龙头企业资金供需平台，以便及时得到创新转型的融资资金。二是支持有条件的企业在境内外上市，扩大直接融资力度。三是进一步完善招商引资政策，创新招商方式，加大招商力度，打好“招商引资”牌，特别是针对带动作用强、财税贡献大的高端、优势项目，要积极引进跨国公司、世界500强和全国500强、行

业30强等战略投资者，力争在招商引资上实现重大突破，使招商引资也成为产业转型、高端发展的有效资金来源之一。

## 参考文献

唐茂华：《大力发展制造服务业，推进天津产业高端化》，《天津经济》2011年第2期。

胡选子、曹文梁：《东莞常平镇产业转型升级策略研究》，《东莞理工学院学报》2012年第6期。

张红程、杨晓燕、杨平军：《新时期新农村建设的调研与思考——以保定市新农村建设为例》，《山东省农业管理干部学院学报》2010年第5期。

黄斌、鲁旭：《产业高端化发展的背景、经验和现实挑战》，《特区经济》2013年第5期。

B.20

# 做大做强武术产业载体 振兴河北武术文化产业

## ——推动"华武园"进一步繁荣发展的创意思路

宋东升*

**摘　要：**

河北省丰富的武术文化资源优势远未转化为产业优势。"华武园"不仅是对河北武术文化产业形象与发展的整合尝试，也是振兴河北武术文化产业的重要抓手。本文从对河北武术文化资源和产业发展现状的分析出发，顺应我国武术文化产业发展中武术内容资源与现代产业形式相融合的特点与趋势，对"华武园"进一步繁荣发展的思路进行了初步探索，提出了"整合发展、融合发展、重点发展、精品发展、开放发展"的总体思路以及整合塑造河北武术文化主题品牌形象、发展教育培训、赛事、演艺、旅游等主体业态的具体路径。

**关键词：**

武术文化资源　武术文化产业　华武园　整合　业态

武术文化是我国传统文化的典型代表，武术文化产业是我国文化产业发展的重要组成部分。河北是武术文化资源大省，传统武术文化源远流长、品种众多、底蕴深厚、影响深远，河北武术文化产业发展潜力巨大。但长期以来，由

* 宋东升，河北省社会科学院经济研究所副研究员，主要研究方向为产业经济，曾主持或参与十多项产业集群、文化产业发展方面的课题，是"河北省文化产业形势分析与预测"创意策划篇的主要撰写人之一。

于多方面因素的制约，这一资源优势远未转化为产业优势。在此背景下，河北省武术文化产业促进会成立并开始打造武术文化产业载体“华武园”。“华武园”不仅是对河北武术文化产业形象与发展的整合尝试，也是振兴河北武术文化产业的重要抓手。本文从对河北武术文化资源和产业发展现状的分析出发，顺应我国武术文化产业发展特点与趋势，对“华武园”的建设发展思路进行了初步探索。

## 一 河北武术文化资源和产业发展现状

### （一）河北省的武术文化资源基础

河北省是我国传统武术文化资源大省，具有悠久的武术文化历史和深厚的武术文化底蕴。依据1985年中国武术挖掘整理的河北省拳械录资料，在河北省起源、发展、流传的拳种有64种、器械有36种，占全国武术总拳种数量的50%[①]。河北省武术文化资源类型丰富、分布广泛，不仅为武术文化产业发展奠定了坚实的基础，而且在全国占有举足轻重的地位。河北省武术文化资源的形成主要源于地理环境、民俗民风等方面因素的影响。在漫长的历史岁月里，河北不仅一直是我国农耕民族与游牧民族冲突的前沿地带，也是北方游牧民族南下中原的必经区域。在这种民族冲突、战事频发、动荡不安的地理环境下，河北人民为保命生存、保家卫国，不仅自然形成了习武自卫的民间尚武风气，而且形成了任侠尚义的河北地域人文特征，自古有“燕赵多慷慨悲歌之士”之誉，武术文化也由此成为河北鲜明的地域文化基因和宝贵的历史文化资源。

河北省丰富的武术文化资源不仅体现在武术拳种的丰富多样上，更体现为河北武术文化的巨大影响力。在我国武术文化发展史上，河北武术英豪辈出、名家众多，构成了一幅星光璀璨、武威天下的武林英雄谱，近代史上中国最有名的武术家大多出自河北，其中不少都是武术大师和武学名家，在中国武术界

① 姜华北、马敏卿、吴振超：《对河北武术文化产业品牌建设的战略研究——以河北邯郸“太极文化”为例》，《河北体育学院学报》2013年第1期。

具有崇高的地位，如太极宗师“杨无敌”杨露禅、八卦掌创始人董海川、形意大师郭云深、通背大师张策、“燕子李三”李凤山、“神力千斤王”王子平、民国“第一国术理论家”姜容樵、“世界摔跤之父”常东升、“武圣”孙禄堂等。近代史上，河北不仅武林传奇人物众多，对武术传承和发展起到了重要的推动作用，且多与当时的历史风云紧密关联，在尚武图强、抵御外侮、社会变革中扮演了重要角色，成为很有影响的武术历史人物。民国时期，为抵御外侮、救国图强，“尚武精神”风行一时。1928 年，原西北军高级将领、河北武术家张之江发起创办了“中央（南京）国术馆”并任馆长，副馆长、武当门门长、少林门门长也均由河北武术名家担任，国术馆教员群体中更是有众多河北武林高手。中央国术馆是我国现代武术发端的起点，“武术是国术”的意识从此开始深入人心，河北武术家张之江也由此成为中国国术的主要倡导人和奠基人。中央国术馆倡导的“图强御侮、强种救国”理念将中华武术提升到民族存亡、救国图强的高度，武林人士的事业发展和人生道路开始与政治风云、民族存亡联结在一起。在此前后，河北武术家还在其他省市创办或参与创办了上海国术馆、湖南国术馆、华北四省国术馆等。随着河北武术在国内影响力的增强，众多河北武林人士在外省市任教，更有许多人来河北拜师学艺。1933 年，河北武术家张之江又创办了以武术为核心并融合现代体育运动项目的“南京体育专科学校”，我国传统武术开始成为现代体育运动的组成部分，现代武术运动由此开始在传统武术的基础上发展起来。

### （二）河北省武术文化产业发展现状

在全国各地发展武术文化产业的大背景下，河北省武术文化产业化开发也有了一些进展。但总体来看，由于多方面因素的制约，河北省武术文化产业发展现状与其资源禀赋很不对称，资源优势远未转化为产业优势，存在着整体产业形象模糊破碎、产业品牌影响力弱、产业规模小、载体弱、链条短等问题，整体产业基础薄弱，产业发展尚处于起步阶段。具体表现在以下几个方面：

**1. 整体产业形象模糊破碎**

从我国各地武术文化产业的发展特点来看，一般都有比较鲜明的产业主题，且大多依托自然景观和宗教景观，如河南少林、四川峨眉等。河南登封少

林武术文化产业确立了少林“禅武”产业主题和品牌形象，形成了比较完整的武术文化产业链条和产业集群。河北省虽然有着丰富的武术文化资源基础，但拳种多、分布广、多散于乡间，处于自发、零乱、分散的发展状态，没有统一的自然依托载体和展示载体，难以形成自然整合的、清晰完整的、具有归属感的产业主题和品牌形象。由于对整体产业形象没有很好地整合，缺乏统一的品牌形象和发展诉求，河北武术文化产业发展一直未形成合力，不仅在文化产业大发展的背景下缺乏市场影响力，而且也未引起政府和社会各界的足够关注。

**2. 产业规模小、载体弱、链条短**

从产业发展规模来看，河北省武术文化产业总体产值偏低，为此甚至目前尚无专门的产业统计。从产业载体来看，武术文化企业或介入武术文化产业发展的企业群体较小，且武术文化企业规模小、实力弱、层次低、经营分散，在武术教育、赛事、旅游、演艺等产业链各环节都缺乏有市场影响力的大型企业和品牌产品。从产业链条来看，武术文化产业业态比较单一，一般局限于教育培训、图书音像出版、武术用品等基础性的产业业态，而武术旅游、赛事、演艺、动漫游戏等创意性较强的产业业态较少。邯郸永年太极文化产业虽然初步实现了多业态发展，但在武术赛事、演艺和新兴娱乐业态等领域尚处于探索阶段。

**3. 文化品牌未转化为产业品牌**

由于长期以来产业经营意识、武术文化消费意识等因素的制约，我国武术文化资源富集区普遍存在着资源优势向产业优势、文化品牌向产业品牌转化难的现象，在这其中比较成功的只有河南登封少林文化，四川峨眉、福建莆田、湖北武当、广东佛山等地明显滞后。河北省的情况也是如此，文化影响力远未转化为产业实力，文化品牌向产业品牌转化相对较好的只有邯郸永年太极文化，沧州尚处于起步阶段，其他武术文化资源富集区几乎还处于未开发阶段。

## 二　我国武术文化产业发展的特点与趋势

武术文化产业是从商业化角度对武术文化资源进行创意开发以形成产品及

服务的产业集合①。在现代社会，武术的存在形态开始与时俱进地改变，不仅武术的表演性和竞技性通过影视、赛事、演艺等被更多地开发出来，而且武术的健身、养生等功能也开始进入产业化轨道。武术内容资源通过与现代产业形式的融合形成了多样化的创意文化产品或服务，实现了与现代市场需求的对接。

### （一）与现代教育的结合

口传身授的武术教育是传统武术基础性的存在和发展形态。进入现代社会，传统武术通过与现代教育模式的结合实现了自身升级。20 世纪 80 年代初期的武术热催生了全国的武校热，其中最成功的是河南登封以少林寺为依托发展起来的武校群体。目前，河南登封武校已达几十所、学生数万人，发展成了颇具规模和市场影响力的武术文化教育产业，是登封市武术文化产业大发展的基础、支柱和龙头，促进了武术文化产业链和产业集群的形成，形成了少林塔沟、鹅坡、嵩山少林寺等著名武术文化教育集团。此外，河南登封武术文化教育产业通过长期的市场探索，还形成了比较成熟的产业运作模式。

### （二）与现代体育的结合

传统武术除实战技击功能外，竞技观赏也是其与生俱来的特性，且进入现代社会后成为体育项目的一部分。目前，随着体育文化产业的大发展，中国传统武术也开始借鉴现代竞技体育的产业运营经验与模式，如娱乐化元素、俱乐部制、市场开发与营销推广手段、现代传播媒介等，实现传统武术文化内容与现代体育产业形态的创意融合，由此出现了近十年来国内比较成功的“中国武术散打王争霸赛”、《武林大会》、《武林风》、“WMA 中国武术职业联赛”等武术赛事节目，一些节目的收视率甚至超过了 NBA 体育赛事，其正成为中国体育文化产业的新品牌。这些项目将武术独具魅力的搏击性和娱乐观赏性紧密结合，甚至吸收了综艺节目元素，由此成为国内体育娱乐项目发展的新亮点。

---

① 李义杰、李云鹏：《略论武术文化产业的概念和意义》，《东南传播》2009 年第 3 期。

### （三）与现代演艺的结合

中国传统武术文化不仅具有体育运动项目的特征，也具有舞台表演艺术元素。以现代科技为支撑的舞台艺术和电视传播艺术更是强化了武术的舞台表演娱乐功能，使传统武术和现代演艺产业的结合成为新的文化娱乐市场亮点。河南登封少林武术文化演艺活动开展较早，是国内武术文化演艺市场的先行者和领跑者。少林寺武僧团是国内最早的武术表演团体，20 世纪 80 年代开始就到国内外巡回演出，少林塔沟武术学校武术表演团同样活跃在央视春晚等国内著名演艺舞台。近年来，登封少林寺与国内知名文化艺术机构合作创编的武术文化演艺节目取得了轰动性的市场效应，其中《禅宗少林·音乐大典》最具震撼力，不仅是全球最大的山地实景演出，且被列入全国“最美五大实景演出”。

### （四）与现代旅游的结合

旅游业不仅是国内武术文化产业发展中开发较早的业态，也是得到当地政府支持较多的武术文化业态。河南登封、河南陈家沟、四川峨眉山等都在当地政府支持下依托当地资源发展了武术文化旅游业。河南登封少林寺已成为在国内外影响力巨大的武术文化旅游胜地，并形成了比较成熟的武术文化旅游产业链条，成为最有吸引力的河南文化旅游景区。国内有名的武术文化资源富集区多是人文景观与自然景观的天然融合体，是武术文化、宗教文化、历史文化与自然风光的结合，如嵩山少林寺、四川峨眉山、湖北武当山等。国内武术文化旅游多是涵盖武术文化、自然观光、宗教文化、健身养生等多元内容的复合游。

### （五）与现代健身养生的结合

随着人们物质生活水平的提高，人们对健康问题越来越关注，健身、养生市场前景广阔。中国传统武术具有天然的健身、养生和医疗功能，各类武术都有独特的功力健身法，其中太极拳的强身健体功效广为人知。为了迎合武术健身养生市场的需求，一些传统武术拳种做出了改变与创新，比如，木兰拳就是融合太极拳、武术基本功、气功和体操等创编出的全新的体操型艺术健身拳，已列为被国家正式认可的第130种武术新拳种，具娱乐性、艺术性、技击性和医疗健身美体功效，在国内外大受欢迎。一些武术文化富集区也开发了武术养生项目，如峨眉山就开办了集武术、禅修、食疗养生于一体的峨眉禅武医道养生班。

### （六）与影视出版、动漫游戏的结合

影视出版是武术文化与现代文化娱乐业融合最早也是最喜闻乐见的一种业态。近年来，随着现代科技的发展，以动漫、网络游戏为代表的新兴娱乐业态呈现出强劲的发展势头，并通过与中国传统武术文化融合形成了新的武术文化创意产品，一些以中国传统武术文化为主题的网络游戏成为游戏市场的明星产品。武术文化与动漫的结合更为出彩，《功夫熊猫》就是其中的典型代表，武术动漫生动有趣、轻松愉快的视觉艺术魅力有着不逊于武术影视的市场影响力。武术文化内容与动漫科技形式的结合正成为一种极具成长性的武术文化产业发展新业态。

### （七）与武术用品的结合

武术文化内容与制造业的融合形成了武术用品业态，包括武术器械、武术服装、武术出版音像、武术礼品、武术医疗品、武术食品等有形实体产品类别，是武术文化产业发展的外围衍生业态。在河南登封少林寺武术文化产业链条中，就有少林武术秘籍、禅果禅茶、禅香禅台、活络丸、禅武服饰、习武器械、护具、旅游纪念品等武术用品板块，甚至为此成立了这些武术用品的专营子公司；浙江丽水龙泉是以龙泉剑为优势产品的传统武术器械生产基地；福建的武术散打护具生产已形成区域品牌；还有其他一些武术用品生产聚集地。

## 三　推动“华武园”进一步繁荣发展的创意思路

2009年6月，河北省武术文化产业促进会（HBCMRA）成立，投资打造集搏击赛事、武术文化交流、教育培训、健身养生、休闲娱乐、武术段位资格

认定等于一体的武术文化产业主题园——“华武园”，旨在传承、弘扬河北武术文化，推动河北武术文化市场化、产业化发展，振兴河北武术文化产业。“华武园”占地300亩，投资约7.5亿元，已建或拟建项目包括武术搏击中心、武术文化博物馆、武术名人名宅、名人碑刻长廊、中华文武堂、露天大擂台等，规模大、起点高、占位高、视野宽，不仅是河北首家河北武术文化主题园，也是目前我国最大的武术文化产业园之一，并于2012年入选“河北省第三批文化产业示范基地”。

## （一）“华武园”发展优势与发展现状

城市不仅是人口、市场等产业发展资源的聚集地，且市场容量大、文化产品消费能力强、引领时尚娱乐潮流，因而也是体育文化产业最繁荣的区域，国内外知名体育赛事举办地均是在城市尤其是中心城市。“华武园”选址正定具有明显的环境发展优势。首先，正定不仅是国家历史文化名城、中国民间艺术之乡，历史悠久，文化底蕴深厚，也是河北省文化旅游的重要组成部分和省会石家庄历史文化的根基。其次，正定有尚武精神和体育文化底蕴，不仅有子龙故里、常山战鼓、国家乒乓球训练基地等闻名遐迩的尚武和体育文化载体，而且有广泛的武术文化群众基础和国内知名的武术技击家，因而“华武园”选址正定可接地气、合人气，以打造正定武术之乡为宗旨的子龙武术研究会的成立更是进一步强化了武术文化氛围。再次，正定地处省会石家庄，不仅有利于连接城市文化消费大市场、辐射省外客源市场，而且也有利于聚合资金、技术、人才、创意等产业发展要素。此外，正定还是省会石家庄未来的发展重心和政治中心，且是习近平总书记曾工作过的地方，因而在产业发展潜力和社会形象提升上有着更广阔的空间。

目前，“华武园”整体设施建设已基本完成，武术文化教育培训、人才队伍建设已初见端倪，其他业态发展也在有条不紊地进行。在硬件建设方面，主要进行了武术文化赛事搏击中心和武术文化景观建设。武术文化赛事搏击中心气势宏伟，是一座能容纳数千人的大型现代化武术赛事与竞技场馆，配有高科技的赛事直播设备，可举办国内、国际高水准的各类武术赛事，目前与国内外知名武术赛事机构的洽谈合作正在积极推进；武术文化景观具有武术文化内涵和古典建筑风格，是集博览、教习、休闲、娱乐、购物为一体的综合性武术文化建筑集群，包括仿北京四合院、武术名人名宅、奇石武林苑、武术名人雕刻长廊、“武圣”关羽巨型石像、广场擂台等人工景观，形成内外一体、形神兼备的武术文化环境氛围。在软件建设方面，主要是通过签约学员培训打造武术文化专业人才队伍，为赛事、演艺、旅游、影视等相关业态发展提供最基础、最坚实的人才支撑。

## （二）“华武园”发展愿景与总体思路

### 1. 发展愿景

融汇、整合河北武术文化资源和塑造品牌形象的平台；聚合资金、人才、创意等要素发展河北武术文化产业的载体；示范、引领、带动河北武术文化产业发展的武术文化主题产业园；集赛事、演艺、体验、博览、观光、购物等于一体的武术文化一站式消费城市综合体；河北品牌武术文化旅游主题区和文化旅游目的地场所；河北武术文化地标性城市景观和河北文化名片。

### 2. 总体思路

（1）整合发展

挖掘、搜集、整理河北武术文化资源，整合河北武术文化主题，塑造河北武术文化整体形象，开展统一品牌形象传播，打造“河北武术”区域武术文化品牌，并依托这一区域品牌，聚合区域武术文化资源来发展各种业态。

（2）融合发展

以河北武术文化资源为依托，借鉴国内外武术文化产业发展的成功经验，将武术文化资源与教育、体育、演艺等相关产业紧密融合，形成依托各种现代表达方式并契合现代人文化消费特点的武术文化产品形式和产业业态。

（3）重点发展

以武术文化教育培训为基础，重点发展武术文化赛事、武术文化演艺、武术文化旅游三大主体业态，提供综合性的武术文化产品和服务。

（4）精品发展

开展高端武术文化专业人才教育培训，打造以河北武术文化为核心的品牌武术文化赛事、演艺、旅游、影视等项目，以精品项目带动产业发展。

（5）开放发展

以河北武术文化资源为主体和核心，引进省外优势武术文化发展资源助力发展，同时辐射、拓展省外武术文化市场，“走出去”实现跨区域发展。

## （三）“华武园”创意发展的具体路径

### 1. 塑造河北武术文化整体形象

品牌是产业发展的灵魂和关键，依托特色武术文化资源形成的区域武术文化品牌是武术文化产业先行区发展的根基和支撑，河南登封少林文化产业的发展正是源于“少林寺”这一强势武术文化品牌的巨大影响力。河北武术文化产业发展的第一步就是要塑造河北武术文化主题形象，打造河北武术文化品牌。

（1）河北武术文化主题整合

我国传统武术一般都是文武合一的天然融合体，有着悠久历史积淀下来的厚重的文化内涵。形于外的技击方法只是传统武术的外化，蕴于内的文化内涵才是传统武术的灵魂和形象所在，“一介武夫”式拳脚技击的影响力不可能持久，因而也不可能有效支撑武术文化产业发展。河南嵩山少林文化品牌元素不仅源于“天下功夫出少林”这一单纯的功夫哲学，更在于作为中国佛教“禅宗”发源地千年历史所积淀的禅、武、医、艺一体的“禅武”文化，即内禅外拳、以禅统拳、拳禅合一，并进一步衍生出禅宗戒律、少林武德、报国精神等文化元素，少林武术众多拳种由此通过“禅武”文化实现了主题整合和统一的“少林”品牌塑造。

河北武术文化产业的主题整合分为以下两个层面。

①对河北武术文化资源的挖掘、梳理。要全面深入地调查、挖掘、评价河北各地的传统武术文化资源，不仅要搜集各拳种的技法特点、防身健身功能、传承普及情况、影响力、商业价值和产业化现状信息，也要挖掘整理其起源、演变、传承人物、历史传奇、精神内涵、道德修行等文化内容。

②对河北武术文化资源的主题整合。在挖掘、搜集、整理的基础上，要组织武术界、文化界人士和相关专家学者对河北武术文化资源分析研究，将河北武术文化资源的诸多元素整合为一个统一的主题，形成能准确展示河北武术文

化内涵的地域武术文化品牌形象。与少林、武当、峨眉等依托名山名寺、以宗教文化一统形象的区域武术文化不同，河北武术文化与国家政治、历史风云、民族精神、燕赵地域文化及众多武林传奇人物紧密关联，呈现出博大性、历史性、政治性和侠义性的突出特点，因此宜以“侠义”文化对河北武术文化资源进行统一的形象整合，塑造以“尚义任侠、慷慨悲歌”为核心内涵的“河北武术”文化品牌。

（2）河北武术文化品牌传播

河南登封武术文化产业发展的成功很大程度上源于各种传播渠道对少林武术的广泛而持续的宣传，由此造就了“天下功夫出少林”的品牌形象。自清代以来，少林功夫逐渐被文学化、传奇化，加上影视媒体的传播，特别是金庸的武侠小说，李小龙、李连杰、成龙的武打电影的影响，使少林功夫发展成为全球性的文化现象①。河北武术文化产业发展在主题整合的基础上也要通过有效的形象包装和各种传播渠道进行全方位的持续的宣传推介，具体分为以下几方面。

①精品传播。武术文化产品精品本身也是最直观的传播手段，尤其是在产业发展初期这种传播效应更为明显，其中影视出版、赛事的传播效应尤其明显。我国武术文化产业的起步正是从 20 世纪 80 年代电影《少林寺》播映开始的。《少林寺》的播映不仅激发了全国范围的武术热，而且直接推动了我国武术文化产业的发展。此后，我国的武术题材电影飞速发展，不仅成为武术文化产业发展的一个业态，而且推动了电影拍摄地和武术故事发生地武术文化旅游和教育培训等业态的发展。近十年来，武术搏击精品赛事作为一种新兴体育娱乐节目吸引了市场的极大关注，开始成为继精品影视后的又一种传播形式。武侠文学作为最传统的传播形式在新时期仍然发挥着作用，近年来以河北沧州八极拳为题材的日本漫画书《拳儿》就产生了巨大的宣传效应。此外，网络时代一些新兴娱乐精品的传播效应也开始显现，以河北沧州八极拳为题材制作的日本《VR 战士》电子游戏就获得了极高的市场人气，大大提升了八极拳在国际上的知名度和影响力。因此，在河北武术文化各业态发展中都有精品之作

① 张小林、孙玮、龙佩林：《少林武术文化资源开发与品牌营销研究》，《西安体育学院学报》2008 年第 2 期。

就是最好的品牌形象传播。

②节庆会展。节庆会展不仅具有武术文化品牌形象的集合传播功能，也是我国武术文化富集区品牌形象传播的通用方式，如国际少林武术节、四川国际峨眉武术节、佛山武术文化节等。目前，河北有“中国·沧州国际武术节”、“中国永年国际太极拳大会”两大有影响力的武术文化节。2010 年，已连续举办多届的“中国·沧州国际武术节”升格为国家级武术文化节，武术节上沧州武术代表拳种八极拳万人会演创造了吉尼斯世界纪录，当地几十个传统武术门派共同奉献了精彩的武术表演。在此基础上要通过整合提升举办统一的“河北武术文化节”并在省会石家庄举办，逐步培育升级成“中国吴桥国际杂技艺术节”级别和影响力的文化盛会，打造成另一个标志性的河北文化节庆品牌，综合性地集中传播河北武术文化品牌形象。此外，还要积极参加国内外知名的文化博览会或展览会，设立“河北武术”文化专门展区，通过文化会展载体向国内外传播河北武术文化品牌形象。

③名人效应。武术文化的人际传承特性决定了其具有特殊的武术名人传播效应，这些人物的武林传奇和历史影响本身就是强有力的武术文化形象传播，如霍元甲、叶问等武林人物。此外，外界名人的推崇也是一种传播效应，如不少国外政要曾到访少林寺体验少林武术文化，普京的到访更是大大提升了少林寺的国际影响力，吸引了越来越多的国际生源。河北有众多的武林传奇人物，其人生经历和历史影响构成了很好的传播素材，且不少国内武术界名人都与河北武术有些渊源，如国际功夫巨星李连杰、新版《西游记》孙悟空扮演者吴樾都曾到河北沧州学习武艺，成龙、李连杰、甄子丹等都曾出席“中国·沧州国际武术节”和“中国永年国际太极拳大会”，但这些并没有有效传播出去或根本没有对外宣传。河北武术文化形象传播不仅应充分利用现有的名人传播资源，而且要有意识地邀请和吸引更多的名人尤其是国际功夫巨星前来体验河北武术文化。

④学术交流。对武术文化的学术探讨与交流不仅有利于挖掘整合武术文化资源、确立主题和品牌形象，而且本身也是一种品牌形象传播途径，如举办各种武术文化名家论坛、研讨会、创办武术文化杂志、编写武术文化专著等。在各种武术文化学术交流活动中，要特别注意充分利用由武学名家、体育营销策划专

家、媒体传播专家、文化名企和投资机构等相关各界人士参加的高端论坛。武术文化高端论坛层次高、参与面广、资源聚合性强，不仅能向社会相关各界传播武术文化品牌形象，还能吸引和聚合信息、资本、创意等资源实质性地推动产业发展。

**2. 发展武术文化产业相关业态**

武术文化资源包括技击资源、健身资源、娱乐资源、休闲养生资源、人力资源、教育资源等[①]。武术文化产业业态就是这些资源内容与现代产业形式的融合。"华武园"武术文化业态发展就是要形成以教育培训为基础、武术文化赛事、武术文化演艺、武术文化旅游为主体、其他为延伸衍生的业态格局。

（1）武术教育培训

武术教育培训是武术文化产业发展的起始业态。随着产业业态不断拓展，武术教育培训逐渐成为其他业态发展的基础和平台，因其培养的武术文化人才而成为支撑武术赛事、武术演艺、武术旅游等业态发展的武术专业力量。"华武园"的教育培训不同于武术馆校等一般的武术培训机构，应定位于为河北武术文化产业整体发展提供高端人才支撑，包括河北众多拳种的传承人才、武术师资人才、武术赛事参赛人才、武术演艺人才、影视功夫演员等。此外，还应包括武术段位、级别等标准资格认定、赛事规则的制定、传统武术教学模式改革、武术文化研讨交流等基础内容和管理规则，以协调、规范和推进河北武术文化产业发展。

（2）武术文化赛事

武术赛事是最直观地体现传统武术技击本性的业态，也是最有市场感召力从而能最有效地激发武术文化产业市场需求的业态。要借鉴《武林大会》、《武林风》等国内品牌武术赛事的发展经验，依托和整合河北区域武术文化资源，借助国内知名的武术赛事策划机构或团队，打造具有河北武术文化特色的、产业化运营的品牌武术赛事。赛事内容以河北本地拳种为主体并融合国内外其他拳种参与，赛事形式为对抗赛、擂台赛、争霸赛、综合赛、专业赛等，赛事风格取众家之长并突出本地特色，赛事传播要与电视传媒紧密合作。在打造河北品牌武术赛事的同时，还应积极引进国内外有影响力的武术赛事品牌项

① 邱服冰：《新形势下武术文化产业发展的几个核心问题探讨》，《四川体育科学》2011 年第 3 期。

目，如美国WBO、俄罗斯桑博、跆拳道、泰拳等，以激活和拓展河北本地的武术赛事娱乐市场，最终形成国内外各类型、各级别的高端武术文化赛事平台。此外，还应充分利用武术文化赛事市场影响力强、产业链长的特性，最大限度地发展武术文化赛事经济。

（3）武术文化演艺

武术的表演功能主要是进入现代社会后出现的，随着现代社会娱乐化的发展，武术演艺已成为极具市场成长性的武术文化业态。在武术文化演艺节目中，一些融合武术动作、历史故事和舞美艺术的大型舞剧引起了市场轰动效应。这些武术文化舞剧突破了以往武术文化演艺节目只是展示武术动作美学的局限性，形成以故事情节为内核和支撑、武术肢体语言为表达方式的综合性武术文化演艺节目，郑州歌舞剧院打造的讲述少林武僧成长故事的大型原创舞剧《风中少林》就是这类新型舞剧的成功典范。《风中少林》不仅是我国武术文化演艺节目的突破，也是我国舞剧形式的创新，获得了我国舞蹈界最高奖并被列入我国十大经典舞剧目，享有舞剧版《卧虎藏龙》之誉。河北有丰富的民间文化资源，以此为基础曾成功地推出《吴桥春秋》、《梦回奇冀》等具有浓郁的河北文化特色的大型舞台剧。为此，可充分借鉴省外同类剧目的成功经验，整合河北丰富多彩的武术文化技能资源和武术人物故事资源，大手笔投入，借助国内编剧编导、舞美作曲名家等组成的强大编创阵容，运用河北民间和现代舞美艺术，打造情节感人细腻、武艺舞艺精湛、场面恢弘震撼、融历史风云、人物命运和燕赵风情于一体的河北武术文化大型舞台剧。舞台剧在主题上要凸显“尚义任侠、慷慨悲歌”的“河北武术”文化品牌定位，名称上可为《忠义河北·慷慨悲歌武林魂》等，内容上要将河北近代众多的武林人物传奇与其承载的代表性拳种、历史背景及慷慨悲歌的燕赵人文精神融为一体，在影响力上要成为河北大型武术文化演艺精品节目。

（4）武术文化旅游

武术文化旅游资源是指武术文化中各种旅游内容的总和，包括物质方面的场所、景观以及精神方面的思想、精神、传说等[①]。要全面深入地挖掘河北武

① 岳贤锋：《武术文化旅游资源开发对策研究》，《人民论坛》2010年第14期。

术文化资源内容，包括拳种特点、武术套路、技击散打、健身养生、功力绝技、武术历史、武术名人、武术服饰器械、习练方法、习练场所、武术仪式和习俗风情等，并运用演艺、展馆、学习培训、参与体验、露天擂台民间传统功夫表演或竞技等多样化的旅游表达方式展示出来，丰富旅游项目类型，形成集动感性、观赏性、娱乐趣味性、知识性和参与性于一体的武术文化乐园。同时，针对不同游客群体推出武术文化游特色项目，如适合学生群体的习武夏令营、武术竞技竞赛、武侠文学和影视情景模拟氛围体验项目、适合中老年的保健养生、武术历史和风俗文化体验等。在武术文化旅游项目设计开发中要把握三个关键点：一是立足于打造精品，即市场影响力大、对武术文化旅游具有支撑效应的项目，尤其是武术表演、武术文化体验等能凸显武术动感文化的精品项目，并在武术文化旅游表演项目开发上与武术文化演艺节目相连接；二是选择性地吸收河北外部的武术文化内容，如在武术文化展览中加入省外和国外的武术文化元素，涵盖武学内涵、历史、人物、器械、习俗、影响力、前景等，展示各地、各国的武术文化魅力，形成世界武学文化博览；三是整合融入到正定和省会石家庄的大旅游框架中。

（5）武术文化影视

影视业态发展的精品带动效应十分明显，《少林寺》这一经典电影带动了一直延续至今的少林题材电影热，推动了河南登封武术文化影视业态的发展。武术文化影视精品固然是剧本、导演、演员、投资人等多种优势要素的集成，但其中最重要的还是要有以感人的剧情和报国为民、行侠仗义等武术文化精神支撑的好故事。作为近代中国武林传奇历史人物和武林故事最为集中的区域，燕赵大地为武术影视制作提供了丰富的文化素材。以河北武术文化为题材的影视剧早期的有《沧州绝招》、《康德第一保镖》等，近年的有电视连续剧《广府太极传奇》、河北省与华谊兄弟传媒集团合作拍摄的电影《太极》等，虽然数量不多，但影视界一直保持着对河北武术文化题材的兴趣，也为河北武术文化影视业态的发展奠定了基础。要依托河北武术文化资源整合优势积极介入这一领域，与知名的影视制作机构联手制作武术文化影视剧，尤其要打造能大大提升河北武术文化主题形象从而能从根本上推动整体产业发展的经典作品。

B.21

# 跨区域环境治理协调合作法律机制的构建

## ——以京津冀大气污染联防联控为考察样本

王艳宁*

**摘　要：**

现代环境污染问题大多是跨行政区域的，因此，跨区域的环境治理需要各行政区域间协调与合作。由于京津冀区域日益严峻的大气污染形势，京津冀政府和相关部门在协调合作组织机构、环境信息共享、大气污染预报预警、联防联动应急响应、重大项目环境影响评价会商、联合执法监管机制和区域信息报送等方面初步建立起大气污染联防联控机制。这些机制带有明显的行政调控特色，今后对跨区域环境治理协调合作机制可在多中心自主治理、环境利益平衡以及行政协议立法等方面进行完善。

**关键词：**

跨区域　京津冀　环境治理　大气污染　联防联控

随着我国经济30多年的迅猛发展，目前我国的环境压力剧增，已进入环境污染危害高发的阶段，严重的环境污染事件大多是跨区域的。跨区域环境污染问题，尤其是2013年以来在京津冀区域连续出现的雾霾天气，国内外都给予了高度关注。对于跨区域的环境污染问题世界各国的普遍经验是进行区域间共同治理，我国对于京津冀的大气污染也开始了共同治理的实践。本文拟以京

* 王艳宁，河北省社会科学院法学研究所研究员，主要研究专业和方向为行政法、反腐倡廉法治。

津冀大气污染联防联控为样本进行考察，探讨构建科学合理有效的跨区域环境治理协调合作机制。

## 一　问题的提出：为什么跨区域环境治理需要协调和合作

跨区域是指超越两个或两个以上行政区域的界限。现代环境污染问题大多是跨行政区域的，往往涉及不同地区和多个部门，多为大气污染、水污染等等。例如：2013 年 1 月，山西省漳河上游的长治市潞城市境内的山西天脊煤化工集团股份有限公司苯胺输送软管破裂，发生了事故性污染物排放，浊漳河发生了水污染，泄漏的苯胺随河水流出省外，导致下游的河北省邯郸市大面积停水。[①] 大气污染亦是如此，随着城市规模的不断扩张，城市之间大气污染相互影响明显，相邻城市之间污染传输影响非常突出。我国 2012 年发布的《重点区域大气污染防治“十二五”规划》中指出：“在京津冀、长三角和珠三角等区域，部分城市二氧化硫浓度受外来源的贡献率达 30% ~40%，氮氧化物为 12% ~20%，可吸入颗粒物为 16% ~26%；区域内城市大气污染变化过程呈现明显的同步性，重污染天气一般在一天内先后出现。”

北京市的大气污染物 25% 以上源自外地。2013 年第一季度 74 个城市污染状况排名中空气质量最差的 10 个城市中有 7 个是河北省的，天津的排名也一直没北京好。有数据表明，2012 年，北京煤炭消耗总量为 2330 万吨，而在 2010 年时，河北的煤炭消耗量就在 2 亿吨以上，天津达 4800 万吨。[②] 在地理上被天津、河北环绕的北京市，空气质量似乎被邻居严重地拖累了。据环保部公布的北京市 2013 年上半年空气质量 PM2. 5、PM10、$SO_2$、$NO_2$、CO、$O_3$ 6 项指标平均值与河北省 11 个设区市监测数据相比，其中环北京的承德、张家口、唐山、廊坊、保定 5 个市中，承德、张家口各项指标均好于北京；廊

---

① 邢云、陈正：《漳河山西境内水污染致邯郸市大面积停水》，《燕赵都市报》2013 年 1 月 6 日，第 1 版。

② 孙秀艳：《防治大气污染，京津冀如何联手》，《人民日报》2013 年 6 月 8 日，第 9 版。

坊除 $O_3$ 指标外，其他5项指标均低于或等于北京；保定除 $SO_2$ 指标外，其他5项指标均低于北京；唐山除 $NO_2$、CO、PM2.5外，其他各项指标均高于北京（见表1）。

**表1　2013年1~8月河北省11个设区市与北京的空气质量平均值**

单位：微克/立方米，%

| 城　市 | 二氧化硫（$SO_2$） | 二氧化氮（$NO_2$） | PM10 | 一氧化碳（CO）达标率 | 臭氧（$O_3$）（8h）达标率 | PM2.5 |
|---|---|---|---|---|---|---|
| 石家庄 | 30 | 50 | 261 | 87.7 | 76.5 | 113 |
| 唐　山 | 93 | 34 | 126 | 85.6 | 74.5 | 68 |
| 秦皇岛 | 28 | 49 | 90 | 93.8 | 83.1 | 41 |
| 邯　郸 | 55 | 40 | 189 | 79.0 | 68.3 | 121 |
| 邢　台 | 17 | 30 | 220 | 84.8 | 67.5 | 125 |
| 保　定 | 33 | 42 | 88 | 86.4 | 70.4 | 58 |
| 张家口 | 20 | 17 | 74 | 99.2 | 78.6 | 48 |
| 承　德 | 11 | 28 | 82 | 99.2 | 81.1 | 30 |
| 沧　州 | 18 | 16 | 52 | 98.8 | 74.9 | 37 |
| 廊　坊 | 19 | 25 | 114 | 79.8 | 79.4 | 52 |
| 衡　水 | 20 | 13 | 129 | 95.5 | 74.5 | 68 |
| 北　京 | 29 | 55 | 114 | 95.1 | 73.9 | 93 |

2012年，河北省二氧化硫排放总量为134.1万吨，氮氧化物排放总量为176.1万吨。其中，环北京的承德、张家口、唐山、廊坊、保定5市二氧化硫排放总量为65.2万吨，氮氧化物排放总量为82万吨，分别占河北省全省的48.6%和46.6%。

北京市环保监测中心主任张大伟也认为："河北、天津影响我们，同样，北京也影响人家。"

大气污染这一环境问题是相互影响的，在京津冀区域间达成共识。一个区域的环境治理成效，往往会被周边区域污染产业的不断增长所抵消，因此，环境治理不能单打独斗，必须协同作战，治理大气污染要进行区域合作。北京大学环境科学与工程学院张世秋教授以控制臭氧为例进行的一项统计表明：假如仅仅通过北京自己的努力，实现臭氧浓度降低到196.7ug/$m^3$（国家二级臭氧浓度标准为200ug/$m^3$），达标成本大概为20.46亿元，而如果与河北、天津携手，达标成本仅为5.72亿元，相差近3倍。这表明，跨区域进行环境治理合作不仅是必需的，而且还能够通过确立一个双赢或多赢的方案，降低合作各方的污染控制成本。因此，跨区域的环境治理需要各行政区域间协调与合作。

建立大气污染联防联控在京津冀地区得到了高度认同。2013年京津冀的高层领导进行了互访，并签订了协议，开始了府际大气污染防治的合作实践。

2013年6月14日国务院常务会议部署大气污染防治10条措施。10条措施中的第8条确定为："建立环渤海包括京津冀、长三角、珠三角等区域联防联控机制，加强人口密集地区和重点大城市PM2.5治理，构建对各省（区、市）的大气环境整治目标责任考核体系。"2013年9月，国务院出台了《大气污染防治行动计划》，《计划》中提出要建立区域协作联动机制。环保部发布了《京津冀及周边地区落实大气污染防治行动计划实施细则》，《细则》提出："经过五年努力，京津冀及周边地区空气质量明显好转，重污染天气大幅度减少。力争再用五年或更长时间，逐步消除重污染天气，空气质量全面改善。"现实和国家政策要求京津冀及周边地区要建立区域协作联动机制，在全社会树立同呼吸、共奋斗、大气污染防治人人有责的行为准则。如果大气污染这一重要的环境污染问题能够依靠区域协调合作有效治理，那么相信其他诸如水污染等的环境问题也一定能够得到有效治理。

## 二　京津冀大气污染联防联控机制的构建

京津冀位于华北平原北部，包括北京、天津两个直辖市和河北省，总面积为216420.5平方千米，2012年末区域内常住人口为10796.96万人，人口密度为499人/平方千米。京津冀区域及其周边省市所形成的环渤海地区，面向东北亚，处于我国北方地区对外开放的前沿。新中国成立以来，随着我国区域发展战略不断调整，京津冀区域发展经历了多次变化，逐渐形成了以首都北京为中心，具有京津双核结构和较高区域协调发展水平的国际化大都市圈。该地区国有大中型企业相对集中，石油、煤炭、煤化工、冶金、石油化工、海洋化工、机械电子、建材和纺织等产业均十分发达。

## （一）京津冀区域生态基本状况和河北省大气污染的基本情况

近年来，京津冀区域环境污染治理投资不断增加，然而突发环境问题时间却明显增加。2000 年以来，京津冀区域环境问题突出，突发事件明显增加。2003 年，京津冀区域共发生环境突发事件 10 次，其中大气污染 7 次，这些突发环境事件主要发生在河北。2010 年，京津冀区域共发生环境突发事件 37 次，其中大气污染 14 次，这些突发事件主要发生在北京（见表2）。

**表 2　2010 年京津冀区域突发环境事件情况**

单位：次，人

| 地　区 | 事件次数 | 水污染 | 大气污染 | 海洋污染 | 固体废物污染 | 噪声污染 | 其他污染 | 人员伤亡 |
|---|---|---|---|---|---|---|---|---|
| 北　京 | 30 | 1 | 11 | 0 | 13 | 0 | 5 | 0 |
| 天　津 | 0 | 0 | 0 | 0 | 0 | 0 | 0 | 0 |
| 河　北 | 7 | 2 | 3 | 2 | 0 | 0 | 0 | 72 |
| 京津冀 | 37 | 3 | 14 | 2 | 13 | 0 | 5 | 72 |
| 全　国 | 420 | 135 | 157 | 3 | 35 | 1 | 89 | 241 |

资料来源：2011 年《中国环境统计年鉴》。

### 1. 废气排放状况

21 世纪以来，京津冀区域二氧化硫排放总量先小幅增加而后又明显下降，二氧化硫排放总量从 1999 年的 180.2 万吨增加到 2007 年的 188.9 万吨，又减少到 2010 年的 158.4 万吨，占全国二氧化硫排放总量的比例则持续下降，从 1999 年的 9.7% 减少到 2010 年的 7.2%，下降了 2.5 个百分点。京津冀区域排放的二氧化硫 80% 以上来自工业。分地区来看，河北省二氧化硫排放总量最多，不过占全国的比例在一直下降，从 1999 年的 7.1% 下降到 2010 年的 5.6%；北京、天津二氧化硫排放总量在 1% 左右，而且也在下降，分别从 1999 年的 1.3%、1.3% 下降到 2010 年的 0.5% 和 1.1%。河北、天津排放的二氧化硫主要来自工业，尤其天津工业排放二氧化硫比例不断增加，从 1999 年的 62.6% 增加到 2010 年的 92.8%，增加了 30.2 个百分点；北京工业排放二氧化硫比例则不断下降，从 1999 年的 69.2% 下降到 2010 年的 49.6%，下

降了近20个百分点。

京津冀区域烟尘排放总量呈现持续下降趋势，烟尘排放总量从1999年的110.3万吨减少到2010年的61.4万吨，占全国烟尘排放总量的比例也持续下降，从1999年的9.5%减少到2010年的7.4%，下降了2.1个百分点。京津冀区域排放的烟尘基本来自工业。分地区来看，河北烟尘排放总量最多；河北、天津排放的烟尘主要来自工业，尤其是天津工业排放烟尘比例增加明显，从1999年的52.9%增加到2010年的83.1%，增加了30.2个百分点；北京工业排放烟尘比例则下降明显，从1999年的71.5%下降到2010年的43%左右。

**2. 工业废气排放状况**

2010年，京津冀区域工业废气排放总量为68760亿立方米，与1999年相比，增长了4倍。占全国工业废气排放总量的比重也由10.8%增加到13.2%。分地区来看，河北各项工业废气排放均是最多的，工业废气排放量占全国的比例呈上升趋势，2010年处于10%以上，工业二氧化硫和工业烟尘排放占全国的比例有所下降，也均在5%以上，2010年达标排放率超过99%；天津各项废气排放量占全国的比例在1%左右，2010年达标排放率达到100%；北京各项废气排放量占全国的比例均有所下降，2010年不超过1%，达标排放率达到100%。

京津冀区域每创造1亿元工业增加值排放的工业废气均高于全国平均水平，2010年排放量是全国平均水平的1.28倍。分地区来说，北京工业废气排放强度最低，2010年下降到1.7亿标立方米，约相当于全国平均水平的1/2；天津工业废气排放强度也低于京津冀区域平均水平，2010年为1.7亿标立方米；河北工业废气排放强度是该区域最高的，也高于全国平均水平，2010年为5.9亿标立方米，是全国平均水平的1.84倍。京津冀地区空气质量严重超标，除了机动车污染等因素之外，工业废气对空气质量的影响可能更大。

**3. 区域生态环境状况**

2010年，京津冀区域共有自然保护区63个，其中国家级自然保护区16个，自然保护区面积为81.2万公顷，仅占全国自然保护区总面积的0.54%。京津冀自然保护区面积占国土面积的比例为3.7%，远低于全国14.9%的平均水平。分地区来看，北京、天津2010年自然保护区面积占辖区面积的比例均在8%左右，河北该比例仅为3.1%。2010年，京津冀区域森林面积为479万公顷，森林覆盖率为22.3%，高于全国2010年20.4%的平均水平。分地区来看，河北森地面积最多，基本占全国的2%以上，森森覆盖率与区域整体水平齐平，达到22.3%，北京森林覆盖率达到31.7%，天津森林覆盖率一直较低，在8%左右。

**4. 环境污染治理状况**

2003年以来，京津冀区域环境污染治理投资不断增加，从2003年的191.8亿元增加到2010年的712亿元，增长了2.7倍，但占全国的比例略有下降，从2003年的11.8%下降到2010年的10.7%，下降了1.1个百分点。分地区来看，河北环境污染治理投资增加明显，从2003年的75.8亿元增长到2010年的370.9亿元，增长了3.9倍，占全国的比例从2003年的4.7%上升到2010年的5.6%；天津环境污染治理投资增长相对慢些，增长了1.1倍，占全国的比例从2003年的3.2%下降到2010年的1.7%；北京环境污染治理投资占全国的比例为3.5%，低于2003年的水平。

京津冀区域环境污染比例投资的去向，2010年有72.9%的资金用于城市环境基础设施建设投资，23%用于建设项目“三同时”环保投资，4.1%用于工业污染源治理投资。与2010年全国环境污染治理投资结构相比，城市环境基础设施建设投资所占比例要高出9.4个百分点，工业污染源治理投资、建设项目“三同时”环保投资的比例则分别低1.9个百分点和7.5个百分点。分地区来看，北京、天津、河北环境污染治理投资结构排序都是如此，只不过北京工业污染源治理投资占比很小，仅为0.8%；而天津该比例较高，达到15%，天津城市环境基础设施建设投资占比最小，为60%。①

**5. 河北省大气污染的主要原因**

作为京津冀区域内治理大气污染任务最重的省份，河北雾霾天气频发的主要原因有三个方面：一是产业结构偏重，区域内燃煤、工业、机动车、扬尘等污染物排放量相对较大；二是扩散条件不利；三是受外来污染物输送汇聚影

---

① 上述数据参见李国平主编《京津冀区域发展报告（2012）》，中国人民大学出版社，2012，第156、159、174、178页。

响，污染物增加。

（1）大气污染物的主要来源。目前，河北省正处在工业化和城市化加快发展时期，产业结构偏重，支柱产业主要是钢铁、电力等高耗能、高污染行业，耗能高、污染物排放量大；区域能源结构仍以燃煤为主，全省燃煤量每年约 3 亿吨，省会石家庄市燃煤量每年约 6000 万吨，煤烟型污染明显；机动车保有量迅速上升，2012 年底石家庄城区机动车保有量约 60 万辆，两年多的时间内，机动车增加了 40%，并且黄标车数量多，燃油品质差，机动车尾气排放量大；区域生态环境较差，扬尘量大。据统计，2012 年，河北省二氧化硫排放量位列全国第三，氮氧化物排放量为全国第一。

（2）造成灰霾现象的气象和地理原因。华北地区污染区域集中在太行山东麓、燕山南麓、汾河河谷、沂蒙山北麓，其中太行山东麓污染浓度明显高于周边地区。河北大部分地区处于太行山东麓平原地区，受太行山脉影响，风速减小，容易出现静稳和逆温天气。据河北省气象局资料，近 50 年来，河北省秋冬季平均风速和大风日数均呈减少趋势，相对湿度略呈增加到趋势。这些因素均不利于污染物的扩散，易形成雾霾天气。因此，冬季是河北省大部分地区雾霾天气频繁发生的季节。

（3）污染的跨控制区影响。经研究表明，除天气气候因素以外，区域性灰霾污染的成因也与污染源的区域化分布和污染物的中长距离输送，以及山脉和地形的限制性因素有关。河北省地处城市群集中区域，各种外来污染物输送明显，除受燕山、太行山汇聚带系统的影响外，还受多尺度汇聚系统影响以及远距离污染源影响。

（4）缺少有效的区域大气污染控制方案。准确全面掌握大气灰霾污染特征，认识其形成和演变规律是制定我国大气灰霾防止措施的基础。目前，京津冀由于缺乏对大气灰霾的追因研究，对致霾颗粒物中各组成部分的时空分布特征不明晰，对生成致霾细颗粒物的关键前体污染物和关键化学机制不甚清楚，对致霾细颗粒物中各组成部分的物力化学性质及其耦合效应不确定，对前体污染物传输对灰霾形成的贡献缺乏研究，对致霾细颗粒物的来源不明确、源权重不清楚。基于以上原因，难以针对不同区域制定行之有效的污染物控制方案，对灰霾的控制效果不显著。

## （二）京津冀及周边地区大气污染联防联控机制的建立

大气环境保护事关人民群众的根本利益，事关经济持续健康发展。治理雾霾是全国第一次就环境污染问题开展的多省际区域联防联控，“合作”更是这项治理的最抢眼的关键词。从上述京津冀生态基本状况和河北省大气污染的基本情况来看，大气污染治理压力持续加大。国务院《大气污染防治行动计划》提出了具体目标：到 2017 年，全国地级及以上城市可吸入颗粒浓度比 2012 年下降 10% 以上，优良天数逐年提高；京津冀区域细微颗粒物浓度下降 25% 左右，其中北京市细微颗粒物年均浓度控制在 60 微克/立方米左右。为实现上述目标，京津冀开始建立更加紧密的大气污染防止协作机制。将建立区域协作机制，统筹区域环境治理单独列出，对任务分解、考核办法以及责任人追责做出了明确而严格的规定。

**1. 建立统一的区域协调合作工作机制**

目前为了更加有效地治理京津冀大气污染问题，秉着“责任共担、信息共享、协商统筹、联防联控”的原则，在做好各自行政区域内大气环境管理工作的基础上，开展联动协作，形成治污合力，国家成立了京津冀及周边地区大气污染防治协作小组。

协作小组的成员单位包括北京市、天津市、河北省、山西省、内蒙古自治区、山东省，还有国家发展改革委、工业和信息化部、财政部、环境保护部、住房和城乡建设部、中国气象局和国家能源局。协作小组设组长 1 名，副组长 4 名，成员 12 名，具体组成情况如下。组长是郭金龙（中共中央政治局委员、北京市委书记）；副组长有周生贤（环境保护部部长）、王安顺（北京市市长）、黄兴国（天津市市长）和张庆伟（河北省省长）。小组成员有丁向阳（国务院副秘书长）、杜善学（山西省副省长）、常军政（内蒙古自治区副主席）、张超超（山东省副省长）、张工（北京市副市长）、解振华（发展改革委副主任）、苏波（工业和信息化部副部长）、刘昆（财政部副部长）、翟青（环境保护部副部长）、仇保兴（住房和城乡建设部副部长）、郑国光（中国气象局局长）、吴新雄（国家能源局局长）。

协作小组下设办公室，作为协作小组的常设办事机构，负责协作小组的决

策落实、联络沟通、保障服务等日常工作。办公室设在北京，办公地点在北京市环保局。办公室主任由北京市副市长张工和环境保护部副部长翟青兼任。办公室常务副主任由北京市环境保护局局长担任；办公室副主任由环境保护部污染防治司司长和京津冀及周边地区六省区市分管环保的政府副秘书长或环境保护厅（局）长担任；设专职副主任一名。办公室下设三个处：秘书处、区域协调处、政策督导综合处。协作小组办公室在各省区市和有关部委内设立联络员，负责联系各成员单位，组织本行政区、本行业内大气污染防治工作。各省区市环保厅（局）和各部委相关司局的负责人担任联络员，联络员是协作小组办公室的成员。

协作小组负责指导、协调和督促京津冀及周边地区的大气污染防治工作。大气污染防治责任的主体确定为各省区市的地方人民政府，各地方政府依据国务院《大气十条》和环保部等单位发布的落实大气十条的《实施细则》要求，落实属地大气污染防治和空气质量改善目标任务。小组的其他成员单位根据职责分工负责落实行业主管任务。

协作小组的工作职能是组织落实国务院关于京津冀及周边地区大气污染防治的方针、政策和重要的工作部署；研究推进京津冀及周边地区大气污染防治联防联控工作，协调解决区域内突出重大环境问题；配合环境保护部等有关部门监督指导区域内地方政府落实国务院《大气十条》、《实施细则》等大气污染防治的规定任务，监督和考核区域内地方政府治理大气污染的工作，通报区域内大气环境质量信息情况；对相关部委制定和实施改善区域大气环境质量的能源、产业、交通、建设等领域的政策进行协调，保障区域清洁能源供应和财政资金支持，参与环境保护部组织的重大区域环评会商；督促和指导地方及相关部门做好区域大气环境监测预报与预警应急响应工作；督导和协调区域大气环境保护和污染源执法检查工作。

协作小组实行小组全体会议和小组办公室会议制度。协作小组全体会议由组长召集和主持，原则上每年召开两次。由协作小组全体成员参加。会议通报交流区域大气污染防治工作总体进展及大气环境质量状况，研究区域大气污染防治及联防联控政策、行动和资源支撑等重大事项。如果遇到重大事项，也可以随时召开全体会议。协作小组办公室会议由办公室主任召集和主持，原则上

每季度召开 1 次，办公室成员及相关人员参加。会议落实协作小组的重大决策，协调解决实施过程中的重大问题，推进联防联控工作的开展。交流通报区域大气污染防治工作总体进展及大气环境质量状况。遇到重要事项，可以随时召开。

**2. 建立环境信息共享机制**

随着环境治理协调合作工作的开展，依托环境保护部已有的监测和信息网络，建立区域内环境治理信息共享机制。将逐步建立多个专项信息平台，包括区域内空气质量监测、污染源监督管理、重点建设项目情况、机动车环保标志等，促进区域内各个地方之间的环境信息沟通和交流，为区域内重大环境问题研究提供支撑。

**3. 建立大气污染预报预警机制**

依托国家环境监测与预报网络，建立区域空气重污染监测预警体系，做好区域空气重污染预报和过程趋势分析，及时发布区域监测预警信息。2013 年 10 月 16 日我国第一个区域性气象中心——京津冀环境气象预报预警中心在北京成立，今后环境气象中心将对京津冀区域内的空气污染条件进行预报预警。

**4. 建立区域联防联控应急响应机制**

针对重污染天气，建立区域重污染天气应急预案，构建区域、省、市联动一体的应急响应体系。当预测有可能出现重污染天气时，所在区域及时启动应急预案，可以实施企业停产限产、建筑工地停止土方作业、机动车限行、禁止露天烧烤等紧急控制措施。2013 年 10 月 21 日北京市人民政府发布了《北京市空气重污染应急预案》，11 月 2 日《天津市重污染天气应急预案》正式发布实施，河北省政府也于 2013 年 3 月 1 日发布了《河北省空气重污染应急管理办法》。

**5. 建立重大项目环境影响评价会商机制**

在环境保护部的主导下，对京津冀区域开展产业发展规划环境影响评价，确定重点产业发展的规模和布局。综合评价对区域大气环境有重大影响的火电、石化、钢铁、水泥、有色、化工等项目，确定其对区域内大气环境质量的影响，评价结果向社会公开，并征求公众和相邻城市环保部门的意见，作为环评审批的依据。

**6. 建立区域大气环境联合执法监管机制**

在环境保护部的统一领导下，加强区域内的环境执法监管，协调各成员单位在六省区市辖区内开展联合执法、专项执法，集中进行污染源排查治理。区域内各省区市配合环境保护部和各环境督查派出机构加强对大气污染防治工作的监督检查和考核，强化区域内工业项目搬迁的环境监管等。

**7. 建立区域信息报送制度**

京津冀及周边地区大气污染防治协作小组的各成员单位每季度向协作小组书面报告工作进展情况，每年向协作小组书面报告区域内年度人物完成情况总结和下年度工作计划。协作小组定期向各成员单位通报大气污染防治工作的进展情况，并适时向国务院报告。

## 三 对京津冀大气污染联防联控机制的审视

其实，京津冀之间大气污染联防联控在三省市之间早有合作。在2010年7月15日，京冀就签署过合作框架协议，明确了从当时到2012年底两年半时间内在水资源和生态环境建设方面进行合作。在2013年5月22日北京市与河北省政府签署的《北京市河北省2013至2015年合作框架协议》中更加明确提出“建立大气污染联防联控合作机制”，双方按照国家区域大气污染防治规划要求，研究成立大气污染防控合作机构，在区域排放总量控制、煤炭消费总量控制、联合执法监管、规划及重大项目环境影响评价会商、环境信息共享、PM2.5污染成因分析和治理技术等方面加强合作。同时北京市环保局与河北省环保厅就落实双方合作框架协议，签订了2013~2015年更加具体的合作内容；2013年5月20日天津市和河北省政府签署的《天津市河北省深化经济与社会发展合作框架协议》中也提出“积极争取国家建立大气污染联防联控机制，设立重点控制区大气污染防治专项资金”。虽然京津冀三地都有共同治理大气污染的强烈愿望，但是，行政管理的“块块管理”的制约使区域联防联治的进展并不显著。目前以中共中央政治局委员、北京市委书记郭金龙为组长的“京津冀及周边地区大气污染防治协作小组”及其办公室，应当是迄今为止我国在跨区域环境治理中建立的行政范围最广、级别最高的机构了。

审视已初步建立的京津冀大气污染联防联控机制可以发现，我国跨区域环境治理模式主要采取的还是“行政调控模式”。这种模式的特点是偏重“行政包办”，社会组织、企业、媒体、一般公众等各利益相关者在环境治理中参与不足。在政府之内是上级包办下级，在政府之外是政府包办社会；偏重“牵头”，为了协调“条块关系”，组成联席会议性质的协作小组，各地方政府和各部门共同参与。北京实际上起的是“牵头”作用，其他地方和部门是作为参与方参加的；偏重单方意志，在解决京津冀大气污染问题时，强调局部利益服从整体利益，或许在今后大气污染治理中，领导关注和专项治理等方式将成为协调治理的常态方式。

行政调控模式的优势和缺陷是并存的。其优势是运行效果立竿见影、高效便捷。政府意志可以通过行政命令迅速地贯彻到下级政府和相关部门，避免问题久议不决。当出现重大环境事件时，如果迅速得到领导人重视，领导人可以通过视察、批示等形式，快速促使环境治理问题得到解决。在一些存在根本利益冲突、关系地方利益，诸如在京津冀环境治理过程中，各省市的节能减排问题等一时难以实现共赢的问题上，可以通过上级政府的强硬态度，压制地方的局部利益诉求，以求得全局效益。

与此同时，行政调控模式也有其不足之处。其缺陷主要有两方面：一是信息公开不够，在政府的不同层级之间、不同区域之间信息不畅通，社会力量在决策和执行中参与不足；二是不同区域之间、政府职能部门之间利益不易协调，在企业经济发展与当地居民环境权利产生矛盾时，不容易圆满解决，影响社会和谐。近年来，突发环境事件呈现集中涌现的趋势，许多小事故因没有得到及时遏制而演变成了大事故，这其中不能不说是因为在环境治理中行政调控模式作用的发挥是有限制的，今后我们应当建立和完善有效的社会治理协调机制。

当今世界的环境治理体系一般是多层面、多领域的，包含着许多不同的利益相关者：政府部门、社会组织、企业、媒体、周边居民、一般公众等。在人们生活联系日益紧密的社会里，对于环境治理问题，单独行动甚至相互竞争往往不是最佳选择，世界环境治理经验表明，没有哪个地区、哪个部门可以单独解决某地的环境问题，应当用协商和合作的思路来解决环境问题中利益相关者

的分歧。京津冀大气污染联防联控机制目前主要还是以行政调控模式为主，在当前大气污染亟须治理的形势下，行政手段还是最行之有效的手段，也是非常必要的，今后应当进一步完善协调合作法律机制，在多中心治理合作机制建立方面进行更多的实践。

从法学上来看，跨区域的环境治理还是应当借鉴已有的区域经济一体化的合作机制——协商对话并缔结协议的联席会议制度，建立一种地方政府间的平等合作的法律机制。通过签订行政协议，地方政府不必改变行政区划也可以实现法制的统一和行政上的协调。其实，行政协议不仅是区域政府之间开展合作的法律机制，也是各级各类没有隶属关系的行政几个之间开展合作的法律机制。对行政协议的具体问题可以考虑通过国家制定行政协议法的方式进一步予以规范。

## 四　从京津冀大气污染联防联控看协调合作机制的完善

参与环境治理的每个部门、组织都有各自的资源和能力优势，通过协调合作能够实现优势互补，能够使有限的参与各方发挥到资源最大化，因此，跨区域协调合作是一个资源整合的过程。由此可见，跨区域环境治理中的协调与合作，实质上也是一种合作伙伴关系，合作的各方建立的是一种平等主体间的协商对话机制，同时，它也忽略和代替各个参与者各自应担负的责任。当然也应当看到，目前我国跨区域环境治理的行政主导模式还是发挥着不可替代的作用的。今后我们可以在各地实践的基础上，对跨区域环境治理协调合作机制进行更多的完善。

### （一）创新环境治理理念：多中心自主治理

借鉴世界上跨区域环境治理经验，采取多中心自主治理，进行制度设计。由奥斯特罗姆夫妇提出的多中心自主治理理论近年来得到广泛的应用。在多中心治理体制下，环境治理参与各方的法律地位是平等的，并不依赖行政科层等级进行运作。我国目前京津冀大气污染防治体制是以传统行政体制为基本组织

架构的，各省区市作为单体中心，与合作、协调的要求存在着矛盾。京津冀区域产业结构趋同也使环境治理难度增加。多中心治理体制不仅要求建立在区域政府之间合作基础上，还必须充分发挥社会组织在环境之中的作用，只有这样的协调合作机制才能协调各种利益相关者，在公开透明中接受社会监督，协调合作才具有真正意义。

### （二）完善区域环境利益平衡机制

区域受益是个整体，但是各省区市承担的责任却并不相同。河北在京津冀区域空气治理中是压力最大、任务最重的。《河北省大气污染防治行动计划实施方案》拟定了50条治理措施。其中，压减燃煤消耗4000万吨、到2017年钢铁产能削减6000万吨等将是极大的挑战。巨大的治理任务意味着巨大的成本投入和经济付出。如何让治污付出能在区域受益中有所回报，是激励区域合作的关键。在整个区域间构建补偿机制和共同环境资金，建立一个良性的利益协调机制，是解决这一矛盾的方向。补偿机制指的是如果一个地区想更早地达到更好的空气质量，并需要其他地区给自己一定支持的话，那么就可以通过补偿机制，在对环境收益和补偿标准进行衡量的前提下，对欠发达地区给予适当的经济和技术补偿。这种合作机制下，成本投入更大的地区得到一定经济补偿，区域内同时获得了更好的空气质量，从而实现各方多赢和利益共享。

### （三）加强环境监管的长效机制建设

随着大气污染环境问题凸显，监管力量薄弱、方式手段单一等问题也显现出来。现行的环境监管方式常常是突击式的，缺少长效机制。首先建立长效的监管机制需要地方政府发挥主导作用。地方政府的考核中要考虑到环境效益通常有相对较长的滞后性，有时甚至会长于政府的换届周期的情况，必须充分调动政府对于环保工作的积极性。其次目前环保部在全国范围内成立了六大区域环境督查中心，但在跨区域管理上还显得职能不全，应进一步赋予其财权、人事权等，这对于大气污染治理显得尤为重要。最后还需要一支强有力的执法队伍。

### （四）鼓励社会组织的有效参与

进行跨区域环境治理，除了区域政府间的行政协调外，还要拓宽企业、社会组织和民众的参与渠道。当前，我国跨区域环境合作过程中，依然是各级政府唱主角，社会力量一直没有积极有效地参与其中。在美国，除环保主管部门、专家系统和科研部门之外，1 万多个民间环保组织已成为美国环保的重要力量，它们不从国家财政拿一分钱，每天都在为美国环保事业辛勤工作着。所以，公众对环境治理的参与应该是全面的，要鼓励跨区域的社会组织的建立。在环境与发展的决策，特别是可能影响到公众生活和工作的决策中，社会组织要参与决策的制定和决策执行过程的监督。

## 参考文献

张伟：《中加环境治理协调模式比较研究》，《江苏行政学院学报》2011 年第 3 期。

报告 图书

首页 数据库检索 学术资源群 我的文献库 皮书全动态 有奖调查 皮书报道 皮书研究 联系我们 读者荐购 搜索报告

权威报告 热点资讯 海量资源

# 当代中国与世界发展的高端智库平台

**皮书数据库** www.pishu.com.cn

皮书数据库是专业的人文社会科学综合学术资源总库，以大型连续性图书——皮书系列为基础，整合国内外相关资讯构建而成。该数据库包含七大子库，涵盖两百多个主题，囊括了近十几年间中国与世界经济社会发展报告，覆盖经济、社会、政治、文化、教育、国际问题等多个领域。

皮书数据库以篇章为基本单位，方便用户对皮书内容的阅读需求。用户可进行全文检索，也可对文献题目、内容提要、作者名称、作者单位、关键字等基本信息进行检索，还可对检索到的篇章再作二次筛选，进行在线阅读或下载阅读。智能多维度导航，可使用户根据自己熟知的分类标准进行分类导航筛选，使查找和检索更高效、便捷。

权威的研究报告、独特的调研数据、前沿的热点资讯，皮书数据库已发展成为国内最具影响力的关于中国与世界现实问题研究的成果库和资讯库。

---

# 皮书俱乐部会员服务指南

**1. 谁能成为皮书俱乐部成员？**

- 皮书作者自动成为俱乐部会员
- 购买了皮书产品（纸质皮书、电子书）的个人用户

**2. 会员可以享受的增值服务**

- 加入皮书俱乐部，免费获赠该纸质图书的电子书
- 免费获赠皮书数据库100元充值卡
- 免费定期获赠皮书电子期刊
- 优先参与各类皮书学术活动
- 优先享受皮书产品的最新优惠

社会科学文献出版社 SOCIAL SCIENCES ACADEMIC PRESS (CHINA) 皮书系列
卡号：1511318606300845
密码：

**3. 如何享受增值服务？**

**（1）加入皮书俱乐部，获赠该书的电子书**

第1步 登录我社官网（www.ssap.com.cn），注册账号；

第2步 登录并进入“会员中心”—“皮书俱乐部”，提交加入皮书俱乐部申请；

第3步 审核通过后，自动进入俱乐部服务环节，填写相关购书信息即可自动兑换相应电子书。

**（2）免费获赠皮书数据库100元充值卡**

100元充值卡只能在皮书数据库中充值和使用

第1步 刮开附赠充值的涂层（左下）；

第2步 登录皮书数据库网站（www.pishu.com.cn），注册账号；

第3步 登录并进入“会员中心”—“在线充值”—“充值卡充值”，充值成功后即可使用。

**4. 声明**

解释权归社会科学文献出版社所有

皮书俱乐部会员可享受社会科学文献出版社其他相关免费增值服务，有任何疑问，均可与我们联系
联系电话：010-59367227 企业QQ：800045692 邮箱：pishuclub@ssap.cn
欢迎登录社会科学文献出版社官网（www.ssap.com.cn）和中国皮书网（www.pishu.cn）了解更多信息

# 法律声明

“皮书系列”（含蓝皮书、绿皮书、黄皮书）由社会科学文献出版社最早使用并对外推广，现已成为中国图书市场上流行的品牌，是社会科学文献出版社的品牌图书。社会科学文献出版社拥有该系列图书的专有出版权和网络传播权，其 LOGO（ ）与“经济蓝皮书”、“社会蓝皮书”等皮书名称已在中华人民共和国工商行政管理总局商标局登记注册，社会科学文献出版社合法拥有其商标专用权。

未经社会科学文献出版社的授权和许可，任何复制、模仿或以其他方式侵害“皮书系列”和 LOGO（ ）、“经济蓝皮书”、“社会蓝皮书”等皮书名称商标专用权的行为均属于侵权行为，社会科学文献出版社将采取法律手段追究其法律责任，维护合法权益。

欢迎社会各界人士对侵犯社会科学文献出版社上述权利的违法行为进行举报。电话：010－59367121，电子邮箱：fawubu@ssap.cn。

社会科学文献出版社